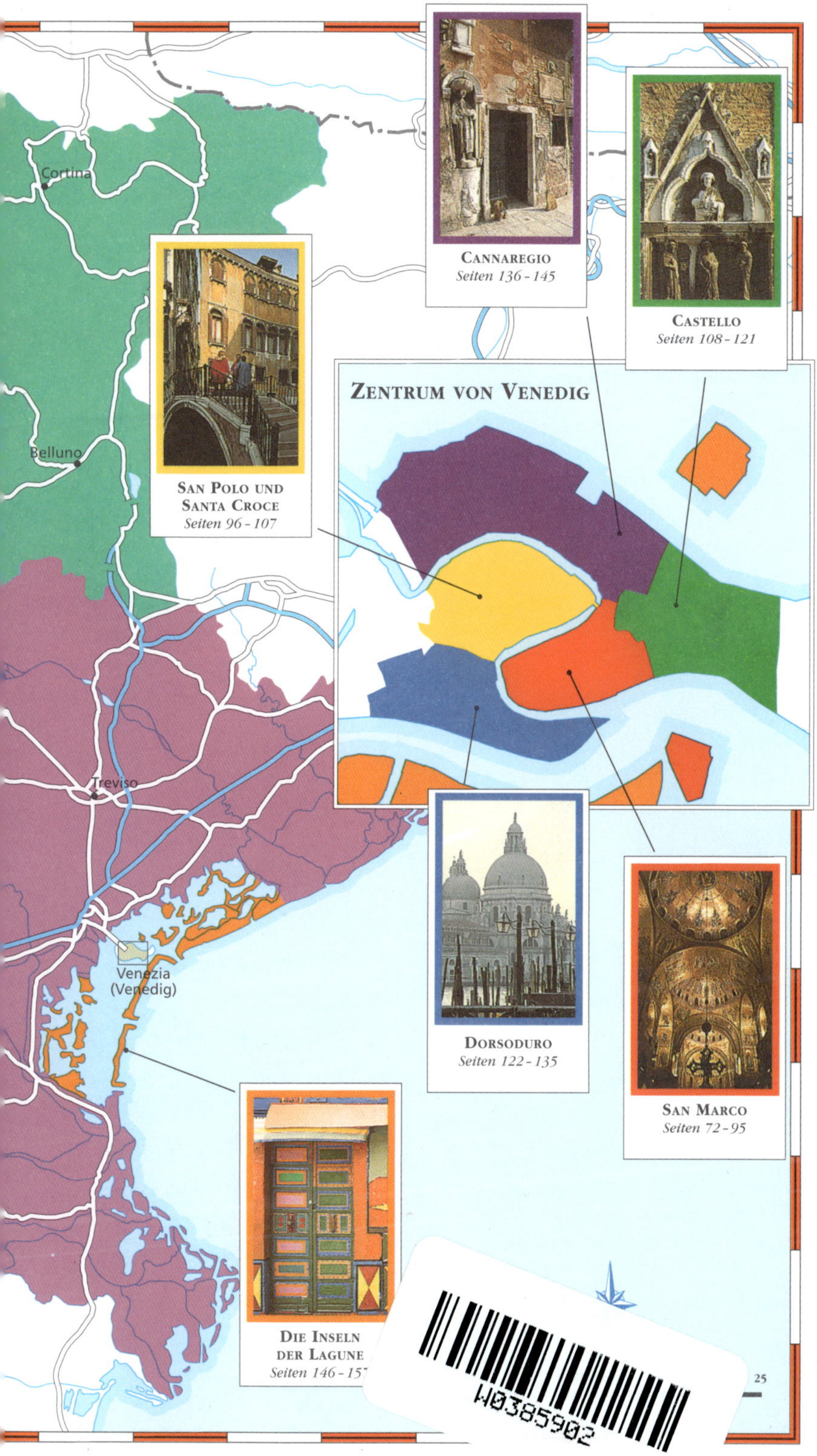
Cortina
Belluno
Treviso
Venezia
(Venedig)
Zentrum von Venedig
Cannaregio
Seiten 136 - 145
Castello
Seiten 108 - 121
San Polo und
Santa Croce
Seiten 96 - 107
Dorsoduro
Seiten 122 - 135
San Marco
Seiten 72 - 95
Die Inseln
der Lagune
Seiten 146 - 157

VIS À VIS

VENEDIG
& VENETO

TAXI n. 176

VIS à VIS

VENEDIG & VENETO

Hauptautoren:
SUSIE BOULTON,
CHRISTOPHER CATLING

DORLING KINDERSLEY
www.dk.com

EIN DORLING KINDERSLEY BUCH

www.dk.com

PRODUKTION
Pardoe Blacker Publishing Ltd., Lingfield, Surrey, England

TEXTE
Susie Boulton, Christopher Catling, Sally Roy

FOTOGRAFIEN
John Heseltine (Venedig), Roger Moss (Veneto)

ILLUSTRATIONEN
Arcana Studios, Donati Giudici Associati srl,
Robbie Polley, Simon Roulstone

KARTOGRAFIE
Phil Rose, Jennifer Skelley, Jane Hanson
(Lovell Johns Ltd., Oxford)
Der Stadtplan von Venedig basiert auf digitalen Daten von L.A.C. (Italien)

REDAKTION UND GESTALTUNG
Dorling Kindersley Ltd.

•

Titel der englischen Originalausgabe:
Eyewitness Travel Guide *Venice & The Veneto*
Zuerst erschienen 1995 in Großbritannien
bei Dorling Kindersley Ltd.
A Penguin Company

•

Für die deutsche Ausgabe:

Aktualisierte Neuauflage 2007/2008

ÜBERSETZUNG Dr. Eva L. Dempewolf, Theresia Übelhör, Carla Meyer
REDAKTIONSLEITUNG Dr. Jörg Theilacker, Dorling Kindersley Verlag
PROJEKTLEITUNG Birgit Walter, Dorling Kindersley Verlag
REDAKTION Brigitte Maier • Konzept & Text, München
REDAKTIONSASSISTENZ Stefanie Franz, Dorling Kindersley Verlag
SCHLUSSREDAKTION Peter Botzler, München; Birgit Lück, Augsburg
SATZ UND PRODUKTION Dorling Kindersley Verlag
LITHOGRAFIE Colourscan, Singapur
DRUCK Toppan Printing Center, Hongkong, China

ISBN 978-3-928044-49-3

11 12 13 14 15 11 10 09 08 07

Dieser Reiseführer wird regelmäßig aktualisiert. Angaben wie Telefonnummern, Öffnungszeiten, Adressen, Preise und Fahrpläne können sich jedoch ändern. Der Verlag kann für fehlerhafte oder veraltete Angaben nicht haftbar gemacht werden. Für Hinweise, Verbesserungsvorschläge und Korrekturen ist der Verlag dankbar. Bitte richten Sie Ihr Schreiben an:

Dorling Kindersley Verlag GmbH
Redaktion Reiseführer
Arnulfstraße 124
D-80636 München

INHALT

Der venezianische Entdecker Marco Polo

VENEDIG UND VENETO STELLEN SICH VOR

Der Palazzo Pisani Moretta am Canal Grande

◁ **Blick von San Marco auf die Dogana di Mare, im Hintergrund Il Redentore auf Giudecca**

Die Stadtteile Venedigs

Canal Grande mit Rialtobrücke

Veroneses *Leidenschaft und Tugend*

Die Regionen des Veneto

Der mittelalterliche Palio dei Dieci Comuni in Montagnana

Zu Gast in Venedig und im Veneto

Grund-informationen

Aal in Tomatensauce

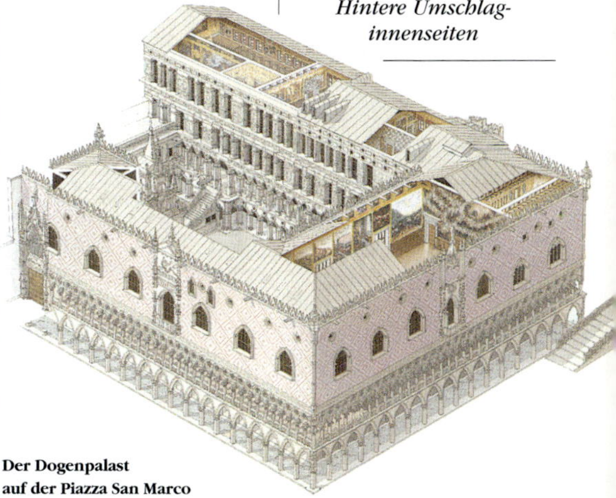

Der Dogenpalast
auf der Piazza San Marco

Benutzerhinweise

Mit diesem Reiseführer wird Ihr Venedig-Besuch zu einem besonderen Erlebnis, bei dem Sie die schönsten Ecken der Lagunenstadt entdecken. Das erste Kapitel *Venedig und Veneto stellen sich vor* setzt Stadt und Umland in einen geografischen und historischen Kontext. *Die Stadtteile Venedigs* und *Die Regionen des Veneto* begleiten Sie mit zahlreichen Fotos, Illustrationen und Karten bei der Besichtigung. Restaurants und Hotels werden im Kapitel *Zu Gast in Venedig und im Veneto* beschrieben; die *Grundinformationen* helfen bei der Planung und vor Ort.

Die Stadtteile Venedigs

Die Stadt ist in fünf Stadtteile untergliedert. Die Inseln der Lagune ergeben ein sechstes Gebiet. Jeder Stadtteil wird in einem Kapitel beschrieben. Die wichtigen Sehenswürdigkeiten sind mit Nummern versehen, die mit denen auf den Karten sowie in den folgenden Erläuterungen identisch sind.

Jeder Stadtteil Venedigs hat eine eigene Farbkodierung.

Eine Orientierungskarte zeigt die Lage des Stadtteils, in dem Sie sich befinden.

1 Stadtteilkarte
Die besprochenen Sehenswürdigkeiten sind auf der Karte durchnummeriert. Sie werden auch im Stadtplan *auf den Seiten 280–293 dargestellt.*

Sehenswürdigkeiten auf einen Blick führt das Wichtigste auf: Kirchen, Museen, historische Gebäude, Straßen und Plätze.

2 Detailkarte
Aus der Vogelperspektive wird der hervorgehobene Kern eines Stadtteils gezeigt.

Sterne markieren besondere Sehenswürdigkeiten.

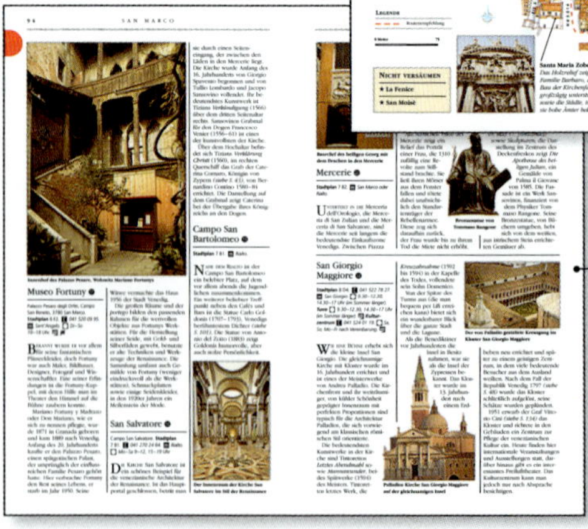

Die Routenempfehlung führt Sie durch die interessantesten Straßen.

3 Detaillierte Informationen
Alle Sehenswürdigkeiten in Venedig werden einzeln beschrieben, mit Adresse, Telefon, nächstem Vaporetto-*Halt, Öffnungszeiten, Angaben über Eintritt und Zugang für Rollstuhlfahrer.*

Venezianisches Tiefland

1 Einführung

Landschaft, Geschichte und Charakter jeder Region werden hier beschrieben; Sie erfahren, wie sich das Gebiet über die Jahrhunderte entwickelt hat und wie es sich heute präsentiert.

Die Regionen des Veneto

Das Veneto ist in diesem Buch in drei Regionen unterteilt, denen jeweils ein Kapitel gewidmet ist. Die interessantesten Sehenswürdigkeiten sind auf einer *Erlebniskarte* dargestellt.

Überblick: Venezianisches Tiefland

Jede Region des Veneto kann anhand der Farbkodierung leicht gefunden werden.

2 Erlebniskarte

Sie zeigt das Straßennetz und eine illustrierte Übersicht der ganzen Region. Alle Sehenswürdigkeiten sind nummeriert; die Seite liefert auch Tipps für das Erkunden des Gebiets mit Auto, Bus oder Bahn.

Überblick: Padua

3 Detaillierte Informationen

Die Reihenfolge der Sehenswürdigkeiten entspricht der Nummerierung auf der Erlebniskarte. *Zu jedem Ort gibt es detaillierte Informationen über die wichtigen Attraktionen.*

Sterne kennzeichnen Herausragendes oder Kunstwerke, die Sie nicht versäumen sollten.

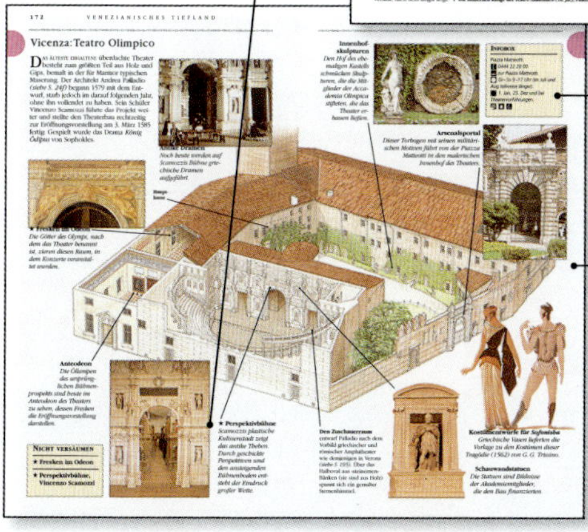
Vicenza: Teatro Olimpico

Die Infobox enthält praktische Informationen, die für einen Besuch hilfreich sind.

4 Hauptsehenswürdigkeiten

Ihnen werden zwei oder mehr Seiten gewidmet. Historische Gebäude sind im Aufriss zu sehen, interessante Stätten aus der Vogelperspektive.

CIVITAS VENECIARV
Ecclesia
sci Marci

Venedig und Veneto stellen sich vor

Venedig und Veneto auf der Karte

Das Veneto liegt im nordöstlichen Teil Italiens und erstreckt sich von den Dolomiten im Norden bis zur Ebene der venezianischen Lagune im Süden. Die Provinz ist eine der blühendsten Regionen Italiens, sie umfasst 18 365 Quadratkilometer und hat 4,5 Millionen Einwohner. Die Zug- und Straßenverbindungen sind in alle Richtungen ausgezeichnet, es gibt drei internationale Flughäfen in der Region: Valerio Catullo in Verona, Marco Polo am Rand der Lagune und Treviso.

Satellitenaufnahme vom Veneto, rechts die venezianische Lagune

Piazza San Marco

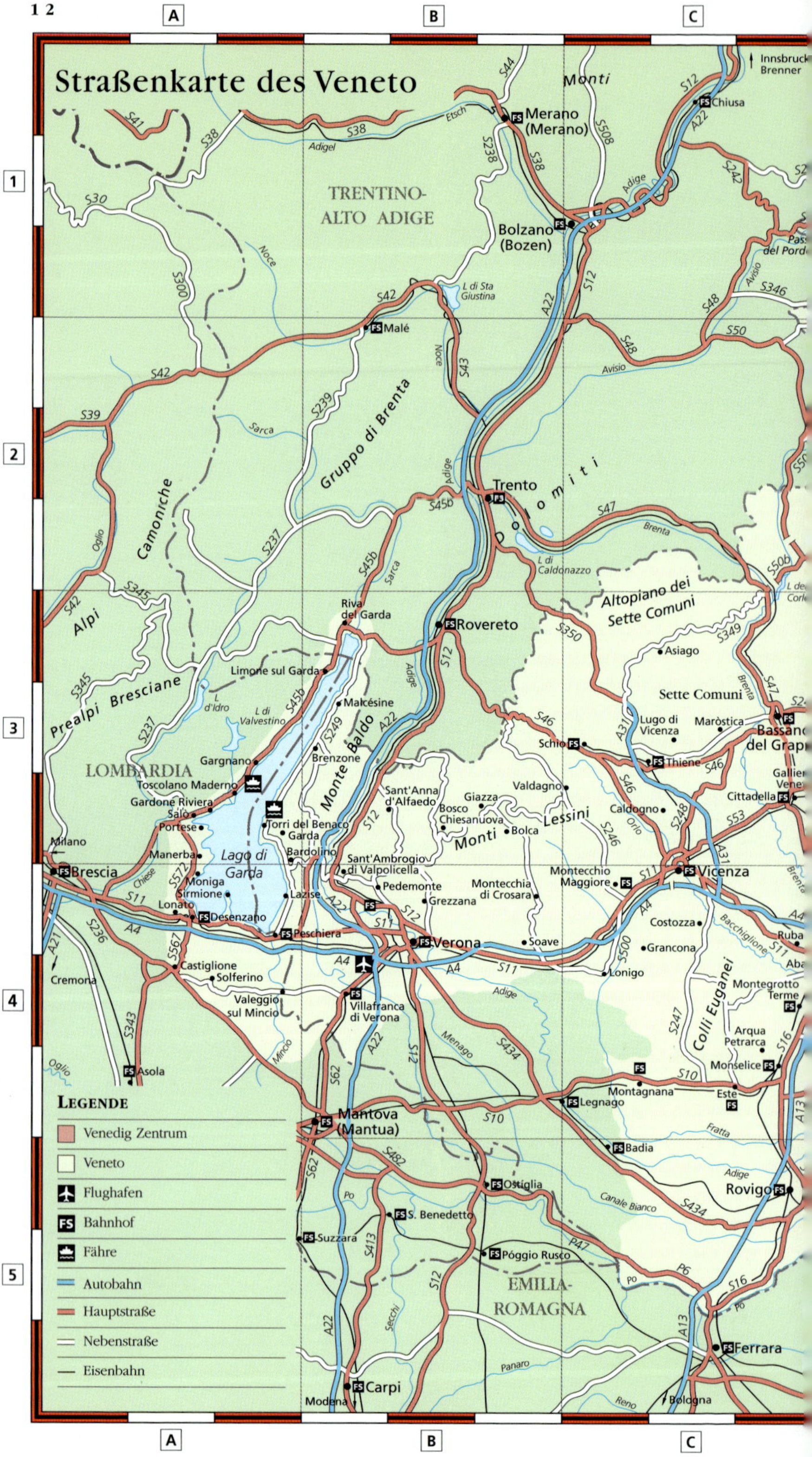
Straßenkarte des Veneto
A
B
C
1
2
3
4
5
Innsbruck
Brenner
Monti
Merano (Merano)
Chiusa
Etsch
Adigel
TRENTINO-ALTO ADIGE
Bolzano (Bozen)
Pass del Pordoi
Noce
L di Sta Giustina
Malé
Avisio
Gruppo di Brenta
Sarca
Camonriche
Oglio
Trento
Dolomiti
Brenta
L di Caldonazzo
Alpi
Riva del Garda
Rovereto
Altopiano dei Sette Comuni
Asiago
Prealpi Bresciane
Limone sul Garda
L d'Idro
L di Valvestino
Malcésine
Monte Baldo
Sette Comuni
Lugo di Vicenza
Maròstica
Bassano del Grappa
Schio
Thiene
LOMBARDIA
Gargnano
Brenzone
Toscolano Maderno
Gardone Riviera
Salò
Portese
Sant'Anna d'Alfaedo
Giazza
Valdagno
Bosco Chiesanuova
Monti Lessini
Bolca
Caldogno
Cittadella
Torri del Benaco
Garda
Milano
Brescia
Manerba
Lago di Garda
Bardolino
Sant'Ambrogio di Valpolicella
Montecchio Maggiore
Vicenza
Moniga
Sirmione
Lazise
Pedemonte
Grezzana
Montecchia di Crosara
Lonato
Desenzano
Peschiera
Verona
Soave
Costozza
Grancona
Cremona
Castiglione
Solferino
Lonigo
Montegrotto Terme
Colli Euganei
Valeggio sul Mincio
Villafranca di Verona
Mincio
Menago
Arqua Petrarca
Asola
Monselice
Montagnana
Este
Legnago
Mantova (Mantua)
Badia
Ostiglia
Rovigo
Canale Bianco
Po
S. Benedetto
Suzzara
Póggio Rusco
EMILIA-ROMAGNA
Secchi
Ferrara
Panaro
Carpi
Modena
Reno
Bologna
Legende
Venedig Zentrum
Veneto
Flughafen
Bahnhof
Fähre
Autobahn
Hauptstraße
Nebenstraße
Eisenbahn

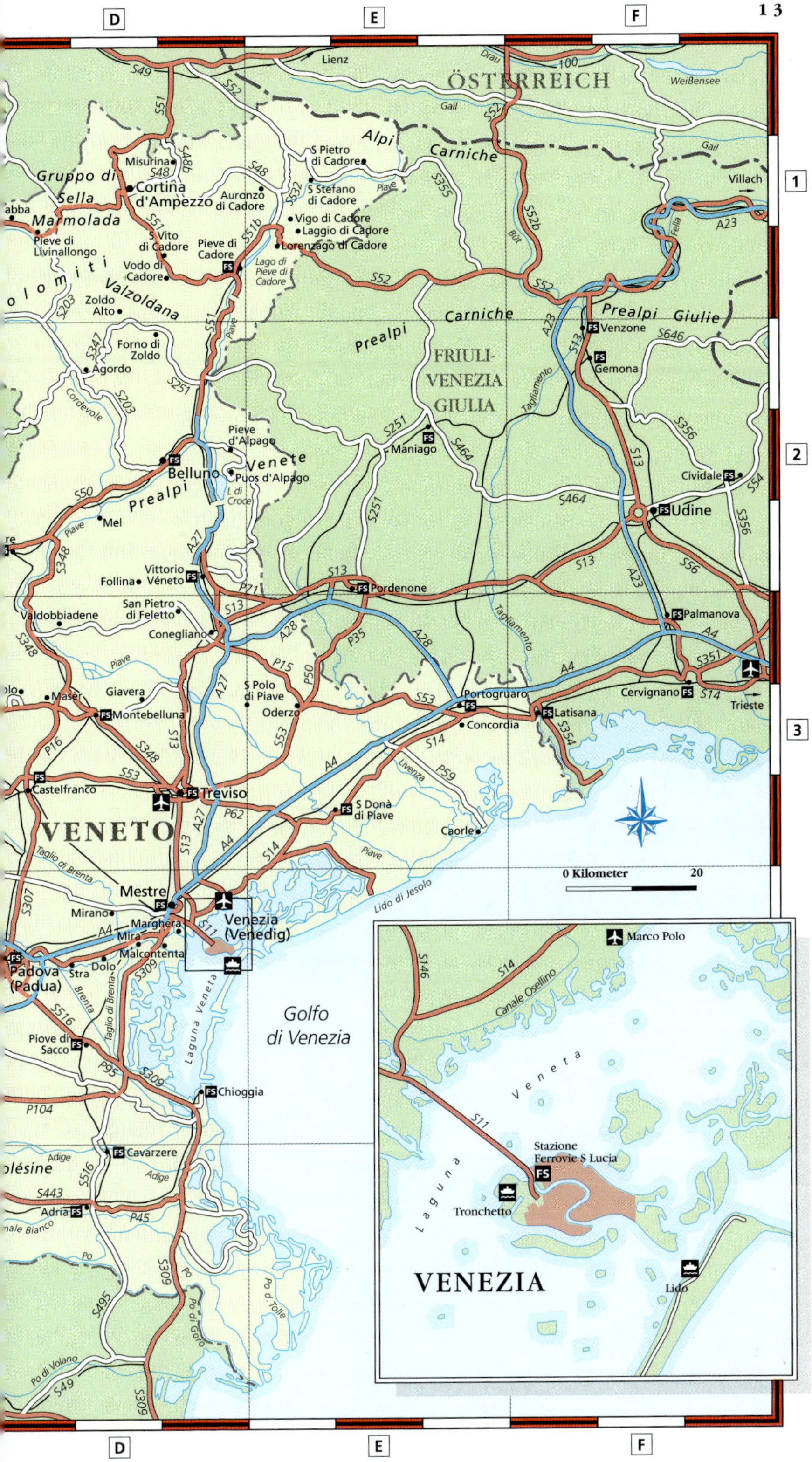
D
E
F
1
2
3
ÖSTERREICH
Lienz
Drau
Weißensee
Gail
Villach
A23
Fella
Alpi
Carniche
Prealpi
Prealpi Giulie
FRIULI-
VENEZIA
GIULIA
VENETO
Gruppo di Sella
Marmolada
Dolomiti
Valzoldana
Misurina
Cortina d'Ampezzo
Auronzo di Cadore
S Pietro di Cadore
S Stefano di Cadore
Vigo di Cadore
Laggio di Cadore
Lorenzago di Cadore
S Vito di Cadore
Pieve di Cadore
Lago di Pieve di Cadore
Vodo di Cadore
Pieve di Livinallongo
Zoldo Alto
Forno di Zoldo
Agordo
Cordevole
Piave
Pieve d'Alpago
Puos d'Alpago
L di Croce
Belluno
Mel
Vittorio Véneto
Follina
San Pietro di Feletto
Valdobbiadene
Conegliano
Maser
Giavera
Montebelluna
Castelfranco
Treviso
S Polo di Piave
Oderzo
Maniago
Tagliamento
Venzone
Gemona
Cividale
Udine
Pordenone
Palmanova
Cervignano
Trieste
Portogruaro
Concordia
Latisana
Livenza
S Donà di Piave
Caorle
Lido di Jesolo
Mestre
Mirano
Marghera
Mira
Malcontenta
Dolo
Stra
Brenta
Taglio di Brenta
Padova (Padua)
Venezia (Venedig)
Laguna Veneta
Golfo di Venezia
Piove di Sacco
Chioggia
Cavarzere
Adige
Polésine
Adria
Po
Po di Goro
Po d. Tolle
Po di Volano
0 Kilometer 20
S49
S51
S52
S48
S48b
S51b
S355
S52b
S203
S347
S251
S50
S348
S13
S464
S356
S54
S56
S646
A27
A28
A23
A4
P71
P15
P35
P50
S53
S14
P59
S351
S354
P62
P16
S307
S309
S516
P95
P104
S443
P45
S495
VENEZIA
Marco Polo
S146
S14
Canale Osellino
Laguna Veneta
S11
Stazione Ferrovie S Lucia
Tronchetto
Lido

Das Zentrum von Venedig

VENEDIG BESTEHT AUS sechs Stadtteilen, *sestieri*. Die in diesem Buch beschriebenen Gebiete folgen großteils den Grenzen der *sestieri*, wobei San Polo und Santa Croce als ein Stadtteil zusammengefasst werden. Die meisten Besucher beginnen bei der Piazza San Marco, sie gehen vom Dogenpalast zur atemberaubenden Basilika. Aber es lohnt sich wirklich, jedes einzelne Viertel zu erkunden.

San Polo und Santa Croce: Eine Steinbrücke bei der Fondamenta del Megio verbindet die seit Jahrhunderten unveränderten Gassen.

Dorsoduro: die Mündung des Canal Grande

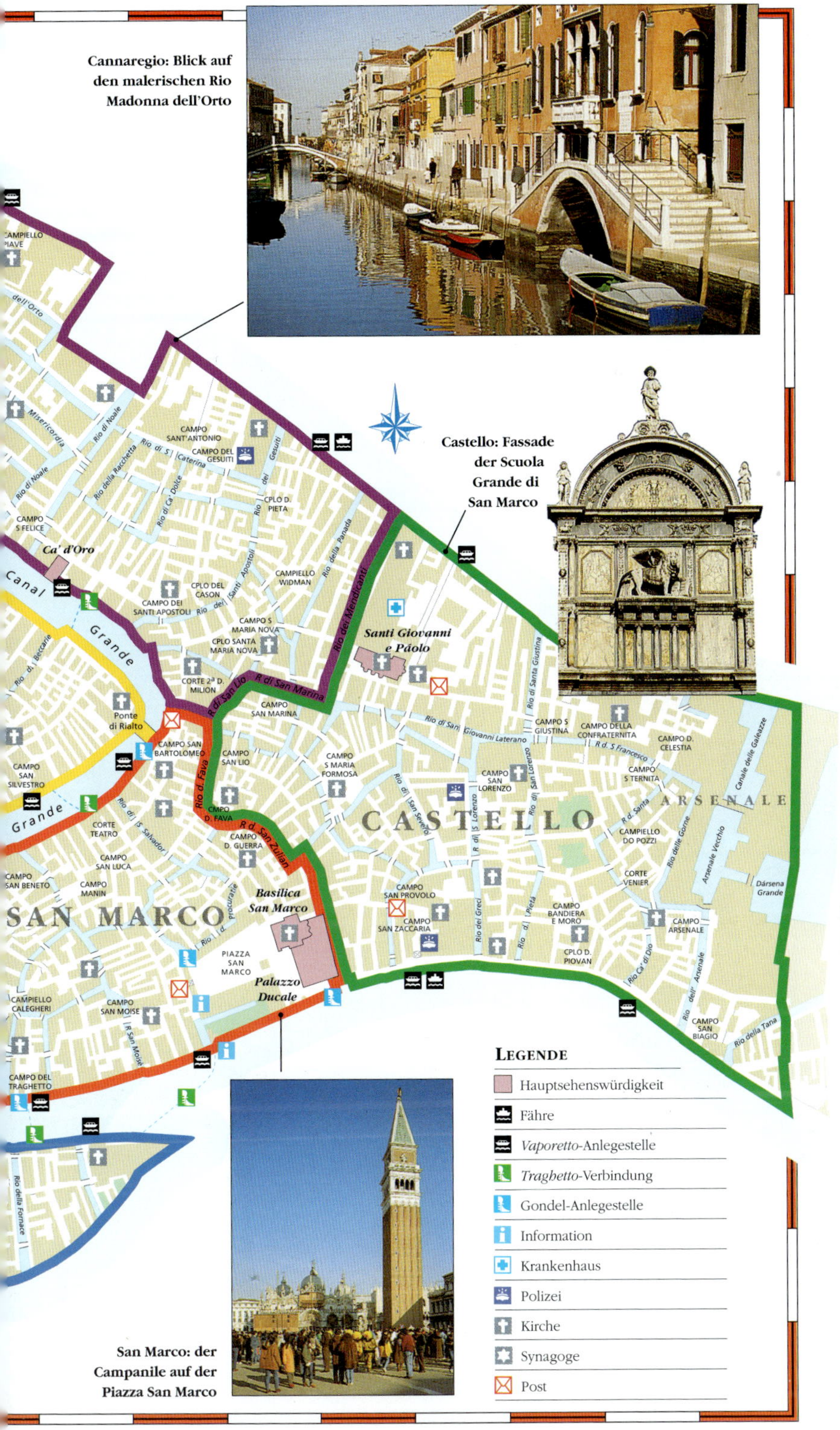

Cannaregio: Blick auf den malerischen Rio Madonna dell'Orto

Castello: Fassade der Scuola Grande di San Marco

San Marco: der Campanile auf der Piazza San Marco

LEGENDE

- Hauptsehenswürdigkeit
- Fähre
- *Vaporetto*-Anlegestelle
- *Traghetto*-Verbindung
- Gondel-Anlegestelle
- Information
- Krankenhaus
- Polizei
- Kirche
- Synagoge
- Post

Ein Porträt des Veneto

Venedig und Veneto sind, oberflächlich betrachtet, ein ungleiches Paar. Venedig ist eine romantische Stadt, in der die Zeit stillzustehen scheint, das Veneto ein zukunftsorientierter Teil des modernen Europa. Doch die wirtschaftliche Dynamik der Städte auf dem Festland ist ein unmittelbares Erbe der Königin der Adria, die in ihrer Blütezeit den Mittelmeerraum beherrschte.

Der Markuslöwe, Symbol der Großmacht Venedig

Venedig ist eine der wenigen Städte der Welt, die man getrost als einzigartig bezeichnen kann. Die Stadt besteht trotz aller Widrigkeiten fort, trotz ihrer Lage auf Schlammbänken in der den Gezeiten unterworfenen Adria, die sie unregelmäßig überflutet. Venedig, einst eine gewaltige Wirtschafts- und Seemacht im Mittelmeerraum, hat nun eine neue Rolle übernommen. Die Palazzi wurden zu Läden und Hotels, die Lagerhäuser zu Museen und die Klöster zu Restaurationszentren für Kunstobjekte. Dennoch hat sich Venedig in den letzten 200 Jahren nicht sehr verändert. Ein Stadtführer aus der Vorkriegszeit ist heute noch so aktuell wie damals, eine Seltenheit in diesem Land, das durch den Bauboom der Nachkriegszeit gekennzeichnet ist. Mehr als 14 Millionen Besucher verfallen jährlich dem Zauber Venedigs. In den unzähligen Wasserstraßen der Stadt ist die Vergangenheit bedeutsamer als die Gegenwart.

Dafür hat Venedig einen hohen Preis zu zahlen. Ein Apartment in Venedig ist so erstrebenswert, dass die Venezianer die gestiegenen Mieten nicht mehr bezahlen können. Viele Wohnungen gehören reichen Ausländern, die vielleicht zwei oder drei Wochen im Jahr darin leben.

Kinder bei der Erstkommunion in Monte Berico bei Vicenza

◁ **Der Karneval in Venedig hat eine historische Tradition, die 1979 wiederbelebt wurde**

Eine Venezianerin im alternden Venedig

Die Stadt hatte 1997 nur 68 600 Einwohner (150 000 im Jahr 1950), der Abwärtstrend kam erst 2001 zum Stillstand, als die Bevölkerung zum ersten Mal seit den 1950er Jahren wieder zunahm. Das Durchschnittsalter der Bevölkerung Venedigs liegt bei fast 50 Jahren. Ein Grund dafür, dass in der Stadt abends alles so früh schließt, ist die Tatsache, dass Kellner, Köche und Verkäufer den letzten Zug nach Mestre erreichen müssen.

Mestre ist eine geschäftige Stadt mit 180 000 Einwohnern. Sie besitzt eine große Ölraffinerie, ist ein expandierender Industriestandort und hat sogar einige der schicksten Diskos Italiens. Mestre und Venedig werden vom selben Bürgermeister und Stadtrat verwaltet; hier hat sich, so ein Bonmot, die hässlichste Stadt der Welt mit der allerschönsten vermählt. Mestre wurde allerdings von Venezianern gegründet, die damit rechneten, dass auf der Lagune irgendwann das Bauland knapp werden würde. So spiegelt die Stadt jenen Unternehmergeist, der Venedig in seiner Blüte kennzeichnete – ein Geist, der heute für die gesamte Region typisch ist. Um neues Leben in die Stadt zu bringen, hat man Gewerbestätten wie das Schlachthaus und die Baumwollfabrik zum Universitätsgelände umgestaltet. Eine Mühle wird derzeit zum Kongresszentrum umgebaut.

Obstverkäufer in Sirmione am Gardasee

Der industrialisierte Norden

Die Kreativität und der Fleiß der Bewohner des Veneto widersprechen allen Klischees über die Lässigkeit der Italiener. Das Veneto, ein kleines Gebiet mit 4,5 Millionen Einwohnern, ist

Benetton-Laden in Treviso

sehr produktiv. Weltbekannte Firmen führen hier Fabrikationsbetriebe, von Jacuzzi Europe und Zanussi bis Benetton, Olivetti und Iveco Ford. Die Region hat sich zu einem modernen Industriestandort entwickelt.

Ohne die Last der anderen Regionen Italiens würden sich die drei nördlichen Provinzen Piemont, Lombardei und Veneto für eine Mitgliedschaft in der Gruppe der reichsten Nationen der Welt empfehlen – eine Tatsache, die manche Politiker dieser Provinzen zu separatistischen Aufrufen verleitet. Das Veneto zeigt dem Rest der Halbinsel die kalte Schulter und blickt Richtung Osten nach Slowenien als Beispiel eines kleinen Staates, der erst kürzlich unabhängig wurde, und Richtung Norden nach

Valle di Cadore in den Dolomiten nahe der Grenze zu Österreich

Deutschland als Vorbild hinsichtlich Föderalismus. Trotz zahlreicher, zum Teil grausamer Kriege in der Vergangenheit fühlen sich die Menschen des Veneto ihren deutschstämmigen Nachbarn verbunden. Deutsche Sprache und deutsches Essen sind am Gardasee und in den Dolomiten allgegenwärtig. Hier bilden die Tiroler Bauernhöfe und Kirchen mit Zwiebeltürmen einen Kontrast zu den Fischerdörfern der Lagune, in denen das maritime Erbe Venedigs sichtbar ist. Zwischen diesen Extremen liegen die Städte des Veneto mit ihrer reichen Kultur – ein typisches Bild des norditalienischen Lebensstils.

Tradition: venezianisches Rudern

Italienische Tradition

Padua ist ein hervorragendes Beispiel einer *città salotto*, einer Stadt, die wie ein Salon erbaut ist, in der die Straßen Erweiterungen der Häuser sind und in der das Caffè Pedrocchi als gesellschaftlicher Mittelpunkt der Stadt gilt. Die Bewohner Paduas kommen hierher, um Kaffee zu trinken, einen Brief zu schreiben, Zeitung zu lesen oder mit Freunden zu plaudern. Wie in den früheren Salons ist das Café Treffpunkt für Gespräche.

Nicht nur die Bewohner Paduas betrachten ihre Straßen und Plätze als Flure und Räume eines riesigen Palasts. Nach 17 Uhr drängen sich die Massen in Veronas Via Mazzini zum Abendbummel, der *passeggiata*. Vor der Kulisse der römischen Arena oder der mittelalterlichen Palazzi wird diskutiert, geflirtet und gehandelt. Die Jüngeren putzen sich heraus, um aufzufallen, junge Mütter bringen ihre Babys mit, damit sie bewundert werden. Trotz aller Modernität spürt man, dass alte Rituale wie diese für das Gemeinschaftsgefühl sehr wichtig sind.

Ein geschmückter Hochzeits-Ferrari

Der Bau Venedigs

Venedig ist auf mehr als hundert flachen Inseln inmitten einer sumpfigen Lagune erbaut. Um mit diesen extrem schwierigen Verhältnissen fertig zu werden, ersannen die frühen venezianischen Baumeister Techniken, die nur in dieser Stadt angewandt wurden; auf eng stehenden Holzpfeilern bauten sie mit undurchlässigem Stein. Diese Methode erwies sich als höchst effektiv. Die meisten Gebäude, von denen viele seit 400 Jahren stehen, sind erstaunlich robust. Um 1500 sah die Stadt weitgehend aus wie heute, erst nach 1900 begannen neue Bauten das Stadtbild zu verändern.

Der Campo Santa Maria Mater Domini *ist ein typisch mittelalterlicher Platz mit zentralem Brunnen und einfachen, schmucklosen Fassaden – die Bauten verzierte man normalerweise nur an der dem Kanal zugewandten Seite.*

Holzpfähle *wurden 7,5 Meter tief in den Boden gerammt, bevor mit dem Bau begonnen wurde. Die Pfähle stecken in der komprimierten Lehmschicht* (caranto)*, dem Grund der Lagune.*

Glockentürme stehen wegen des abgesunken Untergrunds oft schief.

Istrischer Stein, eine Marmorart, wurde für den Bau feuchtigkeitsbeständiger Fundamente genutzt.

Backsteine

Dicht aneinander stehende Pfähle verrotten selbst in feuchtem Untergrund nicht, weil es keinen Sauerstoff gibt.

Wasserleitung

Sand diente als Filter

Brunnen versorgten die Bevölkerung mit Wasser. Regenwasser wurde durch ein Leitungssystem in eine mit Lehm ausgekleidete Zisterne geleitet, Sand filterte das Wasser.

Schöne Brunnen *wie dieser im Hof des Dogenpalasts, Ende des 19. Jahrhunderts fotografiert, weisen auf die lebenswichtige Bedeutung einer zuverlässigen Wasserversorgung für die Stadt hin. Strenge Gesetze schützten die Sauberkeit des Wassers; »Tiere, ungewaschene Gefäße und unsaubere Hände« waren verboten.*

Die Fundamente des Campanile

Als der Campanile auf der Piazza San Marco *(siehe S. 76)* 1902 einstürzte, stellte sich heraus, dass die alten Pfeiler der Untermauerung des 98,5 Meter hohen Wahrzeichens nach 1000 Jahren noch in ausgezeichnetem Zustand waren. Wie der Campanile ruhen alle Gebäude Venedigs auf Eichen- oder Kiefernpfählen, die in den Wäldern des Veneto gefällt und dann zur Lagune geflößt wurden. In den Untergrund der Lagune gerammt, bildeten sie ein starkes und flexibles Fundament. Dennoch können die Pfähle nur ein bestimmtes Gewicht tragen – der Campanile, der mehrmals aufgestockt worden war, wurde schließlich zu schwer. Auch beim Wiederaufbau des Turms verwandte man Holzfundamente, die jedoch doppelt so stark waren.

Die Campanile-Fundamente werden verstärkt

Brücken *waren oft in Privatbesitz, es wurde Brückenzoll erhoben. Ursprünglich hatte keine Brücke Geländer, sodass des Nachts in den dunklen Gassen höchste Vorsicht geboten war.*

Der Campo (Santa Maria Mater Domini)

Venedig besteht aus vielen selbstständigen Inselgemeinden, die durch Brücken mit den Nachbarinseln verbunden sind. Jede hat ihre eigene Wasserversorgung sowie Kirche und Glockenturm im Zentrum des *campo*, der einst auch Marktplatz war. Palazzi mit Läden und Lagerräumen im Erdgeschoss umgeben den *campo*, von dem schmale Gassen zu Werkstätten und einfachen Häusern führen.

Der venezianische Palazzo

Barockstatue

DIE HÄUSER VENEDIGS sind den Bedürfnissen einer Stadt ohne Straßen entsprechend angelegt. Besucher kamen normalerweise per Boot, sodass die dem Kanal zugewandte Seite reich verziert wurde, während die landeinwärts gerichtete Seite selten solche Beachtung fand. Die meisten Häuser sind dreistöckig, wobei die Küche entweder wegen des leichteren Zugangs zum Wasser im Erdgeschoss lag oder aber im Dachgeschoss , damit die Kochgerüche abziehen konnten. Im Palazzo befanden sich normalerweise die Geschäfts- und Lagerräume wie auch die Wohnung der Familie.

Renaissance-Eingang mit Löwe

BYZANTINISCH (12. UND 13. JH.)

Die ältesten noch stehenden Palazzi Venedigs stammen aus dem 13. Jahrhundert und spiegeln den Einfluss der byzantinischen Architektur wider. Man erkennt sie an ihren arkadenreichen offenen Galerien über die Breite des Obergeschosses. Einfache Schmuckelemente sind Blätter und Palmen.

Schmuckscheibe, Fondaco dei Turchi

Fassadenverzierungen zeigen das Wappen des Besitzers und den Markuslöwen.

Byzantinische Hufeisenbogen

Die Würfelkapitelle zeigen nur einfache Motive.

Der Palazzo Loredan (siehe S. 64) *hat elegante Arkaden im Erdgeschoss und eine arkadenreiche Galerie im Obergeschoss.*

Byzantinische Arkaden des Fondaco dei Turchi (1225 erbaut)

GOTISCH (13. BIS MITTE 15. JH.)

Es gibt in Venedig mehr Palazzi der Gotik als jeder anderen Stilrichtung. Der bekannteste ist der Dogenpalast *(siehe S. 84–89)* mit eleganten Bogen aus istrischem Stein und schönem Maßwerk, das der Fassade ein feines, spitzenartiges Aussehen verleiht. Diesen Stil erkennt man zudem an den Spitzbogen und verzierten Fensterstürzen.

Die verschränkten Streben der Kielbogen bilden ein feines Maßwerk.

Die Dreipassfensterstürze sind typisch gotisch.

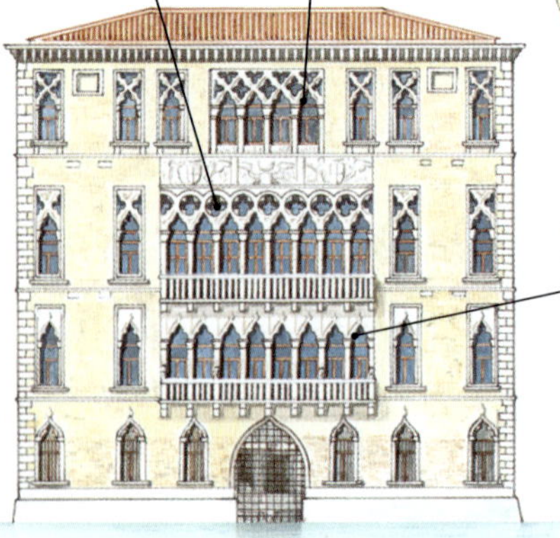

Die Ca' Foscari (siehe S. 66) *mit ihrer fein verzierten weißen Fassade aus istrischem Marmor und Spitzbogen aus dem 15. Jahrhundert.*

Vierpassmotive an eleganten Galeriefenstern

Gotische Kapitelle sind mit Blattwerk und Tieren verziert.

Gotische Kapitelle (Dogenpalast)

Renaissance (15. und 16. Jh.)

Zur Zeit der Renaissance baute man vorwiegend aus Sandstein anstelle des traditionellen venezianischen Backsteins. Der neue Stil basierte auf der Architektur der Klassik und betonte Symmetrie und harmonische Proportionen. Der Rückgriff auf römische und griechische Motive zeigt sich bei Gestaltungselementen wie gerillten Säulen, korinthischen Kapitellen und Halbkreisbogen.

Kühne Kranzgesimse sind ein Merkmal der Renaissance-Architektur.

Expressive Masken dienen als Schlusssteine der Fensterbogen.

Das venezianische Portal, ein sehr beliebtes Renaissancemotiv, hat einen runden Mittelbogen, flankiert von schmalen Seitentüren. Dieses Stilmittel wandte man auch bei Fenstern an.

Der Palazzo Grimani *(siehe S. 64) weist üppige Steinmetzarbeiten auf. Man errichtete massive Fundamente für das unglaubliche Gewicht des Bauwerks.*

Korinthische Pilaster am Portal von San Giovanni Evangelista

Barock (17. Jh.)

Das venezianische Barock hat seinen Ursprung im klassischen Stil der Renaissance, ist aber weit üppiger. Man ließ keinen Teil der Fassade unverziert; Girlanden, Engelchen, groteske Masken und Rosetten beleben die Fassaden von Gebäuden wie dem Ca' Pesaro aus dem 17. Jahrhundert.

Halbkreisfensterstürze des Palazzo Balbi mit einer Spandrille, die mit einem Kreis verziert ist.

Engelchen und gefiederte Köpfe sind in den barocken Fenstersturz aus Stein gemeißelt.

Nischenfenster und Säulengruppen führen zu einem interessanten Spiel von Licht und Schatten.

Massive Quader mit tiefen Rillen geben den unteren Mauern Halt.

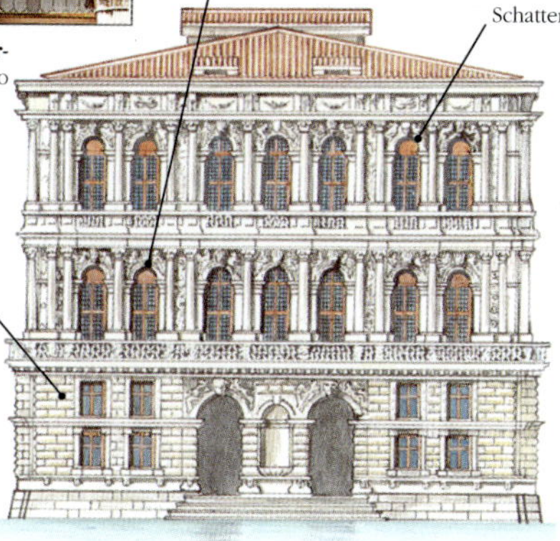

Die Ca' Pesaro *(siehe S. 62) besitzt eine flache Fassade, die mit tiefen Nischen und kühnen Vorsprüngen ein dreidimensionales Muster aus Stein bildet.*

Barockkartusche

Das venezianische Haus

Der Grundriss eines Palasts (oft *casa*, Haus, kurz *Ca'* genannt) hat sich trotz der verschiedenen äußeren Stilelemente über die Jahrhunderte wenig verändert.

Im Dachgeschoss wohnte die Dienerschaft.

Innenhöfe ersetzten die Gärten.

Im zweiten Obergeschoss wohnte die Familie.

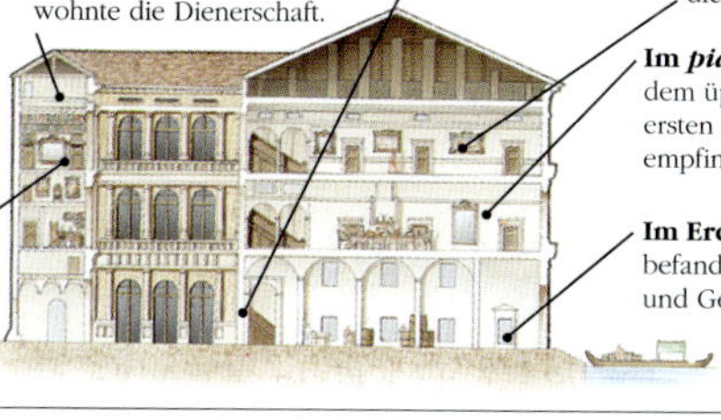

Büros, die zur Aufbewahrung von Akten dienten, wandelte man in Bibliotheken um.

Im *piano nobile*, dem üppig ausgestatteten ersten Obergeschoss, empfing man Gäste.

Im Erdgeschoss befanden sich Verkaufs- und Geschäftsräume.

Die Villen des Palladio

Andrea Palladio

Als es im 16. Jahrhundert unter den reichen Venezianern Mode wurde, Landsitze auf dem Festland zu erwerben, beauftragten viele den fleißigen Architekten Andrea Palladio (1508–1580), ihre Villen zu entwerfen. Inspiriert von römischen Vorbildern, wie sie die Autoren Vitruv und Virgil beschrieben hatten, baute Palladio seinen Kunden elegante Häuser, in denen es sich wunderbar leben ließ, die aber zugleich den Erfordernissen eines bäuerlichen Betriebs entsprachen. Palladios Entwürfe wurden viel kopiert und beeinflussen die Architekten bis heute.

***Der Bau** ist symmetrisch; Taubenschläge und Ställe bilden die Gegengewichte zum Haus.*

***Der Raum des kleinen Hundes** ist üppig und kunstvoll mit Fresken von Veronese verziert. Schauen Sie genau hin, um das Bild des Spaniels zu finden.*

***Das Nymphäum** verbindet das Schöne mit dem Nützlichen: Die Quelle, die das Becken speist, dient auch zur Wasserversorgung der Villa.*

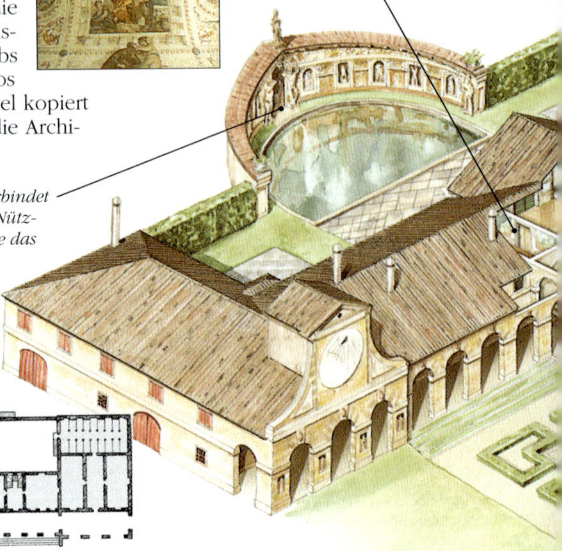

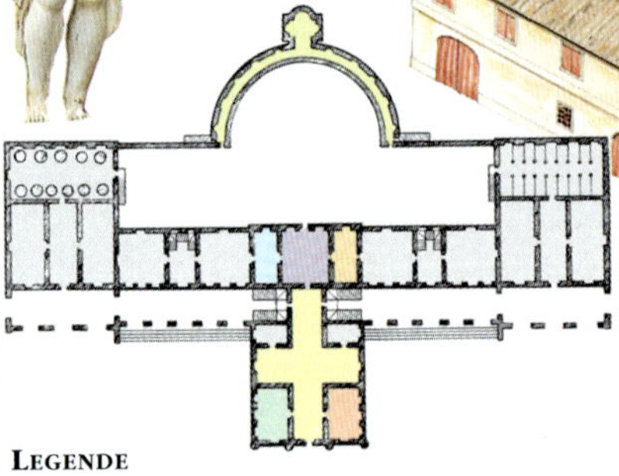

Legende

Crociera	Raum des kleinen Hundes
Bacchusraum	Raum der Öllampe
Raum des Liebestribunals	Nymphäum
Saal des Olymps	Keine Ausstellungsfläche

Die Villa Barbaro

Palladio und Veronese wirkten beim Bau dieser 1555 in Auftrag gegebenen Villa *(siehe S. 167)* eng zusammen. Täuschend echte Fresken falscher Balkone, Türen, Fenster und Landschaften schaffen den Eindruck größerer Weite.

Die Entwicklung der Villa

Palladio experimentierte mit verschiedenen Entwürfen, die er in seinen *Vier Büchern zur Architektur* 1570 veröffentlichte. Sie belegen seinen Einfallsreichtum und seine Fähigkeit, endlose Variationen des klassischen römischen Stils zu schaffen.

Die Statuen über dem Säulengang weisen auf Palladios Kenntnisse der römischen Baukunst hin.

Der Giebelpavillon ist alles, was von Palladios ehrgeizigem Plan blieb; das Haupthaus wurde nie gebaut.

Ställe und Lagerräume

Villa Thiene (1546), heute Rathaus von Quinto Vicentino

***Der Saal des Olymps** zeigt Giustiniana, die Hausherrin und Frau des venezianischen Gesandten Barbaro, mit ihrem jüngsten Sohn, der Amme und den Haustieren.*

***In der Crociera**, der Haupthalle, blicken Diener hinter falschen Türen hervor, gemalte Landschaften verwischen die Grenzen zwischen innen und außen.*

***Der Raum der Öllampe** symbolisiert tugendhaftes Verhalten: Hier lehnt sich die Stärke (mit Keule) an die Wahrheit.*

***Der Bacchusraum** mit seinen Winzerszenen und dem mit der Figur des Überflusses verzierten Kaminsims verdeutlicht das Ideal der Villa als Ort des Wohlergehens und des Reichtums.*

Die Arkaden ähneln Triumphbogen.

Hauptgebäude im Palazzostil

Wirtschaftsgebäude

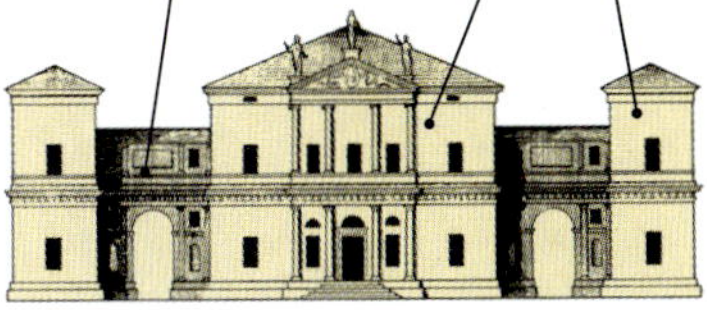

Villa Pisani (1555), Montagnana ***(siehe S. 184)***

Den überkuppelten, kreuzförmigen Grundriss übernahm Palladio von Kirchenbauten.

Die Fassaden zeigen in alle vier Himmelsrichtungen.

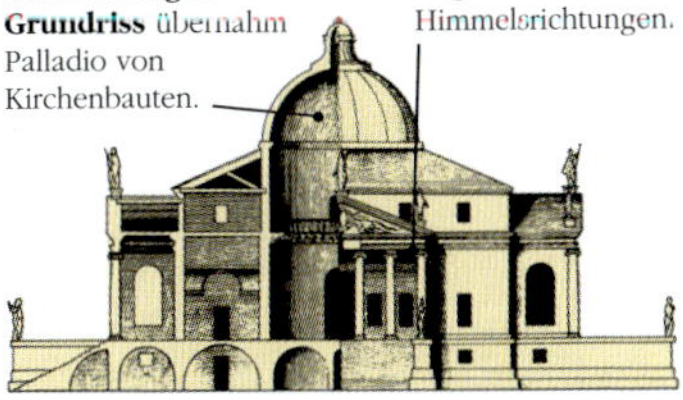

Villa Capra »La Rotonda« (1569), Vicenza ***(siehe S. 171)***

Venezianische Malerei

Ausschnitt aus Venezianos *Marienkrönung*

Die Venezianische Schule nahm sich die byzantinische Tradition der Ikonenmalerei, die nur religiösen Zwecken diente, zum Vorbild. Aufgrund der Handelsbeziehungen Venedigs mit Konstantinopel, der Hauptstadt von Byzanz, hielt sich der Einfluss hier länger als in jeder anderen italienischen Region. Andrea Mantegna führte um 1460 den Renaissancestil im Veneto ein, sein Schwager Giovanni Bellini wurde der führende Maler Venedigs. Anfang des 16. Jahrhunderts fanden die venezianischen Künstler zu einem eigenen Stil; vor allem sanfte Schattierungen und Lichtkontraste bestimmen die Werke der venezianischen Meister Tizian, Giorgione, Tintoretto und Veronese. Die Entwicklung des charakteristisch venezianischen Stils kann man anhand der chronologisch angeordneten Gemälde in der Accademia *(siehe S. 130–133)* verfolgen.

Das Jüngste Gericht (12. Jh.) von Torcello. Wegen des feuchten Klimas schmückte man die Kirchen Venedigs mit Mosaiken.

Byzantinische Gotik

In den Gemälden Paolo Venezianos werden idealisierte Figuren mit venezianischen Frisuren und Gewändern aus Stoffen, wie sie im 14. Jahrhundert in Venedig getragen wurden, dargestellt. Der üppige Gebrauch der Farben von Juwelen und von Gold, Symbol der Reinheit, kennzeichnet auch die Werke von Venezianos Schüler Lorenzo und die *Himmlischen Heerscharen* von Guariento *(siehe S. 179)*.

***Venezianos strahlendes Polyptychon** (1325), hier das mittlere Bild, befindet sich in der Accademia* (siehe S. 132).

Paolo Venezianos *Marienkrönung*

***Das sanfte Gesicht der Madonna** betont die elegante Feinheit von Venezianos Werk.*

Komposition und Farben ähneln der frühen byzantinischen Ikonenmalerei, die den Maler beeinflusste.

Arabesken auf den Tuniken belegen maurische Einflüsse.

Musiker wie diese spielten bei großen Festen im Markusdom.

Zeitskala

- **1356–1372 (aktiv)** Lorenzo Veneziano
- **1338–ca. 1368** Guariento
- **1430–1516** Giovanni Bellini
- **1431–1506** Andrea Mantegna
- **1415–1484** Antonio Vivarini
- **1483–1539** Giovanni Pordenone
- **1450–1526** Vittore Carpaccio
- **1480–1528** Palma il Vecchio
- **1480–1556** Lorenzo Lotto

1300 | 1350 | 1400 | 1450

- **1395–1455** Antonio Pisanello
- **1400–1471** Jacopo Bellini
- **1321–1362 (aktiv)** Paolo Veneziano
- **1429–1507** Gentile Bellini
- **1432–1499** Bartolomeo Vivarini
- **1441–1507** Alvise Vivarini
- **1467–1510** »Il Morto da Feltre«
- **1477–1510** Giorgione
- **1487–1576** Tizian

Byzantinische Gotik | Frührenaissance

***Illusionistische Details** täuschen das Auge: Die echte Wölbung wiederholt die gemalte.*

FRÜHRENAISSANCE

Die Maler waren von der klassischen Bildhauerkunst fasziniert und entwickelten Techniken der Perspektive und Schattierung, um Figuren dreidimensional wirken zu lassen. Der Gebrauch der auf Ei basierenden Temperafarben brachte klare Linien und kräftige Farben, jedoch wenig Abtönung. Die Familie Bellini beherrschte die Malerei in Venedig; Giovanni, der Anatomie studiert hatte, verlieh seinen Figuren ein ausdrucksstarkes Gesicht.

***Auf Bellinis Altarbild der Frari** (1488) stehen die Heiligen Petrus, Nikolaus, Benedikt und Markus neben der Madonna* (siehe S. 102).

Giovanni Bellinis *Madonna mit Kind und Heiligen*

Der hl. Benedikt trägt das Buch der benediktinischen Klosterregeln.

Die musizierenden Engel, die zu Füßen der Madonna spielen, sind ein Markenzeichen Bellinis.

HOCHRENAISSANCE

Die im späten 15. Jahrhundert entwickelten Ölfarben gaben den Malern größere Freiheit. Sie ermöglichten fließendere Übergänge, was Tizian meisterhaft nutzte. Die wachsende Ausdruckskraft durch Lichtkontraste bei Tizian und seinen Zeitgenossen führte zum venezianischen Stil, der in Tintorettos Spiel von Licht und Schatten gipfelte *(siehe S. 106f)*.

***1519 begann Tizian seine Madonna** für den Familienaltar der Pesaros in der Frari-Kirche* (siehe S. 102), *nachdem seine* Himmelfahrt Mariens *bereits den Hochaltar schmückte.*

Tizians *Madonna di Ca' Pesaro*

Die Madonna steht entgegen der Regel nicht im Zentrum, aber Tizians theatralischer Einsatz des Lichts zieht dennoch alle Aufmerksamkeit auf sie.

Petrus blickt auf den venezianischen Adligen Jacopo Pesaro herab, der kniend der Madonna huldigt.

***Mitglieder der Familie Pesaro**, Tizians Auftraggeber. Lunardo Pesaro, nach vorn blickend, war Erbe des Familienvermögens.*

1500 – 1550 – 1600 – 1650 – 1700

- **1500–1571** Paris Bordone
- **1517–1592** Jacopo Bassano
- **1518–1594** Tintoretto
- **1528–1588** Paolo Veronese
- **1548–1628** Palma il Giovane
- **1581–1644** Bernardo Strozzi
- **1600–1638** Francesco Maffei
- **1675–1758** Rosalba Carriera
- **1676–1729** Marco Ricci
- **1696–1770** Giambattista Tiepolo
- **1697–1768** Canaletto
- **1707–1788** Francesco Zuccarelli
- **1708–1785** Pietro Longhi
- **1712–1793** Francesco Guardi
- **1727–1804** Giandomenico Tiepolo

Hochrenaissance · **Barock, Rokoko und spätere Künstler**

Gondeln und Gondolieri

Hippocampus-Seepferdchen

Gondolieri sind Wahrzeichen und Teil der Mythologie Venedigs. Eine Legende besagt, dass sie mit Schwimmhäuten an den Füßen geboren werden, um auf dem Wasser laufen zu können. Die schlanke, flache Gondel ist bestens geeignet, durch die engen, seichten Kanäle gesteuert zu werden. Einst war die wichtigste Aufgabe der Gondeln, Waren von den Märkten zu den Palazzi zu transportieren, doch heute sind sie vorwiegend Vergnügungsboote, denn eine Gondelfahrt *(siehe S. 276)* gehört einfach zu jedem Venedigerlebnis. Wenn man in einem Transportmittel, das es schon vor über 1000 Jahren gab, an großen Palästen vorbeigleitet, erlebt man die Stadt aus einer ganz anderen Perspektive.

Der Squero di San Trovaso (siehe S. 129) *ist eine der ältesten von fünf noch bestehenden* squeri *(Gondelwerften). Hier lagert man frisches Holz, baut Gondeln und repariert einige der 400 existierenden Gondeln.*

Die asymmetrische Form *der Gondel wirkt der Ruderbewegung entgegen. Ohne diese Linksbiegung zum Bug, an der linken Seite 24 Zentimeter länger als an der rechten, würde sich das Boot im Kreis drehen.*

Eine alte Tradition

Gondeln werden in Handarbeit nach Techniken, die um 1880 entwickelt wurden, aus neun Hölzern – Buche, Kirsche, Ulme, Fichte, Lärche, Linde, Mahagoni, Eiche, Nussbaum – hergestellt und kosten etwa 13 000 Euro.

Gondelschmuck

Ursprünglich nahm man Pech oder Teer, um die Gondeln zu kalfatern. Im Lauf der Zeit wurde dieses Schwarz durch bunte Bemalung und schöne Teppiche ersetzt, aber diese Zurschaustellung des Reichtums wurde 1562 verboten. Heute sind alle Gondeln mit Ausnahme spezieller Festboote schwarz, nur mit ihrem *ferro* und einem goldenen Seepferdchen auf beiden Seiten verziert. Für spezielle Anlässe wie Hochzeiten nutzt man die *felze* (den traditionellen schwarzen Baldachin) und Blumengirlanden.

Gondeln für besondere Feierlichkeiten

Der obere Kanallauf des Canal Grande *(ca. 1738) ist eines der vielen Gemälde von Canaletto. Seit ihrer ersten urkundlichen Erwähnung 1094 sind die Gondeln eine venezianische Institution und inspirierten Schriftsteller, Maler und Musiker.*

Wettkämpfe und Bootsparaden *sind Teil einer Regatta in Venedig. Echte Gondolieri rudern zu zweit oder in Sechsermannschaften in eigens gebauten Wettkampfbooten. Auch viele Amateur-Gondolieri nehmen teil.*

Der *ferro* mit seinen Metallzähnen symbolisiert die sechs *sestieri* von Venedig unter dem Dogenhut und dient zum Ausbalancieren des Gewichts des Ruderers.

Sieben Schichten von schwarzem Lack geben der Gondel ihren Glanz.

Der Spant ist aus Eichenholz.

Mehr als 280 verschiedene Holzteile werden beim Bau einer Gondel zusammengesetzt.

Anlegepfosten *und Kanalwegweiser gibt es reichlich. Auf den Pfosten prangt manchmal ein Familienwappen, das einen privaten Anlegeplatz anzeigt.*

Trauergondel vor San Michele ***(siehe S. 148)***

Hochzeitsgondel

Venezianische Masken und der Karneval

Prunkvolles Kostüm

WÄHREND DES KARNEVALS, des Fests vor Beginn der Fastenzeit *(siehe S. 32)*, ist der Zauber der Stadt Venedig am größten. Masken und Kostüme spielen in diesem Treiben die Hauptrolle; soziale Schranken sind aufgehoben, die Anwesenden erfreuen sich am Schabernack, alles ist erlaubt. Die Tradition des Karnevals von Venedig begann im 11. Jahrhundert, ihren Höhepunkt erreichte sie im 18. Jahrhundert. Die Industrialisierung ließ wenig Freizeit, der Karneval verlor an Bedeutung. 1979 wurde er wieder zum Leben erweckt.

Moderne Maskenträger
Seit 1979 gibt es jedes Jahr mehr fantastische Kostüme und spontane Feste.

Pestdoktor
Das Kostüm geht auf den Gesichtsschutz des mittelalterlichen Arztes zurück, ebenso das Gewand, das zum Schutz vor der Pest getragen wurde.

Gesetze, die das Tragen kostbarer Spitzen verboten, wurden im Karneval ausgesetzt.

Die Ausgelassenheit venezianischer Frauen schockierte ausländische Beobachter.

Traditionelles Maskenfest

Im 18. Jahrhundert begann der Karneval mit mehreren Bällen auf der Piazza San Marco, wie dieses Gemälde an der Wand des Caffè Quadri *(siehe S. 74)* zeigt.

Glücksspiel im Ridotto
Ganze Vermögen wurden im Karneval im staatlichen Kasino verspielt; hier ein Gemälde (um 1768) von Guardi.

Straßenkünstler
Musiker und Komödianten begeistern die Menge auf der Piazza San Marco.

Das satyrartige Profil dieses Tänzers deutet an, dass er der verkleidete Teufel ist.

Colombine
Ein klassisches Kostüm: Sie trägt Spitzenkleid und Schürze, aber keine Maske.

Herstellung einer Maske

Viele Masken und die Figuren, die sie darstellen, sind in der Geschichte Venedigs tief verwurzelt. Obwohl z. B. der Pestdoktor an seiner Nase sofort erkannt wird, kann jede Gestalt vom Maskenhersteller individuell interpretiert werden – was jede Maske zu einem Kunstwerk macht.

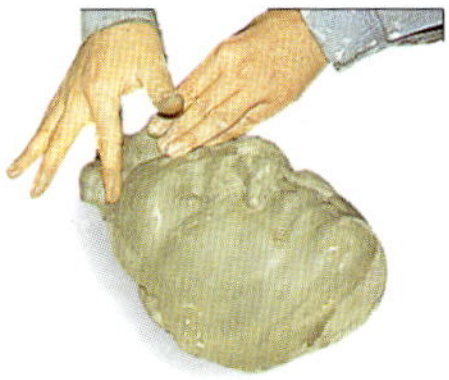

① ***Die Form der Maske*** *wird modelliert. Dann wird eine Gussform (gebrannter Gips) unter Verwendung der Tonskulptur hergestellt.*

② ***Pappmachémasse*** *zur Herstellung der Maske ist ein breiiges Gemisch aus Papier und Kleister als Bindemittel.*

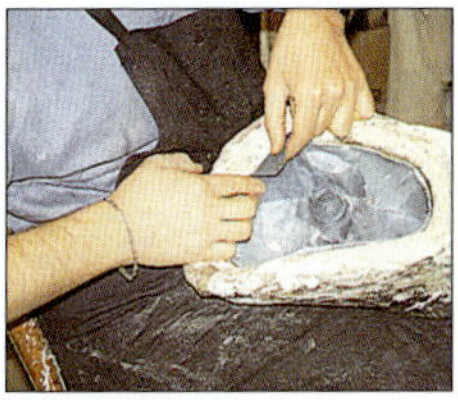

③ ***Die Maske*** *entsteht, indem die Pappmachémasse in die Gipsform gedrückt wird. Beim Trocknen wird sie fest, bleibt aber formbar.*

④ ***Kleister und Leim*** *über der Pappmachémasse geben der Maske eine schimmernde Oberfläche, vergleichbar mit Porzellan.*

⑤ ***Mit einer Schleifglanzpolitur*** *wird die Maske poliert und damit für die weiße Grundierung vorbereitet.*

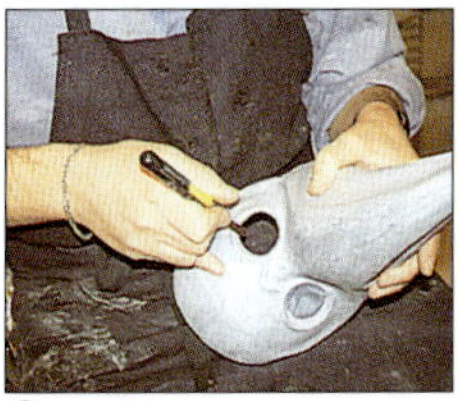

⑥ ***Das Ausschneiden der Augenhöhlen****, der Nasenlöcher und des Munds erfordert eine ruhige Hand.*

⑦ ***Die Gesichtszüge*** *und die letzten Feinheiten werden mit wenigen Pinselstrichen auf die Maske gemalt.*

⑧ ***Die fertige Maske*** *kann man im Karneval tragen oder als Souvenir an die Wand hängen.*

Das Jahr in Venedig und im Veneto

Venedig fasziniert zu jeder Jahreszeit. Sogar der Nebel im Winter verstärkt den Zauber der Stadt, doch der hellblaue Himmel und angenehmes Wetter machen Frühjahr und Herbst zur besten Reisezeit. Das gilt umso mehr, wenn Sie einen Besuch Venedigs mit einer Fahrt durch das Veneto verbinden wollen, wo sich Gärten und Bergweiden im April in bunter Pracht zeigen. Im Herbst nehmen in der Region Buchen, Birken und Kastanien alle Schattierungen von Rot bis Gold an. Im Sommer lindert der Gardasee, der von der Schneeschmelze der Alpen gespeist wird, die Hitze. Die Winter sind mild und erlauben den Anbau von Limonen und Orangen.

Flaggenwerfer in Feltre

Winter im Po-Delta

Winter

Einst war im Winter wenig Betrieb, doch jetzt kommen immer mehr Besucher vor allem über Weihnachten, Neujahr und im Karneval nach Venedig. So mancher Tag beginnt regnerisch und endet in voller Farbenpracht – mit den von regennassen Gebäuden reflektierten Sonnenuntergängen, die Canaletto so gerne malte. In den Wintersportorten der Dolomiten findet man von Anfang Dezember bis Winterende ideale Schneeverhältnisse vor.

Dezember

Weihnachten: In den Kirchen in Venedig und dem Veneto werden vor Weihnachten Krippen aufgestellt. Der Besuch einer Messe ist zu dieser Zeit selbst für nicht besonders religiöse Menschen ein bewegendes Erlebnis.

Canto della Stella: In Desenzano am Gardasee *(siehe S. 204)* gibt es an Weihnachten Prozessionen, die Canto della Stella, wörtlich »Lied an den Stern«, genannt werden.

Januar

Dreikönig *(6. Jan)*: Die Kinder des Veneto bekommen an Dreikönig wieder Geschenke, die angeblich die alte Hexe Befania (auch Befana, Refana oder Berolon genannt) bringt. Es wird gesagt, sie habe Weihnachten vergessen, weil sie so mit ihrem Hausputz beschäftigt war. Brave Kinder bekommen normalerweise Süßigkeiten, böse dagegen Asche aus ihrem Herd. In den Schaufenstern der Bäckereien sieht man neben Bildern der Hexe wenig verlockende Kekse, die wie Holzkohle aussehen.

Februar

Karneval *(die letzten zehn Tage vor Faschingsdienstag)*: *Carnevale* bedeutet wörtlich »Abschied vom Fleisch« und wird im ganzen Veneto vor der Fastenzeit begangen *(siehe S. 30)*. Im 11. Jahrhundert feierte nur Venedig ein ausgelassenes, zwei Monate dauerndes Fest. Im 18. Jahrhundert verlor der Karneval an Bedeutung, wurde aber 1979 mit so großem Erfolg wiederbelebt, dass die Zufahrt zur Stadt vorübergehend gesperrt werden musste, um eine Überfüllung zu verhindern. Heute bietet das Fest Gelegenheit, mit Maske und Kostüm durch die Stadt zu streifen. Das Fremdenverkehrsamt gibt Auskunft über die Veranstaltungen, aber jeder kann sich eine Maske kaufen, mitmachen und dabei die Kostüme auf der Piazza San Marco *(siehe S. 74f)* bestaunen.

Bacanal del Gnoco *(11. Feb)*: Maskenumzug in Verona mit ausländischen Gruppen und allegorischen Flößen. Auf den Plätzen finden Maskenbälle statt.

Maskenträger beim Karneval

Sonnenschein
In Venedig und dem Veneto gibt es nur wenige Tage ohne Sonne. Die Sonnenscheindauer steigt bis zum Hochsommer kontinuierlich an; dann ist es gefährlich, sich ohne Sonnenschutz im Freien aufzuhalten.

Frühlingsglyzinie in den Giardini Giusti in Verona *(siehe S. 203)*

Frühling

Das ist die Jahreszeit, in der die schönen Gärten im Veneto und um den Gardasee richtig zur Geltung kommen. Nach der Schneeschmelze kommt die Zeit der kurzen Blüte der Alpenwiesen und Naturschutzgebiete, die für seltene Orchideen- und Enzianarten bekannt sind. In Verona gibt es den Kirschenmarkt, viele andere Städte feiern die Ernte der ersten Feldfrüchte.

März

La Veccia *(Mitte der Fastenzeit)*: In Gargnano und Gardone am Gardasee *(siehe S. 204–209)* finden historische Feste statt, bei denen eine alte Frau symbolisch auf dem Scheiterhaufen verbrannt wird. Die Hexentribunale erinnern an das Mittelalter.
Su e zo per i ponti *(2. So im März)*: ein strapaziöser Lauf durch Venedig. Die Teilnehmer rennen durch die Gassen *su e zo per i ponti* (die Brücken rauf und runter).

April

Festa di San Marco *(25. April)*: Am Markusfest des Schutzheiligen von Venedig findet eine Gondelwettfahrt zwischen Sant'Elena *(siehe S. 121)* und Punta della Dogana *(siehe S. 135)* statt; das traditionelle Gericht an diesem Tag ist *risi e bisi (siehe S. 236)*. Jeder Mann überreicht seiner Frau eine rote Rose.

Mai

Festa della Sparasea *(1. Mai)*: Fest und Regatta anlässlich des ersten Spargels der Saison bei Cavallino, wo der Spargel wächst.

Frühjahrsgemüse auf dem Rialtomarkt

La Sensa *(So nach Himmelfahrt)*: Das Fest der »Vermählung mit dem Meer« ist ein Publikumsmagnet, seit der Doge Pietro Orseolo das Fest im Jahr 1000 einführte. Einst wurde die Zeremonie mit großem Pomp durchgeführt. Heute werden die Worte »Wir vermählen uns dir, o Meer, zum Zeichen der echten und dauerhaften Herrschaft« von einem Würdenträger gesprochen, der einen Lorbeerkranz und einen Ring ins Meer wirft.

La Sensa, Venedigs alljährliche »Vermählung mit dem Meer«

Vogalonga *(So nach La Sensa)*: Hunderte von Booten nehmen an der Vogalonga (»Langes Rudern«) von der Piazza San Marco nach Burano *(siehe S. 150)* und zurück teil.
Festa Medioevale del vino bianco Soave *(5. Mai)*: mittelalterliches Fest zum Gedenken an die Investitur des Castillian von Suavien. Man veranstaltet eine Prozession unter einem bestimmten Motto, Musik- und Theateraufführungen auf dem Hauptplatz und Sportereignisse.
Valpollicellore *(8. Mai)*: Weinfest in Cellore mit Ausstellungen und Weinproben.

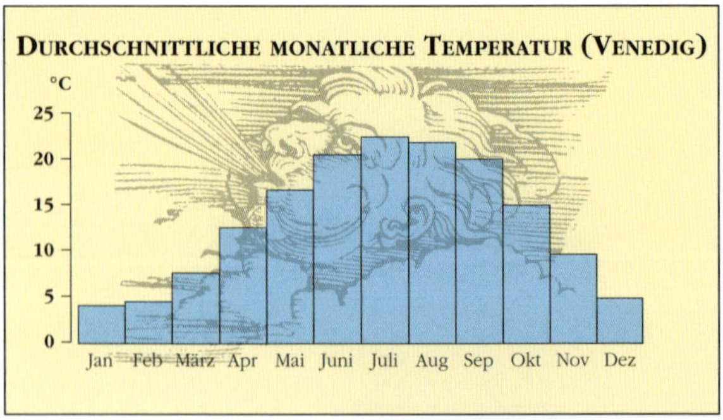

Temperaturen
Im Sommer kann die Feuchtigkeit unerträglich sein, während im Winter gelegentlich Schnee fällt. Die Temperaturen sind in den Dolomiten erheblich niedriger, hier findet man von November bis März Schnee und Eis vor.

Sommer

Im Sommer kommen Besuchermassen nach Venedig. Die Schlangen vor Museen und Sehenswürdigkeiten sind lang und Hotels oft ausgebucht. Meiden Sie die Schulferien (Mitte Juli bis Ende August). Verona ist voller Opernliebhaber, die das Festival besuchen, aber im Veneto kann man durchaus den Massen entfliehen und die Gegend genießen.

Juni

Sagra di Sant'Antonio *(13. Juni)*: Seit Jahrhunderten wird in Padua das Fest des heiligen Antonius gefeiert. Auf dem Prato della Valle *(siehe S. 183)* ist Volksfest.
Biennale *(Juni–Okt)*: Die weltweit größte Ausstellung moderner Kunst findet alle zwei Jahre in Venedig statt *(siehe S. 256)*.
Festa di Santi Pietro e Paolo *(Ende Juni)*: Das Fest der Heiligen Peter und Paul wird in vielen Orten mit Jahrmärkten und Musikfestivals begangen.
Regata di Santi Giovanni e Paolo *(3. So im Juni)*: klassische Segelregatta in der Adria vor Caorle *(siehe S. 175)*.

Werk des japanischen Künstlers Yayoi Kusama bei der Biennale

Boote zu vermieten in Sirmione am Gardasee

Juli

Opernfestival *(Juli–Sep)*: Veronas berühmtes Opernfestival findet zeitgleich mit dem ebenso bekannten Shakespeare-Festival statt. Musik, Theater, Oper und Tanz vor der Kulisse der römischen Arena und der Kirchen der Stadt *(siehe S. 256f)*.
Festa del Redentore *(3. So im Juli)*: Venedig gedenkt mit diesem Fest der Erlösung von der Pestepidemie von 1576. Eine Brücke aus Booten führt dann über den Canale della Giudecca, damit die Leute zur Messe in die Erlöserkirche gehen können. Samstagnacht versammeln sich die Menschen auf den Zattere *(siehe S. 128f)* oder rudern in die Lagune, um das Feuerwerk zu betrachten *(siehe S. 154)*.
Sardellata al Pal del Vo' *(22. Juli)*: Fischfang bei Mondschein auf dem Gardasee beim Pal del Vo'. Auf lampiongeschmückten Booten wird der Fang gegrillt und an Gäste und Fischer verteilt.

August

Dorffeste: Im Ferienmonat finden überall im Veneto Feste statt. Besucher haben die Gelegenheit, einheimische Speisen und Weine zu kosten und Trachten und Tänze zu bestaunen. Um den Gardasee gibt es oft Feuerwerke und Wettfahrten in Booten, die großen Gondeln ähneln.
Palio di Feltre *(1. Woche im Aug)*: Turniere, Pferderennen und Festivitäten erinnern an den Beitritt Feltres zum venezianischen Reich *(siehe S. 219)*.
Festa dell'Assunta *(6.–14. Aug)*: neuntägiges Fest in Treviso *(siehe S. 174)*. Bei dem bunten Treiben gibt es Tanz-, Poesie-, Kabarett- und Musikwettbewerbe.

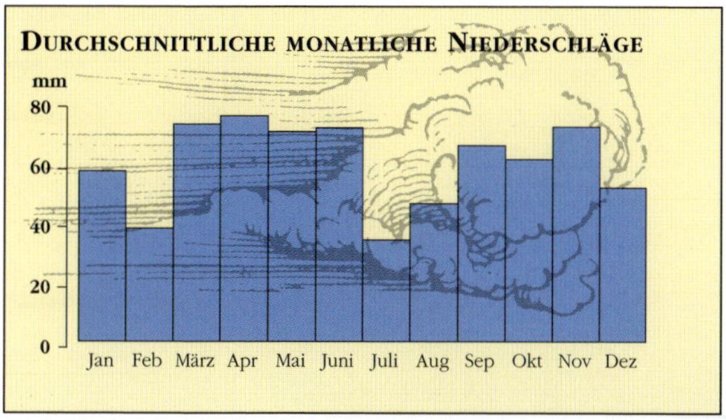

Niederschläge
Aufgrund der Nähe zu Alpen und Meer haben Venedig und das Veneto deutlich mehr Niederschlag als der Rest Italiens; es besteht hier jederzeit die Möglichkeit, dass es regnet. Die trockensten Monate sind Februar und Juli.

HERBST

Kaum ist es Herbst, sieht man überall Marktstände, an denen eine Riesenauswahl an Pilzen verkauft wird. Die Menschen sammeln sie in Scharen im Wald; Pilz- und Wildgerichte beherrschen zu dieser Zeit die Speisekarten der Restaurants. Im Herbst findet freilich auch die Weinlese statt, eine arbeitsreiche Zeit in den Weinbaugebieten des Soave, Bardolino und Valpolicella *(siehe S. 208f)*, aber auch die Zeit der Feste.

Trauben reifen in der Region von Bardolino

Mittelalterliche Kostüme auf Montagnanas Palio dei Dieci Comuni

SEPTEMBER

Filmfestival in Venedig *(Anfang Sep)*: Das Festival lockt Filmstars und *paparazzi* zum Lido *(siehe S. 157)*.
Regata Storica *(1. So im Sep)*: Gondolieri und andere Ruderer bestreiten diese Regatta, die mit einer historischen Bootsparade auf dem Canal Grande beginnt.

Partita a scacchi *(2. Wochenende im Sep in Jahren mit gerader Zahl)*: Auf dem schachbrettartig angelegten Hauptplatz von Maròstica findet ein Schachspiel mit menschlichen Figuren in mittelalterlichen Kostümen statt *(siehe S. 166)*.
Palio dei Dieci Comuni *(1. So im Sep)*: Die Befreiung der Stadt Montagnana wird mit Festumzug und Pferderennen gefeiert *(siehe S. 184)*.

OKTOBER

Bardolino-Weinfest *(1. So im Okt)*: Fest für Weinliebhaber zum Ende der Weinlese.
Festa del Mosto *(1. Wochenende im Okt)*: Mostfest auf Sant'Erasmo *(siehe S. 149)*, der Garteninsel in der Lagune.
Venedig Marathon *(Mitte Okt)*: Start an der Brenta Riviera und Ziel in Venedig.

NOVEMBER

Festa della Salute *(21. Nov)*: Bootsbrücke über den Canal Grande zur Kirche Santa Maria della Salute *(siehe S. 135)*.

FEIERTAGE

Capodanno *(Neujahr, 1. Jan)*
Epifania *(Hl. Drei Könige, 6. Jan)*
Domenico di Pasqua und **Lunedì dell'Angelo** *(Ostern)*
Anniversario della Liberazione *(Tag der Befreiung, 25. Apr)*
Festa del lavoro *(1. Mai)*
Ferragosto *(Mariä Himmelfahrt, 15. Aug)*
Ognisanti *(Allerheiligen, 1. Nov)*
Immacolata Concezione *(Mariä Empfängnis, 8. Dez)*
Natale und **Santo Stefano** *(25. und 26. Dez)*

Ruderer trainieren für die Regata Storica

DIE GESCHICHTE VENEDIGS UND DES VENETO

DEM GEFLÜGELTEN Markuslöwen begegnet man überall im Veneto. Er thront auf Säulen auf den Hauptplätzen von Vicenza, Verona, Chioggia und anderen Städten – ein Zeichen dafür, dass diese Orte einst zur stolzen venezianischen Seemacht gehörten. Dass der Löwe nie als verhasstes Symbol der Unterdrückung heruntergerissen wurde, ist auf die milde Herrschaft Venedigs zurückzuführen.

Doge Giovanni Mocenigo (1478–85)

Im 6. Jahrhundert bestand Venedig nur aus einer Ansammlung kleiner Dörfer in der sumpfigen Lagune. Im 13. Jahrhundert beherrschte es bereits das Byzantinische Reich, 1508 sahen sich der Papst, die Könige von Frankreich und Spanien sowie der deutsche Kaiser Maximilian gezwungen, sich gegen die Ausbreitung dieser Großmacht zu verbünden. Ihre Armeen, die die Liga von Cambrai bildeten, nahmen die Städte des Veneto ein, einschließlich Vicenza. Die Ausbreitung des Machtbereichs war damit gestoppt, doch Venedig beherrschte noch weitere 200 Jahre den östlichen Mittelmeerraum. Das venezianische Regierungssystem kam dem einer Republik, wie sie sich erst im 19. Jahrhundert realisieren sollte, ziemlich nahe. Sein Herrschaftsbereich blühte, bis 1797 Napoléon sich darauf verstieg, Venedig einzunehmen. Aber zu jener Zeit war die Stadt bereits der Inbegriff von Dekadenz und Verfall, weil der Kaufmannsgeist, der die Serenissima einst zur Größe geführt und ihre Macht so lange gestützt hatte, verloren gegangen war. Als sei die Stadt von der 1376 Jahre dauernden Unabhängigkeit erschöpft, dankte der Doge ab, aber das Vermächtnis besteht fort und fasziniert durch Schönheit und Geschichte.

Ein Stadtplan von 1550 zeigt, wie wenig sich Venedig in fast 500 Jahren verändert hat

◁ *Triumph des Dogen Nicolò da Ponte* (1580–84) von Tintoretto, Sala del Maggior Consiglio, Dogenpalast

Das Veneto in römischer Zeit

Römische Büste in Vicenza

Der Name Veneto leitet sich von den Venetern ab, den vorrömischen Bewohnern der Region, deren Territorium jedoch im 3. Jahrhundert v. Chr. an die militärisch übermächtigen Römer fiel. Verona wurde als Stützpunkt für die römische Armee erbaut, die nach Norden über die Alpen vorstieß und einen Großteil des heutigen Frankreichs und Deutschlands besetzte. Das Veneto gedieh unter römischer Herrschaft, ab dem 4. Jahrhundert n. Chr. wurde die Region jedoch wiederholt von Barbaren überfallen. Von den Kämpfen zwischen Rom und Konstantinopel aufgerieben, begann sich die römische Verwaltung allmählich aufzulösen.

Reiter der römischen Armee
Goten, Hunnen und Vandalen dienten als Söldner der römischen Kavallerie, später plünderten sie nur.

Pferdewagen
Funde der Region belegen die technologische Fortschrittlichkeit und den luxuriösen Lebensstil der Bewohner.

Das Forum (Marktplatz)

Die Arena wurde um 30 n. Chr. zur Unterhaltung der in Verona stationierten Truppen erbaut. Sie fasste 30 000 Zuschauer.

Verona
Das befestigte und vom Fluss Adige (Etsch) umgebene Verona bestand zur Römerzeit aus quadratischen Blocks (*insulae* = Inseln). Auf dem Forum errichtete man im Mittelalter Paläste, doch einige Römerbauten kann man noch heute sehen *(siehe S. 192–203)*.

Wagenrennen
Der Wagen im Museum von Adria (siehe S. 185) *zeigt, dass die Römer diesen Wettkampf von ihren Vorgängern übernahmen.*

Zeitskala

6. Jh v. Chr. Die Region Veneto ist von Enetern und Venetern bewohnt

84 v. Chr. Catull, römischer Dichter von Liebeslyrik, wird in Verona geboren

89 v. Chr. Den Bewohnern von Verona, Padua, Vicenza, Este und Treviso werden die römischen Bürgerrechte zuerkannt

600 v. Chr.	500	400	300	200	100

3. Jh. v. Chr. Die Römer erobern das Veneto. Die Veneter und Eneter übernehmen die römische Kultur und verlieren ihre eigene Identität

Catull (84–ca. 54 v. Chr.)

Jagd in der Lagune
Die wenig gastliche Lagune war Jagdgebiet von Fischern und Jägern, die hier Wild und Vögel erlegten. Die Lagune war zugleich Zufluchtsort bei Überfällen der Hunnen und Goten.

Im Theater, im 1. Jahrhundert v. Chr. erbaut, finden noch heute Freilichtaufführungen statt *(siehe S. 256)*.

Zwei Bogen des Ponte Romano *(siehe S. 202)* sind noch erhalten.

Gladiatoren
Bürger versammelten sich zu den Gladiatorenkämpfen, bei denen Kriegsgefangene, Kriminelle und christliche Märtyrer durch das Schwert starben.

Wegweiser: Römisches Veneto

Verona *(S. 192–203)* hat die meisten römischen Sehenswürdigkeiten der Region; im Archäologischen Museum *(S. 202)* sieht man zahllose Mosaiken und Skulpturen, in Castelvecchio *(S. 193)* sehr seltenes Glas und Silber der ersten Christen. Gute Museen gibt es auch in Este *(S. 184f)*, Adria *(S. 185)*, Treviso *(S. 174)* und Portogruaro bei Concordia *(S. 175)*.

Das Mosaik einer Nachtigall *im Museum von Treviso stammt aus Trevisium, wie die Stadt unter den Römern hieß.*

Veronas Arena *ist Aufführungsort von Opern, obwohl die Außenwand durch Erdbeben zerstört wurde.*

100 n. Chr. Bau der Arena (Veronas Amphitheater). Kaufleute aus dem Nahen Osten bringen das Christentum in die Region

401 Angeführt von Alarich, fallen die Goten in Norditalien ein; das Veneto wird am stärksten verwüstet

360 Die nördlichen Grenzen des Römischen Reichs werden von Slawen und Teutonen angegriffen

Heerführer Witigis

1 n. Chr. | **100** | **200** | **300** | **400**

59 v. Chr. Livius, römischer Historiker, wird in Padua geboren

313 Konstantin der Große erklärt das Christentum zur offiziellen Religion

330 Konstantinopel wird anstelle von Rom Hauptstadt des Römischen Reichs

395 Das Römische Reich zerfällt in ein westliches und ein östliches Reich

410 Alarich gelingt es, Rom einzunehmen, er stirbt aber im gleichen Jahr

Die Gründung Venedigs

Venezianische Münze (9. Jh.)

DIE BEWOHNER des Veneto flohen vor den Goten, die plündernd und brandschatzend in Richtung Rom vordrangen. Schutz fanden sie auf den unbewohnten Inseln an der sumpfigen Küste. Dort bauten sie Dörfer, und so entstand aus der Asche des Römischen Reichs die Stadt Venedig (laut Chroniken 421 gegründet). Man nutzte die leicht zu verteidigende Lage und knüpfte wichtige Handelsbeziehungen zu Byzanz. Venedig dokumentierte sein Selbstbewusstsein, indem es ganz unverfroren die Reliquie des Evangelisten Markus aus Alexandria in Ägypten raubte.

Frühe venezianische Siedlungen
Um die Rialtobrücke (von rivo alto, *hohe Inselbank) entstand eine der vielen frühen Siedlungen.*

Der erste Kreuzzug *(1095–99)*
Venedig nutzte die Kreuzzüge geschickt zum eigenen Vorteil, erwarb Handelsrechte und eroberte Städte wie Antiochia und Tripolis.

San Marco vor dem Umbau im 14. Jahrhundert.

Der Bischof von Altino
Die Kathedrale von Torcello wurde 639 erbaut, nachdem der Bischof eine Massenflucht vor den Lombarden auf die Inseln angeführt hatte.

DIE ANKUNFT DER RELIQUIE

Das Mosaik (13. Jh.) an der Fassade des Markusdoms zeigt den Leichnam des heiligen Markus, wie er in die neu erbaute Basilika gebracht und dort 832 erneut bestattet wird. Mit dem Raub der Gebeine des Evangelisten erhob Venedig den Anspruch, neben Rom eine der wichtigsten Städte der Christenheit zu sein.

ZEITSKALA

- **421** Gründung Venedigs; als Gründungsdatum gilt der Tag des heiligen Markus, der 25. April
- **452** Hunnenkönig Attila fällt in Italien ein und plündert das Veneto
- **552** Der Gote Totila fällt in Italien ein und zerstört viele Städte des Veneto
- **570** Erste Invasion der Lombarden in Norditalien. Beginn der Massenflucht aus den Städten auf die Laguneninseln
- **639** Die Kathedrale von Torcello wird gegründet
- **697** Nach der Legende wird Paoluccio Anafesta zum ersten Dogen gewählt
- **726** Erste Nennung eines Dogen, Orso Ipato
- **774** Karl der Große hilft bei der Vertreibung der Lombarden
- **800** Karl der Große wird von Papst Leo III. zum Kaiser des Hl. Römischen Reichs gekrönt

400 | 500 | 600 | 700 | 800

Karl der Große (742–814)

Der Attila-Thron in Torcello

Diplomatie
Wegen der strategisch günstigen Lage zwischen Rom und Byzanz spielte für Venedig Diplomatie stets eine große Rolle. Hier empfängt der Doge Ziani den Kaiser des Hl. Römischen Reichs, Friedrich I., den er 1177 mit Papst Alexander III. versöhnte.

WEGWEISER: FRÜHES VENEDIG

Die Kathedrale in Torcello *(siehe S. 152f)* ist das älteste erhaltene Gebäude Venedigs. Im Markusdom finden sich viele alte Schätze. Frühe venezianische Münzen besitzt das Museo Correr *(siehe S. 77)*. Die Originalstatue des heiligen Theodor steht im Hof des Dogenpalasts.

***Die Mosaiken (11. Jh.)** der Kathedrale von Torcello, Meisterwerke der byzantinischen Kunst, stammen von Künstlern aus Konstantinopel.*

***Die Pala d'Oro**, ein Altarbild des Markusdoms im 10. Jahrhundert, zeigt Kaufleute, die die Gebeine des heiligen Markus nach Venedig bringen.*

Der Raub der Gebeine des heiligen Markus aus Alexandria galt als christliche Heldentat.

Der Doge und sein Gefolge tragen Hüte und Gewänder in byzantinischem Stil.

Der heilige Theodor
Der Kaiser von Byzanz machte Theodor zum Schutzheiligen von Venedig. Doch Venedig zog den heiligen Markus vor, ein Zeichen des Widerstands gegen Byzanz.

814 Erste venezianische Münzen werden geprägt; Baubeginn des ersten Dogenpalasts

832 Fertigstellung der ersten San-Marco-Basilika

1095 Erster Kreuzzug; Venedig stellt Schiffe und Ausrüstung

1171 Gründung der sechs Stadtviertel *(sestieri)*

1120 Baubeginn von San Zeno in Verona

1173 Erste Rialtobrücke

1177 Kaiser Friedrich Barbarossa willigt ein, mit Papst Alexander III. Frieden zu schließen

900 | 1000 | 1100 | 1200

888 König Berengar I. wählt Verona als Regierungssitz

828 Venezianische Kaufleute rauben die Gebeine des hl. Markus aus Alexandria

1128 Straßenbeleuchtung in Venedig

1000 Der Doge Pietro Orseolo befreit die Adria von Piraten; dies wird mit der ersten »Vermählung mit dem Meer« gefeiert

1202 Venedig nutzt den vierten Kreuzzug zur Eroberung von Byzanz

Die Machtausbreitung

Der Dogenhut,
la zogia

WÄHREND DES MITTELALTERS nahmen Macht und Einfluss Venedigs im gesamten östlichen Mittelmeerraum zu und gipfelten im Jahr 1204 in der Eroberung von Byzanz. Venedig selbst besaß im Gegensatz zu der in Kleinkriege verstrickten Region eine einzigartig geordnete Regierung, angeführt von einem Dogen, dessen Machtbefugnisse in der venezianischen Verfassung klar festgelegt waren. Die wahre Macht besaßen der Rat der Zehn und die etwa 2000 Mitglieder des Großen Rats, aus dessen Reihen der Doge und seine Berater gewählt wurden.

Bocca di leone
Solche Briefkästen wurden zur anonymen Meldung von Verbrechen genutzt.

Cangrande I
Als Begründer der Scaliger-Dynastie von Verona (siehe S. 207) *war Cangrande (»großer Hund«) Inbegriff eines totalitären Herrschers.*

Der Doge Enrico Dandolo führte den Angriff auf Konstantinopel an, obwohl er über 90 Jahre alt und völlig erblindet war.

BELAGERUNG VON KONSTANTINOPEL
Die Führer des vierten Kreuzzugs griffen die Hauptstadt von Byzanz als Gegenleistung für die von Venedig bereitgestellten Kriegsschiffe an. Konstantinopel fiel 1204, Venedig herrschte über das Byzantinische Reich.

Marco Polo in China
Der venezianische Kaufmann (siehe S. 143) *verbrachte über 20 Jahre am Hof von Kublai Khan.*

ZEITSKALA

1204 Eroberung von Konstantinopel; Venedig erbeutet auch die vier Bronzepferde

1222 Gründung der Universität von Padua

1260 Die Familie Scaligeri beherrscht Verona

1271–95 Marco Polos Reise nach China

1309 Baubeginn des heutigen Dogenpalasts

1325 Die Namen der bedeutendsten Familien Venedigs werden im Goldenen Buch eingetragen

1200 | 1250 | 1300 | 1350

Die vier Pferde von San Marco

1284 Die ersten Golddukaten werden in Venedig geprägt

1301 Dante, aus Florenz verbannt, wird in Verona von den Scaliger-Regenten aufgenommen

1304–13 Giotto malt die Fresken der Scrovegni-Kapelle in Padua *(S. 180f)*

1310 Venezianische Verfassung verabschiedet; Rat der Zehn gebildet

1348/49 Die Hälfte der Bevölkerung Venedigs fällt der Pest zum Opfer

Enthauptung
Der Doge Marin Falier, der durch dunkle Machenschaften Herrscher von Venedig geworden war, wurde zur Abschreckung 1355 geköpft.

Reichsschätze und viele Gebäude gingen verloren, als die 900 Jahre alte Stadt geplündert und niedergebrannt wurde.

Soldaten kletterten von Galeeren auf die Befestigungsanlagen.

Dieser Stab
wurde zum Zählen der Stimmen bei der Dogenwahl benutzt, bei der ein komplizierter Wahlmodus Bestechungen verhindern sollte.

Königin von Zypern
Venedig gewann Zypern 1489 durch die Heirat von Caterina Cornaro, die einer der vornehmsten Familien Venedigs entstammte, mit dem König von Zypern; er wurde kurz darauf vergiftet.

Wegweiser: Grossmacht Venedig

Der Dogenpalast war glanzvolles Machtzentrum, aber auch Gefängnis und Folterkammer *(siehe S. 84–89)*. Einzelheiten über die Verfassung erfährt man im Museo Correr *(siehe S. 77)*. In den Zattere gibt es noch eine *bocca di leone (siehe S. 129)*.

***Viele Dogen** wurden mit Denkmälern im Renaissancestil in der Kirche Santi Giovanni e Paolo* (siehe S. 116f) *geehrt.*

***Versammlungen des Großen Rats**, der von Kaufleuten beherrscht wurde, fanden in der Sala del Maggior Consiglio* (siehe S. 87) *im Dogenpalast statt.*

Schlacht von Chioggia

1489 Zypern fällt durch die Heirat von Caterina Cornaro an Venedig

1518 Tizians *Himmelfahrt* wird in der Frari aufgehängt *(S. 102)*

1400 | **1450** | **1500**

1380 Schlacht von Chioggia: Venedig siegt über Genua und erlangt die unangefochtene Vormachtstellung im Mittelmeerraum

1430 Giovanni Bellini wird geboren

1453 Konstantinopel fällt an die Türken; Venedig auf dem Höhepunkt der Macht

1508 Der Architekt Andrea Palladio wird in Padua geboren

Tizian (1487–1576)

Die Königin der Adria

Rüstung (16. Jh.) im Dogenpalast

IM 16. JAHRHUNDERT besaß Venedig das Handelsmonopol im Mittelmeerraum und hatte den ganzen Nordosten Italiens von der Adria bis zu den Alpen an sich gerissen. Die Herrschaft über ein so riesiges Reich bedeutete jedoch einen ständigen Kriegszustand. Ludwig XII. von Frankreich, Kaiser Maximilian und Papst Julius II. beschlossen 1508 in der Liga von Cambrai einen Vernichtungsfeldzug gegen Venedig. Ihre Truppen besiegten die Städte des Veneto, doch die Region hielt loyal zu Venedigs relativ milder Herrschaft. Eine größere Gefahr waren die Türken. Sie schufen ab 1522 das Osmanische Reich, vertrieben die Venezianer aus dem östlichen Mittelmeerraum und eroberten 1570 Zypern.

Galileos Teleskop
Galileo, 1592–1610 Professor an der Universität von Padua, führte 1609 sein Teleskop dem Dogen Leonardo Donà vor.

Schlacht von Lepanto
Venedig führte 1571 die vereinten Streitmächte der christlichen Welt zu diesem blutigen Sieg über die Türken.

ZEITSKALA

1514 Feuer zerstört die alte hölzerne Rialtobrücke

1516 Die Juden werden im Ghetto von Venedig eingesperrt; Ende der Kriege mit der Liga von Cambrai

1518 Geburt Tintorettos

1528 Geburt Paolo Veroneses

1570 Zypern fällt an die Türken

1585 Erste Aufführung in Vicenzas Teatro Olimpico *(S. 172)*

1592 Galilei wird Professor der Mathematik an der Universität von Padua

1500 — 1550 — 1600

1501 Der Doge Leonardo Loredan tritt seine 20-jährige Regentschaft an

1529 Tod von Luigi da Porto von Vicenza, Autor der Geschichte von Romeo und Julia

1571 Schlacht von Lepanto: entscheidender Sieg der westlichen Flotte unter Führung Venedigs über die Türken

1595 Shakespeares *Romeo und Julia*

1577 Palladio entwirft die Redentore-Kirche *(S. 154)* zum Gedenken an das Ende der Pest, die 51 000 Menschenleben forderte

Die Feier zum Ende der Pest
Todbringender als jede feindliche Armee traf Venedig in den Jahren 1575 und 1630 die Pest; Tizian war eines der 100 000 Pestopfer.

Das Arsenal von Venedig
Venedig war im Schiffbau führend. Die stark befestigten Schiffswerften konnten täglich ein Schiff herstellen.

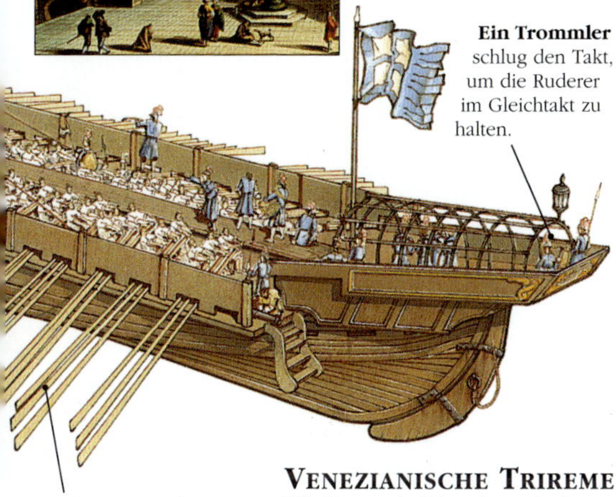

Ein Trommler schlug den Takt, um die Ruderer im Gleichtakt zu halten.

Die Trireme hieß so, weil die Ruder in Dreiergruppen angeordnet waren. Jede Trireme hatte bis zu 150 Ruder.

Venezianische Trireme

Die Seemacht Venedig gründete ihre Herrschaft auf die schnellen und wendigen Trireme, die feindliche Schiffe mit ihrem spitzen Rammsporn oder der Bugkanone versenkten.

Wegweiser: Seemacht Venedig

Die Seeherrschaft Venedigs wird im Museo Storico Navale *(S. 118)* dargestellt. Einen Blick auf die ausgedehnte Schiffswerft des Arsenals in Castello kann man von einem *vaporetto,* Nr. 41, 42, 51 oder 52, werfen *(S. 275).*

Die Löwen des Arsenals, *1687 aus Piräus geraubt, bewachen die Eingangstore der Schiffswerft* (S. 119).

Santa Maria della Salute *wurde zum Dank für die Erlösung von der Pest von 1630 erbaut* (S. 135).

Monteverdi (1567–1643)

1613 Monteverdi wird Kapellmeister von San Marco

1630 Wieder wütet die Pest in Venedig und reduziert die Bevölkerung auf 102 243, die niedrigste Zahl in 250 Jahren

1650

1669 Venedig verliert Kreta an die Türken

1678 Elena Piscopia erhält die Doktorwürde der Universität von Padua: die erste Frau der Welt mit einem akademischen Titel *(S. 178)*

Elena Piscopia (1646–1684)

1700

1703 Vivaldi wird Violinlehrer der Pietà

1708 In einem harten Winter friert die Lagune zu; die Venezianer können zu Fuß zum Festland gehen

1718 Die Vorherrschaft Venedigs endet mit der Übergabe von Morea an die Türken

Glorreicher Niedergang

Casanova

VENEDIG WURDE im 18. Jahrhundert zum Inbegriff der Dekadenz. Die Stadt war keine Weltmacht mehr, der Adel vergeudete sein Vermögen mit üppigen Festen und Glücksspiel. All dies brach 1797 zusammen, als die Stadt von Napoléon belagert wurde, der die Abdankung des Dogen forderte. Napoléon überließ die Stadt Österreich, dessen oft autoritärer Regierungsstil viele im Veneto dazu veranlasste, sich dem Aufstand des Risorgimento anzuschließen. Dieser Widerstand, der in Venedig von Daniele Manin angeführt wurde, hatte ein freies und geeintes Italien zum Ziel, ein Traum, der sich erst 1870 realisierte, vier Jahre nach der Befreiung Venedigs von der österreichischen Herrschaft.

Das staatliche Kasino
Der berüchtigte Ridotto wurde 1774 geschlossen, weil viele Venezianer ihr ganzes Vermögen verspielt hatten.

Das Spielfieber erfasste die Stadt so sehr, dass zwischen den Säulen der Piazza Spieltische aufgestellt wurden.

Caffè Pedrocchi
Viele Intellektuelle, die das Café in Padua (siehe S. 178) *als ihre Basis nutzten, wurden wegen Planung einer Revolte gegen die Herrschaft Österreichs 1831 hingerichtet.*

Pferde von San Marco
Napoléon raubte die vier Pferde von San Marco, Symbole der Unabhängigkeit Venedigs. Sie wurden 1815 zurückgegeben.

PRUNKRITUAL

Canalettos *Becken von San Marco am Himmelfahrtstag* (um 1733) stellt den ungeheuren Prunk Venedigs kurz vor dem Niedergang dar. Auch heute noch findet anlässlich der jährlichen »Vermählung mit dem Meer« ein Festumzug zu Wasser statt.

ZEITSKALA

1720 Das Caffè Florian öffnet in Venedig *(S. 246)*

1725 Casanova wird in Venedig geboren

1752 Fertigstellung der Mauern, die die Eingänge der Lagune schützen

1755 Casanova im Dogenpalast gefangen

1775 Das Caffè Quadri *(S. 246)* öffnet in Venedig

1789 Die Dolomiten benannt nach Déodat de Dolomieu (1750–1801)

1720 — 1770

Caffè Florian

1757 Canova, klassizistischer Bildhauer, wird in Venedig geboren

1790 La Fenice, Venedigs Oper, wird eröffnet

1797 Napoléon besetzt das Veneto; der Doge Lodovico Manin dankt ab; Ende der venezianischen Republik

1798 Napoléon überlässt Venedig und seine Territorien seinem Verbündeten Österreich als Gegenleistung für die Lombardei

Antonio Vivaldi
(1678–1741)
Die elegante Gesellschaft strömte herbei, um die Kompositionen des rothaarigen Priesters zu hören, die von den Waisenmädchen des Ospedale della Pietà gespielt wurden. Sein berühmtestes Werk sind Die vier Jahreszeiten *(1725).*

Der Bucintoro, das Staatsschiff des Dogen

Luxusgesetze von 1562 schreiben vor, dass alle Gondeln schwarz zu sein hatten, um Zurschaustellung des Reichtums zu verhindern.

Keine Insel mehr
Venedig verlor seinen Inselstatus 1846, als die Stadt durch einen Damm mit dem Festland verbunden wurde.

Wegweiser: Venedig des 18. Jahrhunderts

Das Museo Storico Navale *(S. 118)* zeigt ein Modell des Bucintoro und sein Originalbanner. Regelmäßig finden in der Kirche La Pietà *(S. 112)* Konzerte Vivaldis statt. Gemälde von Guardi, Canaletto und Longhi spiegeln den Zeitgeist, man findet sie in der Accademia *(S. 130–133)*, im Museo Correr *(S. 77)* und in der Ca' Rezzonico *(S. 126)*.

***Vermögen** wurden für Perücken, Juwelen und Kleidung für Kostümbälle oder Theaterbesuche ausgegeben. Schuh im Museo Correr* (S. 77).

***Die Possen** von Harlekin und Pantalone im Fenice-Theater* (S. 93) *förderten die Popularität der Bühne bei den Venezianern.*

1804 Napoléon wird zum König Italiens gekrönt und reißt Venedig wieder an sich

1814/15 Österreich vertreibt die Franzosen aus Venedig; der Wiener Kongress überlässt Venedig Österreich

Daniele Manin (1804–1857)

1859 Zweiter italienischer Unabhängigkeitskrieg; nach der Schlacht von Solferino wird das Rote Kreuz gegründet

1861 Vittorio Emanuele wird zum König Italiens gekrönt

1820 | **1870**

1818 Byron schwimmt den Canal Grande hinauf

1846 Der venezianische Eisenbahndamm verbindet die Stadt mit dem Festland

1848 Erster italienischer Unabhängigkeitskrieg. Venedig erhebt sich gegen Österreich

1849 Hunger und Krankheiten zwingen die von Daniele Manin angeführten Rebellen zur Aufgabe

1853 Ruskin: *Die Steine von Venedig*

1866 Venedig und das Veneto werden von der österreichischen Herrschaft befreit

Venedig en vogue

Venedig, das so lange unverändert und auf sich selbst bezogen war, entwickelte sich nun mit beachtlichem Tempo. Die Öffnung des Suezkanals 1869 brachte neuen Wohlstand. Ein neuer Hafen für hochseetüchtige Schiffe wurde gebaut; Kolonialbeamte und reiche Europäer, die nach Osten reisten, schifften sich besonders gerne in Venedig ein. Seebäder kamen in Mode, ebenso die Kunstförderung durch reiche Prominente, was erneut das Interesse an der Stadt weckte. Die Einführung der Biennale zog die bedeutendsten Künstler Europas an.

Peggy Guggenheim *(1898–1979)*
Die Förderin der Avantgarde brachte 1949 ihre herausragende Kunstsammlung (siehe S. 134) *nach Venedig.*

Igor Strawinsky *(1882–1971)*
Mit Turgenew, Diagilew und Ezra Pound gehörte Strawinsky zu den vielen Emigranten, die dem Zauber Venedigs erlagen.

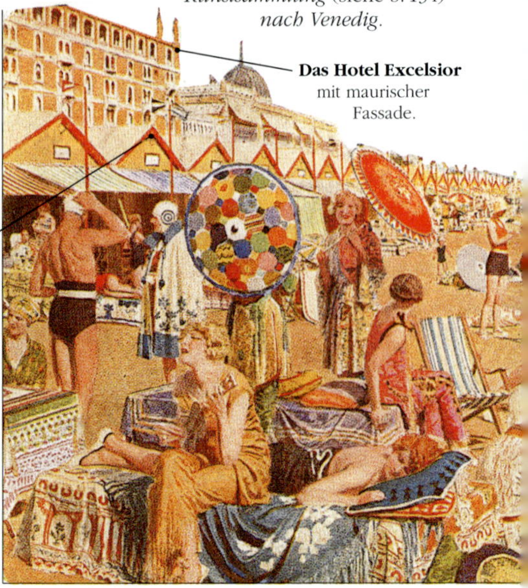

Das Hotel Excelsior mit maurischer Fassade.

Badekabinen wurden um 1920 der Schicklichkeit wegen gebaut; man sieht sie noch heute am Lido.

Hotel Excelsior
Als das Hotel Excelsior (siehe S. 231) *1907 gebaut wurde, war es das größte Hotel der Welt.*

Der Lido

Die luxuriösen Hotelbauten der Zeit um 1900 an der sandigen Adriaküste machten den Lido zum schicksten Ferienort Europas. Der Name der Insel bezeichnet inzwischen Badeeinrichtungen in der ganzen Welt.

Zeitskala

Richard Wagner (1813–1883)

1870 | 1880 | 1890 | 1900 | 1910

1881 Venedig wird nach Genua zweitgrößter Hafen Italiens

1883 Wagner stirbt im Palazzo Vendramin-Calergi

1889 Der Dichter Robert Browning stirbt in der Ca' Rezzonico

1895 Erste Kunstbiennale

1902 Einsturz des Campanile auf der Piazza San Marco

1903 Kardinal Sarto von Venedig wird Papst Pius X.

1912 Eröffnung des wiedererbauten Campanile; Thomas Mann veröffentlicht die Novelle *Der Tod in Venedig*

Die Internationale Ausstellung moderner Kunst *Nach Venedig kam alles, was in der Welt der Kunst und Architektur Rang und Namen hatte, als die Biennale eingeführt wurde. Auf der ersten Ausstellung 1895 wurden Werke von Renoir und Monet gezeigt.*

Die gepflegten Strände des Lido wurden zum Laufsteg der modebewussten Urlauber.

Der Campanile *1902 stürzte der 1000 Jahre alte Glockenturm ein. Innerhalb eines Jahrzehnts wurde er wieder aufgebaut* (siehe S. 76).

Wegweiser: Venedig um 1900

Vaporetto-Linien verkehren regelmäßig zwischen Venedig und dem Lido *(S. 156f)* mit seinen Luxushotels, Sportanlagen und Stränden. Die Pavillons der Biennale *(S. 121)* sind meist nur während der Ausstellung geöffnet. Ein Aufzug bringt Besucher, die den Rundblick genießen wollen, auf den wiedererrichteten Campanile *(S. 76)*.

***San Michele**, die Friedhofsinsel, ist letzte Ruhestätte von prominenten Ausländern wie Sergei Diagilew, Igor Strawinsky und Ezra Pound.*

***Das exklusive** Grandhotel des Bains* (S. 231) *im Stil des Art déco konnte seinen privaten Strandabschnitt bewahren.*

1917 Beginn der Bauarbeiten am Hafen von Marghera

1918 In den letzten Wochen des Ersten Weltkriegs toben heftige Gefechte auf den Bergpässen des Veneto

1920

1926 Mestre erhält den Status einer Stadt

1930

1931 Venedig wird durch einen Straßendamm mit dem Festland verbunden

1932 Erstes Filmfestival von Venedig

Plakat von 1936

1940

1943–45 Mussolini herrscht über die Salò-Republik

1950

1951 Uraufführung von Strawinskys *The Rake's Progress* in Venedig

1954 Uraufführung von Brittens *The Turn of the Screw* in Venedig

1956 Olympische Winterspiele in Cortina d'Ampezzo

1959 Kardinal Roncalli wird Papst Johannes XXIII.

1960

1960 Eröffnung des Flughafens von Venedig

Die Erhaltung Venedigs

Als Venedig im November 1966 vom schlimmsten Hochwasser seiner Geschichte heimgesucht wurde, rief dies weltweit Besorgnis über die Zukunft der Stadt hervor. Seitdem sind Maßnahmen zum Schutz Venedigs ergriffen worden, aber es gibt noch immer Gefährdungen wie Wellenschlagschaden, verursacht von öffentlichen und privaten Booten, sowie die Umweltverschmutzung des Festlands. Doch Venedig besitzt nach wie vor seinen unwiderstehlichen Reiz.

Pink Floyd in Venedig
Das Rockkonzert 1989 brachte die Stadt fast aus dem Gleichgewicht.

Filmkulisse Venedig
Venedig diente als Kulisse für zahllose Filme, einschließlich Fellinis Casanova *(1976) und* Indiana Jones und der letzte Kreuzzug *(1989).*

Die Regata Storica im September ist für Gondolieri die alljährliche Kraft- und Geschicklichkeitsprobe.

Nach der Flut
Bei der Überschwemmung 1966 stiegen die Fluten zwei Meter hoch. Große Schäden entstanden durch auslaufendes Heizöl, das daraufhin verboten und durch Gas ersetzt wurde.

Tourismus

Die Regatten Venedigs sind Teil seiner Tradition und tragen zum Reiz der Stadt bei. Der Fremdenverkehr schafft Arbeitsplätze für viele Menschen vom Festland und aus Venedig selbst. Dennoch beklagen viele, dass der Tourismus aus der lebendigen Stadt ein Museum macht.

Zeitskala

1966 Überschwemmungen richten in Venedig große Schäden an; die UNESCO ruft zur Rettung Venedigs auf

Visconti und Dirk Bogarde bei den Dreharbeiten zu Tod in Venedig

1978 Patriarch Luciani von Venedig wird zum Papst Johannes Paul I. gewählt, stirbt aber 33 Tage später

1983 Absinken Venedigs wird gestoppt; weitere Grundwasserentnahmen sind verboten

1960 | 1970 | 1980

1968 Protestaktionen verhindern, dass ein Teil der Lagune für die Ausweitung der Industriezone Maghera trockengelegt wird

1970 Luchino Viscontis Film *Tod in Venedig*

1979 Der Karneval von Venedig wird wiederbelebt

1973 Gesetze, um Luftverschmutzung, Absinken und Überschwemmungen einzudämmen

Karnevalist

Benetton
Die bekannte Bekleidungsfirma mit Sitz in Treviso repräsentiert die moderne Industrie des Veneto.

Restaurierung in Venedig

Positive Folge der Überschwemmung war der internationale Spendenaufruf, um die Reinigung der Gebäude, Statuen und Gemälde bezahlen zu können. Die Spenden werden von der UNESCO, die Büros in Venedig unterhält, verwaltet.

***Restauratoren** lernen in der Kunstgewerbeschule auf San Servolo* (S. 154f), *wie Kunstwerke konserviert werden.*

Die Madonna dell'Orto (S. 140), *restauriert von der Stiftung zur Rettung der Kunst und Archive (»Venedig in Gefahr«).*

Über 14 Millionen Gäste besuchen Venedig jährlich.

Wasser wird in die Stadt gepumpt, da die Entnahme von Grundwasser den Wasserstand sinken lässt.

Glasbläserei
Die uralte Tradition ist noch lebendig und lukrativ.

Hochwasser
Die Flut überschwemmt San Marco regelmäßig. Kontrovers wird die Schaffung einer Flutbarriere diskutiert.

1932–1992: Plakat der Filmfestspiele von 1992

1988 Das Versuchsstadium von MOSE, der Flutbarriere der Lagune, wird beendet

1992 Venedigs Filmfestspiele feiern den 60. Geburtstag

2002 Staatsregierung genehmigt den Bau der Flutbarriere

1990 | 2000 | 2010

1992 Venedig wird von Korruptionsskandalen erschüttert; der Bau einer U-Bahn unter der Lagune wird vorgeschlagen

1994 Wähler votieren gegen die Trennung von Mestre und Venedig, die sich Bürgermeister und Stadtrat teilen

1995 Hundertjahrfeier der Biennale

2002 Bauarbeiten an der vierten Brücke über den Canal Grande beginnen

2004 Bauarbeiten zum MOSE-Projekt mit 79 Schleusentoren auf dem Meeresgrund beginnen; die Fertigstellung ist für 2011 geplant

Die Stadtteile Venedigs

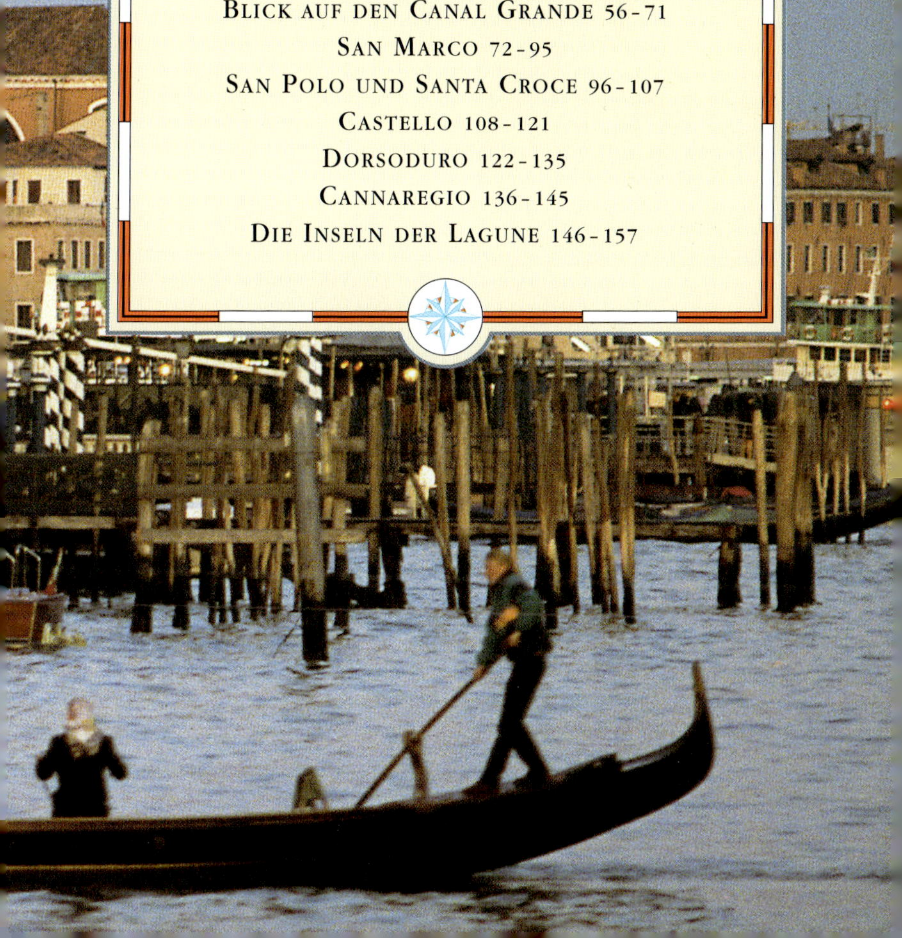

Venedig im Überblick

Venedig ist vergleichsweise klein, die meisten Sehenswürdigkeiten kann man gut zu Fuß erreichen. Das Herz der Stadt ist die Piazza San Marco, umgeben von Markusdom und Dogenpalast. Vielen genügen bereits diese beiden Attraktionen, aber es gibt jenseits des Markusplatzes noch viel Sehenswertes, wie die Accademia, Ca' Rezzonico oder die Frari-Kirche. Einzigartig sind das Arsenal (im Osten) und das Ghetto (im Norden).

Ghetto
Das im frühen 16. Jahrhundert erbaute Wohnviertel der Juden war das erste Ghetto der Welt (siehe S. 145).

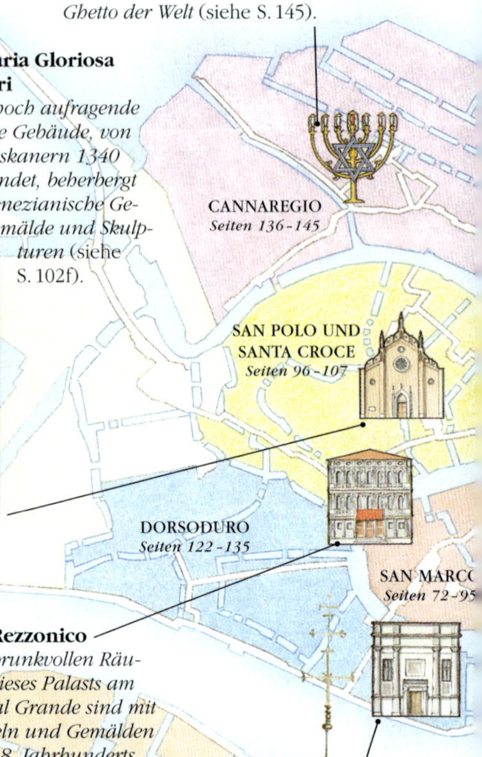

Santa Maria Gloriosa dei Frari
Dieses hoch aufragende gotische Gebäude, von Franziskanern 1340 gegründet, beherbergt venezianische Gemälde und Skulpturen (siehe S. 102f).

Ca' Rezzonico
Die prunkvollen Räume dieses Palasts am Canal Grande sind mit Möbeln und Gemälden des 18. Jahrhunderts ausgestattet (siehe S. 126).

Accademia
Carpaccios Bildfolge über Leben und Sterben der heiligen Ursula (1490–1495) gehört zu den Schätzen der Accademia, die eine große Sammlung venezianischer Kunst beherbergt (siehe S. 130–133).

Ca' d'Oro
Der reich verzierte Palast ist das schönste Beispiel venezianischer Gotik (siehe S. 144).

Rialtobrücke
Die belebte Brücke (siehe S. 100) *wurde nach dem Geschäftsviertel von Venedig benannt, in dem sich die ersten Bewohner ansiedelten.*

Markusdom
Mosaike bedecken Kuppeln, Wände und Fußboden der byzantinischen Basilika (siehe S. 78–83).

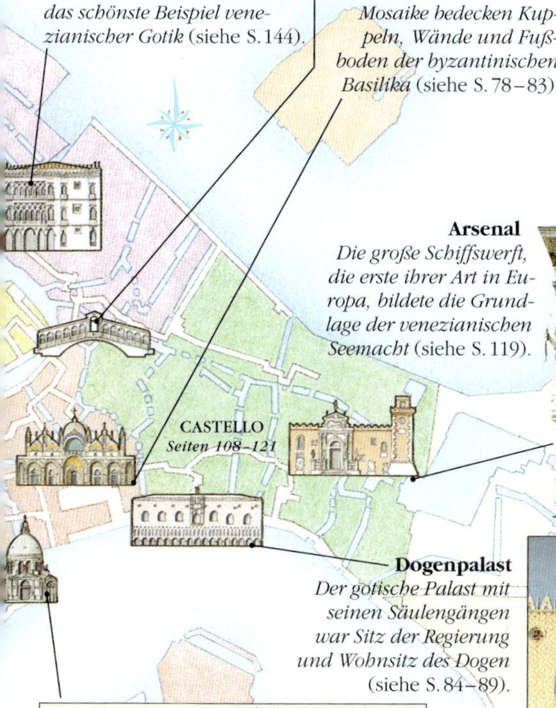

Arsenal
Die große Schiffswerft, die erste ihrer Art in Europa, bildete die Grundlage der venezianischen Seemacht (siehe S. 119).

Dogenpalast
Der gotische Palast mit seinen Säulengängen war Sitz der Regierung und Wohnsitz des Dogen (siehe S. 84–89).

Santa Maria della Salute
Die große Barockkirche südlich der Mündung des Canal Grande ist eines der Wahrzeichen der Stadt (siehe S. 135).

202

Blick auf den Canal Grande

Der Canal Grande, den die Venezianer *Canalazzo* nennen, durchzieht in einem ehemaligen Flussbett das ganze Zentrum Venedigs. Seit den Gründerjahren der Großmacht diente er als Hauptwasserstraße der Stadt. Einst wurde er von großen Galeeren oder Handelsschiffen bis zum Rialto befahren, heute wimmelt es von *vaporetti,* Barkassen, Lastbooten und Gondeln. Doch überall findet man Zeichen seiner Vergangenheit. Die jährliche Inszenierung historischer Festzüge erfüllt den Kanal mit Farbenpracht. Das spektakulärste Fest ist die im September stattfindende Regata Storica *(siehe S. 35)*, eine Parade historischer Boote mit kostümierten Mannschaften sowie Boots- und Gondelwettfahrten. Die Paläste am Ufer der Wasserstraße wurden in einem Zeitraum von etwa 500 Jahren erbaut und gehören zu den schönsten Bauwerken Venedigs. Sie sind wie ein *Who's who* der alten venezianischen Aristokratie, da fast jeder Palazzo den Namen einer Adelsfamilie trägt. Die leuchtenden Fresken sind vielleicht verblasst, die kostbaren Marmorsteine abgenutzt und die Grundmauern durch die Gezeiten angegriffen, aber der Canal Grande ist, mit den Worten des Gesandten des französischen Königs Charles VIII von 1495, »die schönste Straße der Welt«.

Gondoliere in Venedig

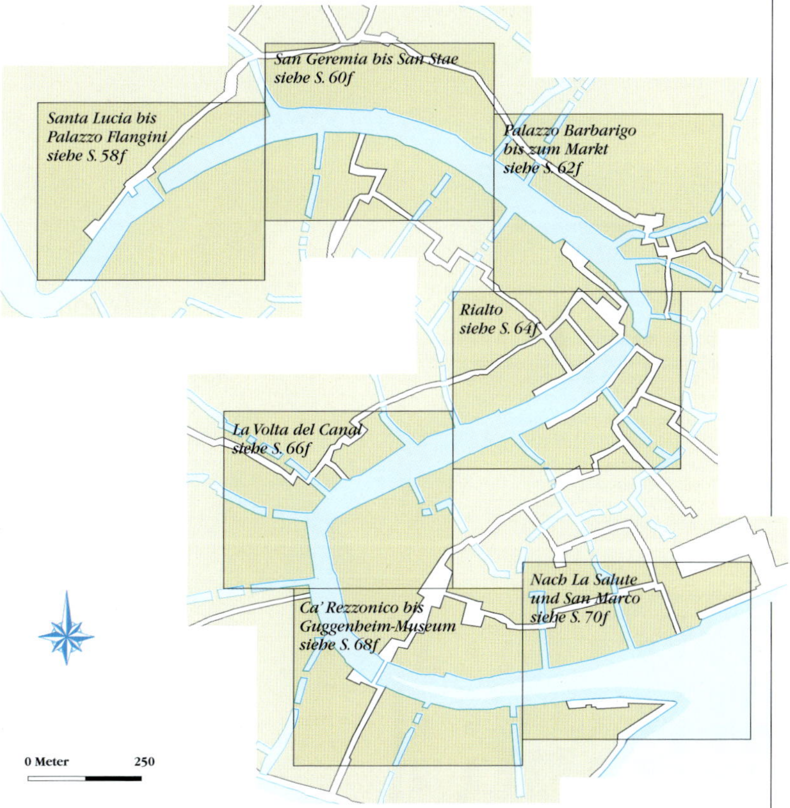

◁ Der Canal Grande während der farbenprächtigen Regata Storica

Santa Lucia bis Palazzo Flangini

Vaporetto-Kartenverkauf am Canal Grande

Den Canal Grande bewundert man am besten vom *vaporetto* aus. Mehrere Linien führen durch den Kanal *(siehe S. 275)*, aber nur die Nr. 1 fährt langsam genug, dass Sie alles richtig betrachten können. Die Fahrt vom Bahnhof bis San Zaccaria dauert 40 Minuten. Der fast vier Kilometer lange Kanal ist zwischen 30 und 70 Meter breit und wird von der Scalzi-, der Rialto- und der Accademia-Brücke überspannt. Eine neue Brücke wird künftig den Piazzale Roma mit dem Bahnhof Santa Lucia verbinden.

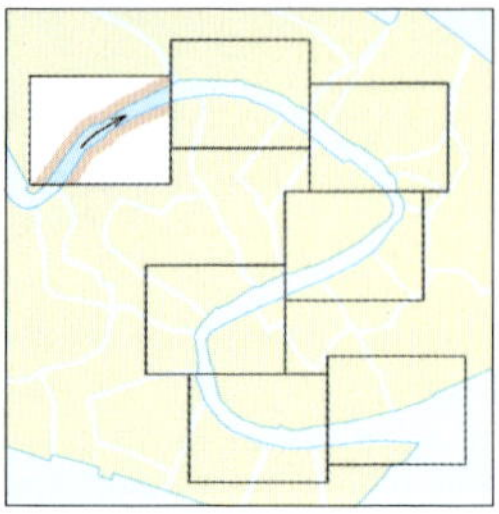

ZUR ORIENTIERUNG

Santa Maria di Nazareth *wird heute nach den angeblich barfüßigen Karmelitern, die sie erbauten, als »Scalzi« bezeichnet. Dort befindet sich das Grab von Ludovico Manin, dem letzten Dogen.*

Der Bahnhof Santa Lucia (siehe S. 272), *Mitte des 19. Jahrhunderts errichtet und in den 1950er Jahren umgebaut, ist das Tor zum Festland.*

La Direzione Compartimentale, *die Verwaltung der Eisenbahn, wurde gleichzeitig mit dem Bahnhof auf dem Gelände der Kirche Santa Lucia und anderer alter Gebäude errichtet.*

Der Palazzo Diedo, *auch Palazzo Emo genannt, ist ein klassizistischer Palast (Ende des 18. Jh.). Man vermutet hier das Geburtshaus von Angelo Emo (1731–1792), dem letzten venezianischen Flottenadmiral. Der Palast wurde von Andrea Tirali erbaut, einem vielseitig begabten Hydraulikingenieur.*

***Der Palazzo Calbo Crotta** ist heute das Vier-Sterne-Hotel Principe. Schöne Antiquitäten und Stoffe des einstigen Palasts sind in der Ca' Rezzonico* (siehe S. 126) *zu bewundern.*

***Den Palazzo Flangini** entwarf G. Sardi, ein Architekt des 17. Jahrhunderts.*

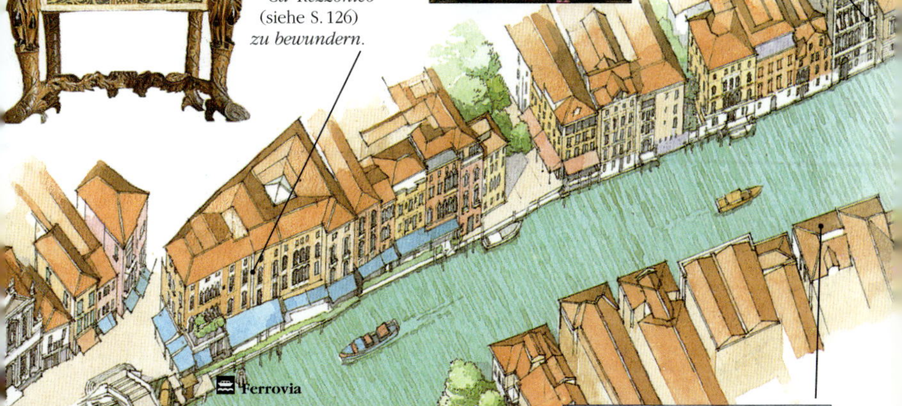

***Der Palazzo Gritti** stammt aus dem 16. Jahrhundert. Die Gritti, eine reiche Familie, brachten einen der klügsten Dogen, Andrea Gritti (Regierungszeit 1523–38), hervor.*

Die Scalzi-Brücke wurde 1934 anstelle der früheren schmiedeeisernen Brücke gebaut.

***Der Campo San Simeone Grande** wurde nach der nahen Kirche (auch: San Simeone Profeta) benannt. Als einer der wenigen* campi *liegt er direkt am Kanal.*

***Die Casa Adaldo und der Palazzo Foscari-Contarini** wurden im 16. Jahrhundert erbaut. Der große Doge Francesco Foscari (Regierungszeit 1423–57) wurde im früheren Palazzo Foscari-Contarini geboren.*

***San Simeone Piccolo** ist trotz ihres Namens eine große Kirche* (piccolo = *klein). Sie wurde 1738 gebaut und lehnt sich in Teilen an das Pantheon in Rom an. Die Kirche ist nicht öffentlich zugänglich.*

San Geremia bis San Stae

In diesem Abschnitt befinden sich einige der großen *palazzi*. Herausragend ist der Vendramin Calergi, Vorbild für viele andere venezianische Paläste.

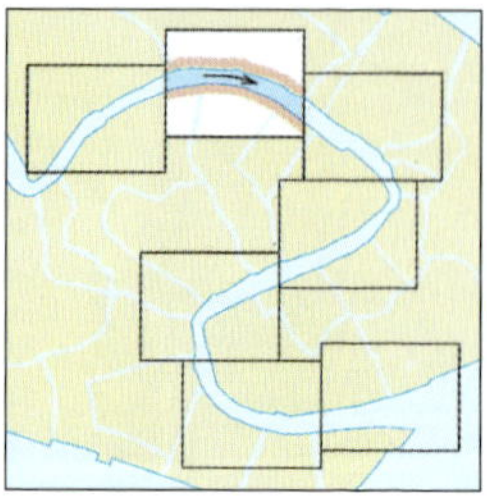

Zur Orientierung

San Geremia beherbergt die Reliquie der heiligen Lucia, die früher in der Kirche Santa Lucia (heute Bahnhof) verehrt wurde.

Im Palazzo Labia *stellen Fresken von Tiepolo das Leben der Kleopatra in venezianischem Stil dar* (siehe S. 143).

Der Palazzo Querini trägt das Familienwappen an der Fassade.

Die Ca' dei Cuori (Haus der Herzen) wurde nach den Herzen im Familienwappen benannt.

Der Palazzo Giovanelli *wurde 1755 von den Giovanellis gekauft. Die nichtvenezianische Familie wurde 1668 gegen Bezahlung von 100 000 Dukaten in den Großen Rat aufgenommen.*

Der Fondaco dei Turchi *war vor der unsachgemäßen Restaurierung ein herrliches venezianisch-byzantinisches Gebäude. Heute ist dort das Naturhistorische Museum* (siehe S. 105).

Der Palazzo Donà Balbi *(17. Jh.) ist nach zwei großen miteinander verschwägerten venezianischen Familien benannt. Aus der Familie Donà gingen vier Dogen hervor.*

Der Deposito del Megio*, ein zinnengekrönter Bau mit Markuslöwe, war im 15. Jahrhundert ein Kornspeicher.*

***San Marcuola**, den Heiligen Hermagor und Fortunatus geweiht, wurde 1728–36 von Giorgio Massari erbaut, die Fassade wurde allerdings nie vollendet.*

***Der Palazzo Vendramin Calergi**, ein Palast der Frührenaissance, wurde von Mauro Coducci entworfen. Richard Wagner starb darin 1883. Heute residiert hier das Spielkasino.*

Im Palazzo Marcello, Anfang des 18. Jahrhunderts wiedererbaut, wurde 1686 der Komponist Benedetto Marcello geboren.

Der Palazzo Erizzo zeigt auf zwei Gemälden die Großtaten Paolo Erizzos, der 1469 heldenhaft die Türken bekämpfte.

Der Palazzo Emo gehörte der Familie eines berühmten venezianischen Admirals *(siehe S. 58)*.

***Der Palazzo Belloni Battagia** (17. Jh.) mit markanten Spitztürmen wurde von Longhena für die Familie Belloni erbaut, die sich den Zugang zur venezianischen Aristokratie erkauft hatte.*

***Der Palazzo Tron** (Ende 16. Jh.) war 1775 Schauplatz eines Balls zu Ehren von Kaiser Joseph II. von Österreich.*

***San Stae** überrascht mit ihrer Barockfassade. Die Kirche wurde 1709 mit dem vom Dogen Alvise Mocenigo hinterlassenen Erbe finanziert* (siehe S. 105).

Palazzo Barbarigo bis zum Markt

DIE PRÄCHTIGEN PALÄSTE in diesem Abschnitt wurden über einen Zeitraum von 500 Jahren erbaut. Der faszinierendste ist die Ca' d'Oro, deren Fassade einst golden strahlte.

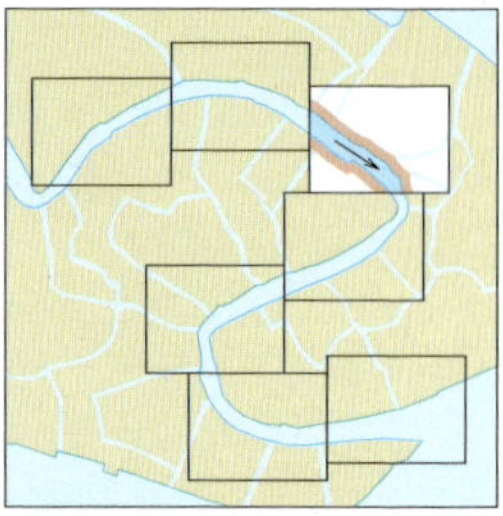

ZUR ORIENTIERUNG

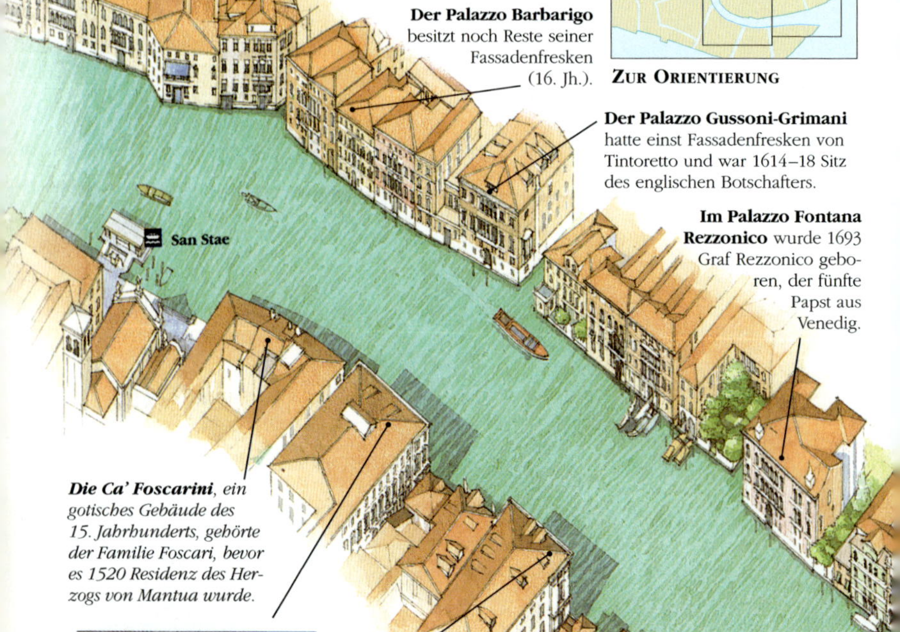

Der Palazzo Barbarigo besitzt noch Reste seiner Fassadenfresken (16. Jh.).

Der Palazzo Gussoni-Grimani hatte einst Fassadenfresken von Tintoretto und war 1614–18 Sitz des englischen Botschafters.

Im Palazzo Fontana Rezzonico wurde 1693 Graf Rezzonico geboren, der fünfte Papst aus Venedig.

***Die Ca' Foscarini**, ein gotisches Gebäude des 15. Jahrhunderts, gehörte der Familie Foscari, bevor es 1520 Residenz des Herzogs von Mantua wurde.*

Die Casa Favretto (Hotel San Cassiano) war Wohnhaus des Malers Giacomo Favretto (1849–1887).

***Die Ca' Pesaro**, ein prächtiger, von Longhena* (siehe S.23) *entworfener Barockpalast, beherbergt heute das Museum für moderne Kunst* (siehe S.105). *Er wurde für Leonardo Pesaro, Prokurator von San Marco, erbaut.*

***Der Palazzo Morosini Brandolin** gehörte der Familie Morosini, einer der Familien der* Case Vecchie, *die bereits vor dem 9. Jahrhundert im Adelsstand war.*

***Ca' Corner della Regina** heißt nach Caterina Cornaro, der Königin von Zypern, die 1454 hier geboren wurde. Der heutige Bau (1724–27) wurde von Domenico Rossi entworfen.*

***Die Pescheria** war über sechs Jahrhunderte ein Fischmarkt. Der heutige Fischmarkt befindet sich in einer 1907 erbauten neugotischen Markthalle.*

***Die Ca' d'Oro**, der berühmteste gotische Palast Venedigs* (siehe S.144), *beherbergt Gemälde, Fresken und Skulpturen der Sammlung des Barons Giorgio Franchetti, der den Palast mitsamt Inventar dem Staat vermachte.*

CANALETTO

Antonio Canal (Canaletto; 1697–1768) ist für seine Stadtansichten bekannt. Er studierte in Rom, verbrachte aber fast sein ganzes Leben in Venedig. Einer seiner Förderer war der britische Konsul Joseph Smith *(siehe unten)*.

***Der Palazzo Sagredo** ging Anfang des 18. Jahrhunderts von der Familie Morosini an die Familie Sagredo über. Die Fassade zeigt Charakteristika des venezianisch-byzantinischen Stils und der Gotik.*

***Der Palazzo Mangili Valmarana** wurde für Joseph Smith, der britischer Konsul in Venedig wurde, im klassischen Stil erbaut. Smith (1682–1770) war Förderer von Canaletto und veranstaltete Ausstellungen seiner Werke in diesem Palast.*

***Der Palazzo Foscarini** war Wohnhaus von Marco Foscarini, einem Diplomaten, Redner und Gelehrten, der 1762 Doge wurde.*

Der Palazzo Michiel delle Colonne erhielt den Namen wegen seiner auffallenden Kolonnaden.

Der Palazzo Michiel del Brusà wurde nach dem großen Brand *(brusà)*, der die Stadt 1774 verwüstete, wieder aufgebaut.

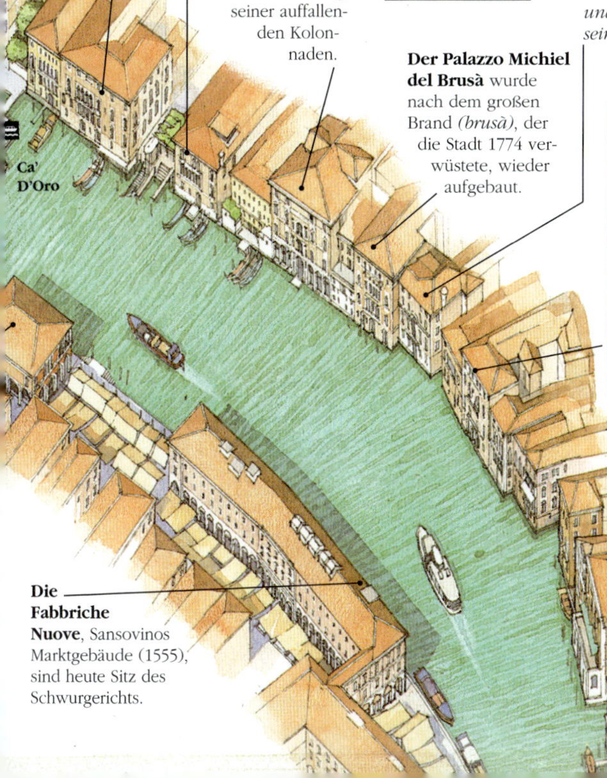

***Die Ca' da Mosto** ist ein schönes Beispiel des venezianisch-byzantinischen Stils des 13. Jahrhunderts. Alvise da Mosto, ein Seefahrer, wurde hier 1432 geboren.*

Die Fabbriche Nuove, Sansovinos Marktgebäude (1555), sind heute Sitz des Schwurgerichts.

Rialto

DAS GEBIET um die Rialtobrücke ist das älteste und geschäftigste Viertel der Stadt. Ursprünglich war es das Handelszentrum, noch heute säumen südlich der Brücke belebte Kais und bunte Märkte den Kanal.

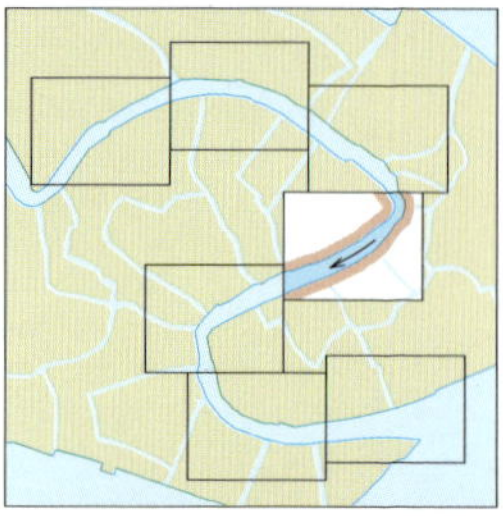

ZUR ORIENTIERUNG

Der Palazzo Papadopoli, *früher Coccina-Tiepolo genannt, wurde 1560 erbaut. Sein herrlicher Spiegelsaal ist erhalten geblieben.*

Die Riva del Vin *ist eine der wenigen Stellen, an denen Sie am Ufer des Canal Grande sitzen können.*

Die Ca' Corner-Martinengo-Ravà *wurde im 19. Jahrhundert zum Hotel. Hier wohnte 1838 der amerikanische Schriftsteller James Fenimore Cooper.*

Der Palazzo Barzizza (im 17. Jh. umgebaut) besitzt noch seine Fassade aus dem 13. Jahrhundert.

Der Palazzo Grimani, *der schöne, wenn auch düster wirkende Renaissancepalast* (siehe S. 23), *wurde 1556 von Michele Sanmicheli für den Prokurator Girolamo Grimani erbaut. 1807 erwarb der Staat diesen Palast, der heute Sitz des Berufungsgerichts ist.*

Die Palazzi Farsetti und Loredan, *heute Sitz der Stadtverwaltung, wurden um 1200 errichtet und schließlich 1868 umgebaut. Der Palazzo Farsetti wurde eine Akademie für junge Künstler, auch Canova studierte hier.*

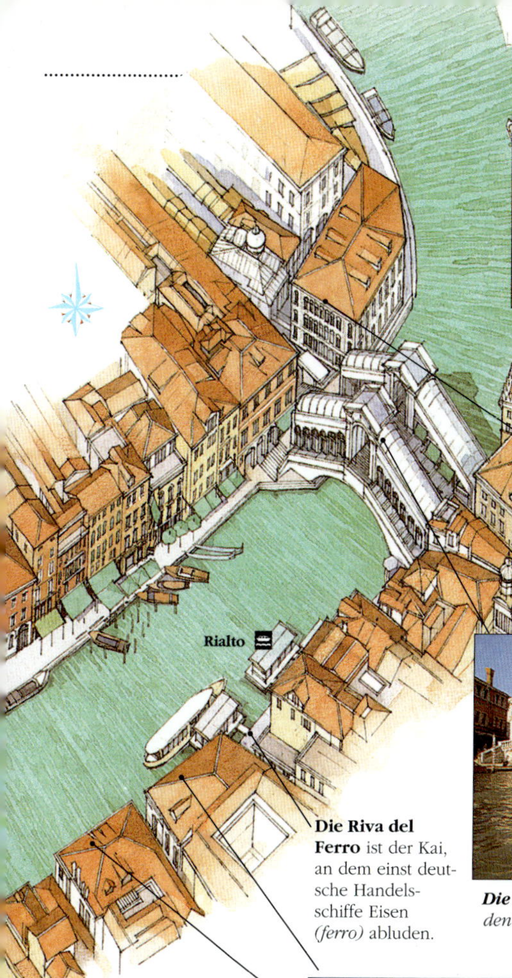

Der Fondaco dei Tedeschi, *ursprünglich von deutschen Händlern als Lager und Wohnhaus genutzt, ist heute das Hauptpostamt.*

Der Palazzo Camerlenghi, 1528 erbaut, war Sitz der Stadtkämmerer *(camerlenghi)*. Das Erdgeschoss diente als Gefängnis.

Die Rialtobrücke (siehe S. 100) *überspannt den Canal Grande in dem damals wie heute geschäftigsten Viertel der Stadt.*

Die Riva del Ferro ist der Kai, an dem einst deutsche Handelsschiffe Eisen *(ferro)* abluden.

Der Palazzo Manin-Dolfin *wurde 1538–40 von Sansovino erbaut, aber nur seine klassizistische Fassade ist erhalten. Das Innere ließ Ludovico Manin, der letzte Doge von Venedig (gest. 1797), vollständig umbauen. Er wollte das Haus in einen herrlichen Palast verwandeln, der sich bis zum Campo San Salvatore erstrecken sollte.*

Die Vorgängerin der Casetta Dandolo soll angeblich Geburtshaus des Dogen Enrico Dandolo gewesen sein (Regierungszeit 1192–1205).

Der Palazzo Bembo*, ein gotischer Palast (15. Jh.), war Geburtshaus von Pietro Bembo, Kardinal und Gelehrter, der eine der ersten italienischen Grammatiken verfasste.*

Die Familie Dandolo

Doge Enrico Dandolo

Aus der illustren Familie gingen vier Dogen, zwölf Prokuratoren, ein Patriarch von Grado und eine Königin von Serbien hervor. Der erste der Dogen war Enrico, der 1204 – hochbetagt und blind – die treibende Kraft beim Plan der Kreuzfahrer war, Konstantinopel einzunehmen *(siehe S. 42)*. Der andere herausragende Doge der Familie war der Humanist und Historiker Andrea Dandolo (gest. 1354).

La Volta del Canal

Die Stelle, an der der Kanal eine scharfe Biegung macht, heißt La Volta – die Krümmung. Diese schöne Kurve ist von jeher Zielabschnitt der jährlichen Regata Storica *(siehe S. 35)*.

Zur Orientierung

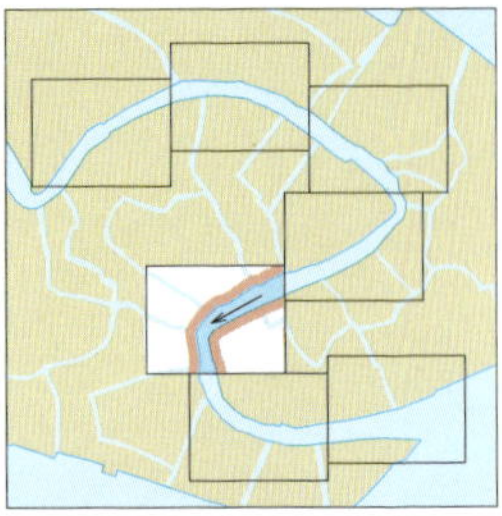

Der Palazzo Marcello *wurde wegen der Löwen zu beiden Seiten des Eingangs auch »dei Leoni« genannt.*

Der Palazzo Persico (16. Jh.) an der Mündung des Rio San Polo ist ein Haus im lombardischen Stil.

Der Palazzo Civran-Grimani ist ein klassizistischer Bau aus dem frühen 17. Jahrhundert.

Der Palazzo Balbi*, Sitz des Regionalparlaments, wurde für Nicolò Balbi erbaut. Von hier verfolgte Napoléon die Regatta, die 1807 zu seinen Ehren stattfand.*

Die Ca' Foscari*, heute Teil der Universität von Venedig, wurde 1437 für den Dogen Foscari erbaut.*

Der Palazzo Giustinian war 1858/59 die Residenz Wagners, der hier den zweiten Akt von *Tristan und Isolde* komponierte.

In der Ca' Rezzonico*, heute Museum der Geschichte Venedigs im 18. Jahrhundert* (siehe S. 126), *wohnte 1888 der Dichter Robert Browning.*

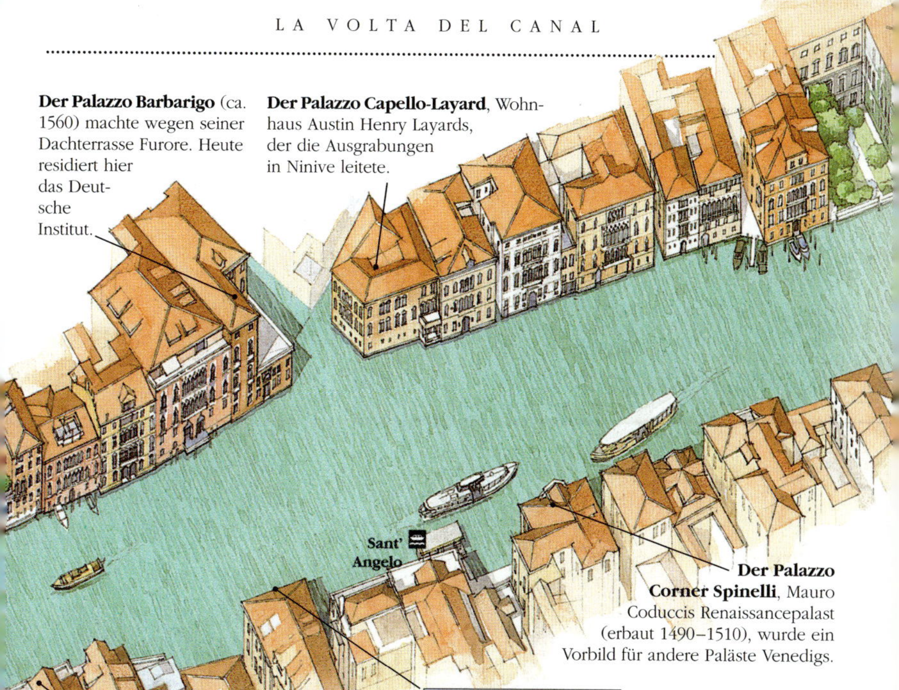

Der Palazzo Barbarigo (ca. 1560) machte wegen seiner Dachterrasse Furore. Heute residiert hier das Deutsche Institut.

Der Palazzo Capello-Layard, Wohnhaus Austin Henry Layards, der die Ausgrabungen in Ninive leitete.

Der Palazzo Corner Spinelli, Mauro Coduccis Renaissancepalast (erbaut 1490–1510), wurde ein Vorbild für andere Paläste Venedigs.

Der Palazzo Garzoni*, ein renovierter gotischer Palast, ist heute Teil der Universität. Die* traghetto*-Linie, die die benachbarte Calle Garzoni mit San Tomà auf der anderen Kanalseite verbindet, ist eine der ältesten Venedigs.*

Der Palazzo Mocenigo*, der aus vier Palästen besteht, ist mit einer Gedenktafel für Byron versehen, der hier 1816–19 wohnte.*

Der Palazzo Moro Lin*, auch »Palast der 13 Fenster« genannt, wurde im 17. Jahrhundert durch Umbau zweier gotischer Häuser für den Maler Pietro Liberi geschaffen.*

Der Palazzo Grassi*, um 1730 erbaut, wurde 1984 von Fiat gekauft und in ein Ausstellungszentrum umgewandelt.*

Der Palazzo Capello Malipiero*, ein gotischer Palast, wurde 1622 wiedererrichtet. Daneben, am Campo di San Samuele, steht die Kirche San Samuele mit venezianisch-byzantinischem Glockenturm (12. Jh.).*

Ca’ Rezzonico bis Guggenheim-Museum

Der südliche Kanalabschnitt öffnet sich nach der Accademia und ist von zahlreichen prächtigen Palästen gesäumt.

Der Palazzo del Duca, im 15. Jahrhundert entworfen, aber nie vollendet, beherbergt heute eine Porzellansammlung.

Der Palazzo Falier *soll Wohnsitz des Dogen Marin Falier gewesen sein, der 1355 des Verrats beschuldigt und enthauptet wurde* (siehe S. 43).

Der Palazzo degli Scrigni, 1609 erbaut, heißt nach den Schatzkisten *(scrigni)*, die die Familie Contarini 1418 erbte.

Der Palazzo Loredan*, Wohnsitz des Dogen Francesco Loredan (1752–62), spiegelt den enormen Reichtum dieser Familie.*

Die Galleria dell’Accademia *im ehemaligen Kloster und in der Scuola della Carità beherbergt die weltweit größte Sammlung venezianischer Gemälde* (siehe S. 130–133).

Die hölzerne Accademia-Brücke *wurde 1932 als Provisorium anstelle einer Eisenbrücke aus dem 19. Jahrhundert gebaut. Auf allgemeinen Wunsch blieb sie bis heute stehen.*

Der Palazzo Contarini del Zaffo*, ein Renaissancepalast vom Ende des 14. Jahrhunderts, wurde für einen Zweig der Familie Contarini gebaut. Anfang des 20. Jahrhunderts kaufte ihn die Familie Polignac.*

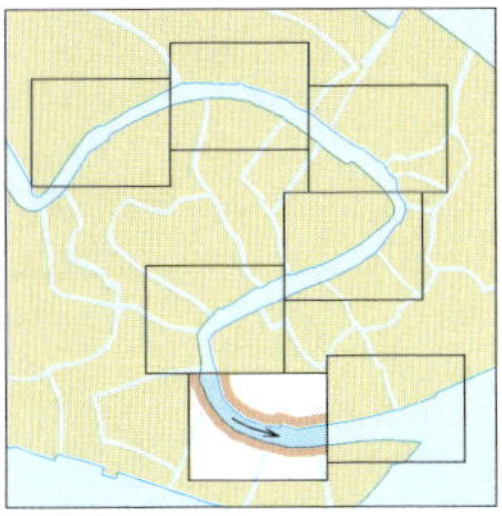

ZUR ORIENTIERUNG

Die Ca' Grande *wurde 1545 von Sansovino für Giacomo Cornaro, den Neffen der Königin von Zypern, entworfen. Die Familie war eine der reichsten Venedigs, die Ausstattung des Palasts ist dementsprechend. Dieser Stammbaum verdeutlicht den immensen Einfluss der Cornaros in Venedig.*

Der Palazzo Franchetti Cavalli gehörte Erzherzog Friedrich von Österreich, der hier 1836 starb.

Der Palazzo Barbaro *besteht aus zwei Palästen, einen davon kaufte die Familie Curtis 1885. Hier malten Monet und Whistler, Henry James (rechts) schrieb* The Aspern Papers.

In der Casetta delle Rose *wohnte während des Ersten Weltkriegs der italienische Dichter Gabriele D'Annunzio. Canova* (Bild oben) *hatte hier 1770 sein Atelier.*

Der Palazzo Barbarigo *beim Campo San Vio hat Mosaiken, die 1887 angebracht wurden.*

Peggy Guggenheim *brachte 1951 ihre Sammlung moderner Kunst nach Venedig* (siehe S. 134). *Als Ausstellungsort wählte sie den Palazzo Venier dei Leoni, der 1749 gebaut, jedoch nicht fertiggestellt wurde.*

Die Ca' Dario *(1487) ist ein hübscher, aber vom Unheil verfolgter Palast* (siehe S. 135).

Nach La Salute und San Marco

DER BLICK auf diesen letzten Abschnitt des Kanals ist einer der schönsten von Venedig. An der Mündung erhebt sich die Kirche La Salute, gegenüber liegt das belebte San-Marco-Becken.

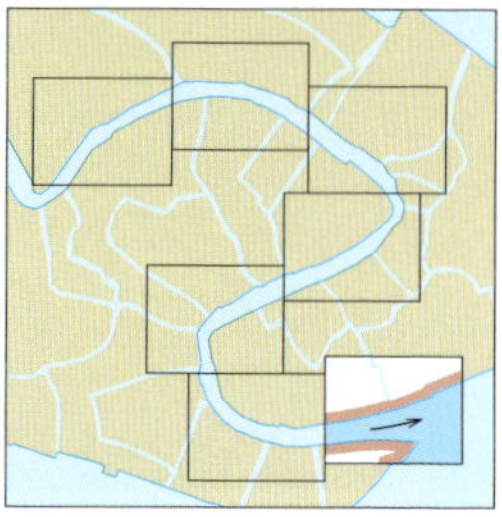

ZUR ORIENTIERUNG

***Der Palazzo Gritti-Pisani**, in dem 1851 Ruskin wohnte, ist heute das bekannte, luxuriöse Fünf-Sterne-Hotel Gritti Palace* (siehe S. 229).

***Der Palazzo Contarini Fasan**, ein kleiner Palast (15. Jh.) mit einer eleganten Fassade, ist allgemein als das Haus der Desdemona aus Shakespeares* Othello *bekannt.*

Die pseudogotische Ca' Genovese wurde 1892 auf dem Gelände des zweiten gotischen Kreuzgangs des Klosters San Gregorio gebaut.

***Der Palazzo Salviati** ist Firmenzentrale der Glasmanufaktur Salviati, deshalb die Glasmosaiken an der Fassade.*

***Die säkularisierte gotische Backsteinkirche** der Abbazia San Gregorio und ein kleiner Kreuzgang sind alles, was von dem einflussreichen Mönchskloster geblieben ist. Die Kirche wird heute für Gemälderestaurierungen genutzt.*

Der Palazzo Tiepolo*, heute das Hotel Europa e Regina* (siehe S. 229), *gehörte früher der Familie Tiepolo, die an einem erfolglosen Aufstand 1310 beteiligt war.*

Harry's Bar (siehe S. 92) *war die Lieblingsbar von Hemingway und anderen Schriftstellern.*

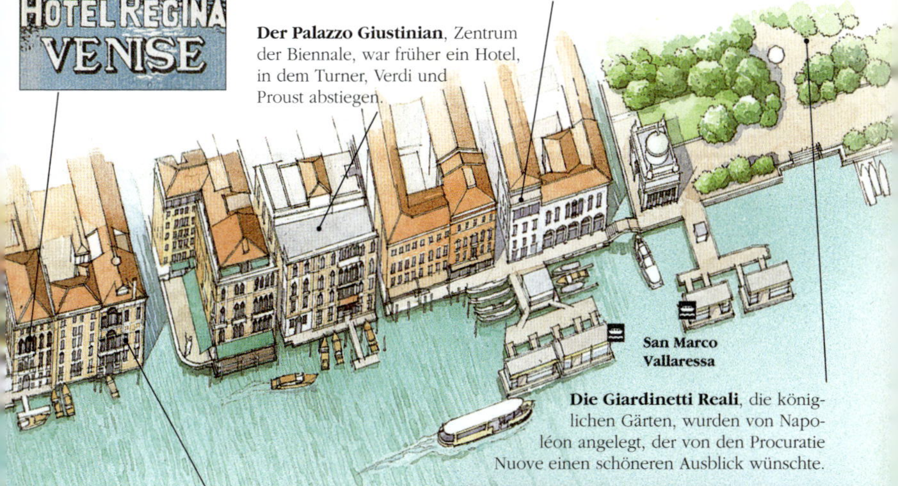

Der Palazzo Giustinian, Zentrum der Biennale, war früher ein Hotel, in dem Turner, Verdi und Proust abstiegen.

Die Giardinetti Reali, die königlichen Gärten, wurden von Napoléon angelegt, der von den Procuratie Nuove einen schöneren Ausblick wünschte.

Der Palazzo Treves Bonfili, ein typischer Bau des 17. Jahrhunderts, ist mit klassizistischen Fresken, Gemälden und Statuen verziert.

Der Blick von der Dogana *auf den Dogenpalast, den Campanile von San Marco und die Zecca ist einer der eindrucksvollsten Venedigs.*

Santa Maria della Salute*, eine Barockkirche mit monumentalen Ausmaßen, steht auf einem Fundament von 100 000 Holzpfählen. Sie wurde zum Dank für das Ende der Pestepidemie von 1630 erbaut und ist ein Werk von Longhena* (siehe S. 135).

Auf der Dogana di Mare *befindet sich eine Wetterfahne in Gestalt der Fortuna* (siehe S. 135).

San Marco

Der *sestiere* San Marco, Sitz des Machtzentrums von Venedig, ist seit den Gründertagen der Republik das Herz des venezianischen Lebens. Das Vorzeigestück der Serenissima war die Piazza San Marco, die den Blick auf den Dogenpalast und die Basilika freigeben sollte. Der Platz, von dem Napoléon sagte, er sei »der eleganteste Salon Europas«, war der einzige, den man für würdig hielt, *piazza* genannt zu werden – die anderen hießen *campi,* Felder. Im Viertel San Marco liegen Luxushotels, Restaurants und Läden. Hier findet man auch imposante Kirchen, drei Theater – darunter das berühmte La Fenice – und prächtige Palazzi. Viele davon stehen an der langgezogenen Linkskurve des Canal Grande, der diesen *sestiere* begrenzt.

Adam und Eva an einer Ecke des Dogenpalasts

Sehenswürdigkeiten auf einen Blick

Kirchen
Basilica San Marco S. 78–83 ❸
San Moisè ⓫
San Salvatore ⓲
San Zulian ㉑
Santa Maria Zobenigo ⓭
Santo Stefano ⓰

Museen und Sammlungen
Libreria Sansoviniana ❺
Museo Archeologico ❻
Museo Correr ❽
Museo Fortuny ⓱

Paläste
Dogenpalast S. 84–89 ❹
Palazzo Contarini del Bovolo ⓬

Historische Gebäude und Denkmäler
Campanile ❶
Säulen von San Marco und San Teodoro ❼
San Giorgio Maggiore ㉒
Torre dell'Orologio ❷

Straßen und Plätze
Campo San Bartolomeo ⓳
Campo Santo Stefano ⓯
Mercerie ⑳

Bar
Harry's Bar ❾

Theater
La Fenice ⓮
Ridotto ❿

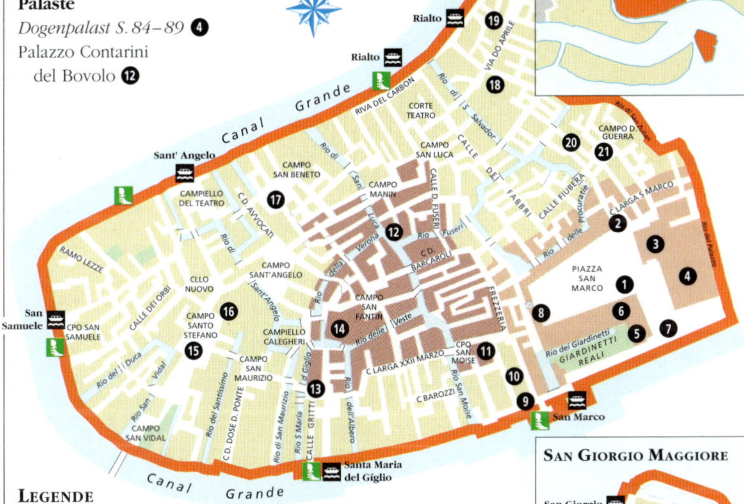

Legende

Detailkarte *Siehe S. 74f*

Detailkarte *Siehe S. 90f*

Vaporetto-Anlegestelle

Traghetto-Anlegestelle

0 Meter 250

◁ **Die Hauptkuppel der Basilica San Marco**

Im Detail: Piazza San Marco

Löwe von San Marco

IN IHRER LANGEN GESCHICHTE erlebte die Piazza San Marco Festzüge, Prozessionen, politische Aktivitäten und zahllose Karnevalsfeste. Besucher strömen zu Tausenden hierher, denn auf der Ostseite der Piazza befinden sich zwei der bedeutendsten historischen Sehenswürdigkeiten der Stadt: die Basilika und der Dogenpalast. Neben diesen herrlichen Gebäuden gibt es noch allerlei Unterhaltsames: elegante Cafés, Straßenmusikanten und schöne Boutiquen unter den Arkaden der Prokuratien. Die so nahe am Wasser der Lagune gelegene Piazza ist natürlich vom *acqua alta* (Hochwasser) besonders bedroht. Dann sieht man, wie Einheimische und Urlauber über Laufstege balancieren, die kreuz und quer über den überfluteten Platz verlaufen.

Die Gondeln liegen im Bacino Orseolo vertäut; der Doge Pietro Orseolo ließ hier 977 eine Pilgerherberge bauen.

Das Caffè Quadri war ein beliebter Aufenthaltsort der österreichischen Soldaten während der Besatzungszeit *(siehe S. 46).*

Museo Correr
Giovanni Bellinis Pietà *(1455–60) ist eines der vielen Meisterwerke der Renaissance in den Gemäldegalerien des Museums.* 8

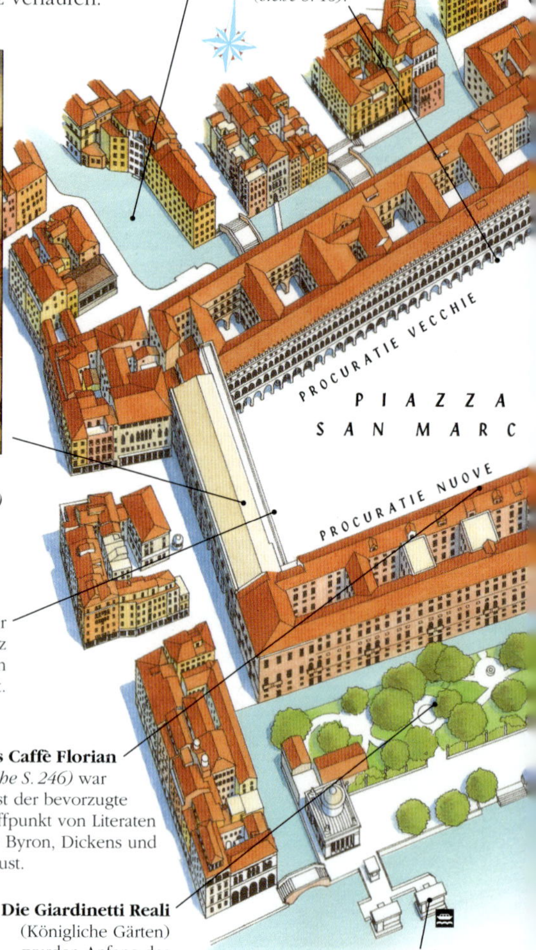

Die Ala Napoleonica ist der jüngste Flügel, der den Platz begrenzt; er wurde von Napoléon als Ballsaal erbaut.

0 Meter 75

Das Caffè Florian *(siehe S. 246)* war einst der bevorzugte Treffpunkt von Literaten wie Byron, Dickens und Proust.

Die Giardinetti Reali (Königliche Gärten) wurden Anfang des 19. Jahrhunderts angelegt.

San Marco Vallaresso

NICHT VERSÄUMEN

★ **Basilica San Marco**

★ **Dogenpalast**

★ **Campanile**

Torre dell'Orologio
Die Madonna am Uhrturm wird am 6. Januar und an Christi Himmelfahrt von den Heiligen Drei Königen angebetet. 2

Die Piazzetta dei Leoncini ist benannt nach den zwei Löwen aus Porphyr, die auf dem Platz stehen.

ZUR ORIENTIERUNG
Siehe Stadtplan, Karte 7

★ Basilica San Marco
Die grandiose Basilika spiegelt die Verbindung der Stadt mit Byzanz wider. 3

★ Dogenpalast
Der Palast, einst Machtzentrum der Republik und Wohnsitz des Herrschers, ist ein Meisterwerk gotischer Architektur. 4

★ Campanile
Der heutige Turm ersetzte jenen, der 1902 eingestürzt war. Von oben überblickt man die ganze Stadt. 1

Museo Archeologico
Die Skulpturen hier beeinflussten viele venezianische Renaissance-Künstler. 6

Säulen von San Marco und San Teodoro
Zwei Säulen markierten den Haupteingang zur Stadt, die lange nur vom Meer her erreicht werden konnte. 7

Die Zecca, von Sansovino entworfen, beherbergt die Biblioteca Marciana, war bis 1870 Münzstätte und gab dem *zecchino*, dem venezianischen Dukaten, seinen Namen.

Libreria Sansoviniana
Das Tonnengewölbe des Aufgangs zur Bibliothek ist mit Fresken und vergoldetem Stuck verziert. 5

Campanile ❶

Piazza San Marco. **Stadtplan** 7 B2. *041 522 40 64.* *San Marco.* *Ostern–Sep: 9–19 Uhr (Juni–Mitte Sep: bis 21 Uhr); Okt–Ostern: 9–17 Uhr.* *Jan.*

VOM AUSSICHTSBALKON des Campanile hat man einen einzigartigen Blick auf die Stadt, die Lagune und bei guter Sicht sogar auf die Alpen. An dieser Stelle führte Galileo Galilei 1609 dem Dogen Leonardo Donà sein Teleskop vor. Dafür musste er die Stufen des Turms hinaufsteigen. Heute fährt man mit einem Lift hinauf, der 14 Personen befördern kann. Wenn Sie zur vollen Stunde oben sind, erschrecken Sie nicht, wenn die fünf Glocken schlagen.

Der erste, 1173 fertiggestellte Turm war ein Leuchtturm, der den Seeleuten die Orientierung in der Lagune erleichtern sollte. Im Mittelalter hatte er eine weniger wohltätige Funktion; er diente zur Aufhängung eines Folterkäfigs, in dem man Kriminelle einsperrte und zuweilen dort sterben ließ. Das heutige Erscheinungsbild des Turms geht auf das frühe 16. Jahrhundert zurück, als er von Bartolomeo Bon nach einem Erdbeben restauriert wurde. Bis zum 14. Juli 1902 hielt der Turm den Wechselfällen der Zeit stand, dann gaben seine Fundamente ohne erkennbare Vorwarnung nach, er stürzte plötzlich ein. Die einzigen Opfer waren die Loggetta zu Füßen des Turms und die Katze des Wächters. Bald flossen Spenden für den Wiederaufbau, im Jahr darauf wurde der Grundstein gelegt für einen Campanile *dov'era e com'era* (»wo er war und wie er war«). Er wurde am 25. April (dem Markustag) 1912 eröffnet.

Auf der 98,50 Meter hohen **Turmspitze** steht ein goldener Engel, der von Bartolomeo Bon entworfen wurde.

Die fünf Glocken hatten zur Zeit der Republik jeweils eine bestimmte Funktion. Die *marangona* läutete Beginn und Ende jedes Arbeitstags ein; die *malefico* kündigte eine Hinrichtung an; die *nona* erklang zu Mittag; die *mezza terza* rief die Senatoren in den Dogenpalast; die *trottiera* verkündete eine Sitzung des Großen Rats.

Ein Lift, 1962 eingebaut, bringt Besucher auf den Turm, von dem man die herrlichste Sicht auf die Stadt hat.

Die Loggetta wurde im 16. Jahrhundert von Jacopo Sansovino erbaut. Ihre Skulpturen verherrlichen den Ruhm der Republik Venedig.

Die allegorischen Reliefs aus rotem Marmor von Verona zeigen Justitia als Venedig, Jupiter als Kreta und Venus als Zypern. Alles wurde nach dem Einsturz des Campanile 1902 rekonstruiert.

Das reich verzierte Ziffernblatt der Torre dell'Orologio

Torre dell'Orologio ❷

Piazza San Marco. **Stadtplan** 7 B2. *San Marco.* *auf Italienisch: tägl. 12, 16 Uhr; auf Englisch: Mo–Mi 9, 10, 11 Uhr, Do–So 13, 14, 15 Uhr.* *Buchung: 041 520 90 70.* *1. Jan, 25. Dez.* *www.torreorologio.it*

DER VERZIERTE Renaissance-Uhrturm steht an der Nordseite der Piazza über dem Durchgang zur Mercerie *(siehe S. 95)*. Er wurde Ende des 15. Jahrhunderts gebaut, der mittlere Teil von Mauro Coducci. Der Turm wurde 1997–2006 restauriert.

Die blaue und goldene Uhr aus Email zeigt die Mondphasen und Tierkreiszeichen. In Venedig kursierte das Gerücht, dass, nachdem die Uhr fertig war, den beiden Erfindern des Uhrwerks die Augen ausgestochen wurden, um die Herstellung einer Replik auszuschließen. Am Dreikönigstag und während der Woche um Christi Himmelfahrt versammeln sich Menschen zu jeder vollen Stunde und sehen zu, wie die Weisen aus dem Morgenland aus den seitlichen Türen erscheinen, um Maria und dem Kind zu huldigen. Oben schlagen zwei riesige Bronzefiguren – die wegen ihrer dunklen Patina *mori*, Mohren, genannt werden – die Glocke zur vollen Stunde.

Basilica San Marco ❸

Siehe S. 78–83.

Dogenpalast ❹

Siehe S. 84–89.

Libreria Sansoviniana ❺

Piazzetta (Eingang Via Napoleonica). **Stadtplan** 7 B3. *041 240 72 11 (Biblioteca Marciana). San Marco. tägl. 9–19 Uhr. Feiertage.*

PALLADIO PRIES die Bibliothek, die der Architekt Jacopo Sansovino entworfen hatte, als schönstes Bauwerk seit der Antike. Das Gebäude ist von einer Statuenreihe mythologischer Götter gekrönt. Während des Baus (1537–88) stürzte das Gewölbe ein, man gab Sansovino die Schuld und warf ihn ins Gefängnis. Dank mächtiger Freunde kam er wieder frei, musste aber auf eigene Kosten alles wieder aufbauen.

Am Ende der Treppe *(siehe S. 75)*, hinter einer Zelle, befindet sich ein seltenes Exemplar von Jacopo de' Barbaris Karte Venedigs aus der Vogelperspektive von 1500.

Der Saal ist reich verziert und besitzt zwei Deckengemälde von Veronese, *Arithmetik und Geometrie* und *Musik*, die dem Künstler als Belohnung eine goldene Kette einbrachten.

Museo Archeologico ❻

Piazzetta (9–19 Uhr: Eingang in der Ala Napoleonica). **Stadtplan** 7 B3. *041 522 59 78. San Marco. tägl. 8.15–19.15 Uhr. 1. Jan, 25. Dez.*

DAS IN DEN Räumen der Libreria Sansoviniana und der Procuratie Nuove untergebrachte Museum ist nach dem Rummel auf dem Markusplatz ein Ort der Ruhe. Die Sammlung verdankt ihre Existenz Domenico Grimani, der 1523 griechische, römische und ältere Skulpturen zusammen mit seiner Bibliothek dem Staat hinterließ.

Säulen von San Marco und San Teodoro ❼

Piazzetta. **Stadtplan** 7 C3. *San Marco.*

ZUSAMMEN MIT anderen Geschenken aus Konstantinopel kamen diese beiden riesigen Granitsäulen, die heute an der Piazzetta aufragen, nach Venedig. Sie sollen 1172 von Nicolò Barattieri, dem Architekten der ersten Rialtobrücke, aufgestellt worden sein. Als Lohn für seine Mühen wurde ihm gestattet, zwischen den beiden Säulen Spieltische aufzustellen. An gleicher Stelle fanden aber bis ins 18. Jahrhundert auch grausame Spektakel statt: die Hinrichtung von Kriminellen. Und noch heute gehen Abergläubische niemals zwischen den Säulen durch.

Die Säule im Westen ist von einer Marmorstatue des heiligen Teodoro gekrönt, der Schutzpatron von Venedig war, bis im Jahr 828 die Gebeine des heiligen Markus aus Alexandria geraubt wurden. Die Statue ist eine Kopie – das Original befindet sich im Dogenpalast *(siehe S. 88)*.

Auf der zweiten Säule steht ein Markuslöwe aus Bronze. Seine Herkunft ist unklar; man glaubt, dass er eine chinesische Schimäre sei, der später Flügel angesetzt wurden, um sie wie einen venezianischen Löwen aussehen zu lassen. 1990 wurde das drei Tonnen schwere Tier in London restauriert; feierlich erfolgte seine Rückkehr.

Die Säulen von San Marco und San Teodoro

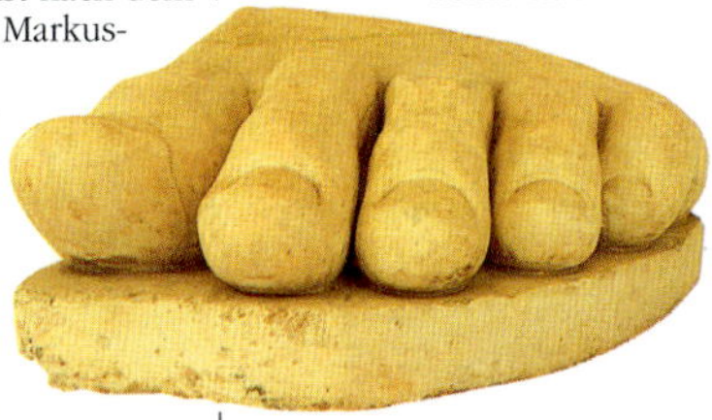

Fragment einer Monumentalstatue im Museo Archeologico

***Porträt eines jungen Mannes mit rotem Hut* von Carpaccio (um 1490)**

Museo Correr ❽

Procuratie Nuove (Eingang Ala Napoleonica). **Stadtplan** 7 B2. *041 240 52 11. San Marco. 9–19 Uhr (Nov–März: bis 17 Uhr). 1. Jan, 25. Dez. Kombiticket für Libreria Sansoviniana und Museo Archeologico.*

DER ABT Teodoro Correr vermachte 1830 seine Kunst- und Dokumentensammlung der Stadt. Sie ist der Kern dieses städtischen Museums.

Die ersten Räume sind neoklassizistische Kulissen für die frühen Statuen von Antonio Canova (1757–1822). In den übrigen Räumen im Erdgeschoss wird die Geschichte der venezianischen Republik anhand von Münzen, Waffen und anderen Exponaten dargestellt, darunter eine seltene Venedig-Karte von Barbari aus dem Jahr 1500.

Das Museo del Risorgimento im Obergeschoss befasst sich mit der Geschichte Venedigs bis 1866, als die Stadt Teil des vereinten Italiens wurde. Hier befindet sich auch die Quadreria. Ihre Bilder sind chronologisch aufgehängt. Die Sammlung ermöglicht es, die Entwicklung der venezianischen Malerei und den Einfluss der Künstler aus Ferrara, Padua und den Niederlanden zu verfolgen. Die berühmtesten Werke sind Carpaccios *Porträt eines jungen Mannes mit rotem Hut* (um 1490) und *Zwei venezianische Damen* (um 1507).

Basilica San Marco ❸

DIE BEEINDRUCKENDE Basilika hat den Grundriss eines griechischen Kreuzes und wird von fünf Kuppeln überwölbt. Sie ist die dritte Kirche an dieser Stelle. Die erste wurde im 9. Jahrhundert als Aufbewahrungsort für die Gebeine des heiligen Markus gebaut und im Jahr 976 durch ein Feuer zerstört. Die zweite wurde im 11. Jahrhundert abgerissen, um dem heutigen Bauwerk (1063–94) Platz zu machen; der Architekt ist bis heute unbekannt. Im Lauf der Jahrhunderte wurde die Basilika mehrfach umgebaut. 1807 wurde sie anstelle der Kirche San Pietro in Castello *(siehe S. 120)* die Kathedrale von Venedig.

Hl. Markus und Engel
Die Statuen über dem Mittelbogen wurden im 15. Jahrhundert hinzugefügt.

Die Pfingstkuppel zeigt, wie der Heilige Geist in Form einer Taube herniederkommt; sie war wahrscheinlich die erste Kuppel, die mit Mosaiken verziert wurde.

★ Pferde von San Marco
Die vier Pferde sind Kopien der vergoldeten Bronzeoriginale (siehe S. 82), *die heute im Museum der Basilika stehen.*

★ Steinmetzarbeiten am Hauptportal
Der Mittelbogen zeigt Steinmetzarbeiten (13. Jh.) über die Mühen der Monate. Der Traubenpflücker stellt den September dar.

★ Fassadenmosaiken
Ein Mosaik (17. Jh.) zeigt den Raub der Gebeine des heiligen Markus; angeblich wurden sie unter Schweinefleisch versteckt geschmuggelt.

INFOBOX

Piazza San Marco. **Stadtplan** 7 B2. *041 522 52 05.* San Marco. **Basilika, Schatzkammer und Pala d'Oro** *Apr–Sep: Mo–Sa 9.45–16 Uhr, So 14–16 Uhr; Okt–März: Mo–Sa 10–16 Uhr, So 14–16 Uhr.* *nur Schatzkammer.* **Museum** *10–16 Uhr.* *nur Museum, Schatzkammer und Pala d'Oro.* *tägl. zahlreiche Gottesdienste (eingeschränkte Besichtigungsmöglichkeit).*

Ciborium
Die Alabastersäulen des Altarbaldachins sind mit Szenen aus dem Neuen Testament verziert.

Die Himmelfahrtskuppel ist mit einem herrlichen Mosaik aus dem 13. Jahrhundert ausgekleidet – Christus umgeben von Engeln, Maria und den zwölf Aposteln.

Die Gebeine des heiligen Markus, die man durch das Feuer von 976 verloren glaubte, sollen 1094 bei der Einweihung der neuen Kirche an dieser Stelle wieder aufgetaucht sein.

★ Tetrarchen
Die wunderschöne Skulpturengruppe aus Porphyr (ägyptisch, 4. Jh.) stellt vermutlich Diocletian, Maximianus, Valerian und Constantius dar. Sie waren die Tetrarchen, die gemeinsam das Römische Reich regierten.

Allegorische Mosaike

Schatzkammer von San Marco

Die sogenannten Säulen von Akka sind Beutestücke aus einer Kirche in Konstantinopel (6. Jh.).

Baptisterium

Mosaiken im Baptisterium
Das Festmahl des Herodes *(1343–54) ist eines der Mosaiken in der Bilderfolge aus dem Leben Johannes' des Täufers.*

NICHT VERSÄUMEN

- ★ **Pferde von San Marco**
- ★ **Steinmetzarbeiten am Hauptportal**
- ★ **Fassadenmosaiken**
- ★ **Tetrarchen**

Der Innenraum der Basilika

Die dunkle, mit Beutestücken ausgeschmückte Basilika weist westliche und östliche Einflüsse auf. Das orientalische Bauwerk, über einen Zeitraum von sechs Jahrhunderten mit Mosaiken, Marmor und Steinmetzarbeiten verschönert, war der angemessene Rahmen für die Zeremonien Venedigs. Hier wurde der Doge nach der Wahl vorgestellt, hier wurden Staatsoberhäupter, Päpste, Prinzen und Botschafter empfangen, und hierher kamen Schiffskapitäne vor ihren Reisen, um für eine gesunde Rückkehr zu beten.

Mascoli-Kapelle
Früher »Neue Kapelle« genannt, erhielt sie dann ihren Namen von einer Bruderschaft, den mascoli.

Nördliche Vorhalle
Die Galerie, die zum Museum führt, ermöglicht eine herrliche Gesamtansicht der Mosaiken.

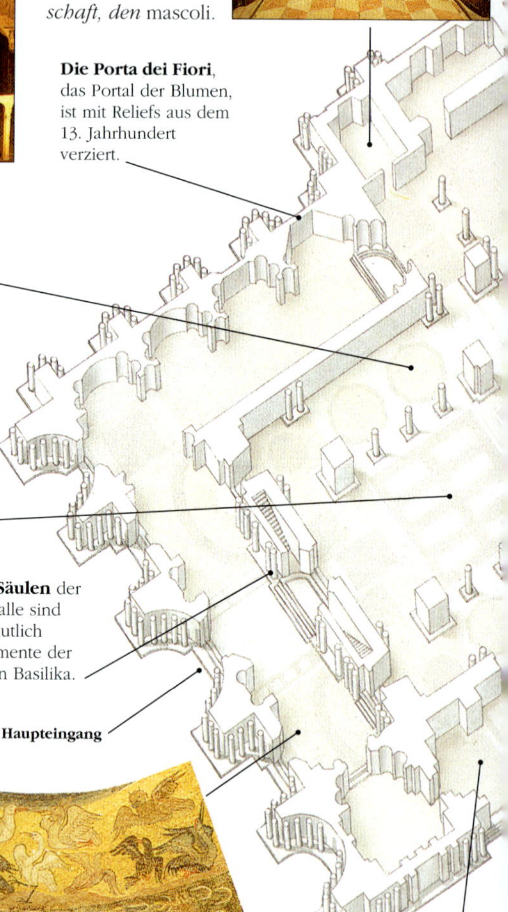

Die Porta dei Fiori, das Portal der Blumen, ist mit Reliefs aus dem 13. Jahrhundert verziert.

Die Säulen der Vorhalle sind vermutlich Fragmente der ersten Basilika.

Haupteingang

Das Baptisterium heißt auch Chiesa dei Putti (Kirche der Putten).

★ Pfingstkuppel
Die Pfingstkuppel wurde im 12. Jahrhundert mit Mosaiken verziert, die die Apostel mit Flammenzungen zeigen.

★ Vorhallenmosaiken
In der leuchtenden Kuppel der Genesis wird die Schöpfung der Welt in konzentrischen Kreisen dargestellt.

Der Muttergottesaltar birgt die Ikone der Madonna Nikopeia aus dem 10. Jahrhundert. Sie kam als Kriegsbeute 1204 nach Venedig *(siehe S. 42)*.

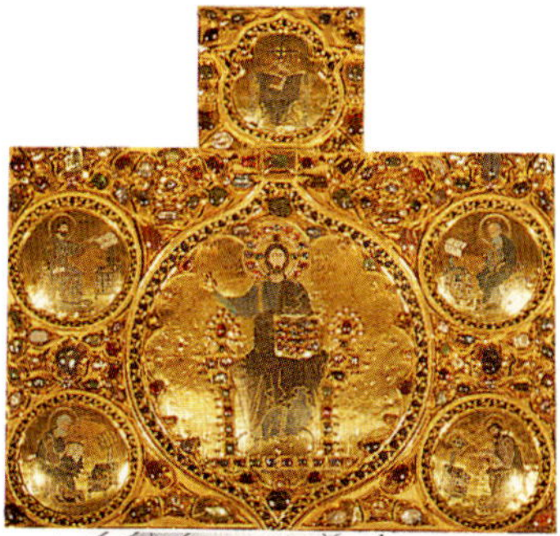

★ Pala d'Oro
Das herrliche Altarbild, im 10. Jahrhundert von Goldschmieden hergestellt, besteht aus 250 Tafeln wie dieser und ist mit Email und Edelsteinen besetzt.

Die Kapelle des heiligen Petrus besitzt ein Altarrelief, das Petrus und zwei ihn anbetende Prokuratoren zeigt.

Die Tür zur Sakristei (immer verschlossen) weist schöne Bronzereliefs von Sansovino auf, darunter Porträts von ihm selbst mit Tizian und Aretino.

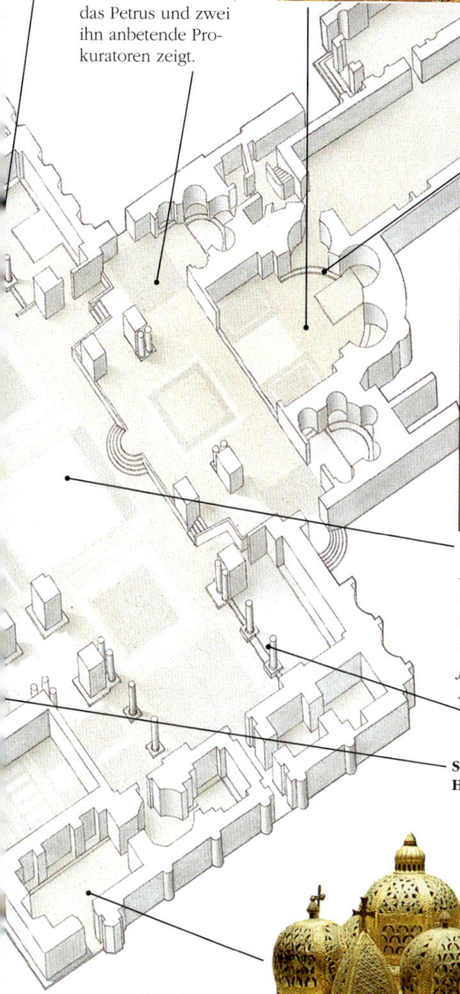

★ Himmelfahrtskuppel
Ein Mosaik von Christus schmückt die riesige Hauptkuppel. Das Meisterwerk wurde im 13. Jahrhundert von venezianischen Künstlern geschaffen, der Einfluss von byzantinischer Kunst und Architektur ist deutlich zu sehen.

Südliche Halle

Der Sakramentsaltar ist von Mosaiken aus dem späten 12. und frühen 13. Jahrhundert umgeben, die die Parabeln und Wunder Christi darstellen.

★ Schatzkammer
In der Schatzkammer befinden sich neben Beutestücken aus Konstantinopel kostbare Kunstwerke aus Italien wie dieses Weihrauchgefäß (12. oder 13. Jh).

NICHT VERSÄUMEN

- **★ Vorhallenmosaiken**
- **★ Pala d'Oro**
- **★ Himmelfahrts- und Pfingstkuppel**
- **★ Schatzkammer**

Überblick: Die Basilika

Ein einziger Besuch reicht kaum aus, um die Basilika im Detail zu besichtigen. Die glänzenden Mosaiken, die Schätze aus dem Osten, das gedämpfte, mysteriöse Licht und schon allein die Ausmaße verwirren bei der ersten Besichtigung. Am besten kommt man mehrmals zu verschiedenen Tageszeiten. Frühmorgens ist es am ruhigsten, doch die Mosaiken erstrahlen besonders schön, wenn die Kirche voll beleuchtet ist (mittags und Sa, So). Oft werden Besucher direkt zur Pala d'Oro (Eintritt) und zur Schatzkammer geführt. Während der Gottesdienste ist die Besichtigung nur eingeschränkt möglich, es wird um Rücksichtnahme gebeten. Gepäck muss vorher abgegeben werden.

Die Genesiskuppel in der Vorhalle

Mosaiken

Leuchtend goldene Mosaiken bedecken die Kuppeln, Wände und den Boden der Basilika, insgesamt über 4000 Quadratmeter. Die frühesten, aus dem 12. Jahrhundert, sind Werke von Mosaikkünstlern aus dem Osten. Ihre Techniken wurden von den venezianischen Künstlern übernommen, die allmählich die weitere Dekoration schufen und byzantinische Anregungen mit westlichen Einflüssen verbanden. Im 16. Jahrhundert wurden Skizzen und Entwürfe von Tintoretto, Tizian, Veronese und anderen großen Künstlern als Mosaiken nachgearbeitet. Die ursprünglich ikonografischen Darstellungen, die Geschichten aus Altem und Neuem Testament zeigen, sind durch sorgsame Restaurierung relativ gut erhalten.

Zu den beeindruckendsten Mosaiken der Basilika zählen jene, die die zentrale Himmelfahrtskuppel aus dem 13. Jahrhundert und die Pfingstkuppel aus dem 12. Jahrhundert (Mittelschiff) schmücken.

Der *pavimento*, der Fußboden, wirkt wie ein gewellter Orientteppich. Mosaiken aus Marmor, Porphyr und Glas stellen komplexe und farbenreiche geometrische Muster sowie schöne Szenen mit wilden Tieren und Vögeln dar.

Vorhalle

Die wunderschönen Mosaiken aus dem 13. Jahrhundert, die Kuppel, Bogen und Lünetten der Vorhalle schmücken, zeigen alttestamentarische Szenen – beginnend auf der Südseite mit der Genesiskuppel (die 26 Episoden der Schöpfungsgeschichte detailliert darstellt) bis zu den Geschichten von Josef und Moses in den Wölbungen an der Nordseite. Die Heiligendarstellungen zu beiden Seiten des Haupteingangs gehören zu den ältesten Mosaiken der Kirche. Eine Raute aus Porphyr direkt vor dem Hauptportal markiert die Stelle, an der sich Kaiser Friedrich Barbarossa 1177 mit Papst Alexander III. versöhnte *(siehe S. 41)*.

Museo Marciano

Von der Vorhalle bei der Loggia dei Cavalli führt eine schmale Treppe zum Kirchenmuseum hinauf. Die Galerie ermöglicht einen herrlichen Blick in die Basilika. Von der äußeren Loggia können Sie die Piazza San Marco überblicken und die Kopien der Pferde an der Kirchenfassade aus nächster Nähe betrachten. Die Originale der vergoldeten Bronzepferde, die sich in einem Raum am anderen Ende des Museums befinden, wurden 1204 vom Hippodrom (dem antiken Pferderennplatz) in Konstantinopel gestohlen, doch ihre tatsächliche Herkunft – römisch oder hellenistisch – bleibt unklar.

Im gleichen Raum befindet sich Paolo Venezianos *pala feriale* (14. Jh.), die mit Szenen aus dem Leben des heiligen Markus bemalt ist und einst die Pala d'Oro schmückte. Auch Manuskripte aus

Originale der vergoldeten Bronzepferde im Museum

Noah und die Sintflut – Mosaik aus dem 13. Jahrhundert in der Vorhalle

dem Mittelalter, Fragmente alter Mosaiken und antike Gobelins werden ausgestellt.

Allerheiligstes und Pala d'Oro

Bei der Sankt-Klemens-Kapelle werden Eintrittskarten für den kostbarsten Schatz der Kirche verkauft: die Pala d'Oro. Das edelsteinbesetzte Altarbild hinter dem Hochaltar besteht aus 250 Emailplatten auf Goldfolie, die von einem vergoldeten gotischen Rahmen eingefasst sind. Das ursprünglich 976 in Byzanz in Auftrag gegebene Altarbild wurde über Jahrhunderte weiter verschönert. Nach dem Sturz der Republik riss Napoléon einige der Edelsteine an sich, aber der Altaraufsatz funkelt noch heute mit Perlen, Rubinen, Saphiren und Amethysten.

Statue des hl. Markus auf der Ikonostase

Die Ikonostase, die Trennwand zwischen Hauptschiff und Altarraum, ist mit gotischen Marmorstatuen von Maria und den Aposteln versehen, die 1394 von den Gebrüdern Dalle Masegne geschaffen wurden. Der Baldachin über dem Hochaltar zeigt Szenen aus dem Neuen Testament.

Baptisterium und Kapellen

Die Taufkapelle (nicht zu besichtigen) ließ im 14. Jahrhundert der Doge Andrea Dandolo anbauen, der hier auch bestattet ist. Diese Kapelle wurde mit einzigartigen Mosaiken ausgekleidet, die Szenen aus dem Leben Johannes' des Täufers darstellen. Sansovino, der das Taufbecken entwarf, ist beim Altar bestattet.

Die Cappella Zen war erst Teil der Vorhalle. Sie wurde die Grabkapelle des Kardinals Zen, der seinen Besitz dem Staat hinterließ. Auch die Cappella San Isidor im linken Querschiff wurde unter Dandolo gebaut. Mosaiken im Tonnengewölbe zeigen die Geschichte des Heiligen, dessen Gebeine von der Insel Chios geraubt und 1125 nach Venedig gebracht wurden.

Der Erzengel Michael, eine byzantinische Ikone aus dem 11. Jahrhundert

Links davon befindet sich die Cappella Mascoli, die mit Szenen aus dem Leben der Jungfrau Maria verziert ist und im 17. Jahrhundert von der Bruderschaft der *mascoli* (Männer) genutzt wurde. Das Altarbild schmücken Statuen von Maria mit dem Kind zwischen den Heiligen Markus und Johannes.

In der dritten Kapelle im linken Querschiff sieht man die Madonna Nikopeia. Die 1204 erbeutete Ikone wurde einst von der byzantinischen Armee mitgeführt.

Die verehrte Ikone der Madonna Nikopeia

Schatzkammer

Obwohl der Schatz nach dem Zusammenbruch der Republik geplündert wurde und Anfang des 19. Jahrhunderts durch den Verkauf von Kostbarkeiten zum Auffüllen der Staatskasse stark schrumpfte, ist er noch immer eine wertvolle Sammlung byzantinischer Silber-, Gold- und Glasarbeiten. Heute befindet sich der Großteil des Schatzes in einem Raum, der vermutlich ein Turm des Dogenpalasts aus dem 9. Jahrhundert war. Ausgestellt werden Kelche, Kelchgläser, Reliquien, zwei Ikonen des Erzengels Michael sowie ein Weihrauchgefäß aus Gold und Silber in Form einer Basilika mit fünf Kuppeln *(siehe S. 81)*.

Dogenpalast ❹

Der Palazzo Ducale wurde ursprünglich im 9. Jahrhundert als Kastell errichtet, jedoch mehrfach durch Feuer zerstört. Der heutige Palast entstand im 14. und frühen 15. Jahrhundert. Bemerkenswert ist der Bruch mit der damaligen Bautradition: Der Palast aus weißem und rosafarbenem Veroneser Marmor ruht auf spitz zulaufenden Arkadenbogen aus istrischem Stein, die wiederum von einem Säulengang getragen werden. Das Ergebnis ist ein einmaliges Meisterwerk gotischer Architektur.

Arco Foscari
Die Figuren auf dem Triumphbogen sind Kopien der im 15. Jahrhundert von Antonio Rizzo geschaffenen Statuen von Adam und Eva.

★ Porta della Carta
Das gotische Tor aus dem 15. Jahrhundert war der Haupteingang des Palasts. Von hier führt ein Bogengang zum Arco Foscari und in den Innenhof.

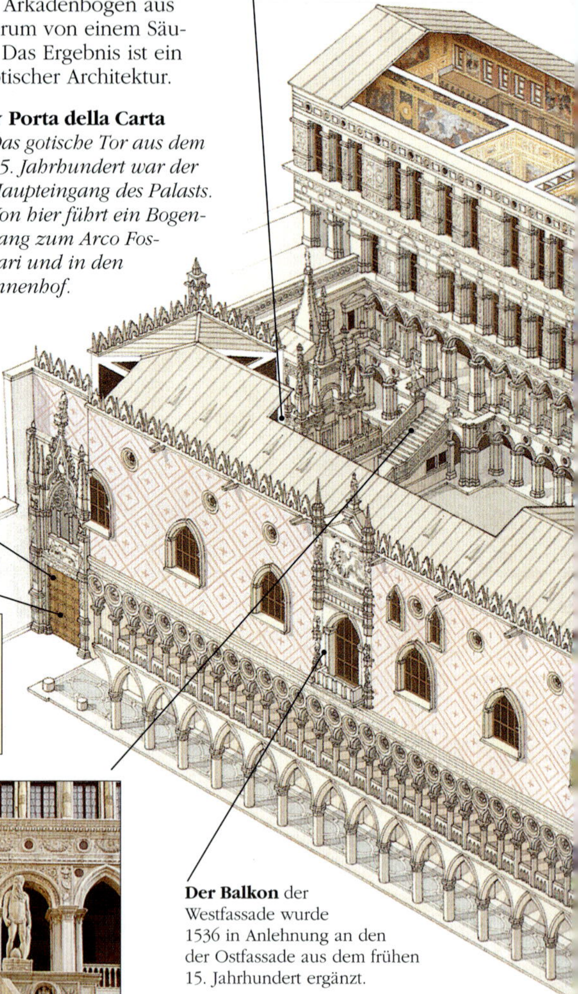

Ausgang

Nicht versäumen

★ Porta della Carta

★ Scala dei Giganti

Der Balkon der Westfassade wurde 1536 in Anlehnung an den der Ostfassade aus dem frühen 15. Jahrhundert ergänzt.

★ Scala dei Giganti
Auf dieser Treppe, von Antonio Rizzo im späten 15. Jahrhundert erbaut, wurde dem neuen Dogen in einer feierlichen Zeremonie die zogia, *die Dogenmütze, aufgesetzt.*

Folterkammer
Im Innenhof wurden Gefangene an den Handgelenken aufgehängt, um so ein Geständnis zu erpressen.

INFOBOX

Piazzetta. **Stadtplan** 7 C2. *041 520 90 70.* San Marco. *tägl. 9–19 Uhr (Nov–März: bis 17 Uhr). Letzter Einlass 1 Std. vor Schließung.* ***Itinerari Segreti*** *(Italienisch: tägl. 9.30, 11.10 Uhr; Englisch: tägl. 9.55, 10.45 und 11.35 Uhr); Anmeldung (tel. oder vor Ort) erforderlich.* *041 520 90 70.* *1. Jan, 25. Dez.* *eingeschr.* www.museicivicveneziani.it

Seufzerbrücke
Die berühmte Brücke, über die einst die Gefangenen zum Verhör geführt wurden.

Der trunkene Noah
Diese Skulptur (15. Jh.) an der Ecke des Palasts symbolisiert menschliche Schwäche.

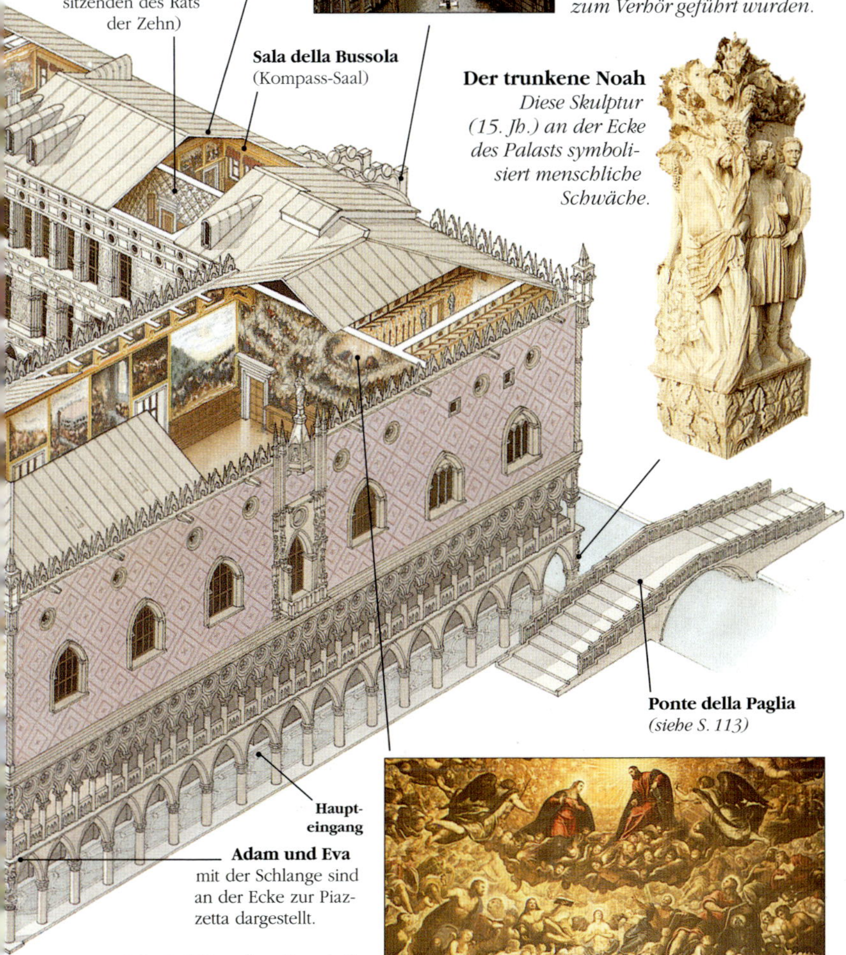

Sala dei Tre Capi
(Saal der drei Vorsitzenden des Rats der Zehn)

Sala della Bussola
(Kompass-Saal)

Ponte della Paglia
(siehe S. 113)

Haupteingang

Adam und Eva
mit der Schlange sind an der Ecke zur Piazzetta dargestellt.

Sala del Maggior Consiglio
Der Saal des Großen Rats birgt Domenico und Jacopo Tintorettos Wandgemälde Paradies *(1588–92).*

Der Dogenpalast von innen

Gotisches Kapitell

SEIT DEN ERSTEN TAGEN der Republik war der Dogenpalast Sitz der Regierung, Justizpalast und Wohnung des Dogen. Jahrhundertelang wurde er als einziges Gebäude in Venedig als *palazzo* bezeichnet (die anderen wurden kurz *ca'* für *casa* genannt). Die Macht der Serenissima präsentiert sich in den großen historischen und allegorischen Gemälden, die die Wände und Decken in den herrlichen Räumlichkeiten zieren. Das reich geschmückte Innere des Palasts gibt Zeugnis vom Ruhm der Republik Venedig und sollte auch ausländische Botschafter und Würdenträger beeindrucken.

NICHT VERSÄUMEN

- ★ **Collegio/Anticollegio**
- ★ **Sala del Maggior Consiglio**
- ★ **Gefängnisse**

Kolonnaden
Sonnenlicht flutet durch die offenen Bogengänge der Loggia im ersten Stock des Palasts.

Mars
Die Scala dei Giganti ist nach Sansovinos 1567 entstandenen monumentalen Statuen von Mars und Neptun benannt.

Scala d'Oro
Besucher betreten den Palast über die großartige Treppe, die Sansovino von 1554 bis 1558 erbaute. Das Treppengewölbe zeigt Stuckarbeiten von Alessandro Vittoria.

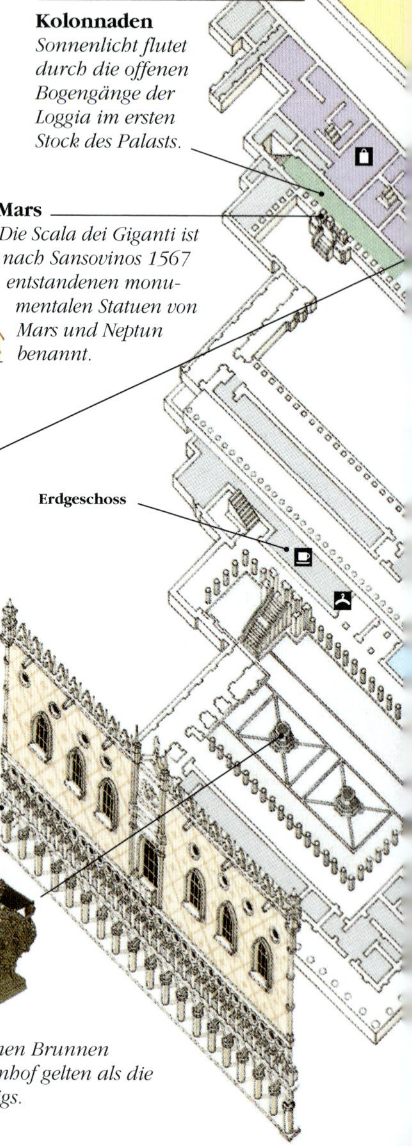

LEGENDE

- Wohnräume des Dogen
- Kollegium und Ratssäle
- Rat der Zehn und Waffenarsenal
- Saal des Großen Rats
- Gefängnisse
- Nicht zu besichtigen

Brunnen
Die zwei bronzenen Brunnen (16. Jh.) im Innenhof gelten als die schönsten Venedigs.

★ Collegio und Anticollegio
Bacchus und Ariadne *ist das schönste der vier mythologischen Gemälde, die Tintoretto für das Anticollegio schuf.*

Die Sala del Consiglio dei Dieci schmückt ein Deckengemälde von Veronese (1553/54).

Sala dello Scudo
Die Wände dieses Saals sind mit Landkarten bedeckt. Im Zentrum befinden sich zwei Globen (18. Jh.).

★ Sala del Maggior Consiglio
Die Porträts der ersten 76 Dogen, mit Ausnahme von Marin Falier, zieren wie ein Wandfries die hohen Innenmauern des Saals des Großen Rats.

★ Gefängnisse
Hier saßen vorwiegend die gewöhnlichen Straftäter; Schwerverbrecher warf man in die feuchten pozzi *(Brunnenverliese).*

Itinerari segreti

Die faszinierenden »Geheimen Wege« *(siehe Infobox S. 85)* führen zu den ehemaligen Amtsräumen, zum Kanzleigericht sowie zu den Räumen des staatlichen Inquisitors, zur Folterkammer und dem Gefängnis. Aus einer dieser Zellen gelang Casanova 1755 seine spektakuläre Flucht. Die Führungen werden auf Italienisch, Englisch und Französisch angeboten. Sie sind auf 25 Personen beschränkt und dauern rund eine Stunde.

Tür zu Casanovas Zelle

Überblick: Dogenpalast

Bei einem Rundgang durch den Palast durchquert man eine unendliche Folge von reich geschmückten Räumen, die über vier Stockwerke angeordnet sind. Alle Räume sind beschildert mit Namen und Funktionen in italienischer und englischer Sprache. Die neueste Errungenschaft ist ein Infrarot-Walkman, den man zur Führung durch den Palast oder einzelne Teile davon mieten kann.

Nehmen Sie sich Zeit für den Besuch, verschnaufen Sie im Café am Wasser – hier haben Sie eine tolle Aussicht auf die vorübergleitenden Gondeln.

San Teodoro im Innenhof des Palasts

Innenhof

Man erreicht den Innenhof durch einen Gewölbegang von der Porta della Carta aus. Auf der Scala dei Giganti wurde einst der neue Doge mit der *zogia*, der Dogenmütze, gekrönt.

Scala d'Oro und staatliche Gemächer

Die prächtige Scala d'Oro (Goldene Treppe) verdankt ihren Namen dem mit goldenen Stuckarbeiten verzierten Gewölbe (1554–58) von Alessandro Vittoria. Die privaten Gemächer des Dogen im zweiten Stock kann man nur bei Ausstellungen besichtigen. Die Gemächer, nach dem Feuer von 1483 errichtet und später auf Befehl Napoléons geplündert, geben durch die schönen Wandgemälde sowie die kolossalen Kamine einen Eindruck vom Lebensstil der Dogen. Der schönste dieser Räume ist die Sala degli Scarlatti mit einer prächtigen Decke und einem Kamin (um 1501) von Antonio und Tullio Lombardo sowie einem Relief (1501–21) von Pietro Lombardo, das den Dogen Leonardo Loredan zu Füßen der Jungfrau Maria zeigt.

Die Sala dello Scudo, der Wappensaal, präsentiert Land- und Seekarten; in der Bildergalerie findet man Kunstwerke von Vittore Carpaccio, Giovanni Bellini und Hieronymus Bosch.

Eine *bocca di leone* als Briefkasten für anonyme Denunziationen

Veroneses *Dialectica* (um 1577), Sala del Collegio

Von der Sala delle Quattro Porte zur Sala del Senato

Von der Scala d'Oro gelangt man in das Treppenhaus und weiter in den dritten Stock mit den Ratsgemächern. Der erste Saal, die Sala delle Quattro Porte, wurde nach dem Feuer von 1574 mit einer Decke von Andrea Palladio sowie Fresken von Tintoretto vollständig neu errichtet.

Das anschließende Anticollegio, Vorzimmer zum Collegio, ist mit Szenen aus der Mythologie geschmückt, so Tintorettos *Werkstatt des Vulkan, Merkur und die Grazien, Bacchus und Ariadne* sowie *Minerva, den Mars abweisend*, alle 1578 gemalt, und Veroneses *Raub der Europa* (1580).

In der Sala del Collegio empfingen die Dogen und ihre Ratsherren ausländische Botschafter und verhandelten die Staatsangelegenheiten. Die herrliche Decke zieren elf Gemälde von Veronese (um 1577), darunter dessen Meisterwerk *Venedig empfängt von der Gerechtigkeit und vom Frieden die Symbole der Waage und des Ölzweigs.*

Im nächsten Saal, der Sala del Senato, diskutierten die Dogen einst mit den 200 Senatoren der Stadt die Innen- und Außenpolitik der Republik. Die Wand- und Deckengemälde, von Tintoretto sowie von Schülern des Meisters, zeigen vor allem Szenen aus der Geschichte Venedigs.

Von der Sala del Consiglio dei Dieci zur Armeria

Der Weg führt zurück durch die Sala delle Quattro Porte zur Sala del Consiglio dei Dieci. Hier traf sich der gefürchtete und mächtige Rat der Zehn, 1310 zum Schutz der Republik gegen ihre inneren Feinde ins Leben gerufen. Napoléon raubte einige der Gemälde Veroneses, doch 1920 gelangten zwei der schönsten wieder hierher zurück: *Alter und Jugend* sowie *Juno beschenkt Venedig* (beide 1553/54).

In der anschließenden Sala della Bussola erwarteten einst die Angeklagten ihr Urteil, das vom Rat der Zehn verhängt wurde. Anonyme Denunziationen warf man in die *bocca di leone*, das Löwenmaul – es gibt einige davon im Palast. Eine Holztür führt weiter in die Gemächer der Vorsitzenden der Zehn, des Inquisitors sowie zu den Gefängnissen und der Folterkammer – sofern man an einer Besichtigung dieser Räume (Itinerari segreti) teilnimmt.

***Alter und Jugend* (1553/54) von Veronese**

Ansonsten geht man weiter zum Waffensaal, der eine der schönsten Waffensammlungen Europas zeigt.

Sala del Maggior Consiglio

Über die Scala dei Censori gelangt man in den zweiten Stock und in die Sala del Guariento mit Resten des Freskos *Krönung der Jungfrau Maria* (1365–67) von Guariento. Durch den *lagiò*, eine Art Veranda mit Antonio Rizzos Marmorstatuen von Adam und Eva (nach 1480), geht man in die prächtige Sala del Maggior Consiglio, den Saal des Großen Rats. Hier trat der Große Rat der Republik zusammen, um über die Verfassung oder Gesetze zu beraten. Als Henri III von Frankreich Venedig besuchte, bewirtete man hier nicht weniger als 3000 Gäste.

Mitte des 16. Jahrhunderts gehörten dem Großen Rat etwa 2000 Mitglieder an. Jeder Venezianer von hoher Geburt hatte ab seinem 25. Lebensjahr das Recht auf einen Sitz im Rat – es sei denn, er hatte unter Stand geheiratet. Seit 1646, als die Kriege gegen die Türken viele Opfer auch in den höheren Ständen gefordert hatten, wurden auch hochgestellte Persönlichkeiten der *terra firma*, der Kaufleute und Handwerker, die über 100 000 Dukaten verfügten, in den Rat aufgenommen.

An der Ostseite des Saals befindet sich Tintorettos riesiges, gut restauriertes Gemälde *Paradies* (1587–90), mit seinen Ausmaßen von 7,45 auf 24,65 Metern eines der größten Gemälde der Welt. Tintoretto schuf es im Alter von weit über 70 Jahren zusammen mit seinem Sohn.

Die Decke des Raums zeigt Darstellungen, die den Ruhm Venedigs feiern, eine der schönsten ist Veroneses *Apotheose Venedigs* (1583). In einem Wandfries finden sich die Porträts von 76 Dogen, von Schülern Tintorettos gemalt, darunter ein Porträt des Dogen Marin Falier, der 1355 wegen Hochverrats enthauptet wurde. Die anderen 42 Dogen der Republik sind in der Sala dello Scrutinio porträtiert.

Die prächtige Sala del Maggior Consiglio, der Saal des Großen Rats

Gefängnisse

Blick auf die Lagune durch ein Gitter der Seufzerbrücke

Von der Sala del Maggior Consiglio führen verschiedene Wege und Treppen zur Seufzerbrücke *(siehe S. 113)*, die den Palast mit den sogenannten neuen Gefängnissen verbindet, die zwischen 1556 und 1595 gebaut wurden.

Direkt unter dem Dach aus Blei befinden sich die *piombi*, die Bleizellen. Dort ging es den Gefangenen allemal besser als in den *pozzi*, den dunklen, modrigen Zellen im Kellergeschoss. An den Wänden der fensterlosen Zellen kann man noch heute die von den Gefangenen hinterlassenen Inschriften lesen.

Besucher, die an einer Besichtigung teilnehmen, können die Zelle Casanovas sehen und erfahren, wie ihm einst seine Flucht über ein Loch im Dach gelang. Der Rundgang endet in den Amtsräumen der Avogaria, in denen früher die Anwälte *(avogadori)* der Republik die Gerichtsverhandlungen vorbereiteten.

Im Detail: Rund um das Teatro La Fenice

WESTLICH DER RIESIGEN, stets bevölkerten Piazza San Marco erstreckt sich ein Labyrinth von Gassen. Das Zentrum dieses *sestiere* ist der Campo San Fantin mit dem Teatro La Fenice, dem Opernhaus Venedigs, und der Renaissance-Kirche San Fantin. Der nahe gelegene Ateneo Veneto war ehemals eine *scuola,* deren Mitgliedern die wenig beneidenswerte Rolle zukam, Verurteilte auf das Schafott zu begleiten. In den engen Straßen rund um diesen Platz gibt es eine Reihe exotischer kleiner Läden, während man auf der Calle Larga XXII Marzo die großen Namen der italienischen Mode findet. In diesem Stadtteil befinden sich auch einige exzellente Restaurants, die jedoch meist sehr teuer sind.

Am Campo San Fantin liegt die Kirche San Fantin aus der Zeit der Spätrenaissance; die schöne Apsis ist ein Werk Jacopo Sansovinos.

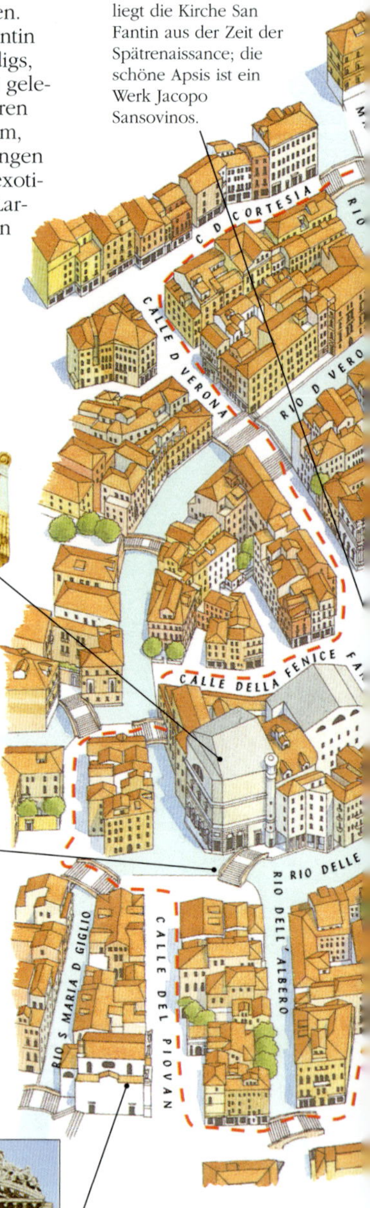

★ La Fenice
Das Opernhaus war nach dem Brand von 1836 wie Phönix (fenice) *aus der Asche neu erstanden. 1996 brannte es erneut aus.* ⓮

An der hinter dem Theater gelegenen **Fondamenta delle Fenice** hält die Gondel, die die Besucher zu den Vorstellungen in die Oper bringt.

LEGENDE

– – – Routenempfehlung

0 Meter 75

NICHT VERSÄUMEN

- ★ La Fenice
- ★ San Moisè

Santa Maria Zobenigo
Das Holzrelief zeigt die Familie Barbaro, die den Bau der Kirchenfassade großzügig unterstützte, sowie die Städte, in denen sie hohe Ämter bekleidete. ⓭

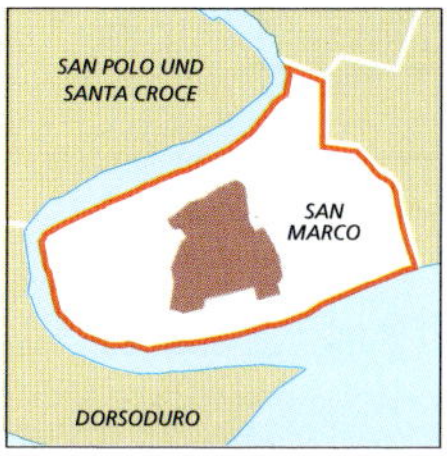

Zur Orientierung
Siehe Stadtplan, Karte 7

Die Statue von Daniele Manin, Führer des Aufstands von 1848, steht auf dem Campo Manin, mit Blick auf das Haus, in dem er einst lebte.

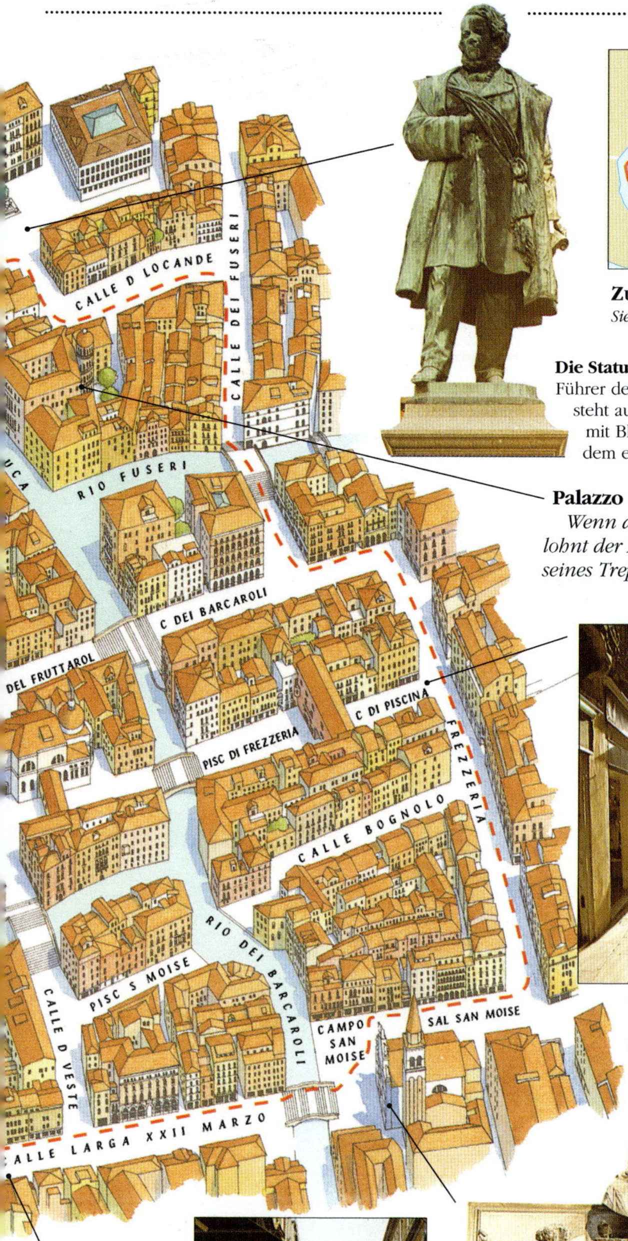

Palazzo Contarini del Bovolo
Wenn auch schwer zu finden, lohnt der Palast vor allem wegen seines Treppenhauses (um 1499) einen Besuch. ⓬

In der Frezzeria kauften die Bürger im Mittelalter ihre Pfeile *(frecce)*. Heute findet man hier ausgefallene Mode.

Die Calle Larga XXII Marzo wurde nach dem 22. März 1848 benannt, dem Tag der Rebellion Manins. Heute ist die Straße wegen ihrer attraktiven Designerboutiquen bekannt.

★ San Moisè
Die ausladende Barockfassade von San Moisè (um 1668) wurde von Vincenzo Fini gestiftet, dessen Büste über einer Seitentür zu sehen ist. ⓫

Harry's Bar ❾

Calle Vallaresso. **Stadtplan** 7 B3. *San Marco. Siehe auch* **Restaurants, Cafés und Bars** *S. 246f.*

BERÜHMT FÜR ihre Cocktails und ihre amerikanische Klientel, ist Harry's Bar fast eine venezianische Institution. 1931 eröffnete Giuseppe Cipriani die Bar in einem ehemaligen Lagerraum am Canal Grande, am Ende der Calle Vallaresso und in der Nähe der Piazza San Marco. Finanziert wurde sie von einem Mann namens Harry aus Boston, der der Meinung war, eine Bar dieses Stils fehle in Venedig. Seitdem kamen unzählige Amerikaner hierher, unter ihnen auch Ernest Hemingway. Die Bar wurde zum berühmtesten Treffpunkt der Stadt; königliche Hoheiten, Filmstars und Politiker zog es hierher.

Heute sind es vor allem Urlauber, die in die Bar kommen, um den Bellini-Cocktail zu trinken, den Cipriani einst kreierte *(siehe S. 239)*. Allerdings ist der Ort an sich nicht besonders bemerkenswert; man kann nicht einmal im Freien sitzen.

Ernest Hemingway war oft Gast in Harry's Bar

Ridotto ❿

Calle del Ridotto, 1332 San Marco. **Stadtplan** 7 B3. *San Marco.* *für Hotelgäste.*

UM DIE Spielleidenschaft der Venezianer kontrollieren zu können, erteilte der Staat im 17. Jahrhundert Marco Dandolo die Erlaubnis, in seinem Palast das erste Spielkasino Europas einzurichten. 1638 wurde das Ridotto unter der Auflage eröffnet, dass die Spieler Masken tragen. Doch 1774 wurde das Kasino vom Großen Rat geschlossen, da zu viele Bürger sich hier ruiniert hatten.

1947 wurde der alte Palazzo zu einem Theater umgebaut. Heute gehört der restaurierte Palast zum Hotel Monaco e Grand Canal.

San Moisè ⓫

Campo San Moisè. **Stadtplan** 7 A3. *041 270 24 64.* *San Marco.* *tägl. 9.30–12.30, 16–18.30 Uhr.*

SAN MOISÈ PROTZT mit überladener Barockfassade. 1668 wurde die Kirche vollendet – mit vielen Statuen, Büsten und Zierrat. John Ruskin beschreibt sie – ganz gegen das Barock eingestellt – als die plumpste Kirche Venedigs. Im Inneren befindet sich eine Ansammlung von Bildern aus dem 17. und 18. Jahrhundert sowie ein Werk von Tintoretto. Das Kirchenschiff birgt das Grab von John Law, einem schottischen Kaufmann, der die Compagnie d'Occident gründete, um das Mississippi-Tal wirtschaftlich zu entwickeln. Seine Geschäfte zerplatzten 1770 wie eine Seifenblase, er floh mit den Gewinnen nach Venedig.

Die Fassade von San Moisè mit barocker Verzierung

Palazzo Contarini del Bovolo ⓬

Corte Contarini del Bovolo, 4299 San Marco. **Stadtplan** 7 A2. *041 270 24 62.* *Rialto oder Sant'Angelo.* *Apr–Okt: tägl. 10–18 Uhr; Nov–Feb: Sa, So 10–16 Uhr.*

INMITTEN VON kleinen Straßen liegt der wegen seines prächtigen Treppenturms bekannte Palazzo (Hinweisschilder ab Campo Manin). Das Wort *bovolo* bedeutet im venezianischen Dialekt »Schneckenhaus«, eine Anspielung auf das Aussehen des Turms. Die Contarini, die den Palast im 15. Jahrhundert erbauten, waren eine gebildete Familie, bekannt als die »Philosophen«. Die Brunnen stammen aus byzantinischer Zeit.

Der Treppenturm des Palazzo Contarini del Bovolo

Santa Maria Zobenigo ⓭

Campo Santa Maria del Giglio. **Stadtplan** 6 F3. *041 275 04 62.* *Santa Maria del Giglio.* *tägl. 10–17 Uhr (So u. Feiertage 13–17 Uhr).* *Juli, Aug: So; 1. Jan, 25. Dez.*

DIE FAMILIE Jubanico soll die Kirche im 9. Jahrhundert gestiftet haben. Bekannt ist sie auch als »del Giglio« (Lilie). Die Barockfassade finanzierte die Familie Barbaro – Ausdruck ihres Ruhms als Seefahrer und Diplomaten. Im Inneren befindet sich ein Museum mit Kirchenschmuck und Gemälden, darunter *Die Heilige Familie* von Rubens und Tintorettos Bilder der Evangelisten (beide 1552).

La Fenice ⓮

Campo San Fantin. **Stadtplan** 7 A3. *San Marco.* ***Kartenvorverkauf*** *041 241 80 33 oder 041 24 24.* www.teatrolafenice.it

Im 18. Jahrhundert waren Theater sehr beliebt, so auch La Fenice, Venedigs ältestes Theater. Es wurde 1792 im klassischen Stil als Privattheater errichtet; Dramen und Opern fanden hier vor einem Publikum statt, das sich aus allen Schichten Venedigs zusammensetzte. Im Dezember 1836 wurde der Bau durch einen Großbrand zerstört, doch schon ein Jahr später war es wieder aufgebaut – wie Phönix *(fenice)* aus der Asche auferstanden.

Im 19. Jahrhundert wurden hier Rossinis *Tankred* (1813) und *Semiramis* (1823) sowie Verdis *La Traviata* (1853) uraufgeführt. Unter der Herrschaft Österreichs *(siehe S. 46f)* streute man im Zuschauerraum grüne, weiße und rote Blumen aus, die Farben der italienischen Flagge, der Ruf »Viva Verdi« erschallte, wobei die Buchstaben von Verdis Namen für »Vittorio Emanuele Re d'Italia« standen. 1951 wurde hier Strawinskys Oper *The Rake's Progress* uraufgeführt, 1954 Brittens *The Turn of the Screw.*

1996 zerstörte erneut ein Brand das Theater bis auf die Fassade. Unter reger Anteilnahme der Weltöffentlichkeit wurde es wieder aufgebaut. Seit seiner Wiedereröffnung 2003 teilt sich La Fenice die Oper- und Konzertsaison mit dem Teatro Malibran.

Antiquitäten- und Maskenladen am Campo Santo Stefano

Campo Santo Stefano ⓯

Stadtplan 6 F3. *Accademia oder Sant'Angelo.*

Auch bekannt als Campo Francesco Morosini, nach einem Dogen des 17. Jahrhunderts, der einst hier lebte, ist dieser *campo* einer der weitläufigsten der Stadt. Bis 1802, als eine Zuschauertribüne einstürzte und mehrere Menschen zu Tode kamen, fanden hier Stierkämpfe statt, ebenso Bälle und Karnevalsfeste. Heute kann man auf dem Platz im Café sitzen.

In seiner Mitte erhebt sich die Statue von Nicolò Tommaseo (1802–1874), einem dalmatinischen Gelehrten, der 1848 im Aufstand gegen Österreich eine bedeutende Rolle spielte. An der Südseite liegt der Palazzo Pisani mit Blick über den Campiello Pisani, seit Ende des 19. Jahrhunderts Musikkonservatorium, durch dessen Fenster das ganze Jahr über Musik nach draußen dringt. Auf der anderen Seite des Platzes, im Palazzo Loredan (Nr. 2945), befindet sich Venedigs Institut für Naturwissenschaft, Literatur und schöne Künste.

Die Decke von Santo Stefano, in Form eines Schiffskiels errichtet

Santo Stefano ⓰

Campo Santo Stefano. **Stadtplan** 6 F2. *041 275 04 62. Accademia oder Sant'Angelo. tägl. 10–17 Uhr (So u. Feiertage 13–17 Uhr). Juli, Aug: So; 1. Jan, 25. Dez. nur Sakristei.*

Sechsmal wurde Santo Stefano wegen der hier verübten Gewalt säkularisiert, heute strahlt die Kirche eine bemerkenswerte Ruhe aus. Sie wurde im 14. Jahrhundert erbaut, ein Jahrhundert später umgestaltet und weist ein Portal von Bartolomeo Bon sowie einen schiefen Glockenturm auf. Das Kielgewölbe des Schiffs, mit einer Holzdecke versehen, wird von Säulen aus Veroneser Marmor getragen. Bedeutende Kunstwerke, darunter Gemälde von Tintoretto, befinden sich in der Sakristei.

La Fenice, 1996 durch ein Feuer zerstört und 2003 wiedereröffnet

Innenhof des Palazzo Pesaro, Wohnsitz Mariano Fortunys

Museo Fortuny ⓱

Palazzo Pesaro degli Orfei, Campo San Beneto, 3780 San Marco. **Stadtplan** 6 F2. *041 520 09 95.* *Sant'Angelo.* *Di–So 10–18 Uhr.*

Bekannt wurde er vor allem für seine fantastischen Plisseekleider, doch Fortuny war auch Maler, Bildhauer, Designer, Fotograf und Wissenschaftler. Eine seiner Erfindungen ist die Fortuny-Kuppel, mit deren Hilfe man im Theater den Himmel auf die Bühne zaubern konnte.

Mariano Fortuny y Madrazo oder Don Mariano, wie er sich zu nennen pflegte, wurde 1871 in Granada geboren und kam 1889 nach Venedig. Anfang des 20. Jahrhunderts kaufte er den Palazzo Pesaro, einen spätgotischen Palast, der ursprünglich der einflussreichen Familie Pesaro gehört hatte. Hier verbrachte Fortuny den Rest seines Lebens, er starb im Jahr 1950. Seine Witwe vermachte das Haus 1956 der Stadt Venedig.

Die großen Räume und der *portego* bilden den passenden Rahmen für die wertvollen Objekte aus Fortunys Werkstätten. Für die Herstellung seiner Seide, von Gold- und Silberfäden durchwebt, benutzte er alte Techniken und Werkzeuge der Renaissance. Die Sammlung umfasst auch Gemälde von Fortuny (weniger eindrucksvoll als die Werkstätten), Schmuckplatten sowie einige Seidenkleider – in den 1920er Jahren Meilensteine der Mode.

San Salvatore ⓲

Campo San Salvatore. **Stadtplan** 7 B1. *041 270 24 64.* *Rialto.* *Mo–Sa 9–12, 15–19 Uhr.*

Die Kirche San Salvatore ist ein schönes Beispiel für die venezianische Architektur der Renaissance. Ist das Hauptportal geschlossen, betritt man sie durch einen Seiteneingang, der zwischen den Läden in den Mercerie liegt. Die Kirche wurde Anfang des 16. Jahrhunderts von Giorgio Spavento begonnen und von Tullio Lombardo und Jacopo Sansovino vollendet. Ihr bedeutendstes Kunstwerk ist Tizians *Verkündigung* (1566) über dem dritten Seitenaltar rechts. Sansovinos Grabmal für den Dogen Francesco Venier (1556–61) ist eines der kunstvollsten der Kirche.

Über dem Hochaltar befindet sich Tizians *Verklärung Christi* (1560), im rechten Querschiff das Grab der Caterina Cornaro, Königin von Zypern *(siehe S. 43)*, von Bernardino Contino 1580–84 errichtet. Die Darstellung auf dem Grabmal zeigt Caterina bei der Übergabe ihres Königreichs an den Dogen.

Campo San Bartolomeo ⓳

Stadtplan 7 B1. *Rialto.*

Nahe dem Rialto ist der Campo San Bartolomeo ein belebter Platz, auf dem vor allem abends die Jugendlichen zusammenkommen. Ein weiterer beliebter Treffpunkt neben den Cafés und Bars ist die Statue Carlo Goldonis (1707–1793), Venedigs berühmtestem Dichter *(siehe S. 101)*. Die Statue von Antonio del Zotto (1883) zeigt Goldonis humorvolle, aber auch stolze Persönlichkeit.

Der Innenraum der Kirche San Salvatore im Stil der Renaissance

Basrelief des heiligen Georg mit dem Drachen in den Mercerie

Mercerie ⑳

Stadtplan 7 B2. *San Marco oder Rialto.*

UNTERTEILT IN DIE Merceria dell'Orologio, die Merceria di San Zulian und die Merceria di San Salvatore, sind die Mercerie seit langem die bedeutendste Einkaufszone Venedigs. Zwischen Piazza San Marco und Rialto bestehen sie aus einem Gewirr enger Gassen, die von kleinen Läden und Boutiquen gesäumt sind. John Evelyn, ein englischer Autor des 17. Jahrhunderts, beschrieb sie als »die köstlichste Straße der Welt …, behangen mit Kleidern aus Gold, Damast und Seide«. Heute findet man hier vor allem Mode sowie Leder- und Glaswaren.

Am südlichen Ende der Mercerie zeigt ein Relief das Porträt einer Frau, die 1310 zufällig eine Revolte zum Stillstand brachte. Sie ließ ihren Mörser aus dem Fenster fallen und tötete dabei unabsichtlich den Standartenträger der Rebellenarmee. Diese zog sich daraufhin zurück, der Frau wurde bis zu ihrem Tod die Miete nicht erhöht.

Bronzestatue von Tommaso Rangone

San Zulian ㉑

Campo San Zulian. **Stadtplan** 7 B2. *San Marco.* *041 523 53 83.* *tägl. 8.30–18.30 Uhr (kürzere Öffnungszeiten im Winter).*

MITTEN IN DEN geschäftigen Mercerie ist die Kirche San Zulian (oder Giuliano) aus dem 16. Jahrhundert eine Oase der Ruhe. In ihr befinden sich Gemälde aus dem 16. und 17. Jahrhundert sowie Skulpturen; die Darstellung im Zentrum des Deckenfreskos zeigt *Die Apotheose des heiligen Julian*, ein Gemälde von Palma il Giovane von 1585. Die Fassade ist ein Werk Sansovinos, finanziert von dem Physiker Tommaso Rangone. Seine Bronzestatue, von Büchern umgeben, hebt sich von dem weißen, aus istrischem Stein errichteten Gemäuer ab.

San Giorgio Maggiore ㉒

Stadtplan 8 D4. *041 522 78 27.* *San Giorgio.* *tägl. 9.30–12.30, 14.30–17 Uhr (im Sommer länger).* ***Turm*** *9.30–12.30, 14.30–17 Uhr (im Sommer länger).* ***Kulturzentrum*** *041 524 01 19.* *Sa, So; Mo–Fr nach Vereinbarung.*

WIE EINE BÜHNE erhebt sich die kleine Insel San Giorgio. Die gleichnamige Kirche mit Kloster wurde im 16. Jahrhundert errichtet und ist eines der Meisterwerke von Andrea Palladio. Die Kirchenfront und ihr weiträumiger, von kühler Schönheit geprägter Innenraum mit den perfekten Proportionen sind typisch für die Architektur Palladios, die sich vorwiegend am klassischen römischen Stil orientierte.

Die bedeutendsten Kunstwerke in der Kirche sind Tintorettos *Letztes Abendmahl* sowie *Mannawunder*, beides Spätwerke (1594) des Meisters. Tintorettos letztes Werk, die *Kreuzabnahme* (1592 bis 1594) in der Kapelle des Todes, vollendete sein Sohn Domenico.

Von der Spitze des Turms aus (die man bequem per Lift erreichen kann) bietet sich ein wunderbarer Blick über die ganze Stadt und die Lagune.

Als die Benediktiner vor Jahrhunderten die Insel in Besitz nahmen, war sie als die Insel der Zypressen bekannt. Das Kloster wurde im 13. Jahrhundert nach einem Erdbeben neu errichtet und später zu einem geistigen Zentrum, in dem viele bedeutende Besucher aus dem Ausland weilten. Nach dem Fall der Republik Venedig 1797 *(siehe S. 46f)* wurde das Kloster schließlich aufgelöst, seine Schätze wurden geplündert.

1951 erwarb der Graf Vittorio Cini *(siehe S. 134)* das Kloster und richtete in den Gebäuden ein Zentrum zur Pflege der venezianischen Kultur ein. Heute finden hier internationale Veranstaltungen und Ausstellungen statt, darüber hinaus gibt es ein interessantes Freilufttheater. Das Kulturzentrum kann man jedoch nur nach Absprache besichtigen.

Der von Palladio gestaltete Kreuzgang im Kloster San Giorgio Maggiore

Palladios Kirche San Giorgio Maggiore auf der gleichnamigen Insel

San Polo und Santa Croce

Die Viertel San Polo und Santa Croce, begrenzt vom oberen Lauf des Canal Grande, sind jeweils nach Kirchen benannt. Die ersten Einwohner sollen auf kleinen Inseln, *rivus altus* (Hochufer) oder Rialto genannt, gesiedelt haben. Als im 11. Jahrhundert hier die ersten Märkte entstanden, entwickelten sich diese *sestieri* zum wirtschaftlichen Zentrum Venedigs. San Polo ist noch heute eines der belebtesten Viertel – mit Marktständen, kleinen Läden und Bars. Das Marktgeschehen spielt sich in einem Gewirr enger Gassen ab, die sich immer wieder zu Plätzen hin öffnen. Am geschäftigsten ist es auf dem Campo San Polo, bei der Frari-Kirche und der Scuola di San Rocco. Santa Croce ist ein Viertel mit engen, vollen Gassen und Plätzen – die weniger glanzvolle Seite venezianischen Lebens. Die größten Paläste stehen am Canal Grande. Der unansehnliche Piazzale Roma im Westen der Stadt ist ein riesiger Parkplatz.

Fenster am Campo Sant'Aponal

Sehenswürdigkeiten auf einen Blick

Kirchen

San Cassiano 4
San Giacomo dell'Orio 14
San Giacomo di Rialto 2
San Giovanni Evangelista 13
San Nicolò da Tolentino 12
San Pantalon 11
San Polo 6
San Rocco 10
San Stae 16
Santa Maria Gloriosa dei Frari *S. 102f* 8

Museen und Sammlungen

Ca' Mocenigo 17
Ca' Pesaro 18
Casa Goldoni 7
Fondaco dei Turchi (Naturhistorisches Museum) 15
Scuola Grande di San Rocco *S. 106f* 9

Platz

Campo San Polo 5

Brücke

Rialtobrücke 1

Märkte

Rialtomärkte 3

◁ **Der Ponte del Megio in einer ruhigen Wohngegend von Santa Croce**

Im Detail: San Polo

Die Rialtobrücke lockt viele Besucher in das alte Wirtschaftszentrum der Stadt, in dem Bank- und Kaufleute schon immer ihre Geschäfte abgewickelt haben. Zwar gibt es nicht mehr die Straßenstände mit Spezereien und feinem Tuch, jedoch bieten Märkte und Pastaläden immer noch ein buntes Bild. Die alten, traditionellen Stehbars, die *bacari*, sind stets mit Einheimischen überfüllt. Dagegen ist die Riva del Vin fast ausschließlich Urlaubergebiet.

San Cassiano
Hier sieht man einen Altar von 1696 sowie eine Kreuzigung *(1568) von Tintoretto.* 4

Der Ponte Storto ist – wie viele Brücken in Venedig – krumm und schief. Er führt zum Calle Stretta, einer engen, nur einen Meter breiten Gasse.

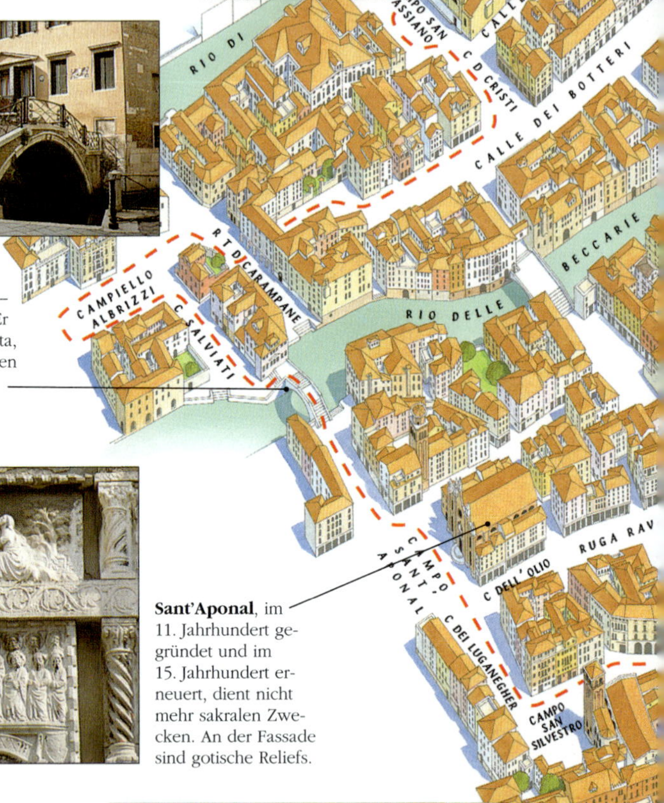

San Silvestro

Sant'Aponal, im 11. Jahrhundert gegründet und im 15. Jahrhundert erneuert, dient nicht mehr sakralen Zwecken. An der Fassade sind gotische Reliefs.

Die Riva del Vin, an der früher Wein aus den Booten geladen wurde, ist einer der wenigen Uferabschnitte des Canal Grande, an dem man spazieren kann.

Nicht versäumen

★ **Rialtomärkte**

★ **Rialtobrücke**

★ Rialtomärkte
Die Rialtomärkte gibt es schon seit Jahrhunderten. Die pescheria *(oben) verkauft frischen Fisch und Meeresfrüchte, die* erberia *Obst und Gemüse.* ❸

ZUR ORIENTIERUNG
Siehe Stadtplan, Karten 2, 3, 7

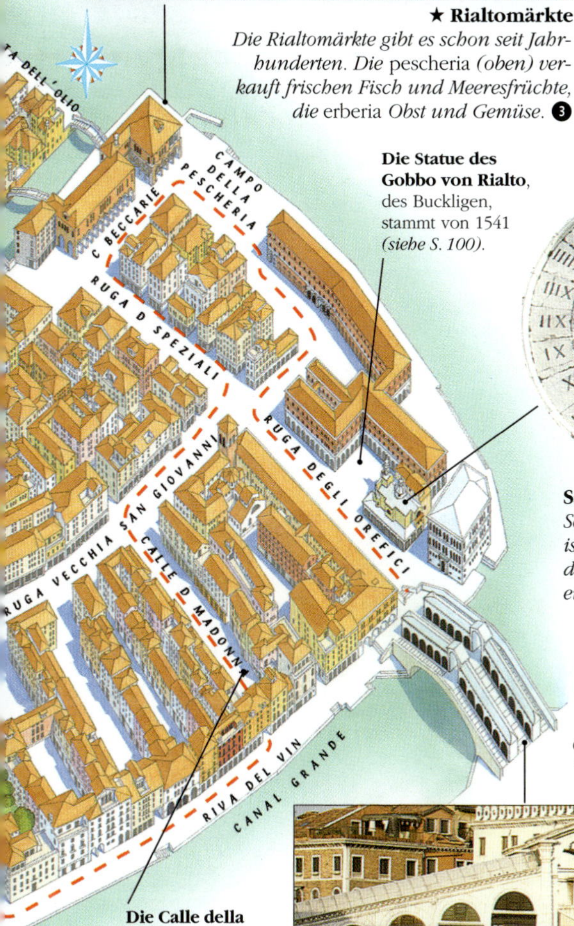

Die Statue des Gobbo von Rialto, des Buckligen, stammt von 1541 *(siehe S. 100)*.

San Giacomo di Rialto
Seit ihrer Installation 1410 ist diese Kirchenuhr, wie in der ganzen Stadt bekannt, ein schlechter Zeitmesser. ❷

LEGENDE

— — — Routenempfehlung

0 Meter 75

Die Calle della Madonna wirkt vollkommen mittelalterlich.

★ Rialtobrücke
Die Brücke, ein Wahrzeichen Venedigs, markiert das geografische Zentrum der Stadt. Durch die Brückenbogen eröffnen sich schöne Blicke auf den Canal Grande. ❶

Rialtobrücke ❶

Ponte di Rialto. **Stadtplan** 7 A1. 🚢 *Rialto.*

SEIT JE GEHT ES auf der Rialtobrücke sehr lebhaft zu. Zu jeder Tageszeit ziehen Menschenmassen über die Brücke, drängen sich vor den Souvenirläden oder beobachten von der Brücke aus das Treiben auf dem Canal Grande.

Steinbrücken baute man in Venedig etwa seit dem frühen 12. Jahrhundert, doch erst 1588, nachdem eine frühere Holzkonstruktion abgerissen worden war, wurde auch die Rialtobrücke aus Stein neu aufgebaut. Eine der früheren Holzbrücken war 1444 unter dem Gewicht einer Menschenmenge zusammengebrochen, die von hier aus die Hochzeitszeremonie des Marchese di Ferrara verfolgte.

Vittorio Carpaccios Gemälde *Heilung des Besessenen* (1496; *siehe S. 133*) in der Accademia zeigt die vierte Brücke, eine Zugbrücke, unter der auch hochmastige Schiffe durchfahren konnten. Im 16. Jahrhundert befand sie sich allerdings in einem derart schlechten Zustand, dass man beschloss, nun eine Steinbrücke zu bauen. Unter den Bewerbern für den Bau waren auch Michelangelo, Andrea Palladio und Jacopo Sansovino, doch schließlich wählte man Antonio da Ponte als Baumeister.

Die Brücke wurde 1588–91 errichtet und war bis zum Bau der Accademia-Brücke im Jahr 1854 der einzige Fußweg über den Canal Grande.

Belebtes Restaurant am Kanal nahe der Rialtobrücke

San Giacomo di Rialto ❷

Campo San Giacomo, San Polo. **Stadtplan** 3 A5. ☎ *041 522 47 45.* 🚢 *Rialto, San Silvestro.* ◯ *tägl. 9–12, 16–18 Uhr.* ● *während der Messe.*

DIE ERSTE KIRCHE an dieser Stelle wurde im 5. Jahrhundert errichtet und war Venedigs ältestes Gotteshaus. Der heutige Kirchenbau stammt aus dem 11./12. Jahrhundert und wurde 1601 weitgehend umgebaut. Die gotische Säulenhalle sowie die riesige 24-Stunden-Uhr sind die markantesten Wahrzeichen.

Die geduckte Steinfigur am anderen Ende des Platzes ist der sogenannte Gobbo (Bucklige) von Rialto. Im 16. Jahrhundert war er ersehntes Ziel für all jene Straftäter, die zum Spießrutenlauf von der Piazza San Marco bis zum Rialto verurteilt waren.

Mit dem *traghetto* unterwegs zur *erberia*

Rialtomärkte ❸

San Polo. **Stadtplan** 3 A5. 🚢 *Rialto.* **Erberia** *(Früchte- und Gemüsemarkt) Mo–Sa bis Mittag,* **Pescheria** *(Fischmarkt) Di–Sa bis Mittag.*

SEIT JAHRHUNDERTEN gehen Venezianer in die *erberia,* um frisches Obst und Gemüse zu kaufen. Vollbeladene Barken kommen hier im Morgengrauen an und laden ihre Güter am Ufer des Canal Grande ab. Hier gibt es Radicchio aus Treviso oder Spargel und Artischocken von den Inseln Sant'Erasmo und Vignole *(siehe S. 149).* Der angrenzende Fischmarkt bietet Seezunge, Rochen, Tintenfisch, Muscheln sowie viele andere Fische und Meeresfrüchte. Um dies alles in ganzer Vielfalt zu erleben, muss man früh am Morgen hierher kommen.

RIALTOBRÜCKE

Bis zum 19. Jahrhundert hatte Venedig nur diese Brücke über den Canal Grande.

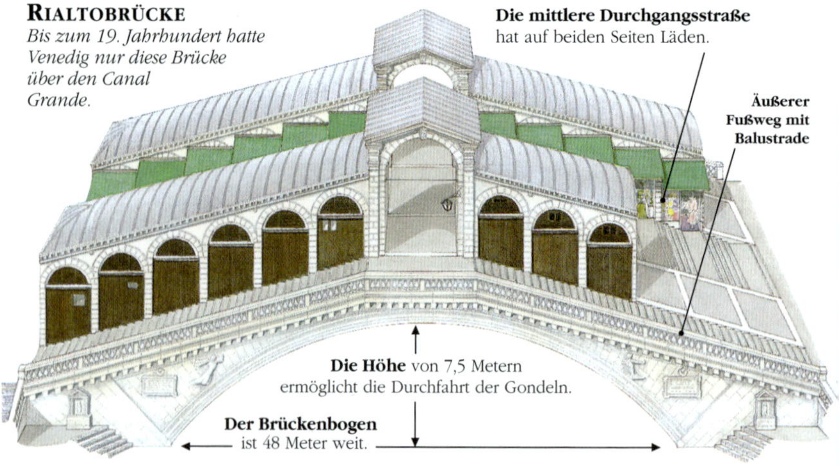

San Cassiano ❹

Campo San Cassiano, San Polo. **Stadtplan** 2 F5. *041 72 14 08.* *San Stae.* *Di–Sa 9–12 Uhr.*

DIE MITTELALTERLICHE Kirche San Cassiano wurde im 19. Jahrhundert restauriert und stellt heute eine bizarre Mischung verschiedener Baustile dar. Von dem ursprünglichen Gebäude steht nur noch der Turm. In der Sakristei beeindruckt Tintorettos Meisterwerk *Kreuzigung* (1568). Der *campo* war im 15. Jahrhundert – wie die gesamte Gegend des Rialto – Tummelplatz der Prostituierten.

Campo San Polo ❺

Stadtplan 6 F1. *San Silvestro.*

DER WEITE PLATZ von San Polo war traditionell Schauplatz großer Ereignisse. Schon im 15. Jahrhundert fanden hier Feste, Maskenbälle und Stierkämpfe statt.

Das dramatischste Ereignis, das sich hier vollzog, war die Ermordung von Lorenzo de' Medici im Jahre 1548. Nachdem er seinen Vetter Alessandro, Herzog von Florenz, brutal ermordert hatte, war Lorenzo nach Venedig geflohen. Hier wurde er von zwei von Cosimo de' Medici gedungenen Mördern erstochen, die dafür großzügig entlohnt wurden.

An der Ostseite des Platzes erhebt sich der wunderschöne gotische Palazzo Soranzo. Ursprünglich waren dies zwei Paläste, der linke davon ist der ältere. Noch heute gehört er der Familie Soranzo.

Im Palazzo Corner Mocenigo an der nordwestlichen Ecke des Platzes (Nr. 2128) residierte einst der exzentrische englische Schriftsteller Frederick Rolfe (1860–1913) alias Baron Corvo. Er musste ausziehen, nachdem seine englische Vermieterin sein Manuskript von *The Desire and Pursuit of the Whole*, eine Satire auf die englische Gesellschaft in Venedig, gelesen hatte.

Detail der gotischen Fassade des Palazzo Soranzo, Campo San Polo

Seit 1979 finden hier wieder Karnevalsfeste statt. Außerdem trifft sich hier die Jugend Venedigs zum Fahrradfahren, Fußballspielen, Skaten und Rollerbladen. Im 17. Jahrhundert wäre all dies hier allerdings nicht möglich gewesen – eine Tafel von 1611 an der Kirche verbietet jegliches Spielen sowie den Verkauf von Waren unter Androhung von Gefängnis, Galeerendienst oder Exil.

San Polo ❻

Campo San Polo. **Stadtplan** 6 F1. *041 275 04 62.* *San Silvestro.* *tägl. 10–17.30 Uhr (So u. Feiertage ab 13 Uhr).* *Juli, Aug: So; 1. Jan, 25. Dez.*

DIESER KIRCHE, im 9. Jahrhundert gegründet, im 15. Jahrhundert erneuert und im 19. Jahrhundert im klassizistischen Stil umgebaut, fehlt jegliche Homogenität. Doch lohnen einige schöne Details den Besuch, so das gotische Portal und die romanischen Löwen zu Füßen des Turms (14. Jh.) – der eine hält eine Schlange zwischen den Pfoten, der andere einen Menschenkopf. Folgen Sie in der Kirche den Schildern »Via Crucis del Tiepolo« – den 14 Stationen des Kreuzwegs von Giandomenico Tiepolo. Die Kirche birgt auch Bilder von Veronese und Palma il Giovane (dem Jüngeren) sowie ein Gemälde Tintorettos, *Das letzte Abendmahl.*

Löwe zu Füßen des Kirchturms von San Polo

Carlo Goldoni 1707–1793

Casa Goldoni ❼

Palazzo Centani, Calle dei Nomboli, 2794 San Polo. **Stadtplan** 6 E1. *041 244 03 17.* *San Tomà.* *Mo–Sa 10–16 Uhr (Apr–Okt: bis 17 Uhr).* *So u. Feiertage.*

CARLO GOLDONI, 1707 in dem gotischen Palazzo Centani (oder Zantani) geboren und einer der berühmtesten Söhne der Stadt, schrieb mehr als 250 Komödien, von denen viele auf Figuren der Commedia dell'arte basieren. 1931 wurde sein Geburtshaus der Stadt übergeben, heute ist es ein Theatermuseum. Das Haus ist kürzlich renoviert worden; werfen Sie einen Blick in den hübschen Innenhof mit einem Treppenhaus aus dem 15. Jahrhundert und einem schönen Brunnen, verziert mit Löwen und einem Wappen, das ein Stachelschwein zeigt.

Santa Maria Gloriosa dei Frari ❽

Bekannt als Frari (Verkürzung von *fratri*, Brüder), dominiert diese riesige gotische Kirche den östlichen Teil von San Polo. Die erste Kirche wurde hier zwischen 1250 und 1338 von Franziskanern errichtet, dann jedoch durch einen größeren Bau ersetzt, der Mitte des 15. Jahrhunderts vollendet wurde. Das Innere beeindruckt durch seine Größe und seine wertvollen Kunstwerke, darunter Meisterwerke von Tizian und Giovanni Bellini *(siehe S. 26f)*, eine Skulptur von Donatello sowie Grabmäler bedeutender Venezianer.

Foscari-Monument
Der Doge Foscari regierte 34 Jahre lang (1423–57).

★ Himmelfahrt Mariens
Tizians spektakuläres Gemälde (1518) zieht unvermeidlich den Blick der Besucher über das Chorgestühl hinweg auf den Hochaltar.

Der Turm ist 80 Meter hoch, nach dem von San Marco der zweithöchste der Stadt.

★ Chorgestühl
Das Chorgestühl ist mit Basreliefs geschmückt, die Heilige sowie Szenen aus dem Leben der Stadt darstellen.

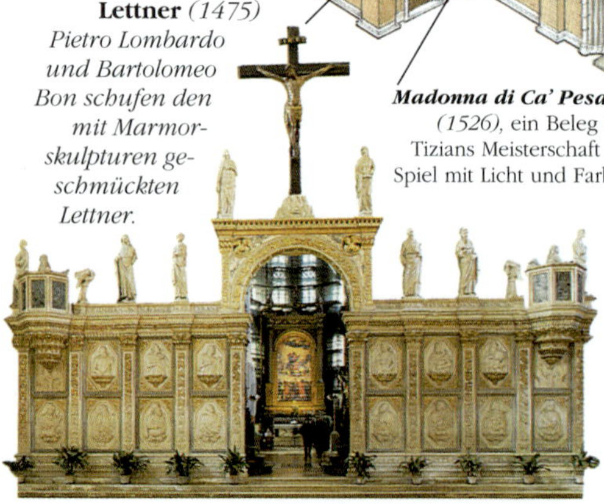

Lettner *(1475)*
Pietro Lombardo und Bartolomeo Bon schufen den mit Marmorskulpturen geschmückten Lettner.

Madonna di Ca' Pesaro *(1526)*, ein Beleg für Tizians Meisterschaft im Spiel mit Licht und Farbe.

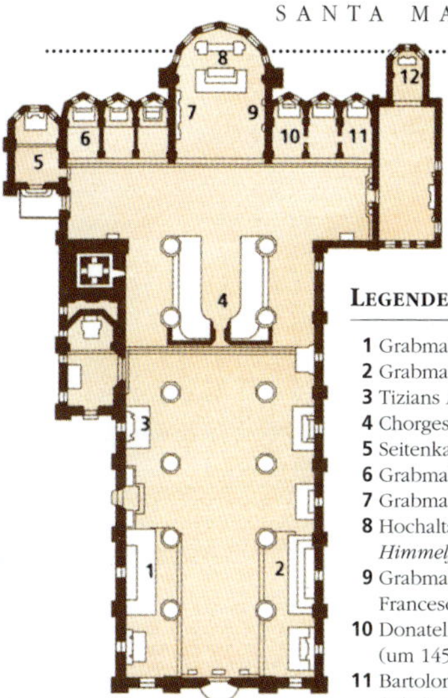

Grundriss

Der Plan verweist auf die zwölf bedeutendsten Sehenswürdigkeiten des riesigen Innenraums.

Legende

1 Grabmal Canovas
2 Grabmal Tizians
3 Tizians *Madonna di Ca' Pesaro*
4 Chorgestühl
5 Seitenkapelle
6 Grabmal Monteverdis
7 Grabmal des Dogen Nicolò Tron
8 Hochaltar mit Tizians *Himmelfahrt Mariens*
9 Grabmal des Dogen Francesco Foscari
10 Donatellos *Johannes der Täufer* (um 1450)
11 Bartolomeo Vivarinis Altargemälde (1474), Bernardokapelle
12 Bellinis *Madonna auf dem Thron mit Heiligen* (1488)

Infobox

Campo dei Frari. **Stadtplan** 6 D1.
041 275 04 62. San Tomà. Mo–Sa 10–18 Uhr, So u. Feiertage 13–18 Uhr. 1. Jan, 25. Dez. kostenlos für Gottesdienstbesucher. zahlreiche Gottesdienste.

Grabmal Tizians *(1853)*
Canovas Schüler Luigi und Pietro Zandomeneghi schufen anstelle von Canova selbst dieses Grabmal für Tizian.

Das ehemalige Kloster, heute das Staatsarchiv, hat zwei Kreuzgänge, der eine im Stil Sansovinos, der andere ein Werk Palladios.

Eingang

Grabmal Canovas
Canova entwarf für das Grab Tizians eine solche klassizistische Marmorpyramide, führte sie jedoch nie aus. Nach seinem Tod 1822 schufen seine Schüler sein Grabmal in Anlehnung an diesen Plan.

Nicht versäumen

★ ***Himmelfahrt Mariens* von Tizian**

★ **Chorgestühl**

Scuola Grande di San Rocco ❾

Siehe S. 106 f.

San Rocco ❿

Campo San Rocco, San Polo. **Stadtplan** 6 D1. *041 523 48 64. San Tomà. Apr–Okt: 8–12.30, 15–17 Uhr; Nov–März: Mo–Fr 8–12.30 Uhr; Sa, So 14–16 Uhr.*

Die Kirche liegt, zusammen mit der Scuola Grande di San Rocco, an dem kleinen gleichnamigen Platz. 1489 von Bartolomeo Bon entworfen und 1725 erneuert, besteht der Bau aus einer eigenartigen Mischung verschiedener Stile. Die Fassade wurde um 1765 ergänzt. Tintorettos Kanzelbilder stellen Szenen aus dem Leben des heiligen Rochus, des Schutzpatrons der Pestkranken, dar. Das bemerkenswerteste Gemälde ist *Der heilige Rochus heilt die Pestkranken* (1549).

San Pantalon ⓫

Campo San Pantalon, Dorsoduro. **Stadtplan** 6 D2. *041 270 24 64. San Tomà, Piazzale Roma. Mo–Sa 8–10, 16–18 Uhr.*

Fumianis Deckengemälde (1680–1704) in der Kirche San Pantalon

Beeindruckend an dieser Kirche aus dem 17. Jahrhundert ist vor allem ihr Deckengemälde: dunkel, ehrfurchtgebietend und voller illusionistischer Effekte. Das Gemälde (manche sagen, es sei das größte der Welt) umfasst 40 Szenen aus dem Martyrium und der Apotheose des heiligen Pantalon. Gian Antonio Fumiani arbeitete 24 Jahre (1680–1704) daran, dann fiel er angeblich vom Gerüst und starb.

Das bewegende Gemälde *Der heilige Pantalon heilt einen Jungen* (zweite Seitenkapelle rechts) war das letzte Meisterwerk (1587) Paolo Veroneses. Um Antonio Vivarinis und Giovanni d'Alemagnas *Krönung Mariens* (1444) sowie Paolo Venezianos *Verkündigung* (1350) zu betrachten, müssen Sie den Küster bitten, Ihnen Zutritt zur Cappella del Sacro Chiodo (Kapelle des heiligen Nagels) zu gewähren.

San Nicolò da Tolentino ⓬

Campo dei Tolentini, Santa Croce. **Stadtplan** 5 C1. *041 522 21 60. Piazzale Roma. tägl. 8–12, 16–19 Uhr. während der Messe.*

Nahe dem Piazzale Roma liegt die Kirche San Nicolò da Tolentino, ein imposanter Bau mit klassischer Säulenhalle. Das Innere mit Kunstwerken des 17. Jahrhunderts enthält auch das Grab von Bischof Francesco Morosini (gestorben 1678). Eine Kanonenkugel im Mauerwerk der Kirche erinnert an die Bombardierung durch die Österreicher 1849.

San Giovanni Evangelista ⓭

Campiello de la Scuola, San Polo. **Stadtplan** 6 D1. *041 71 82 34. San Tomà. nur nach telefonischer Anmeldung.*

Eine Bruderschaft der Flagellanten gründete 1261 die Scuola des Evangelisten Johannes. Der Gebäudekomplex, nördlich der Frari *(siehe S. 102 f)* gelegen, umfasst eine Kirche, die *scuola* und einen Innenhof. Pietro Lombardos elegantes Portal (1480) aus weißem und grauem Marmor

Lombardos Marmorportal von San Giovanni Evangelista

trennt den Hof zur Straße hin ab. Der Adler im Portalbogen ist das Symbol des Evangelisten Johannes.

Man erreicht die große Halle der Schule über die prächtige Doppeltreppe (15. Jh.) von Mauro Coducci (1498). Große Gemälde zieren die Wände und Decken der Halle (18. Jh.). Der bedeutendste Kunstschatz der Scuola, der Gemäldezyklus *Geschichten vom Heiligen Kreuz,* heute in der Accademia *(siehe S. 133)* zu sehen, hing früher im Oratorium, in dem auch die Reliquie vom Kreuz Christi aufbewahrt und verehrt wird.

San Giacomo dell'Orio ⓮

Campo San Giacomo dell'Orio, Santa Croce. **Stadtplan** 2 E5. *041 275 04 62. Riva di Biasio oder San Stae. Mo–Sa 10–17 Uhr, So, Feiertage 13–17 Uhr. Juli, Aug: So; 1. Jan, 25. Dez.*

Die Kirche bildet den Mittelpunkt des Viertels Santa Croce. Ihr Name »dell'Orio« (auch »dall'Orio«) leitet sich von einem Lorbeerbaum *(alloro)* ab, der einst hier stand.

Im 9. Jahrhundert gegründet, 1225 neu errichtet und mehrmals umgebaut, weist die Kirche verschiedene Architekturstile auf. Der Turm, die Anlage der Basilika sowie die byzantinischen Säulen stammen aus dem 13. Jahrhundert. Das Dach und die Säulen des Kirchenschiffs sind gotisch, die Apsis stammt aus der Renaissance. Das Deckengemälde und einige Altarbilder in der Sakristei sind von Veronese.

Fondaco dei Turchi ⑮

Canal Grande, Santa Croce 1730.
Stadtplan 2 E4. *041 275 02 06.*
San Stae. Sa, So 10–16 Uhr.

DAS GEBÄUDE mit dem Naturhistorischen Museum hat eine bewegte Geschichte. Im 13. Jahrhundert war es einer der größten Paläste am Canal Grande. 1381 wurde es vom Staat für die Herzöge von Ferrara gekauft und für Bankette sowie öffentliche Anlässe genutzt. 1621 richteten die Türken hier ein Warenhaus *(fondaco)* ein, seine weiträumige Säulenhalle wurde in dieser Zeit als Lager genutzt. Nach dem Niedergang des Orienthandels verfiel das Gebäude, bis die Österreicher, angeregt durch das Interesse Ruskins, 1850 schließlich mit der Renovierung begannen.

Seit 1924 beherbergt der Fondaco das Naturhistorische Museum (Museo di Storia Naturale) mit einer Sammlung ausgestopfter Tiere, Dinosaurierfossilien sowie einer Abteilung über Flora und Fauna der Lagune. Der Stolz des Museums ist das Skelett eines Ouranosaurus nigeriensis (7 m lang und 3,60 m hoch) sowie das Fossil eines Sarcosuchus imperator, eines Verwandten des Krokodils.

Skelett eines Ouranosaurus im Fondaco dei Turchi

San Stae ⑯

Campo San Stae, Santa Croce.
Stadtplan 2 F4. *041 275 04 62.*
San Stae. tägl. 10–17 Uhr (So 13–17 Uhr). Juli, Aug: So; 1. Jan, 25. Dez.

DIE FASSADE von San Stae (oder Sant'Eustachio) wurde 1977/78 mit Stiftungsgeldern aufwendig renoviert. Die Kirche wurde 1709 von Domenico Rossi gebaut, Werke von Piazzetta und Tiepolo schmücken die Kanzel. Beim zweiten Altar links steht die Büste von Antonio Foscarini, einem Diplomaten, der 1622 wegen Hochverrats hingerichtet wurde.

Einer der schön möblierten Räume in der Ca' Mocenigo

Ca' Mocenigo ⑰

Salizzada San Stae, Santa Croce 1992.
Stadtplan 2 F5. *041 72 17 98.*
San Stae. Di–So 10–17 Uhr (Nov–März: bis 16 Uhr). 1. Jan, 1. Mai, 25. Dez.

ALS EINE DER ÄLTESTEN und bedeutendsten Familien Venedigs brachten die Mocenigos nicht weniger als sieben Dogen hervor. Ein Teil der weitverzweigten Familie residierte in diesem schönen Haus aus dem 17. Jahrhundert. Der Graf Alvise Nicolò Mocenigo, der letzte Spross der Familie, starb 1954 und hinterließ den Palast der Stadt Venedig.

Von außen wenig bemerkenswert, ist der Palazzo im Inneren mit schönen Möbeln elegant ausgestattet und mehr oder weniger so erhalten, wie er schon im 18. Jahrhundert eingerichtet war. Deckenfresken und andere Gemälde verweisen auf die Taten und Verdienste der Familie Mocenigo, deren Porträts auf einem Wandfries im ersten Stock zu sehen sind.

Das Museo del Tessuto e del Costume, ebenfalls im Hause, zeigt wunderschöne alte Kostüme und Kleider.

Ca' Pesaro ⑱

Canal Grande, Santa Croce 2076.
Stadtplan 2 F5. *San Stae.* **Galleria d'Arte Moderna.** *041 524 06 95.* **Museo Orientale** *041 524 11 73. Di–So 10–18 Uhr (Nov–März bis 17 Uhr). 1. Jan, 1. Mai, 25. Dez.*

ES DAUERTE 58 Jahre, bis dieser Barockpalast fertiggestellt war. Er wurde für die Familie Pesaro erbaut und ist das Meisterwerk von Baldassare Longhena, der daran bis zu seinem Tod 1682 arbeitete. Danach übernahm Antonio Gaspari die Bauleitung und vollendete den Palast 1710 nach den Plänen Longhenas.

Im 19. Jahrhundert übergab die Herzogin von Bevilacqua La Masa das Haus der Stadt, damit unbekannte Künstler Venedigs hier eine Möglichkeit erhielten, ihre Werke auszustellen. 1897 wurde die Galleria d'Arte Moderna gegründet, die Werke von Bonnard, Matisse, Miró, Klee, Klimt und Kandinsky sowie Werke italienischer Künstler des 19. und 20. Jahrhunderts zeigt.

Das Museo Orientale verfügt über eine Sammlung japanischer und chinesischer Kunst, die der Conte di Bardi im 19. Jahrhundert zusammengetragen hat.

Gustav Klimts *Salome*, Galleria d'Arte Moderna, Ca' Pesaro

Scuola Grande di San Rocco ⑨

Piantas Darstellung Tintorettos

Zu Ehren des heiligen Rochus (San Rocco) gegründet, war die Scuola ursprünglich eine karitative Einrichtung für Kranke. Bartolomeo Bon begann 1515 mit dem Bau, der 1549 von Scarpagnino vollendet wurde. Für seine Finanzierung spendeten viele Venezianer in der Hoffnung, San Rocco, der Schutzpatron der Pestkranken, würde sie vor der Seuche bewahren. 1564 wurde Tintoretto *(siehe S. 140)* beauftragt, Bilder für die Scuola zu malen; sein Zyklus beginnt in der Sala dell'Albergo (*siehe* Kurzführer).

Restaurierter Haupteingang der Scuola Grande di San Rocco

Sala dell'Albergo

Kreuzigung
In der Szene erreicht Tintoretto eine Tiefe religiöser Empfindung, die bis dahin in der venezianischen Kunst unbekannt war.

Sein Selbstporträt findet man auf vielen Gemälden Tintorettos.

Alle Figuren Tintorettos sind voller Leben.

Christusfigur
Christus am Kreuz ist erhöht, sein Körper geneigt, Ausdruck seiner göttlichen Erhabenheit und Demut.

Ein Wettbewerb um die Gestaltung des Deckengemäldes der Sala dell'Albergo fand 1564 statt. Sehr zum Missfallen seiner Konkurrenten beeinflusste Tintoretto die Jury, indem er statt einer Skizze ein fertiges Gemälde vorlegte. Er gewann den Wettbewerb und wurde später Mitglied der Scuola, für die er die nächsten 23 Jahre arbeitete.

Der Bilderzyklus, 1587 vollendet, zeigt Tintorettos Meisterschaft im Umgang mit Licht- und Farbeffekten, mit denen er die Malkunst revolutionierte. Das Gemälde, mit dem er den Wettbewerb gewann, *Der heilige Rochus im Glorienschein* ①, ist in der Sala dell' Albergo zu sehen; sein bewegendstes Werk ist die *Kreuzigung* (1565) ②. Henry James schrieb: »Es gibt vermutlich kein anderes Bild, das so viel vom menschlichen Leben zeigt; in ihm ist alles enthalten, auch die vollendetste Schönheit.« Besonders hervorzuheben ist *Christus vor Pilatus* (1566/67) ③ aus dem Zyklus *Die Passion Christi*. Das Bild *Christus trägt das Kreuz*, einst Giorgione zugeschrieben, gilt heute als ein Werk Tizians.

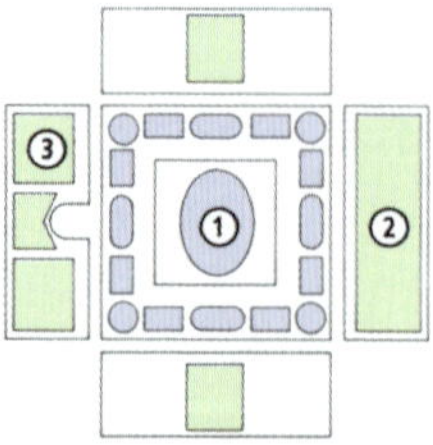

Sala dell'Albergo

Oberer Saal

Scarpagninos monumentale Treppe (1544–46), mit zwei großen Gemälden dekoriert, die an die Pest von 1630 erinnern, führt zum großen Saal im ersten Stock. Die biblischen Figuren, die Wände und Decken schmücken, wurden 1575–81 gemalt. Die Deckengemälde (zur bequemen Betrachtung stehen Handspiegel zur Verfügung) veranschaulichen Szenen aus dem Alten Testament. Die drei großen Bilder in der Mitte heißen: *Moses schlägt Wasser aus dem Felsen* ④, *Das Wunder der Bronzeschlange* ⑤ und *Mannawunder* ⑥. Damit versinnbildlichen sie die charitativen Ziele der Scuola, Durst, Krankheit und Hunger zu bekämpfen. Alle drei Kompositionen vermitteln eine gewaltige Bewegung.

Die großen Wandgemälde der Halle zeigen Szenen aus dem Neuen Testament. Zwei herausragende Bilder sind *Die Heimsuchung Christi* ⑦, das einen hübschen Satan zeigt, der Christus zwei Brotlaibe anbietet, und die *Anbetung der Hirten* ⑧. Wie auch *Die Heimsuchung Christi* ist die *Anbetung* in zwei Bildhälften aufgeteilt, mit weiblicher Figur, Hirten und Ochsen oben und Heiliger Familie unten.

Die allegorischen Holzfiguren unterhalb der Gemälde schuf Francesco Pianta im 17. Jahrhundert. Beim Altar ist eine Darstellung Tintorettos mit Palette und Pinseln zu sehen, die die Malerei versinnbildlichen soll; am Eingang zur Sala dell'Albergo befindet sich Tizians *Verkündigung*. Das Gemälde *Christus trägt das Kreuz* wird Giorgione zugesprochen, doch viele glauben, es sei von Tizian.

***Heimsuchung Christi* (1578–81; Detail)**

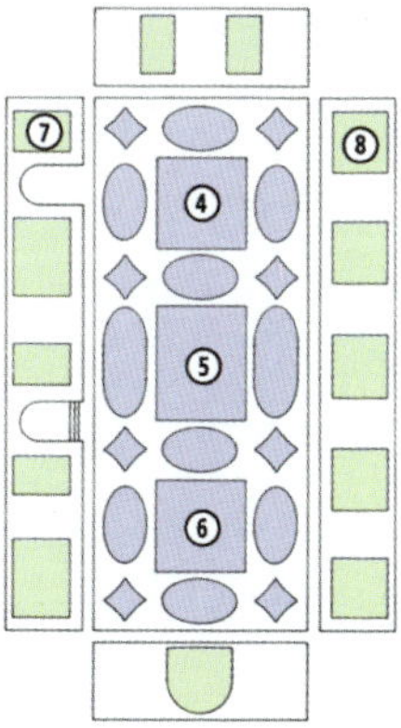

Oberer Saal

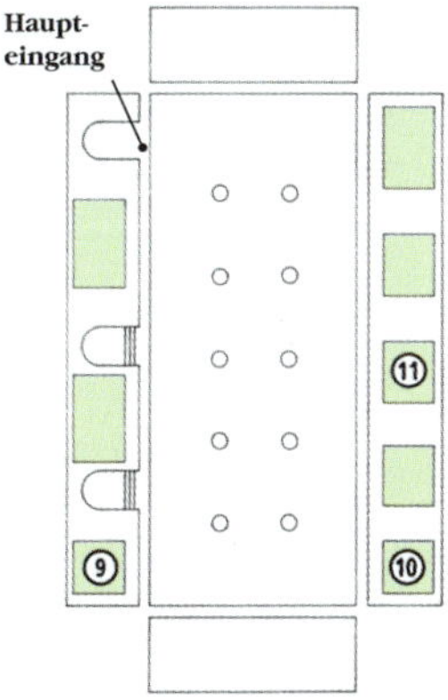

Saal im Erdgeschoss

Infobox

Campo San Rocco. **Stadtplan** 6 D1. *041 523 48 64.* *San Tomà.* *Apr–Okt: tägl. 9–17.30 Uhr; Nov–März: tägl. 10–16 Uhr.* *1. Jan, Ostern, 25. Dez.* www.scuolagrandesanrocco.it

Saal im Erdgeschoss

Detail der *Flucht nach Ägypten* (1582–87)

Der Zyklus, 1583–87 entstanden, zeigt das Leben Marias. Er beginnt mit der Verkündigung und endet mit der Himmelfahrt. Die Bilder *Die heilige Maria von Ägypten* ⑨, *Die heilige Maria Magdalena* ⑩ und *Flucht nach Ägypten* ⑪ malte Tintoretto im Alter von über sechzig Jahren. Auffallend ist die ihnen innewohnende Heiterkeit. Auch *Die heilige Maria von Ägypten* strahlt eine ungewöhnliche Ruhe aus. Die dargestellten Landschaften, mit schnellen Pinselstrichen gearbeitet, sind ein wichtiger Teil der jeweiligen Komposition.

Kurzführer

Die Bilder sind leider nicht gut beleuchtet und auch nicht beschriftet, jedoch erhält man beim Eingang einen Plan der Scuola in verschiedenen Sprachen.

Die Besichtigung beginnt, in chronologischer Reihenfolge, in der Sala dell'Albergo (1. Stock), gefolgt vom oberen Saal und schließlich dem Saal im Erdgeschoss.

Legende

- Wandgemälde
- Deckengemälde

Castello

Weihwasserbecken, Santa Maria Formosa

Der grösste *sestiere* der Stadt erstreckt sich von San Marco und Cannaregio im Westen bis zu den modernen Gebäuden von Sant'Elena im Osten. Das Viertel hat seinen Namen von einer Befestigungsanlage, die im 8. Jahrhundert die kleine Insel einnahm, auf der auch San Pietro di Castello steht – seit dem 9. Jahrhundert Bischofssitz und von 1451 bis 1807 die Kathedrale und das religiöse Zentrum Venedigs. Als wirtschaftlicher Mittelpunkt Castellos fungierte der Arsenale, in dem die Werften Venedigs die Schiffe für die Handelsflotte der Stadt bauten. Castellos beliebteste Einkaufszone erstreckt sich an der Riva degli Schiavoni. Abseits der Uferpromenade ist es ruhig, man sieht enge Gassen, elegante Paläste und schöne Kirchen, darunter Santi Giovanni e Paolo *(siehe S. 116f)*.

Sehenswürdigkeiten auf einen Blick

Kirchen
La Pietà 3
San Francesco della Vigna 14
San Giorgio dei Greci 2
San Giovanni in Bragora 17
San Lorenzo 15
San Zaccaria 1
Santi Giovanni e Paolo S. 116f 12

Historische Gebäude und Monumente
Arsenale 19
Hotel Danieli 4
Ospedaletto 13
Reiterstandbild von Colleoni 10

Straßen, Brücken und Plätze
Campo Santa Maria Formosa 9
Ponte della Paglia und Seufzerbrücke 6
Riva degli Schiavoni 5

Spaziergang
Das östliche Castello 20

Museen, Sammlungen und Scuole
Fondazione Querini Stampalia 8
Museo Diocesano d'Arte Sacra 7
Museo Storico Navale 18
Scuola di San Giorgio degli Schiavoni 16
Scuola Grande di San Marco 11

Legende

Detailkarte *Siehe S. 110f*

Vaporetto-Anlegestelle

◁ **Basrelief am Rio Terrà Garibaldi, im Osten von Castello**

Im Detail: Castello

Madonna (13. Jh.) im Museo Diocesano

Ein Spaziergang entlang der Riva degli Schiavoni gehört zu einem Venedigbesuch. Der Blick auf San Giorgio Maggiore entschädigt für die kommerziellen Aspekte der Uferpromenade, die Souvenirläden und Kundenschlepper. Erinnerungen an berühmte Dichter sind unvermeidlich: Petrarca lebte im Haus Nr. 4145, Henry James wurden »schmutzige« Zimmer in Nr. 4161 angeboten, und John Ruskin stieg im Hotel Danieli ab. Die Straßen und Plätze hinter der Uferpromenade sind ruhig und erfreulich »untouristisch«.

★ Museo Diocesano
Der Kreuzgang des ehemaligen Benediktinerklosters von Sant'Apollonia führt zum Museum. ❼

Der Palazzo Trevisan-Cappello, heute Ausstellungsraum für Murano-Glas, war einst die Wohnung Bianca Cappellos, der Frau von Francesco de' Medici.

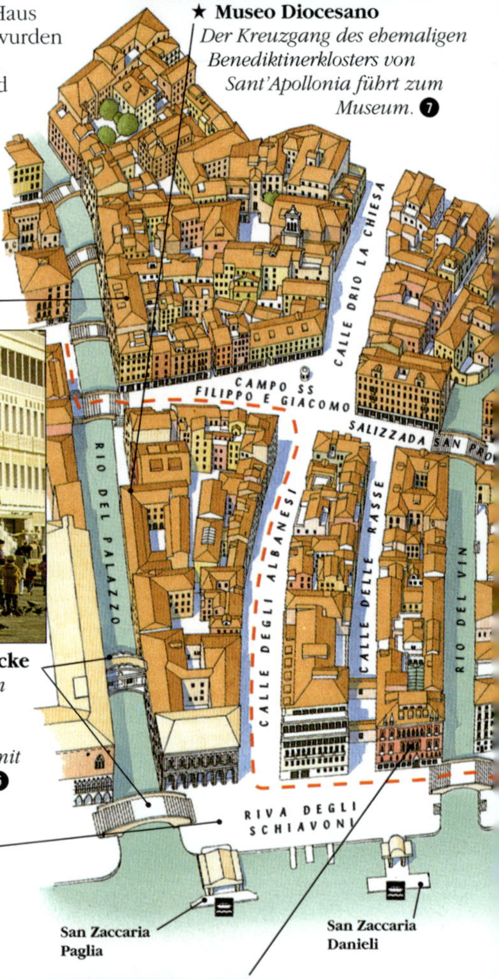

Ponte della Paglia und Seufzerbrücke
Von der aus istrischem Stein gebauten Ponte della Paglia, der »Strohbrücke«, hat man einen schönen Blick auf die Seufzerbrücke, die den Dogenpalast mit den neuen Gefängnissen verbindet. ❻

Riva degli Schiavoni
Diese gepflasterte Uferstraße wurde vor über 600 Jahren gebaut und 1782 verbreitert. ❺

Hotel Danieli
Der Namensgeber Joseph da Niel verwandelte den Palazzo Dandolo im 19. Jahrhundert in einen Treffpunkt für Künstler und Schriftsteller. ❹

Nicht versäumen

- ★ Museo Diocesano
- ★ San Zaccaria
- ★ La Pietà

Der Palazzo Priuli, ein schöner Palast im Stil der venezianischen Gotik, überragt die ruhige Fondamenta Osmarin. Besonders schön ist das Eckfenster; das großartige Fassadenfresko aus dem 16. Jahrhundert ist längst verschwunden.

Zur Orientierung
Siehe Stadtplan, Karten 7, 8

San Giorgio dei Greci
Der Turm von San Giorgio neigt sich, wie viele andere, weil er in den feuchten Untergrund absinkt. ❷

★ **San Zaccaria**
Coducci veränderte die gotische Fassade zum Teil im Stil der Renaissance. ❶

Legende

Routenempfehlung

0 Meter 75

In der Pensione Wildner vollendete Henry James seinen Roman *Bildnis einer Dame* (1881).

Die Statue von Vittorio Emanuele II, dem ersten König des vereinten Italiens, schuf Ettore Ferrari 1887.

★ **La Pietà**
Zur Zeit Vivaldis war die Kirche berühmt für bedeutende musikalische Aufführungen. ❸

San Zaccaria ❶

Campo San Zaccaria. **Stadtplan** 8 D2. *041 522 12 57.* *San Zaccaria.* *Mo–Sa 10–12, 16–18 Uhr, So 16–18 Uhr (außer an Feiertagen).* *Kapellen und Krypta.*

AN EINEM RUHIGEN PLATZ, nur einen Steinwurf von der Riva degli Schiavoni entfernt, stellt die Kirche San Zaccaria eine gelungene Mischung aus Hochgotik und klassischer Renaissance dar. Im 9. Jahrhundert gegründet, wurde sie 1444–1515 ganz umgebaut. Antonio Gambello begann mit dem Bau der Fassade im gotischen Stil; als er 1481 starb, vollendete Mauro Coducci den oberen Teil im Stil der Renaissance.

Der angrenzende Konvent der Benediktinerinnen war einst berüchtigt wegen des zügellosen Verhaltens der dort lebenden Nonnen. Die meisten von ihnen kamen aus venezianischen Adelsfamilien und wurden hierher geschickt, um die Mitgift für sie einzusparen. Zu Ostern stattete der Doge den Nonnen einen Besuch ab – ein Brauch, der als Ausdruck der Dankbarkeit des Dogen gegenüber den Nonnen galt, da diese einen Teil ihres Gartens für die Erweiterung der Piazza San Marco zur Verfügung gestellt hatten.

Das bedeutendste Kunstwerk der Kirche ist Giovanni Bellinis farbenprächtige *Madonna mit Kind und Heiligen* im nördlichen Seitenschiff. Vom rechten Seitenschiff der Kirche führt eine Tür zur Kapelle des heiligen Athanasius und weiter zur Cappella San Tarasio mit Fresken von Andrea del Castagno aus Florenz sowie Bildern von Antonio Vivarini und Giovanni d'Alemagna. Die Krypta mit den Gräbern von acht Dogen steht meist unter Wasser.

Blick auf den schiefen Turm von San Giorgio dei Greci

San Giorgio dei Greci ❷

Stadtplan 8 D2. *San Zaccaria.* **Kirche** *041 523 95 69.* *Mi–Mo, Zeiten variieren.* **Museo dell' Icone** *041 522 65 81.* *tägl. 9–17 Uhr.*

AM AUFFALLENDSTEN an dieser griechischen Kirche (16. Jh.) ist der schiefe Turm, der aussieht, als stürze er in den Rio dei Greci. Charakteristisch sind innen der *matroneo*, die Galerie, auf der gemäß griechisch-orthodoxer Sitte die Frauen getrennt von den Männern saßen, und die Ikonostase, die das Allerheiligste vom Kirchenschiff trennt. Die nahe Scuola di San Nicolò dei Greci (1678 erneuert) beherbergt heute das Ikonenmuseum des Hellenistischen Instituts.

Detail aus dem *Nonnensalon* von Francesco Guardi

La Pietà ❸

Riva degli Schiavoni. **Stadtplan** 8 D2. *041 523 73 95.* *San Zaccaria.* *Juni–Okt: tägl. 10–12, 15.30–18.30 Uhr.* *So nachmittags.*

LA PIETÀ (offiziell Santa Maria della Visitazione genannt, aber nicht zu verwechseln mit der Kirche gleichen Namens an der Fondamenta delle Zattere; *siehe S. 129*) stammt ursprünglich aus dem 15. Jahrhundert, wurde 1745–60 von Giorgio Massari neu errichtet und 1906 mit der klassizistischen Fassade versehen. Das Deckenfresko *Triumph des Glaubens* (1755) schuf Giambattista Tiepolo.

La Pietà war einst ein Findel- und Waisenhaus. Eine Tafel (noch zu sehen an der Seitenmauer) warnte die Eltern unter Androhung der Verdammnis davor, ihre Kinder als angebliche Waisen in das Haus zu bringen.

1703 bis 1740 war Vivaldi, mit Unterbrechungen, Violinlehrer und Kapellmeister von La Pietà, für deren Orchester und Chor er zahlreiche Instrumentalwerke, Messen und Oratorien schrieb. Auch heute finden in der Kirche vor allem Vivaldi-Konzerte statt, die das ganze Jahr über (meist Mo und Do) zu hören sind.

Basrelief an der Fassade der Pietà

Hotel Danieli ❹

Riva degli Schiavoni 4196. **Stadtplan** 7 C2. *San Zaccaria. Siehe auch* ***Übernachten*** *S. 230.*

EINES DER berühmtesten Hotels in Europa ist das Danieli – mit seiner pinkfarbenen Fassade ein einzigartiger Blickfang an der Riva degli Schiavoni. Das im 14. Jahrhundert erbaute Haus war 1630 Schauplatz der ersten Opernaufführung in Venedig: Monteverdis *Proserpina rapita*. 1822 wurde der Palast in ein Hotel umgewandelt und als solches bald Anziehungspunkt für Literaten und Künstler. Zu den berühmtesten Gästen gehörten Balzac, Proust, Dickens, Cocteau, Ruskin, Debussy und Wagner. Zimmer 10 des Hotels war Schauplatz einer Liebesepisode zwischen Alfred de Musset und George Sand, die dann aber mit Mussets venezianischem Arzt verschwand.

Riva degli Schiavoni – die berühmteste Promenade der Stadt

Riva degli Schiavoni ❺

Stadtplan 8 D2. *San Zaccaria.*

Die Promenade, die Castello im Süden begrenzt, ist nach den Händlern aus Dalmatien (Schiavonia) benannt, die hier einst mit ihren Barken anlegten. Für alle, die über die Lagune nach Venedig kommen, bietet diese lange Promenade einen ersten, spektakulären Eindruck vom glanzvollen Charme der Stadt.

Im Westen, nahe der Piazza San Marco, ist die breite Promenade den ganzen Tag über voller Besucher, die zu und von den *Vaporetto*-Anlegestellen hasten. Nichts davon kann jedoch den herrlichen Blick beeinträchtigen, den man von hier über die Lagune auf die Insel San Giorgio Maggiore *(siehe S. 95)* hat.

Die Riva degli Schiavoni war schon immer sehr belebt, wie die Bilder Canalettos mit ihren vielen Gondeln, Segelschiffen und Barken zeigen. Die Gondeln gibt es noch immer, darüber hinaus Wassertaxis, *vaporetti*, Ausflugsboote, Schlepper und – unterhalb des Arsenale – große Schiffe und Ozeandampfer.

Der moderne Anbau des Hotels Danieli machte nach der Fertigstellung 1948 Furore. Zwischen den schönen venezianischen Palästen und Wohnhäusern stellt seine kalte Fassade nach wie vor einen Schandfleck dar. Der Anbau markiert den Ort, an dem der Doge Vitale Michiel II 1172 erdolcht wurde, ein Schicksal, das auch schon 864 auf dem nahen Campo San Zaccaria den Dogen Pietro Tradonico ereilt hatte.

Ponte della Paglia und Seufzerbrücke ❻

Stadtplan 7 C2. *San Zaccaria.*

Der Name Ponte della Paglia könnte von den Booten stammen, die einst hier anlegten und Stroh *(paglia)* transportierten. Die alte Brücke wurde 1360 errichtet, die heutige stammt von 1847.

Die Seufzerbrücke, 1600 gebaut, um den Dogenpalast mit den neuen Gefängnissen zu verbinden, hat ihren Namen angeblich von den vielen Seufzern der Gefangenen, die über diese Brücke zu den Verhören durch den Inquisitor geführt wurden. Dessen Räume kann man vom Dogenpalast aus besichtigen *(siehe S. 87)*.

Ponte della Paglia hinter der Seufzerbrücke

Museo Diocesano d'Arte Sacra ❼

Sant'Apollonia, Ponte della Canonica. **Stadtplan** 7 C2. *041 522 91 66. San Zaccaria. Mo–Sa 10.30–12.30 Uhr. Feiertage.* ***Spende.***

Der Kreuzgang von Sant' Apollonia, ein Juwel unter den architektonischen Schätzen Venedigs, ist das einzige romanische Bauwerk der Stadt. Nur wenige Schritte von der belebten und lauten Piazza San Marco entfernt, findet man hier eine Oase der Ruhe.

Das einstige Benediktinerkloster diente später verschiedensten weltlichen Hausherren. 1976 richtete man hier das Diözesanmuseum ein, um den vielen Kunstwerken, die zuvor in Magazinen gelagert waren und großteils aus früheren Kirchen stammen, einen würdigen Rahmen zu geben. Die Sammlung umfasst Gemälde, Statuen, Kreuze und wertvolles Silber. Darüber hinaus verfügt das Museum über zwei Restaurierungswerkstätten.

Die Ausstellung wird ständig verändert; unter den permanent präsentierten Objekten befinden sich Arbeiten von Luca Giordano (1634–1705) aus Sant'Aponal sowie ein aus Holz und Kristallglas gearbeitetes Tabernakel (16. Jh).

Fondazione Querini Stampalia ❽

Campo Santa Maria Formosa, 5252 Castello. **Stadtplan** 7 C1. *041 271 14 11.* *San Zaccaria.*
Palazzo *Di–So 10–18 Uhr (Fr, Sa bis 22 Uhr).* *Mo.*
Bibliothek *Di–Sa 10–24, So 10–19 Uhr.*

Der Palazzo Querini Stampalia wurde im 16. Jahrhundert auf Veranlassung der Nachfahren der alten venezianischen Familie Querini errichtet. Als große Kunstliebhaber statteten sie den Palast mit wunderschönen Gemälden aus. 1868 übergab der letzte Querini den Palast und die Gemäldesammlung einer nach ihm benannten Stiftung. Die Sammlung enthält Werke von Giovanni Bellini, Giambattista Tiepolo sowie einige Vignetten von Pietro und Alessandro Longhi. Die öffentlich zugängliche Bibliothek umfasst mehr als 200 000 Bände.

Campo Santa Maria Formosa ❾

Campo Santa Maria Formosa. **Stadtplan** 7 C1. *Rialto, Fondamente Nuove.* **Kirche** *041 275 04 62.*
Mo–Sa 10–17 Uhr, So 13–17 Uhr.
Juli, Aug: So; 1. Jan, 25. Dez.

Gross, weitläufig und von schönen Palästen gesäumt, ist dieser Marktplatz einer der charakteristischsten *campi* Venedigs. An der Südseite erhebt sich die Kirche Santa Maria Formosa, 1492 von Mauro Coducci auf den Überresten einer älteren Kirche erbaut, doch erst nach einem Jahrhundert in ihrer heutigen Form vollendet. Sie hat zwei Hauptfassaden, eine zum *campo*, die andere zum Kanal hin. Der Turm wurde 1688 errichtet; bemerkenswert ist das groteske Steingesicht an seinem Fuß.

Palma il Vecchios Bild *Die heilige Barbara und Heilige* (um 1510) im Kirchenraum zählt zu den großen Meisterwerken Venedigs, das seit seiner Restaurierung in neuem Glanz erstrahlt. Die Darstellung der heiligen Barbara als stattliche Frau feiert das venezianische Ideal weiblicher Schönheit. Sie ist umgeben von Heiligen, darüber sieht man eine Pietà in einer Lünette. Barbara war Schutzheilige der Soldaten: Im Krieg bat man sie um Schutz, im Frieden dankte man ihrer Huld.

Reiterstandbild von Colleoni ❿

Campo Santi Giovanni e Paolo. **Stadtplan** 3 C5. *Ospedale Civile.*

Bartolomeo Colleoni, der berühmte *condottiere* (Kommandant) der Söldnertruppen Venedigs, überließ sein Schicksal der Republik unter der Bedingung, dass sein Standbild gegenüber von San Marco aufgestellt würde. Da hierfür eine andere Statue hätte weichen müssen, beschloss man, Colleonis Reiterstandbild vor der Scuola di San Marco statt vor der Basilika zu errichten. Die Statue mit ihren Anklängen an frühe Skulpturen der Renaissance wurde von dem Florentiner Andrea Verrocchio geschaffen und, nach dessen Tod, von Alessandro Leopardi in Bronze gegossen. Sie erinnert in ihrer Kraft und Bewegung an die Skulpturen Donatellos.

Die heilige Barbara in der Kirche Santa Maria Formosa

Statue des Bartolomeo Colleoni

Scuola Grande di San Marco ⓫

Campo Santi Giovanni e Paolo. **Stadtplan** 3 C5. *Ospedale Civile.*
Bibliothek *041 529 43 23.*
Mo–Fr 8.30–14 Uhr (an der Glocke läuten). *Feiertage, eine Woche Mitte Aug, 24. Dez–1. Jan.*
Kirche *041 522 56 62.*
Mo–Sa 8–12 Uhr, So 9–10 Uhr.

Nur wenige Krankenhäuser können eine Fassade vorweisen wie das Ospedale Civile in Venedig. Ursprünglich für eine der Bruderschaften der Stadt errichtet *(siehe S. 127)*, brannte es 1485 aus. Noch im 15. Jahrhundert wurde die Scuola wiedererrichtet.

Die schöne asymmetrische Fassade mit Arkaden, Marmorplatten und Trompe-l'œil-Effekten stammt von Pietro Lombardo, seinen Söhnen und Giovanni Buora. Den oberen Teil vollendete Mauro Coducci 1495. Das Haus wurde im 19. Jahrhundert renoviert, seither ist ein Großteil der Meisterwerke in alle Winde zerstreut. Die Bibliothek hat eine herrliche Holzdecke (16. Jh.). Die Krankenhauskapelle, die Kirche San Lazzaro dei Mendicanti, besitzt einen frühen Tintoretto und ein Werk von Veronese.

Santi Giovanni e Paolo ⓬

Siehe S. 116 f.

Ospedaletto ⓭

Calle Barbaria delle Tole, 6691 Castello. **Stadtplan** 4 D5. *041 270 24 64.* *Ospedale Civile.* *Do–Sa 15.30–18.30 Uhr (Nov–März: 15–18 Uhr).*

Hinter der Südflanke von Santi Giovanni e Paolo *(siehe S. 116f)* erhebt sich die Fassade des Ospedaletto, genauer: von Santa Maria dei Derelitti. Das Ospedale wurde 1527 von der Republik als eine Einrichtung zur Pflege der Alten und Kranken sowie zur Unterrichtung von Waisen gegründet. Die Ausbildung bestand zu einem guten Teil aus Musikunterricht, und so erhielten die Zöglinge später angesehene Stellungen in den Chören und Orchestern der Stadt. Aus deren Aufführungen und Konzerten stammte wiederum das Geld, mit dem 1776 die *Sala della musica* eröffnet wurde. Der elegante Saal mit Fresken von Jacopo Guarana kann auf Anfrage besichtigt werden.

Die Kirche des Ospedaletto wurde 1575 von Andrea Palladio errichtet, die Fassade gestaltete Baldassare Longhena 1674 mit auffallenden riesigen Köpfen, die damals Missfallen erregten. Im Inneren gibt es beachtenswerte Gemälde aus dem 18. Jahrhundert, darunter *Das Opfer des Isaak* (1720) von Giambattista Tiepolo.

Fresko von Guarana in der *Sala della musica* des Ospedaletto

Die dekorative Fassade der Scuola Grande di San Marco

San Francesco della Vigna ⓮

Ramo San Francesco. **Stadtplan** 8 E1. *041 520 61 02.* *Celestia.* *tägl. 8–12.30, 15–17 Uhr.*

Der Name »della Vigna« stammt von einem Weinberg, den die Franziskaner 1253 geschenkt bekamen. Sie errichteten hier eine Kirche (13. Jh.), die 1534 von Jacopo Sansovino umgebaut und 1562–72 von Palladio mit einer neuen Fassade versehen wurde. Sie beherbergt eine reiche Kunstsammlung, darunter eine Plastik von Alessandro Vittoria, Paolo Veroneses *Heilige Familie mit Heiligen* (1562) und Antonio da Negropontes *Jungfrau mit Kind* (um 1450). Eine *Madonna mit Kind und Heiligen* (1507) von Giovanni Bellini hängt nahe dem Kreuzgang.

San Lorenzo ⓯

Campo San Lorenzo. **Stadtplan** 8 D1. *San Zaccaria.* *wg. Restaurierung.*

San Lorenzo wird nicht mehr als Kirche genutzt und ist wegen Restaurierung geschlossen. Die Kirche war hauptsächlich als Grabstätte Marco Polos *(siehe S.143)* von Bedeutung, allerdings verschwand sein Sarkophag im Jahr 1592 aus dem Gotteshaus. Eine Sammlung von Bildern ist in alle Winde zerstreut, viele Jahre war die Kirche völlig verlassen.

Bei Renovierungsarbeiten entdeckte man 1987 zwei frühere Kirchen, eine aus der Zeit um 850 und die andere aus dem späten 12. Jahrhundert. Die Fundamente der mittelalterlichen Kirche und der Marmorfußboden haben schwer unter dem Wassereintritt des angrenzenden Kanals gelitten. Die Restaurierungsarbeiten stehen seit längerer Zeit still.

Marco Polo

Santi Giovanni e Paolo ⓬

Figur im linken Querschiff

Santi Giovanni e Paolo ist auch als San Zanipolo bekannt. Neben der Frari *(siehe S. 102f)* gehört sie zu den größten gotischen Kirchen Venedigs. Sie wurde von den Dominikanern im späten 13. und frühen 14. Jahrhundert errichtet und beeindruckt durch ihre Weite und architektonische Strenge. Im »Pantheon Venedigs« wurden 27 Dogen bestattet; ihre aufwendigen Grabstätten sind herausragende Werke, geschaffen von führenden Künstlern ihrer Zeit, darunter Mitgliedern der Familie Lombardi.

★ Cappella del Rosario
Die Anbetung der Hirten *ist eines der vielen Meisterwerke Veroneses, die die Rosario-Kapelle schmücken.*

★ Grabmal des Nicolò Marcello
Das prächtige Renaissancemonument wurde von Pietro Lombardo für den Dogen Nicolò Marcello (gest. 1474) errichtet.

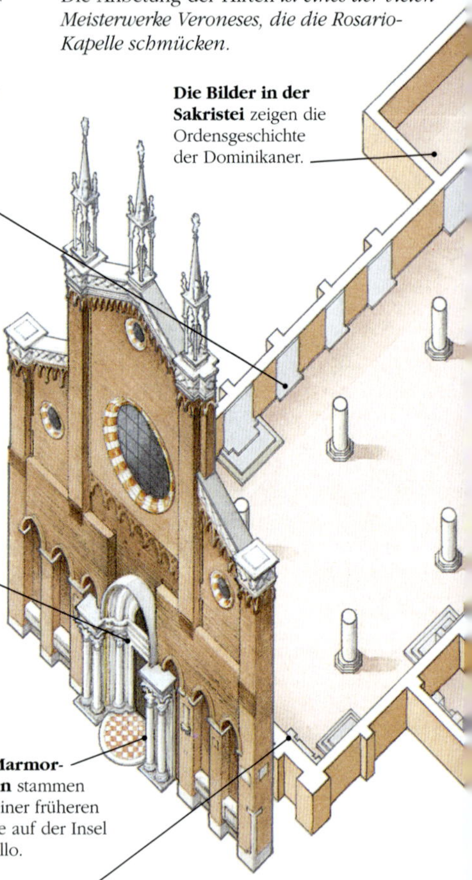

Die Bilder in der Sakristei zeigen die Ordensgeschichte der Dominikaner.

Der Eingang mit byzantinischer Reliefverzierung ist eines der frühesten Beispiele der Renaissance-Architektur in Venedig. Die Holzschnitzarbeiten der Säulenhalle werden Bartolomeo Bon zugeschrieben.

Die Marmorsäulen stammen von einer früheren Kirche auf der Insel Torcello.

★ Grabmal des Pietro Mocenigo
Pietro Lombardos Meisterwerk (1481) erinnert an die Taten des Dogen aus seiner Zeit als Oberbefehlshaber der venezianischen Truppen. Die Westseite der Kirche birgt Monumente Mocenigos.

Nicht versäumen

- ★ Cappella del Rosario
- ★ Dogengrabmäler
- ★ Cappella di San Domenico

Infobox

Campo Santi Giovanni e Paolo (auch San Zanipolo). **Stadtplan** 3 C5. *041 523 75 10.*
Fondamente Nuove oder Ospedale Civile. *Mo–Sa 9.30–18, So 13–18 Uhr.*
So vormittags (für Besucher).
Mo–Sa 8.30, 18.30 Uhr; So 8.30, 10.30, 12, 18.30 Uhr.

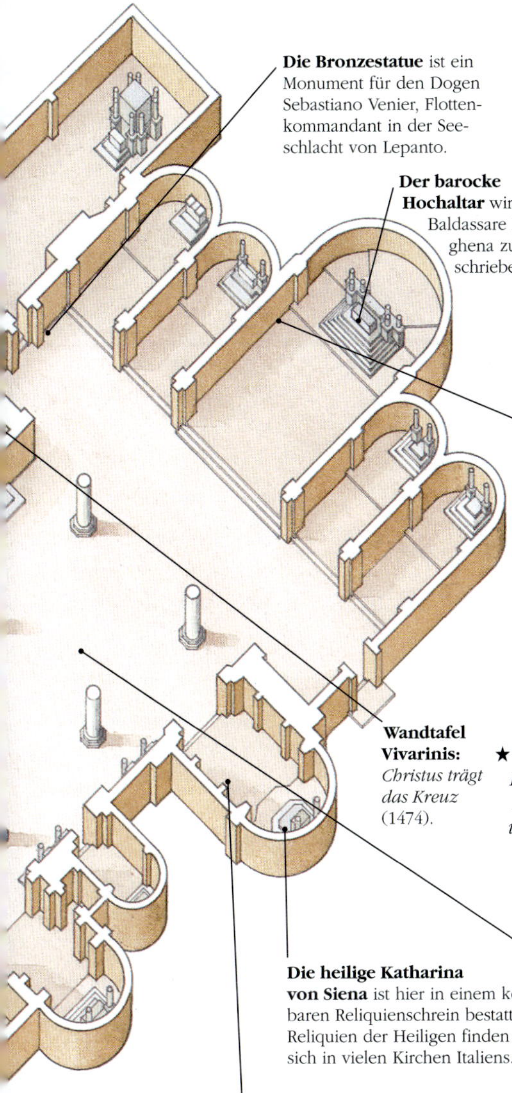

Die Bronzestatue ist ein Monument für den Dogen Sebastiano Venier, Flottenkommandant in der Seeschlacht von Lepanto.

Der barocke Hochaltar wird Baldassare Longhena zugeschrieben.

★ Grabmal des Andrea Vendramin
Die nackten Figuren an Lombardos Meisterwerk (1476–78) wurden als untragbar erachtet und durch Darstellungen der heiligen Katharina und Maria Magdalena ersetzt.

Wandtafel Vivarinis: *Christus trägt das Kreuz* (1474).

Die heilige Katharina von Siena ist hier in einem kostbaren Reliquienschrein bestattet; Reliquien der Heiligen finden sich in vielen Kirchen Italiens.

Das Kirchenschiff
Das Kreuzgewölbe wird von Holzbogen und mächtigen Säulen aus istrischem Stein getragen.

★ Cappella di San Domenico
Der Ruhm des heiligen Dominikus, *das einzige Deckengemälde der Kapelle, zeigt Piazzettas Meisterschaft hinsichtlich Farbgebung und Perspektive. Der Künstler hatte großen Einfluss auf den jungen Tiepolo.*

Der heilige Georg tötet den Drachen **von Carpaccio in der Scuola di San Giorgio degli Schiavoni**

Scuola di San Giorgio degli Schiavoni ⑯

Calle Furlani. **Stadtplan** 8 E1. *041 522 88 28. San Zaccaria. Apr–Okt: Di–So 9.30–12.30 Uhr, 15.30–18.30 Uhr; Nov–März: Di–So 10–12.30, 15–18 Uhr. So nachmittags; 1. Jan, Feiertage; bei Sonderveranstaltungen.*

In der überraschend schlichten Scuola finden sich einige der schönsten Bilder von Vittore Carpaccio, die er im Auftrag der Gemeinde von Schiavoni malte. Seit den frühesten Tagen der Republik unterhielt Venedig Handelsbeziehungen zu Schiavonia (Dalmatien); seit 1420 beherrschte Venedig die Region. Viele Schiavoni kamen in der Folge nach Venedig, Mitte des 15. Jahrhunderts war die slawische Kolonie in der Stadt so groß, dass sie eine eigene Bruderschaft *(siehe S. 127)* gründen durfte.

Die Scuola, 1451 eingerichtet, ist ein herrlicher Ort, Carpaccios außergewöhnliches Werk zu bewundern; zudem wurde sie beim Wiederaufbau 1551 kaum verändert. Das vorzügliche Fries, zwischen 1502 und 1508 entstanden, zeigt Szenen aus dem Leben mehrerer Heiliger: Georg, Trifon und Hieronymus. Jedes Bild dieses Zyklus' verdient Beachtung wegen seiner lebendigen Farben, der genau beobachteten Details sowie der historischen Szenen aus dem venezianischen Leben. Herausragend sind *Der heilige Georg tötet den Drachen*, *Der heilige Hieronymus und der Löwe* und *Die Vision des heiligen Hieronymus*.

San Giovanni in Bragora ⑰

Campo Bandiera e Moro. **Stadtplan** 8 E2. *041 270 24 64. Arsenale. Mo–Sa 9–11, 15.30–17.30 Uhr.*

Die Grundmauern dieser einfachen Kirche sind zwar wesentlich älter, doch der heutige Kirchenbau ist gotisch (1475–79). Die Kunstwerke der Kirche veranschaulichen den Übergang von der Gotik zur frühen Renaissance. Bartolomeo Vivarinis Altarbild *Madonna mit Kind und Heiligen* (1478) ist eindeutig gotisch; im Kontrast hierzu steht Cima da Coneglianos *Taufe Christi* (1492–95) am Hochaltar. Die große, in eine realistische Landschaft eingebettete Szene war Vorbild für spätere Renaissancemaler.

Museo Storico Navale ⑱

Campo San Biagio, Arsenale. **Stadtplan** 8 F3. *041 520 02 76. Arsenale. Mo–Fr 8.45–13.30 Uhr, Sa 8.45–13 Uhr. Feiertage.*

Die Österreicher hatten 1815 die Idee, die Reste der venezianischen Flotte in einem Museum zu bewahren. Sie begannen mit einer Serie von Modellen solcher Schiffe, die im 17. Jahrhundert im Arsenale gebaut worden waren; später kamen Schiffszubehör, Wandfriese von berühmten Galeeren, Schiffskanonen und eine Nachbildung der Festgondel der Dogen, Bucintoro genannt, hinzu. Die Sammlung ist seit 1958 in einem ehemaligen Warenhaus untergebracht und zeigt die Geschichte der venezianischen und italienischen Seefahrt.

Die ersten Ausstellungsobjekte zu Beginn des Rundgangs sind die im Zweiten Weltkrieg eingesetzten menschlichen Torpedos oder »Schweine«. Derartige Torpedos versenkten die *Valiant* und die *Queen Elizabeth*: Sie wurden zu ihrem jeweiligen Ziel von Tauchern der Marine gebracht, die dann, kurz bevor sie explodierten, von ihnen heruntersprangen.

Das Museum hat außerdem Abteilungen zur Geschichte der venezianischen Seefahrt und zur Geschichte der italienischen Seefahrt von 1860 bis heute, eine Abteilung mit Adriaschiffen und den sehenswerten Schwedensaal.

Modell des Bucintoro im Museo Storico Navale

Arsenale ⑲

Stadtplan 8 F1. *Arsenale.* *nur begrenzt zugänglich. Führungen für Gruppen* *041 244 10 10.*

DAS HERZSTÜCK der Seemacht Venedig wurde im 12. Jahrhundert gegründet und im 14. und 16. Jahrhundert ausgebaut. Lange Zeit war der Arsenale die größte Schiffswerft der Welt. Das Wort *arsenale* kommt vom arabischen *darsina'a*, Fabrik – und eine solche war der Arsenale tatsächlich. In der Blütezeit im 16. Jahrhundert waren hier 16000 Arbeiter, die *arsenalotti*, damit beschäftigt, die großen venezianischen Langschiffe *(siehe S. 44f)* zu bauen, auszustatten und zu reparieren. Als eine der ersten Produktionsstraßen in Europa war der Arsenale wie eine

Eingang zum Arsenale, von Türmen aus dem 16. Jahrhundert bewacht

Stadt in der Stadt, mit eigenen Handwerksbetrieben, Lagerhäusern und Docks.

Von Mauern umgeben liegt der Arsenale heute weitgehend verlassen da. Das riesige Tor und das weite Gelände sind das Einzige, was auf seine vergangene Bedeutung verweist. Das Tor, von Antonio Gambello 1460 in Form eines Triumphbogens gebaut, gilt als eines der ersten Renaissance-Bauwerke der Stadt. Die beiden Löwen am Tor wurden 1687 von Admiral Francesco Morosini von Piräus hierher gebracht. Ein dritter, etwas abseits sitzender Löwe weist Schriftzeichen auf, von denen man annimmt, dass skandinavische Söldner sie dort eingeritzt haben, als sie 1040 für den Kaiser von Byzanz gegen griechische Rebellen kämpften.

Im 17. Jahrhundert, als Venedigs Macht im Schwinden begriffen war, ging auch die Zahl der *arsenalotti* auf 1000 zurück. Mit dem Fall der Republik 1797 zerstörte Napoléon auch die Docks und plünderte die Festgondel der Dogen, den Bucintoro. Bronze und Kanonen wurden eingeschmolzen und für Monumente benutzt, die die Französische Revolution glorifizieren.

Heute steht das Areal unter Militärverwaltung und ist in weiten Teilen für die Öffentlichkeit gesperrt. Von der Brücke am Haupttor kann man teilweise über das Gelände schauen, die *vaporetti* Nr. 41 oder 42 fahren an der Begrenzungsmauer entlang. Teile des Arsenale sollen wieder genutzt werden, so die alte Seilerei, die der Biennale *(siehe S. 256)* als zweite Ausstellungshalle dient. Auch ein Forschungskonsortium für Marine- und Küstentechnologie fand bereits Platz im Arsenale.

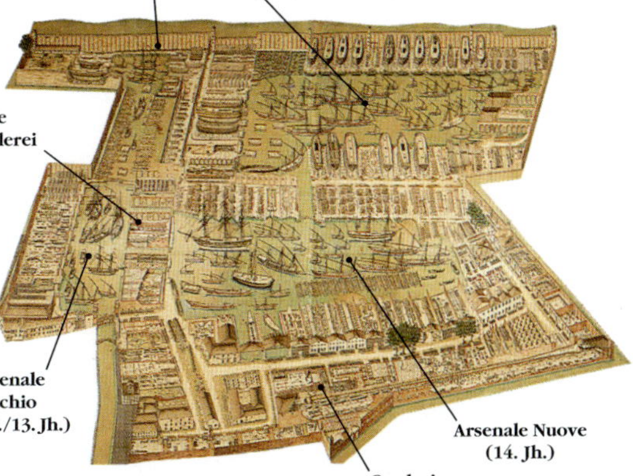

Lageplan des Arsenale aus dem späten 18. Jahrhundert

DIE ERFINDUNG DES FLIESSBANDS

Die *arsenalotti*, Meister des Schiffbaus im 16. Jahrhundert

In der Blütezeit des Arsenale wurde ein venezianisches Langschiff äußerst schnell gebaut und vollständig ausgestattet. Seit dem 16. Jahrhundert baute man den hölzernen Schiffsrumpf im Neuen Arsenal, machte ihn dann beim Alten Arsenal fest und stattete ihn der Reihe nach mit Rudern, Munition und Lebensmitteln aus. 1570, als Venedig mit den Türken um Zypern kämpfte, erstellte man hier innerhalb von 24 Stunden ein komplett ausgerüstetes Schiff. Henri III von Frankreich konnte sich 1574 von der Effizienz des Arsenale überzeugen, als die *arsenalotti* für ihn eine Galeere in der Zeit bauten, die er bei einem Festmahl verbrachte.

Spaziergang: Das östliche Castello ⑳

Dieser Spaziergang führt Sie von den belebten Uferpromenaden Castellos in die ruhigere Gegend im Osten des Viertels. Die Insel San Pietro di Castello im Osten der Stadt war ehemals Sitz der Kathedrale von Venedig und stellt einen der Höhepunkte dieses Spaziergangs dar. Von hier gelangt man südlich zur Insel Sant'Elena mit einer alten Kirche und kehrt dann durch den Park wieder zurück.

Die ruhigen und schattigen Giardini Pubblici ⑯

Denkmal für die Partisaninnen ⑱

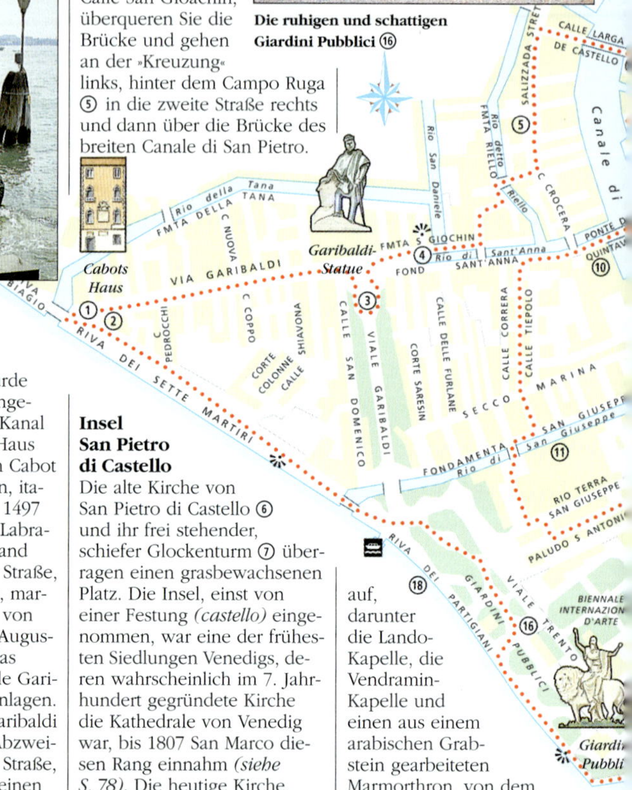

Via Garibaldi

Die breite Straße ① wurde 1808 unter Napoléon angelegt, indem man einen Kanal zuschüttete. Im ersten Haus rechts ② wohnten John Cabot und sein Sohn Sebastian, italienische Seefahrer, die 1497 anstatt in China an der Labradorküste von Neufundland landeten. Am Ende der Straße, hinter einem Tor rechts, markiert eine Bronzestatue von Garibaldi ③, ein Werk Augusto Benvenutis (1885), das nördliche Ende des Viale Garibaldi in Richtung Parkanlagen.

Zurück auf der Via Garibaldi nehmen Sie die letzte Abzweigung links am Ende der Straße, um von der Brücke ④ einen Blick auf den Arsenale zu werfen *(siehe S. 119)*. Gehen Sie dann nach links in die Calle San Gioachin, überqueren Sie die Brücke und gehen an der »Kreuzung« links, hinter dem Campo Ruga ⑤ in die zweite Straße rechts und dann über die Brücke des breiten Canale di San Pietro.

Insel San Pietro di Castello

Die alte Kirche von San Pietro di Castello ⑥ und ihr frei stehender, schiefer Glockenturm ⑦ überragen einen grasbewachsenen Platz. Die Insel, einst von einer Festung *(castello)* eingenommen, war eine der frühesten Siedlungen Venedigs, deren wahrscheinlich im 7. Jahrhundert gegründete Kirche die Kathedrale von Venedig war, bis 1807 San Marco diesen Rang einnahm *(siehe S. 78)*. Die heutige Kirche, nach Plänen von Palladio im 16. Jahrhundert errichtet, weist einige Sehenswürdigkeiten auf, darunter die Lando-Kapelle, die Vendramin-Kapelle und einen aus einem arabischen Grabstein gearbeiteten Marmorthron, von dem es heißt, er sei der Thron des heiligen Petrus gewesen.

An der Südseite des Platzes wurde 1482–88 Mauro Coduccis eleganter Glockenturm erbaut; die Kuppel der Kirche kam 1670 hinzu. Der Palazzo Patriarcale (Bischofspalast) ⑧ neben der Kirche war unter Napoléon Unterkunft für die

Legende

- ··· Routenempfehlung
- Aussichtspunkt
- *Vaporetto*-Anlegestelle

Die belebte Via Garibaldi, ganz rechts John Cabots Wohnhaus ②

Soldaten. Der Kreuzgang ist von Fischernetzen überzogen.

Vom Bischofspalast überqueren Sie den Platz in Richtung Süden, gehen durch eine kleine Gasse nach rechts zum Canale di San Pietro und, dort angelangt, weiter nach links. Die erste Straße rechts führt über den Ponte di Quintavalle ⑨, eine Holzbrücke mit schönem Blick über das Wasser.

Campanile San Pietro

Von San Pietro nach Sant'Elena

Das große, halb verlassene Gebäude am Fuß der Brücke ist die ehemalige Kirche und das Kloster der heiligen Anna ⑩. Gehen Sie hinter der *fondamenta* die erste Straße links, dann über den Campiello Correr und in die Calle Tiepolo, und kreuzen Sie den Secco Marina. Weiter geradeaus kommen Sie über die Brücke zur Kirche San Giuseppe ⑪ mit Scamozzis Grabmal für den Dogen Marino Grimani (1595–1605).

Die Insel San Pietro mit ihrem seltsam schrägen Glockenturm ⑦

Überqueren Sie den Platz hinter der Kirche, gehen Sie links, rechts, links zum Paludo San Antonio, einer modernen Straße, die dem Sumpfland *(palude)* abgerungen wurde. Am anderen Ende der Straße gehen Sie über den Rio dei Giardini ⑫, dann nach rechts in den Viale 4 Novembre und weiter zum Parco delle Rimembranze ⑬. Am südlichen Ende des Parks biegen Sie links in die Calle Buccari ⑭ ein und kommen über die Brücke des Rio di Sant'Elena ⑮ zur gleichnamigen Kirche, einem gotischen Bau aus dem 13. Jahrhundert. Zurück geht es über die Brücke und weiter nach links zur Uferstraße, die durch einen Park führt.

Fassadenelement von Sant'Elena ⑮

Giardini Pubblici und Pavillons der Biennale

Am anderen Ende des Parks führt eine Brücke über den Rio dei Giardini in die öffentlichen Gärten und zum Eingang der Biennale ⑯. In Jahren mit ungerader Jahreszahl präsentieren hier im Sommer die Pavillons der Biennale ⑰ höchst unterschiedliche Werke zeitgenössischer Künstler aus 40 bis 50 Nationen *(siehe S. 256)*.

Riva dei Partigiani

Hinter den öffentlichen Gärten in Riva dei Partigiani liegt eine große Bronzestatue auf den Ufertreppen. Sie ist allerdings nur bei Ebbe zu sehen. Bekannt als »La Donna Partigiana« ist sie ein Denkmal für alle im Zweiten Weltkrieg getöteten Frauen des Widerstands ⑱.

Routeninfos

Start: *Das westliche Ende der Via Garibaldi.*
Länge: *Knapp 5 km.*
Anfahrt: *Vaporetto Nr. 1, 41 oder 42 bis Arsenale.*
Rasten: *Unterwegs gibt es einige einfache Bars und Trattorien, die meisten in der Via Garibaldi. Das am Ufer gelegene Caffè Paradiso am Eingang zu den Giardini Pubblici bietet schöne Ausblicke auf die Umgebung. Gute Fischgerichte serviert die Hostaria da Franz (siehe S. 241) in der Fondamenta San Giuseppe (Nr. 754). Die grünen Parks fernab der Stadt sind Oasen der Ruhe.*

Sehenswürdigkeiten auf einen Blick

Kirchen

Angelo Raffaele 8
Gesuati 14
San Nicolò dei Mendicoli 7
San Sebastiano 9
San Trovaso 12
Santa Maria dei Carmini 6
Santa Maria della Salute 19
Santa Maria della Visitazione 13

Museen und Sammlungen

Accademia S. 130–133 15
Ca' Rezzonico 3
Collezione Cini 16
Collezione Peggy Guggenheim 17

Historische Gebäude

Dogana di Mare 20
Scuola Grande dei Carmini 5
Squero di San Trovaso 11

Straßen, Brücken und Plätze

Campiello Barbaro 18
Campo San Barnaba 1
Campo Santa Margherita 4
Ponte dei Pugni 2
Zattere 10

Legende

Detailkarte *Siehe S. 124f*

Vaporetto-Anlegestelle

Traghetto-Anlegestelle

◁ **Blick über den Canal Grande auf Santa Maria della Salute**

DORSODURO

DORSODURO (»harter Rücken«) ist nach seinem soliden Untergrund benannt. Der westliche Teil, die Insel Mendigola, war schon besiedelt, bevor Venedig im Jahr 828 am Rialto gegründet wurde. Danach dehnten sich die Siedlungen über mehrere Inseln nach Osten aus.

Squero di San Trovaso, der Gondelhafen

Die ruhige Gegend östlich der Accademia besitzt schattige Plätze, ruhige Kanäle und schöne Wohnhäuser, die reichen Venezianern und Ausländern gehören. Im frühen 19. Jahrhundert wurde dieser Teil Venedigs vor allem von Engländern geschätzt, die hier die anglikanische Kirche St George am Campo San Vio besuchten. Zu den Attraktionen gehören die weiten Ausblicke über die Lagune, von der Salute-Kirche im Osten oder von der Uferpromenade Zattere hinüber zur Insel Giudecca. Westlich der Accademia wirkt der *sestiere* belebter, der Campo Santa Margherita ist hier ein beliebtes Zentrum. Der etwas bescheidenere westliche Teil des Viertels, rund um die schöne Kirche San Nicolò dei Mendicoli, war ursprünglich von Fischern und Seeleuten bewohnt.

In Dorsoduro findet man bedeutende Kunstsammlungen, so die Accademia und die Peggy-Guggenheim-Sammlung mit Werken des 20. Jahrhunderts. Die Kirchen sind reich mit Gemälden und Skulpturen ausgestattet: San Sebastiano birgt Gemälde von Veronese; Deckengemälde von Giambattista Tiepolo schmücken die Scuola Grande dei Carmini und die Kirche Gesuati.

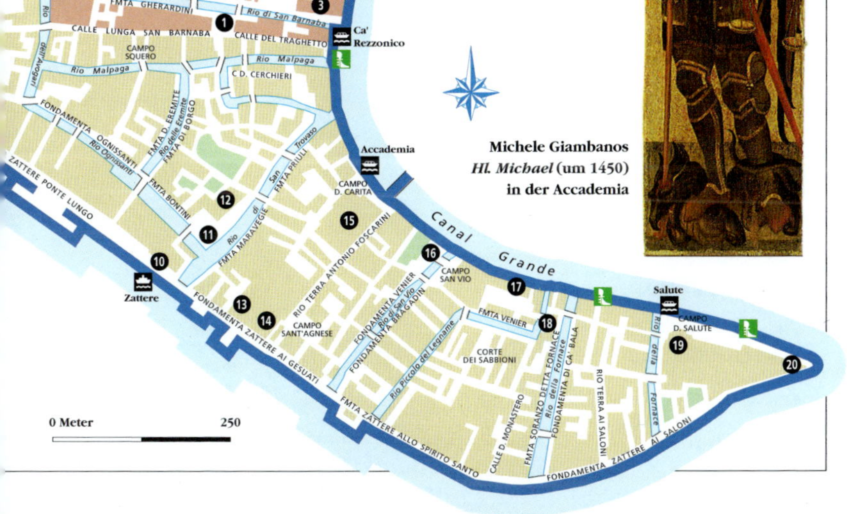

Michele Giambanos
***Hl. Michael* (um 1450)**
in der Accademia

Im Detail: Dorsoduro

Relief an einer Hauswand am Ponte Trovaso

Zwischen den beeindruckenden Palästen am Canal Grande und dem Campo Santa Margherita findet man ruhige Plätze und enge Gassen. Den schönsten Blick über den Rio San Barnaba hat man vom Ponte dei Pugni, nahe den Lastkähnen, die Obst und Gemüse verkaufen. Der Rio Terrà Canal, architektonisch wenig aufregend, hat einen faszinierenden Maskenladen und Cafés zu bieten, die vor allem nachts sehr belebt sind. Alle Straßen scheinen hier zum Campo Santa Margherita zu führen, dem Herz von Dorsoduro. Der Platz ist meist voller Menschen, vor allem morgens, wenn Markt abgehalten wird.

★ Scuola Grande dei Carmini
Tiepolo malte 1739–44 für die Scuola neun Deckenbilder; das im Zentrum zeigt Maria und den heiligen Simon Stock. ❺

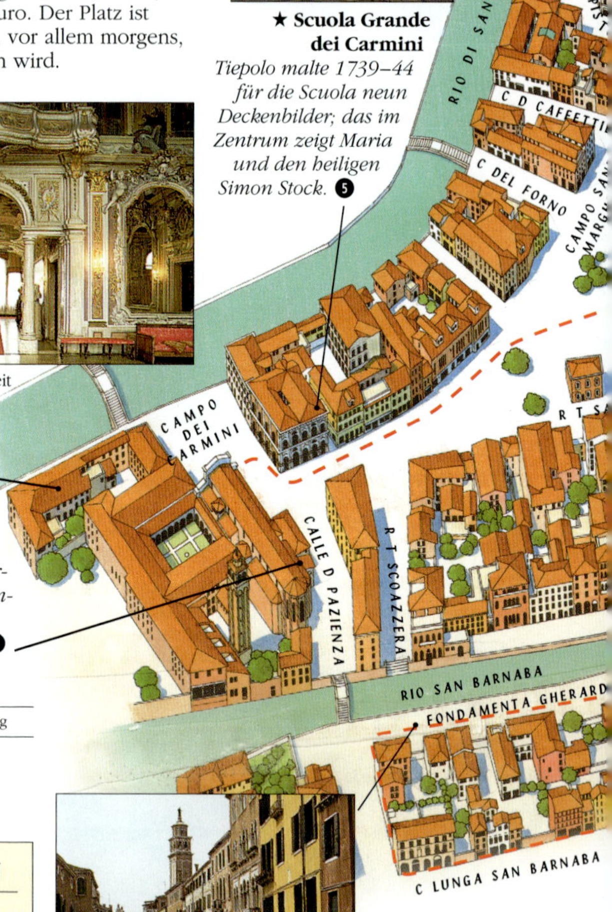

Der Palazzo Zenobio ist seit 1850 ein armenisches Kolleg. Gelegentlich können Besucher den Ballsaal (18. Jh.) besichtigen.

Santa Maria dei Carmini
Der älteste Teil dieser Kirche ist das gotische Seitenportal mit Überresten byzantinischer Reliefs. ❻

Legende

– – – Routenempfehlung

0 Meter 50

Die Fondamenta Gherardini verläuft neben dem Rio San Barnaba, einem der schönsten Kanäle des Viertels.

Nicht versäumen

- ★ Scuola Grande dei Carmini
- ★ San Barnaba
- ★ Ca' Rezzonico

Campo Santa Margherita
Die Straßencafés gehören einfach zu diesem Platz. Causin verkauft ganz besondere italienische Eisspezialitäten. ❹

ZUR ORIENTIERUNG
Siehe Stadtplan, Karte 6

Im Palazzo Giustinian, einem Palais aus dem 15. Jahrhundert, schrieb Richard Wagner den zweiten Akt von *Tristan und Isolde*.

Die Ca' Foscari mit ihrer schönen Umgebung wurde 1574 als Aufenthalt für Henri III von Frankreich ausgewählt.

Der Palazzo Nani, einer der schönen Paläste am großen Kanalbogen, der Volta del Canal.

Ca' Rezzonico

Ponte dei Pugni
Am Scheitel der Brücke wurden einst Faustkämpfe ausgetragen. ❷

★ San Barnaba
Eine Barke, die als Verkaufsstand von Obst und Gemüse dient, verleiht der Gegend ihren besonderen Charme. ❶

★ Ca' Rezzonico
Die zwei Putten an der Treppe stellen Herbst und Winter dar. ❸

Campo San Barnaba ❶

Stadtplan 6 D3. *Ca' Rezzonico.*

Das Gemeinde San Barnaba mit ihrem zentralen Platz am Kanal war im 18. Jahrhundert Wohngegend für verarmte venezianische Bürger. Sie lebten bei niedrigen Mieten von der Fürsorge, bettelten oder arbeiteten im staatlichen Spielkasino.

Heute bietet der Platz mit seiner Gemüsebarke ein schönes Ambiente. Die Kirche (Mo–Sa 9.30–12.30 Uhr; Tel. 041 296 06 30) ist eher unbedeutend, mit Ausnahme des Deckengemäldes von Tiepolo und der Veronese zugeschriebenen *Heiligen Familie*.

Ponte dei Pugni ❷

Fondamenta Gherardini. **Stadtplan** 6 D3. *Ca' Rezzonico.*

In Venedig gibt es mehrere Ponti dei Pugni (Brücken der Fäuste); diese jedoch, am Rio San Barnaba, ist die berühmteste. Sie unterscheidet sich durch zwei Paar Fußabdrücke im Pflaster oben auf der Brücke. Sie markierten für die rivalisierende Kontrahenten die einzunehmende Ausgangsposition. Früher gab es hier keine Brückengeländer, sodass die Gegner beim Kampf oft in den Fluss stürzten. Da diese Kämpfe immer blutiger wurden, verbot man sie im Jahr 1705.

Boote und Barken auf dem Rio San Barnaba

Tiepolos Fresko *Neue Welt*, Teil des Zyklus in der Ca' Rezzonico

Ca' Rezzonico ❸

Fondamenta Rezzonico 3136. **Stadtplan** 6 E3. *041 241 01 00. Ca' Rezzonico. Apr–Okt: Mi–Mo 10–18 Uhr; Nov–März: Mi–Mo 10–17 Uhr. 1. Jan, 1. Mai, 25. Dez.*

Der reich ausgestattete Barockpalast ist einer der prächtigsten in ganz Venedig. Er ist auch einer der wenigen Palazzi am Canal Grande, der seine Tore für Besucher öffnet. Seit 1934 ist hier das Museum für das Venedig des 18. Jahrhunderts untergebracht; die Räume sind mit Fresken, Bildern und zeitgenössischem Mobiliar, zum Teil aus anderen Palästen, ausgestattet.

Der Bau wurde 1667 unter der Leitung von Baldassare Longhena (Architekt auch der Salute-Kirche; *siehe S. 135*) begonnen; aber noch bevor der zweite Stock erreicht war, ging der Familie Bon, die ihn in Auftrag gegeben hatte, das Geld aus. 1712, lange nach Longhenas Tod, wurde der unvollendete Palast von den Rezzonicos aufgekauft, einer Bankiersfamilie aus Genua, die viel Geld in den Bau und die Ausstattung steckte. 1758 gaben die Rezzonicos hier das erste große Bankett, eines von vielen weiteren glänzenden Festen, für die sie später berühmt wurden.

1888 kaufte der Schriftsteller Robert Browning den Palast für sich und seinen Sohn Pen, der eine reiche amerikanische Erbin heiratete. Browning war begeistert von der Großzügigkeit und dem Komfort des Hauses, konnte dies allerdings nur kurz genießen – 1889 starb er an einer Bronchitis.

Die Attraktion ist heute Giorgio Massaris Ballsaal. Er ist mit goldenen Lüstern und holzgeschnitzten Möbeln von Andrea Brustolon sowie einem Deckenfresko mit Trompe-l'œil-Malerei ausgestattet und wurde sehr schön renoviert. In drei weiteren Räumen des Palasts befinden sich Deckenfresken von Giambattista Tiepolo, auch die sehr lebhafte *Allegoria Nuziale* (1758) im gleichnamigen Saal.

Andrea Brustolons *Allegorie der Strenge*

Bilder aus dem 18. Jahrhundert schmücken den *piano nobile* im zweiten Stock. In einem Raum befinden sich Pietro Longhis Porträts aus dem Alltagsleben Venedigs, andere bemerkenswerte Bilder sind Francesco Guardis *Glücksspiel im Ridotto* (1748) und *Nonnensalon* (1768) sowie einer der wenigen Canalettos in Venedig, sein *Blick vom Rio dei Mendicanti* (1725). Darüber hinaus sieht man hier Giandomenico Tiepolos faszinierenden Freskenzyklus, den er zwischen 1770 und 1800 für sein Haus bei Zianigo schuf. Das Untergeschoss nehmen eine Apotheke aus dem 18. Jahrhundert und ein Puppentheater ein.

Campo Santa Margherita ❹

Stadtplan 6 D2. *Ca' Rezzonico.*

DER EINLADENDE Campo Santa Margherita, von Häusern aus dem 14. und 15. Jahrhundert gesäumt, ist sozusagen das Herz des westlichen Dorsoduro. Marktstände, Läden und Cafés ziehen die Leute des Viertels an. Fischstände offerieren lebende Aale und Hummer, die *erboristi* bieten natürliche Heilmittel, die hiesigen Bäcker haben mit das beste Brot von Venedig.

Die ehemalige Kirche Santa Margherita am nördlichen Ende des Platzes dient heute als ein Auditorium der Universität. Am Glockenturm sowie am Haus daneben sind Skulpturenfragmente aus dem 18. Jahrhundert zu sehen, darunter Drachen und Wasserspeier, die aus der Kirche stammen. Die Scuola dei Varotari (Schule der Gerber) zeigt ein Relief der Madonna della Misericordia, die Gerber beschützend.

Darstellung von Santa Margherita und dem Drachen (15. Jh.)

Scuola Grande dei Carmini ❺

Campo Carmini. **Stadtplan** 5 C2. *041 528 94 20. Ca' Rezzonico. Apr–Okt: Mo–Sa 9–18 Uhr, So 9–16 Uhr; Nov–März: 9–16 Uhr. 1. Jan, 25. Dez.*

DIE BRUDERSCHAFT der Karmeliter errichtete ihren Sitz 1663 bei der Kirche. Um 1740 erhielt Giambattista Tiepolo den Auftrag, die Decke des *salone* im oberen Stock zu gestalten. Diese neun Deckengemälde haben den Karmelitern derart imponiert, dass sie Tiepolo zum Ehrenmitglied der Bruderschaft ernannten.

Santa Maria dei Carmini

Besonders mit dem Bild *Die Jungfrau Maria überreicht dem seligen Simon Stock das Skapulier* wuchs die Popularität der Bruderschaft enorm an. Das Skapulier, ein Überwurf über Brust und Rücken, sollte nach dem Tod vor dem Fegefeuer schützen. Die Karmeliter verehrten Simon Stock, da er den Orden nach dessen Vertreibung aus dem Heiligen Land (13. Jh.) in Europa neu etablierte. Das Gemälde stürzte im Jahr 2000 zu Boden, da die Halterung dem Holzwurm zum Opfer gefallen war.

Santa Maria dei Carmini ❻

Campo Carmini. **Stadtplan** 5 C3.
041 270 24 64.
Ca' Rezzonico oder San Basilio.
Mo–Sa 14.30–17.30 Uhr.

BEKANNT AUCH als Santa Maria del Carmelo, wurde diese Kirche im 14. Jahrhundert errichtet, jedoch mehrfach umgebaut.

Am auffallendsten von außen ist der früher schiefe Glockenturm, der 1688 geschickt »gerade gerückt« wurde. Das Kirchenschiff ist reich verziert, die Bogengänge sind mit vergoldeten Holzskulpturen und Gemälden geschmückt.

An den Seitenaltären der Kirche befinden sich zwei interessante Gemälde: Am zweiten Seitenaltar rechts sieht man Cima da Coneglianos *Anbetung der Hirten* (um 1509), am zweiten Seitenaltar links Lorenzo Lottos *Heiliger Nikolaus von Bari mit der heiligen Lucia und Johannes dem Täufer* (um 1529), ein Gemälde, in dem sich Religiosität, das sensible Empfinden und die Naturliebe des Künstlers spiegeln. Rechts von der sehr sorgfältig gestalteten, fast niederländisch anmutenden Landschaft Lottos erfasst das Licht noch einen kleinen Ausschnitt des heiligen Georg, wie er den Drachen tötet.

SCUOLE

Die *scuole,* typisch venezianische, meist im 13. Jahrhundert als Laienbruderschaften gegründete Einrichtungen, kümmerten sich um das Wohl der Armen wie auch der Berufs- oder ethnischen Gruppen der Stadt (so z. B. die Scuola dei Schiavoni; *siehe S. 118*). Einige *scuole* wurden reich und gaben viel Geld für Häuser und Kunstwerke aus, nicht selten unter Vernachlässigung ihrer eigentlichen Aufgaben.

Oberer Saal in der Scuola Grande dei Carmini

San Nicolò dei Mendicoli, eine der ältesten Kirchen Venedigs

San Nicolò dei Mendicoli ❼

Campo San Nicolò. **Stadtplan** 5 A3. *041 275 03 82.* *San Basilio.* *Mo–Sa 10–12, 16–18 Uhr.*

DIE KIRCHE GILT als eine der schönsten in Venedig und wurde im 12. Jahrhundert errichtet, später jedoch mehrfach umgebaut; das kleine Portal an der Nordseite stammt aus dem 15. Jahrhundert. Dank des Fonds zur Rettung Venedigs unterzog man die Kirche in den 1970er Jahren einer sorgfältigen Restaurierung, einer der umfassendsten im Rahmen des Sanierungsprogramms seit der Überschwemmung von 1966 *(siehe S. 50)*. Der Boden der Kirche, der 30 Zentimeter unter dem Kanalniveau lag, wurde angehoben, außerdem restaurierte man das Dach, die unteren Mauern sowie Bilder und Statuen.

Santa Nicolò ist reich ausgestattet, besonders das Kirchenschiff mit seinen Holzskulpturen. Den oberen Teil der Wände schmückt ein Bilderzyklus mit Szenen aus dem Leben Christi, ein Werk von Alvise dal Friso und anderen Schülern Veroneses.

Angelo Raffaele ❽

Campo Angelo Raffaele. **Stadtplan** 5 B3. *041 522 85 48.* *San Basilio.* *Mo–Sa 9–12, 16–18 Uhr, So und Feiertage unterschiedl. Zeiten.*

IHREN RUHM verdankt die Kirche den Tafelbildern an der Orgelbalustrade. Sie wurden 1749 von Antonio Guardi, dem Bruder des berühmteren Francesco, gemalt und erzählen die Geschichte des Tobias, des blinden Propheten, der vom Erzengel Raphael, dem Schutzheiligen der Kirche, geheilt wurde.

San Sebastiano ❾

Campo San Sebastiano. **Stadtplan** 5 C3. *041 275 04 62* *San Basilio.* *tägl. 10–17 Uhr (So ab 13 Uhr).* *Juli, Aug: So; 1. Jan, 25. Dez.*

DAS GOTTESHAUS aus dem 16. Jahrhundert ist eine der farbenprächtigsten und in ihrer Ausstattung homogensten Kirchen Venedigs. Dies ist Veronese zu verdanken, der zwischen 1555 und 1560 sowie in den 1570er Jahren damit beauftragt war, die Decke der Sakristei und des Kirchenschiffs, das Fries, den östlichen Chor, den Hochaltar sowie die Türen der Orgelvertäfelung und der Kanzel zu gestalten. Die Gemälde zeigen prächtige Kostüme und eine herrliche Farbgestaltung. Zu den schönsten Bildern zählen drei Deckengemälde; sie erzählen die Geschichte von Esther, der Gattin von Xerxes I. von Persien, der es gelang, das jüdische Volk zu befreien. Veronese soll hier bei der Orgel bestattet sein.

Zattere ❿

Stadtplan 5 C4. *Zattere, San Basilio.*

DIE ZATTERE, ein Teil der Uferstraße im Süden des *sestiere* Dorsoduro, liegen direkt gegenüber der Insel Giudecca. Der Name der Uferstraße stammt von Flößen *(zattere)*, die man aus dem Holz der Wälder flussaufwärts baute und nach der Fahrt in

San Sebastiano, von der gleichnamigen Brücke aus gesehen

Straßencafés entlang den Zattere

Venedig wieder zerlegte. An schönen Tagen ist es sehr angenehm, an der Straße in einem Café in der Sonne zu sitzen und den Blick schweifen zu lassen – über die Kirche Il Redentore *(siehe S. 154)* oder über das Wasser, auf dem die Boote von Ufer zu Ufer fahren.

Squero di San Trovaso ⓫

Rio San Trovaso. **Stadtplan** 6 D4. *Zattere.* *für Besucher.*

Hier ist eine der letzten noch existierenden Gondelwerkstätten in Venedig *(siehe S. 28f)* beheimatet. Das Gebäude erinnert an die Häuser in Tirol, der Baustil war von den Handwerkern geprägt, die aus der Cadore-Region der Dolomiten *(siehe S. 215)* hierher kamen.

Heute kann man vom Rio San Trovaso vor dem Squero die vertäuten Gondeln sehen, die zur Reparatur hierher gebracht wurden.

San Trovaso ⓬

Campo San Trovaso. **Stadtplan** 6 D4. *041 270 24 64.* *Zattere oder Accademia.* *Mo–Sa 15–18 Uhr.*

Die Kirche Santi Gervasio e Protasio, im verkürzenden venezianischen Dialekt einfach San Trovaso genannt, wurde 1590 erbaut. Ungewöhnlicherweise hat sie zwei völlig identische Fassaden, eine zum *campo,* die andere zum Kanal hin gelegen. Die Kirche stand auf neutralem Boden zwischen den Einflussgebieten der rivalisierenden Familien Castellani und Nicolotti, und die Legende besagt, dass jede der beiden Parteien einen eigenen Eingang in Anspruch nahm.

Im Inneren sind späte Bilder von Tintoretto sowie zwei weitere interessante Kunstwerke zu sehen: Michele Giambonos *Heiliger Chrysogonus zu Pferde* (15. Jh.) in der Kapelle rechts von der Kanzel sowie ein herausragendes Marmorrelief am Altar der gegenüberliegenden Clary-Kapelle, das Engel mit Musikinstrumenten zeigt.

Santa Maria della Visitazione ⓭

Fondamenta delle Zattere. **Stadtplan** 6 E4. *041 522 40 77.* *Zattere.* *tägl. 8–12, 15–18 Uhr (Winter bis 17 Uhr).*

Nahe der Gesuati wurde die Renaissancekirche (die denselben Namen hat wie La Pietà; *siehe S. 112*) 1494–1524 im Auftrag der Jesuiten erbaut. Nach der Renovierung werden hier wieder Messen abgehalten. In der Kirche beeindruckt die Holzdecke (16. Jh.) von toskanischen und umbrischen Künstlern. Die *bocca di leone* an der rechten Außenfassade ist ein »Löwenmaul« *(siehe S. 88)* aus der Zeit des Rats der Zehn *(siehe S. 42)*. Sie wurde genutzt, um sich über den Straßenzustand zu beklagen.

Gesuati ⓮

Fondamenta delle Zattere. **Stadtplan** 6 E4. *041 275 04 62.* *Zattere.* *tägl. 10–17 Uhr (So ab 13 Uhr).*

Diese Kirche sollte nicht mit der Gesuiti in Cannaregio *(siehe S. 142)* verwechselt werden. Sie wurde von den Dominikanern errichtet, die das Areal im 17. Jahrhundert erwarben, als der Jesuitenorden aufgelöst wurde. Baubeginn war 1726, die prächtige Fassade ahmt den Baustil von Palladios Il Redentore auf der Insel Giudecca nach. Die reich ausgestattete Kirche ist das auffallendste Gebäude an den Zattere. Tiepolos Deckenfresko *Das Leben des heiligen Dominikus* (1737–39) zeigt seine Meisterschaft in der Licht- und Farbgebung. Gleichermaßen beeindruckend ist seine *Jungfrau mit Heiligen* (1740) in der ersten Seitenkapelle rechts. Auch zwei Altarbilder von Sebastiano Ricci und Giambattista Piazzetta sind zu sehen.

Statue an der Fassade der Gesuati

Squero di San Trovaso, eine Gondelwerkstatt

Accademia ⓯

Detail an der Fassade der Accademia

Die Gallerie dell'Accademia beherbergen die größte Sammlung venezianischer Kunst. Ihren Grundstock bildete die Accademia di Belle Arti, 1750 von dem Maler Giovanni Battista Piazzetta gegründet. 1807 verlagerte Napoléon die Accademia an ihren heutigen Ort. Die Sammlung wurde durch Kunstwerke aus den von Napoléon aufgelösten Kirchen und Klöstern stark erweitert.

Entwurf eines Deckengemäldes
Tiepolos Überbringung der Santa Casa aus dem Heiligen Land nach Loreto *(1742) ist ein Entwurf für das Deckengemälde der Scalzi-Kirche* (siehe S. 145).

Der Apothekerladen
Pietro Longhi stellte das häusliche Leben der Patrizier in Venedig dar. Dieser Ausschnitt stammt von einem Gemälde aus der Zeit um 1752.

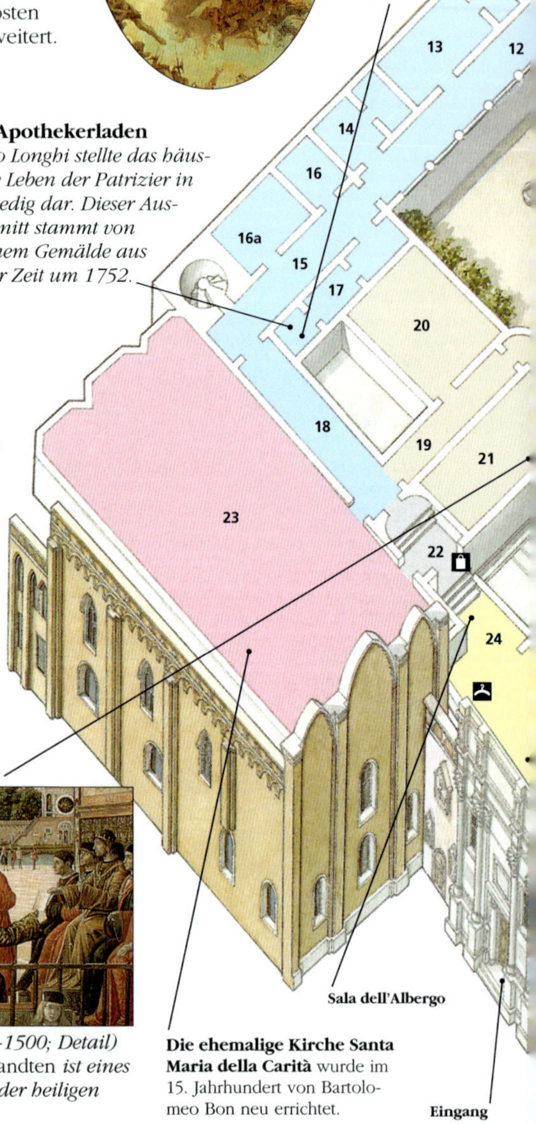

Legende

- Byzantinische Kunst und Gotik
- Frühe Renaissance
- Hochrenaissance
- Barock, Genre und Landschaften
- Sakrale Kunst
- Wechselausstellungen
- Keine Ausstellungsfläche

★ **Sankt-Ursula-Zyklus** *(1495–1500; Detail)*
Die Ankunft der englischen Gesandten *ist eines von acht Bildern, die das Leben der heiligen Ursula darstellen.*

Die ehemalige Kirche Santa Maria della Carità wurde im 15. Jahrhundert von Bartolomeo Bon neu errichtet.

Den Innenhof entwarf Andrea Palladio.

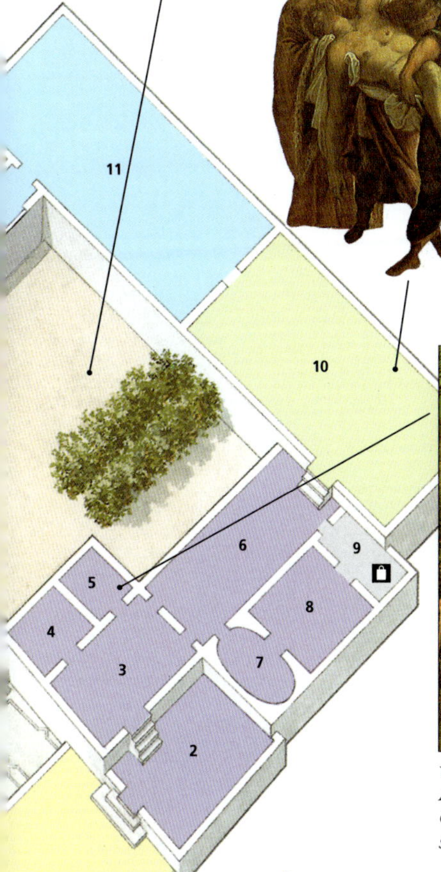

Die Entführung des heiligen Markus
Jacopo Tintorettos Gemälde von 1562 zeigt die Christen von Alexandria, wie sie den Körper des heiligen Markus entführen.

INFOBOX

Campo della Carità. **Stadtplan** 6 E3. *041 522 22 47.* *Accademia.* *tägl. 8.15–19.15 Uhr (Mo bis 14.15 Uhr).* *1. Jan, 1. Mai, 25. Dez.* **Quadreria** *Fr vorm., Sa, So.* www.gallerieaccademia.org

★ **Das Gewitter** *(um 1507)*
Anstelle eines konkreten Themas malte Giorgione diese dunkle, rätselhafte Landschaft wohl mehr nach seiner Vorstellung.

★ **Marienkrönung**
Im Zentrum von Paolo Venezianos Polyptychon (1325) sieht man die Jungfrau mit Szenen aus dem religiösen Leben. Dieses Detail zeigt Bilder aus dem Leben des heiligen Franziskus.

NICHT VERSÄUMEN

★ ***Sankt-Ursula-Zyklus* von Carpaccio**

★ ***Das Gewitter* von Giorgione**

★ ***Marienkrönung* von Veneziano**

KURZFÜHRER

Die Gemälde sind in 24 Räumen ausgestellt. Wegen ständiger Restaurierungen kann es passieren, dass Kunstwerke fehlen oder ganze Abteilungen geschlossen sind. Die Wirkung der Bilder hängt stark von den natürlichen Lichtverhältnissen ab; Morgenlicht ist zu empfehlen. Die zweite Galerie, Quadreria, zeigt italienische Künstler wie Bellini, Veronese und Tintoretto. Führungen sind kostenlos, müssen aber vorher gebucht werden.

Überblick: Sammlungen der Accademia

DIE FASZINIERENDE GEMÄLDESAMMLUNG der Accademia repräsentiert fünf Jahrhunderte und zeigt das ganze Werkspektrum der Venezianischen Schule, vom mittelalterlich-byzantinischen Stil über die Renaissance bis zu Barock und Rokoko *(siehe S. 26f)*. Die Bilder hängen mehr oder weniger chronologisch, mit Ausnahme der letzten Räume, die in die Renaissance zurückführen.

***Porträt eines Adligen* (um 1525; Detail) von Lorenzo Lotto**

BYZANTINISCHE KUNST UND GOTIK

SAAL I ZEIGT den Einfluss von Byzanz auf die frühen venezianischen Maler. Bei Paolo Veneziano, dem eigentlichen Begründer der Venezianischen Schule, erkennt man sowohl westliche als auch östliche Einflüsse, so in seiner *Marienkrönung* (1325). Die Linienführung ist zweifellos gotisch, der Gesamteindruck mit dem goldenen Hintergrund jedoch byzantinisch.

Im selben Saal zeigt die *Marienkrönung* (um 1448) von Michele Giambono die gotischen Einflüsse, die Gentile da Fabriano und Pisanello nach Venedig brachten. Dieser neue Stil zeichnet sich durch besonders naturalistische Details aus, wie an den Vögeln und Tieren im Vordergrund von Giambonos Gemälde zu sehen ist.

***Marienkrönung* (um 1448) von Michele Giambono**

FRÜHE RENAISSANCE

DIE RENAISSANCE erfasste Venedig sehr spät, doch gegen Mitte des 15. Jahrhunderts hatte sie die Stadt so stark verwandelt, dass sie sich mit Florenz und Rom messen konnte. Eine wichtige Rolle in der frühen venezianischen Renaissance spielten Jacopo Bellini und seine beiden Söhne Gentile und Giovanni.

Von zentraler Bedeutung für die venezianische Kunst des 15. Jahrhunderts war die sogenannte Sacra Conversazione, die Darstellung der Madonna im Kreis der Heiligen. Giovanni Bellinis Altarbild für San Giobbe (um 1487) in Saal II ist eines der schönsten Beispiele. Giovanni, der jüngere der Bellinis, war stark beeinflusst vom rationalen Stil sowie der Perspektivgebung im Werk seines Schwagers Andrea Mantegna, dessen *Heiliger Georg* (um 1460) in Saal IV zu sehen ist. Mantegnas Rationalität und bedingungsloser Realitätsnähe fügte Giovanni Humanität hinzu, so in seinen Madonnenbildern, Meisterwerke in der Darstellung von Harmonie und menschlicher Wärme. Herausragend sind *Madonna mit Kind zwischen der heiligen Katharina und der heiligen Maria Magdalena* (um 1490) in Saal IV, *Madonna degli alberetti* (um 1487) und *Madonna mit Kind, Johannes dem Täufer und Heiligen* (um 1505) in Saal V. Bellini beeinflusste auch den jungen Giorgione, obgleich dessen Landschaftstableaus weitaus stimmungsvoller sind. Die Darstellung einer Landschaft und der Umgang mit Figuren, wie in seinem berühmten Bild *Das Gewitter* (um 1507) in Saal V zu sehen, waren etwas vollkommen Neues in der venezianischen Kunst.

Abseits dieser Strömung des 16. Jahrhunderts stand der rätselhafte Lorenzo Lotto, der vor allem durch seine Porträts bekannt wurde. Sie vermitteln stets den Eindruck seelischer Zerrissenheit – wie sein melancholisches *Porträt eines Adligen* (um 1525) in Saal VII zeigt.

Mehr der venezianischen Tradition verpflichtet ist Palma il Vecchios unglaublich farbige *Sacra Conversazione* (um 1525) in Saal VIII, zweifellos beeinflusst vom frühen Tizian.

HOCHRENAISSANCE

EINE GANZE WAND in Saal X nimmt das monumentale *Gastmahl im Hause des Levi* (1573) von Paolo Veronese ein, das ursprünglich ein

Paolo Veroneses *Gastmahl im Hause des Levi* (Detail)

Letztes Abendmahl werden sollte. Man empörte sich über die hedonistischen Details des Gemäldes, Veronese wurde vor die Inquisition zitiert, die ihm befahl, den profanen Ausdruck seines Werks zu ändern. Veronese aber änderte lieber den Titel.

Tintorettos Ruf gründete sich auf sein Bild *Wunder des Sklaven* (1548), ebenfalls in Saal X, das seine Meisterschaft in Bezug auf Farb- und Lichteffekte zeigt. Es war das erste von mehreren Gemälden für die Scuola Grande di San Marco *(siehe S. 114)*. Auch im nächsten Saal kann man Veroneses Farbreichtum in seiner *Wundersamen Vermählung der heiligen Katharina* (um 1575) bewundern.

Heilung des Besessenen **(um 1496) von Vittore Carpaccio**

Barock, Genrebilder und Landschaften

Der Raub der Europa **(1740–50; Detail) von Francesco Zuccarelli**

In Venedig selbst gab es im Barock fast keine Maler, doch hielten einige von außerhalb kommende Künstler die Venezianische Schule am Leben. Der bemerkenswerteste unter ihnen ist der Genueser Bernardo Strozzi (1581 bis 1644), ein großer Bewunderer Veroneses, wie man an seinem *Gastmahl im Hause des Simon* (1629) in Saal XI sehen kann. Hier ist auch Giambattista Tiepolo, der bedeutendste venezianische Maler des 18. Jahrhunderts, vertreten.

Der Korridor sowie die dazugehörigen Räume sind großteils den unbeschwerten Landschafts- und Genrebildern des 18. Jahrhunderts gewidmet, darunter Schäferszenen von Franceso Zuccarelli, Bilder von Marco Ricci, Szenen aus dem Leben Venedigs von Pietro Longhi und ein Blick auf Venedig (1763) von Canaletto. Dieses Bild, das sein Gespür für Perspektiven vermittelt, eröffnete Canaletto den Zugang zur Accademia.

Sakrale Kunst

Die Räume XX und XXI führen zur Renaissance zurück und zeigen zwei große Bilderzyklen aus dem späten 16. Jahrhundert. Die Details in diesen nahezu anekdotenhaften Gemälden geben faszinierende Einblicke in das Leben, die Bräuche und das Aussehen Venedigs zur damaligen Zeit. Saal XX birgt die *Geschichten vom Heiligen Kreuz*, im Auftrag der Scuola di San Giovanni Evangelista *(siehe S. 104)* von führenden Malern Venedigs ausgeführt. Jede Szene erzählt eine Episode der Kreuzesreliquie, die Venedig einst vom Königreich Zypern geschenkt bekam. Gentile Bellinis *Prozession auf der Piazza San Marco* (1496) bietet die Möglichkeit, das Aussehen des Platzes damals und heute zu vergleichen. Vittore Carpaccios *Heilung des Besessenen* (1496) zeigt die Rialtobrücke, die 1524 einstürzte. Der zweite Bilderzyklus in Saal XXI, *Szenen aus der Legende der heiligen Ursula* (1495–1500) von Carpaccio, stellt ein brillantes Kaleidoskop des venezianischen Lebens im 15. Jahrhundert dar.

Sala dell'Albergo

Als man die Kunstakademie zu Beginn des 19. Jahrhunderts in die Scuola della Carità verlegte, erhielt der *albergo* (der ehemalige Wohnraum der Studenten) wieder seine ursprüngliche Ausgestaltung. Auch das riesige Bild *Mariä Tempelgang* (1538), eines der wenigen Tizians in der Galerie, wurde einst für diesen Raum gemalt. Weiter befindet sich hier ein grandioses Triptychon (1446) von Antonio Vivarini und Giovanni d'Alemagna.

Detail aus Tizians *Mariä Tempelgang*

Collezione Cini ⓰

Palazzo Cini, San Vio 864. **Stadtplan** 6 E4. *041 521 07 55.* *Accademia.* *Di–So 10–13, 14–19 Uhr.* *Aug, Dez–März.*

DER PALAZZO CINI gehörte ursprünglich dem Grafen Vittorio Cini (1884–1977), einem Kunstsammler und -mäzen. Zwischen 1951 und 1956 ließ er die Kirche San Giorgio Maggiore *(siehe S. 95)* restaurieren, gleichzeitig gründete er zum Andenken an seinen Sohn, der 1949 bei einem Flugzeugunglück ums Leben gekommen war, die Cini-Stiftung.

Die Sammlung umfasst Porzellan, Elfenbeinarbeiten, Handschriften, Miniaturen und Mobiliar; herausragend jedoch sind die toskanischen Renaissancebilder, darunter Werke von Botticelli, Piero di Cosimo, Piero della Francesca, Filippo Lippi und Pontormo.

Seit 1984 ist die Collezione Cini der Öffentlichkeit zugänglich, in den Wintermonaten bleibt sie allerdings geschlossen.

***Madonna mit Kind* (um 1437) von Filippo Lippi, Collezione Cini**

Collezione Peggy Guggenheim ⓱

Palazzo Venier dei Leoni, Dorsoduro 701. **Stadtplan** 6 F4. *041 240 54 01.* *Accademia.* *Mi–Mo 10–18 Uhr.* *25. Dez.* www.guggenheim-venice.it

URSPRÜNGLICH ALS viergeschossiger Palast geplant, wuchs der Palazzo Venier dei Leoni doch nie über das Erdgeschoss hinaus – daher auch sein Spitzname *Il palazzo nonfinito* (der unvollendete Palast). Den Palast kaufte 1949 die amerikanische Millionärin Peggy Guggenheim (1898–1979), eine Kunstmäzenin, -sammlerin und -händlerin, die die Karriere vieler abstrakter und surrealistischer Maler förderte, darunter auch die ihres zweiten Ehemanns Max Ernst.

Die Sammlung besteht aus 200 Gemälden und Skulpturen, die einen Überblick über nahezu die gesamte moderne Kunst bieten. Im Speisesaal hängt Picassos bemerkenswertes kubistisches Bild *Der Dichter*. Ein weiterer Raum ist ausschließlich Jackson Pollock gewidmet, der von Peggy Guggenheim entdeckt wurde. Weiter findet man Werke von Miró, de Chirico, Magritte, Kandinsky, Mondrian und Malewitsch.

***Interno Olandese II* (um 1928) von Joan Miró**

Im Haus und im Garten stehen Skulpturen, eine der schönsten darunter ist Constantin Brancusis *Maiastra* (um 1912), die provokantest sicherlich Marino Marinis *Angelo della Città* (1948): ein Reiter, hoch aufgerichtet in seiner Männlichkeit, auf einem Pferd sitzend. Peinlich berührte Betrachter wenden hier ihren Blick hinüber zum Canal Grande.

Das Guggenheim-Museum ist eine der meistbesuchten Sehenswürdigkeiten Venedigs. Die hellen Räume und die großen, modernen Gemälde bilden einen starken Kontrast zu den vielen Renaissancebildern, die ansonsten nahezu überall, in allen Kirchen und Museen, Besucher anziehen.

***Maiastra* von Constantin Brancusi**

Es gibt Pläne, das Museum um ein schönes Haus bei Punta della Dogana zu erweitern. Sollte dieser Plan Realität werden, wird man bald viele der Kunstwerke, die heute noch in den Magazinen lagern, bewundern können.

Die Fassade des Palazzo Venier dei Leoni, Sitz der Peggy-Guggenheim-Sammlung für moderne Kunst

Campiello Barbaro ⓲

Stadtplan 6 F4. 🚤 *Salute.*

Der Campiello Barbaro, ein angenehmer kleiner Platz, liegt im Schatten mehrerer Bäume und wird an einer Seite von den Mauern der Ca' Dario gesäumt. Die Geschichten von Mord, Bankrott und Selbstmord, die den Eigentümern dieses Hauses anhaften, muten wie ein Krimi an und sind kaum vorstellbar. 1992 erschoss sich hier Raul Gardini, ein bekannter italienischer Industrieller.

Die unheilvolle Ca' Dario, die an den Campiello Barbaro grenzt

Santa Maria della Salute ⓳

Campo della Salute. **Stadtplan** 7 A4. *041 523 79 51.* 🚤 *Salute.* *9–12, 15–17.30 Uhr.* *Sakristei.*

Die grossartige Barockkirche Santa Maria della Salute (»La Salute«) an der Mündung des Canal Grande ist eine der beeindruckendsten architektonischen Sehenswürdigkeiten Venedigs. Die Kirche wurde zum Dank für die Erlösung der Stadt von der Pest im Jahr 1630 erbaut – daher der Name, der Heilung und Errettung bedeutet.

Jedes Jahr im November kommen zahlreiche Pilger zur Feier dieses Ereignisses *(siehe S. 35)* über eine »Brücke« hierher, die von Booten über die gesamte Mündung des Canal Grande gebildet wird.

Baldassare Longhena begann 1630, im Alter von 32 Jahren, mit dem Bau der Kirche. Erst 1687, fünf Jahre nach dem Tod Longhenas, wurde sie vollendet.

Das Kircheninnere ist vergleichsweise nüchtern. Ein großer achteckiger Raum ist von einer Kuppel überwölbt und von sechs radial angelegten Seitenkapellen umgeben. Die große Kuppelkanzel und der Hochaltar beherrschen den Blick von der Eingangstür aus.

Die Barockkirche Santa Maria della Salute, von der anderen Seite des Canal Grande aus gesehen

Die Skulpturengruppe am Altar von Giusto Le Corte zeigt die Jungfrau mit dem Kind bei der Errettung Venedigs vor der Pest.

Die herausragendsten Gemälde der Kirche befinden sich in der Sakristei links vom Altar: Hier sind Tizians frühes Altarbild *Der heilige Markus mit den Heiligen Cosmos, Damian, Rochus und Sebastian* (1511/12) sowie seine Deckengemälde *Kain und Abel, Das Opfer Abrahams* und *David und Goliath* (1540–49) zu sehen.

Das Innere der Salute-Kirche mit achteckigem Grundriss

Die Deckengemälde hinter dem Altar sind Besuchern nicht zugänglich. Ein anderes Bild fällt jedoch ins Auge: *Die Hochzeit zu Kanaa* (1551) an der Wand gegenüber dem Eingang ist eines der bedeutendsten Werke von Tintoretto.

Dogana di Mare ⓴

Stadtplan 7 A4. 🚤 *Salute.*

Die Dorsoduro im Osten vorgelagerte Hügelkette bietet ein Panorama, das die Riva degli Schiavoni, die Insel San Giorgio Maggiore und den östlichen Teil der Giudecca umfasst. Die *dogana di mare,* das Hauptzollamt, war erstmals im 15. Jahrhundert errichtet worden, um die in Venedig einlaufenden Schiffe zollamtlich zu überprüfen. Das heutige Zollhaus wurde im 17. Jahrhundert anstelle eines Turms gebaut, von dem aus man ursprünglich die Einfahrt in den Canal Grande überwachte. Der Eckturm des Gebäudes wird von zwei bronzenen Atlanten und einem goldenen Globus, mit einer Statue der Fortuna als Wetterfahne, geziert.

Sehenswürdigkeiten auf einen Blick

Kirchen
Gesuiti ❼
Madonna dell'Orto ❶
San Giobbe ⓮
San Giovanni Crisostomo ❾
San Marziale ❹
Santa Maria dei Miracoli ❽
Santi Apostoli ❿
Scalzi ⓭

Straßen und Plätze
Campo dei Mori ❷
Fondamenta della Sensa ❸
Fondamente Nuove ❺

Historische Gebäude
Oratorio dei Crociferi ❻
Palazzo Labia ⓬

Kunstsammlung
Ca' d'Oro S. 144 ⓫

Historisches Viertel
Ghetto ⓯

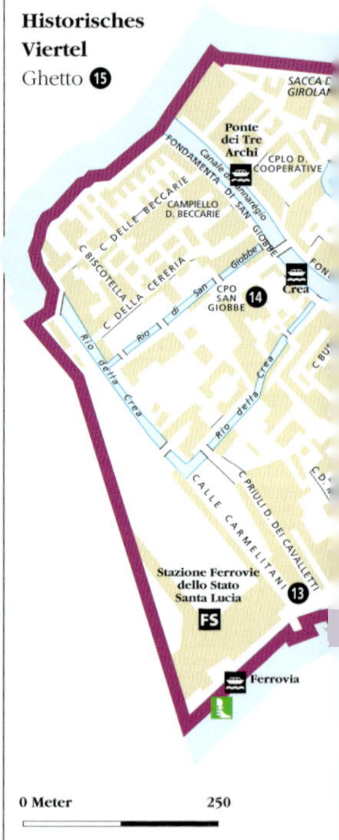

0 Meter 250

◁ **Fassade des Tintoretto-Hauses an der Fondamenta dei Mori**

Cannaregio

Cannaregio, der nördlichste *sestiere* der Stadt, erstreckt sich in weitem Bogen von dem im 20. Jahrhundert errichteten Bahnhof im Westen bis zu einer der ältesten Ecken Venedigs im Osten. Die nördlichen Kais blicken auf die Inseln der Lagune, im Süden wird der *sestiere* vom Canal Grande begrenzt. Der Name des Viertels leitet sich entweder von dem italienischen Wort für Riedgras *(canne)* her, das hier vor Jahrhunderten weite Flächen bedeckte, möglicherweise aber auch von Canal Regio – »Königlicher Kanal« –, wie der Canale di Cannaregio früher hieß. Vor Fertigstellung der lange ersehnten Eisenbahnverbindung mit dem Festland bildete diese Wasserstraße den wichtigsten Zugang zur Stadt.

Hanukah-Leuchter im Ghetto

In Cannaregio wohnt mehr als ein Drittel der Bevölkerung Venedigs. Charakteristisch sind kleine Läden sowie schlichte Bars und Handwerksbetriebe. Eine der hübschesten Ecken liegt ganz im Norden, nicht weit von der Kirche Madonna dell'Orto und rund um den Campo dei Mori. Der Fremdenverkehr konzentriert sich vor allem auf zwei Hauptstraßen, die Lista di Spagna und die breite Strada Nova, beide zwischen Bahnhof und Rialto gelegen. Gleich daneben erstreckt sich das Ghetto – das älteste der Welt. Es ist der historisch interessanteste Teil von Cannaregio.

Im Detail: Cannaregio

Kanalmarkierung in der Lagune

Überraschend wenige Besucher kommen in den nördlichen Teil von Cannaregio, in dem noch Wäscheleinen über die Kanäle gespannt sind und malerische Fassaden langsam verfallender Häuser die Straßen säumen. In den kleinen Lebensmittelläden und Bars entlang der breiten *fondamente* treffen sich alteingesessene Venezianer. Kultureller und kunsthistorischer Mittelpunkt des Viertels ist die wunderschöne gotische Kirche Madonna dell'Orto, die Pfarrkirche Tintorettos.

★ Madonna dell'Orto
Hinter der reich geschmückten Fassade einer der schönsten gotischen Kirchen Venedigs gibt es viele Werke von Tintoretto zu bewundern. ❶

Fondamenta della Sensa
Diese ruhige Straße mit ihren langsam abbröckelnden Fassaden liegt abseits der üblichen Touristenrouten. ❸

Tintoretto lebte mit seiner Familie von 1574 bis zu seinem Tod im Jahr 1594 in diesem Haus (Fondamenta dei Mori 3399).

★ Campo dei Mori
Dieser Platz ist nach den Skulpturen dreier »Mohren« (mori) benannt, die angrenzende Häuserwände schmücken. ❷

Legende

– – – Routenempfehlung

Nicht versäumen

★ Madonna dell'Orto

★ Campo dei Mori

San Marziale
Herrliche Deckengemälde (1700–25) von Sebastiano Ricci und ein bizarr überladener Barockaltar zieren diese Barockkirche. ❹

Die Fondamenta Gasparo Contarini ist nach dem Kardinal, Diplomaten und Gelehrten benannt, der im 16. Jahrhundert im Palazzo Contarini dal Zaffo *(siehe S. 68)* lebte.

Zur Orientierung
Siehe Stadtplan, Karten 2, 3

Venezianischen Ruderern kann man beim Üben ihrer Rudertechnik auf den ruhigen Wasserstraßen von Cannaregio zusehen.

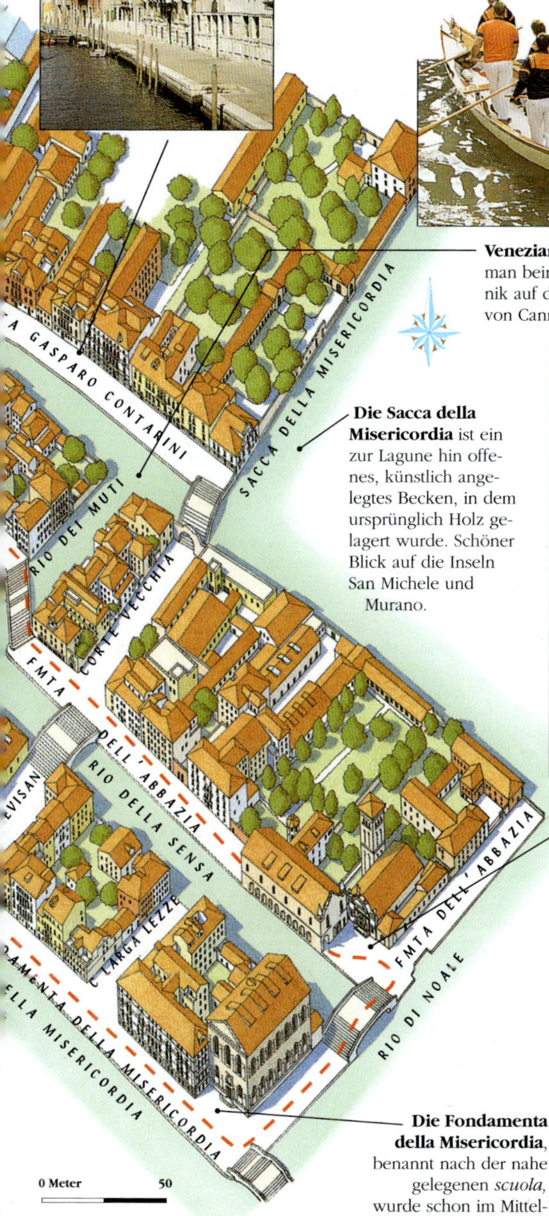

Die Sacca della Misericordia ist ein zur Lagune hin offenes, künstlich angelegtes Becken, in dem ursprünglich Holz gelagert wurde. Schöner Blick auf die Inseln San Michele und Murano.

Der Campo dell'Abbazia, ein ruhiger, offener Platz mit dekorativen Fischgratfliesen, wird von der Scuola Vecchia della Misericordia und einer ehemaligen Kirche dominiert.

Die Fondamenta della Misericordia, benannt nach der nahe gelegenen *scuola*, wurde schon im Mittelalter so gestaltet.

Der Turm der Kirche Madonna dell'Orto mit seiner zwiebelförmigen Kuppel

Madonna dell'Orto ❶

Campo Madonna dell'Orto. **Stadtplan** 2 F2. *041 275 04 62. Madonna dell'Orto. Mo–Sa 10–17.30 Uhr, So 13–17 Uhr.*

DIESE BEZAUBERNDE gotische Kirche wurde nach der Überschwemmungskatastrophe von 1966 *(siehe S. 50)* beispielhaft restauriert. Das erste Gotteshaus aus der Mitte des 14. Jahrhunderts war dem heiligen Christophorus geweiht: Der Schutzheilige der Reisenden sollte den Bootsführern beistehen, die Passagiere zu den Inseln in der nördlichen Lagune übersetzten.

Als Anfang des 15. Jahrhunderts in einem nahe gelegenen Gemüsegarten *(orto)* eine angeblich wundertätige Marienstatue entdeckt wurde, baute man die Kirche um und weihte sie dieser Muttergottes. Bis heute jedoch ziert eine Statue des Christophorus den Bogen über dem Portal.

Der Innenraum des Backsteinbaus wirkt licht. Bedeutendster Schatz sind die Werke Tintorettos, der in dieser Pfarrei lebte und seine Werkstatt hatte. In einer Kapelle rechts vom Altarraum befindet sich sein Grabmal. Die beiden berühmtesten Gemälde (vermutlich 1562–64) sind im Chor zu bewundern: rechts *Das Jüngste Gericht* und links *Die Anbetung des Goldenen Kalbs*. Die vierte Figur von links, die das Kalb trägt, soll ein Selbstporträt des Meisters sein.

In der Cappella San Mauro steht die restaurierte Madonnenstatue, deren Auffindung seinerzeit Umbenennung und Umbau der Kirche bedingte. Rechts vom Eingang sehen Sie Cima da Coneglianos prachtvolles Gemälde *Johannes der Täufer mit den Heiligen Petrus, Markus, Hieronymus und Paulus* (um 1493). An den leeren Platz gegenüber gehört Giovanni Bellinis *Muttergottes* (um 1478), die 1993 bereits zum dritten Mal gestohlen wurde. Man hofft auch diesmal auf eine wundersame Wiederbeschaffung.

TINTORETTO (1518–1594)

Jacopo Robusti, der – weil sein Vater Färber war – Tintoretto genannt wurde, verbrachte sein ganzes Leben in Cannaregio. Nur ein einziges Mal verließ er Venedig.

Lebhafte Lichtführung, beeindruckende Farbkompositionen und ungewöhnliche Raumkonstruktionen kennzeichnen den ebenso eigenwilligen wie theatralischen Stil des christlichen Meisters. Er war ausgesprochen produktiv, viele seiner Arbeiten sind noch heute an den Orten zu bewundern, für die sie geschaffen wurden. Die Kirche Madonna dell'Orto, die Accademia *(siehe S. 130–133)* und der Dogenpalast *(siehe S. 84–89)* besitzen herrliche Werke Tintorettos. Als Krönung seines Schaffens freilich gilt der gewaltige Bilderzyklus, den er für die Scuola Grande di San Rocco *(siehe S. 106f)* anfertigte.

Campo dei Mori ❷

Stadtplan 2 F3. *Madonna dell'Orto.*

DER ÜBERLIEFERUNG zufolge stellen die *mori* die drei Brüder Mastelli dar, Seidenhändler vom Peloponnes (Morea), die 1112 in Venedig Zuflucht suchten und hier den Palazzo Mastelli errichteten, der von der Fondamenta Gasparo Contarini sichtbar ist. Die verwitterten Statuen sind an der Ostseite des *campo* zu sehen.

Die Eckfigur zeigt das venezianische Pendant zum römischen Pasquino, den »Signor Antonio Rioba«, an dessen rostiger Eisennase (im 19. Jahrhundert hinzugefügt) spottlustige Venezianer anonyme Kritiken und Satiren gegen die Obrigkeit anbrachten. Ein vierter orientalischer Kaufmann mit großem Turban blickt von der Fassade von Tintorettos Haus *(siehe S.138)* auf den Rio della Sensa.

Eine der steinernen Statuen am Campo dei Mori

Die ruhige Atmosphäre an der Fondamenta della Sensa

Fondamenta della Sensa ❸

Stadtplan 2 E2. *Madonna dell'Orto.*

Als im Mittelalter das Sumpfland von Cannaregio trockengelegt wurde, schuf man drei lange, parallel verlaufende Kanäle. Der mittlere der drei, der Rio della Sensa, erstreckt sich von der Sacca di Sant'Alvise im Westen bis zum Canale della Misericordia im Osten. Die Fondamenta selbst führt durch einen ruhigen Teil von Cannaregio. Mit ihren kleinen Läden, schlichten Bars und *trattorie* scheint sie Welten von San Marco entfernt.

Dieser Bezirk gehört zu den ärmeren Teilen Venedigs, obwohl man auch immer wieder wunderschöne (aber heruntergekommene) Palazzi findet, die einst wohlhabenden Venezianern gehörten. Der Abt Onorio Arrigoni lebte in Haus Nr. 3336, in dem sich seine Antiquitätensammlung befindet. In dem aus der Renaissance stammenden Palazzo Michiel (Nr. 3218) ist heute das Französische Konsulat untergebracht.

San Marziale ❹

Campo San Marziale. **Stadtplan** 2 F3. *041 71 99 33.* *San Marcuola.* *Mo–Sa 16–18.30 Uhr.*

Auf den Grundmauern eines mittelalterlichen Gotteshauses wurde San Marziale von 1693 bis 1721 als Barockkirche wieder aufgebaut. Die meisten Besucher kommen der Deckenfresken wegen, die Sebastiano Ricci im dekorativen Stil des Rokoko zwischen 1700 und 1705 ausführte. Die auffälligen Fresken des damals noch jungen Künstlers verbinden bereits die venezianische Tradition mit der schwungvollen Eleganz des Rokoko. Leider dämpft eine dicke Rußschicht die Leuchtkraft der Farben. Das zentrale Gemälde zeigt den heiligen Martial, die Seitenbilder die Jungfrau Maria.

Fondamente Nuove ❺

Stadtplan 3 B3. *Fondamente Nuove.*

Die Fondamente Nuove (neuen Kais) sind über 400 Jahre alt. Diese Straßen verlaufen zwischen der Sacca della Misericordia und dem Rio di Santa Giustina in Castello auf rund einem Kilometer Länge an der nördlichen Lagune entlang.

Der Altar von San Marziale zeigt die Muttergottes mit Kind

Vor dem Bau der Kais (um 1580) lag hier ein bevorzugtes Wohnviertel, dessen saubere Luft ebenso gerühmt wurde wie die sanft zur Lagune hin abfallenden Gärten der großartigen Villen. Einer der Anwohner war Tizian, der von 1531 bis zu seinem Tod 1576 in einem inzwischen abgerissenen Haus in der Calle Larga dei Botteri lebte (Nr. 5182/83; eine Tafel markiert die Stelle).

Heute ist dieser Teil von Cannaregio an sich wenig attraktiv, bietet jedoch eine großartige Aussicht über die nördliche Lagune; an klaren Tagen reicht der Blick sogar bis zu den Dolomiten. Besonders schön sieht man von hier aus San Michele in Isola *(siehe S. 151)*, deren dunkle Zypressen die hellen Friedhofsmauern überragen.

Oratorio dei Crociferi ❻

Campo dei Gesuiti, 4905 Cannaregio. **Stadtplan** 3 B3. *041 270 24 64.* *Fondamente Nuove.* *Apr–Okt: Sa, So 10–13 Uhr.*

Das im 13. Jahrhundert als Hospital für Kreuzfahrer gegründete Oratorium wurde im 15. Jahrhundert im Auftrag des Kreuzträgerordens in ein Heim für bedürftige alte Menschen umgewandelt. Zwischen 1583 und 1591 schmückte Palma il Giovane im Auftrag des Ordens die Kapelle mit einem eindrucksvollen Gemäldezyklus, der die wichtigsten Stationen in der Ordensgeschichte zeigt. Während der Überschwemmung von 1966 *(siehe S. 50)* wurden die Gemälde schwer beschädigt, konnten jedoch dank ausländischer Gelder restauriert werden, sodass die Kapelle seit 1984 wieder zur Besichtigung offensteht.

Die Inschriften an den Wänden einiger Häuser bezeichnen Handwerkszünfte, z. B. Seidenweber oder Schneider, deren Werkstätten einst in diesen Gebäuden waren.

Die verschwenderisch-üppigen Deckenfresken der Gesuiti-Kirche

Gesuiti ❼

Campo dei Gesuiti. **Stadtplan** 3 B4.
041 528 65 79.
Fondamente Nuove.
tägl. 10–12, 16–18 Uhr.

WEGEN IHRER NÄHE zum Papsttum wurden die Jesuiten in Venedig stets misstrauisch beäugt. 50 Jahre lang blieb ihnen der Zugang zur Stadt versagt. 1714 erhielten sie dann jedoch die Genehmigung, im Norden der Stadt, an der Stelle eines Gotteshauses des Kreuzträgerordens, diese Kirche zu errichten. Obwohl sie als Santa Maria Assunta geweiht wurde, heißt sie im Volksmund von jeher Gesuiti-Kirche, was oft zu Verwechslungen mit der Gesuati-Kirche in Dorsoduro *(siehe S. 129)* führt.

Domenico Rossis pompöse Barockfassade ist nur ein bescheidenes Vorspiel zu der Pracht, die sich dahinter verbirgt. Die Fülle von grünem und weißem Marmor, der zu Stoffmassen »drapiert« ist, vermittelt den Eindruck, die ganze Kirche sei mit Damast verhängt.

Tizians *Martyrium des heiligen Laurentius* (um 1555) über dem ersten Seitenaltar links wurde als erste gelungene Nachtszene in der Geschichte der Malerei gerühmt.

Santa Maria dei Miracoli ❽

Campo dei Miracoli. **Stadtplan** 3 B5.
041 275 04 62. Fondamente Nuove oder Rialto. Mo–Sa 10–17 Uhr, So 13–17 Uhr.

ALS ECHTES MEISTERWERK der Renaissance ist die Miracoli die Lieblingskirche vieler Venezianer und bei Hochzeitspaaren sehr begehrt. Sie liegt versteckt in einem Labyrinth von kleinen Gassen und Wasserwegen im östlichen Teil von Cannaregio, aber es lohnt sich, sie zu suchen.

Die Fassade des exquisiten Baus, der häufig mit einem Schmuckkästchen verglichen wurde, ist mit verschiedenfarbigem Marmor vertäfelt sowie mit Basreliefs und Skulpturenschmuck verziert. Die Kirche wurde 1481–89 von Pietro Lombardo unter Mitarbeit seiner Söhne als Schrein für ein Marienbild (1408) errichtet, das man damals als wundertätig verehrte. Es stammt von Nicolò di Pietro und kann heute noch über dem Altar bewundert werden.

Der Sockel des Chorpfeilers in Santa Maria dei Miracoli

Das Kircheninnere, das am schönsten zur Geltung kommt, wenn strahlendes Sonnenlicht durch die Fenster fällt, besticht durch seine in Grau- und Rosatönen gehaltene Marmorverkleidung. Die hohe Decke (1528) der tonnengewölbten Saalkirche ist mit 50 gemalten Prophetenbüsten geschmückt.

Die Heiligen Franziskus und Clara sowie eine Verkündigungsgruppe an der Balustrade zwischen Langhaus und Chor werden Tullio Lombardo zugeschrieben. Ebenfalls aus der Lombardo-Werkstatt stammen die Tondobüsten der Evangelisten in den Kuppelspandrillen und die Marmorinkrustation rund um den Hochaltar.

Die Chorgalerie über dem Hauptportal war den Nonnen des benachbarten Klosters vorbehalten.

SANTA MARIA DEI MIRACOLI

Die in zwei gleich hohe Etagen unterteilte Fassade ist mit verschiedenfarbigen Marmortafeln verkleidet.

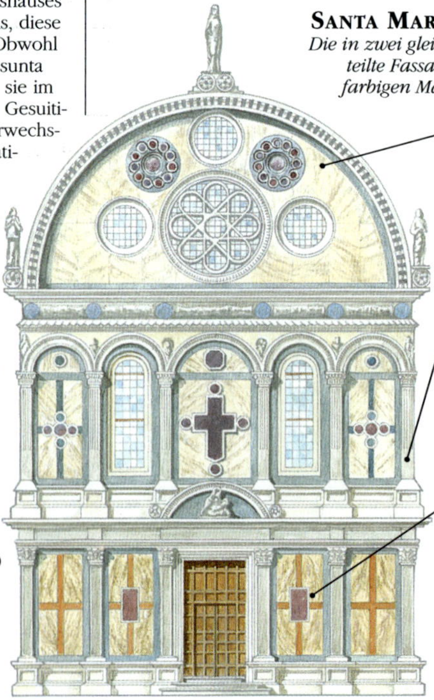

Die halbkreisförmige Lünette verstärkt den Eindruck eines überdimensionalen Schmuckkästchens.

Die Loggia mit rundbogigen und mit Fenstern versehenen Feldern besteht angeblich aus Marmor, der beim Bau von San Marco übrig blieb.

Das Marmorpaneel wurde mit Eisenhaken an den Wänden befestigt. Diese Methode, die verhindert, dass sich hinter den Tafeln Feuchtigkeit ansammelt, wurde in der Renaissance erfunden.

San Giovanni Crisostomo, Mauro Coduccis letztes Bauwerk

San Giovanni Crisostomo ❾

Campo San Giovanni Crisostomo. **Stadtplan** 3 B5. *041 522 71 55.* *Rialto.* *Mo–Sa 8.30–12.15, 15–19 Uhr, So, Feiertage 10–12.30, 15–19 Uhr.*

Die hübsche Kirche liegt in einer belebten Gegend in der Nähe des Rialto. Sie wurde 1479–1504 errichtet und ist das letzte Werk Mauro Coduccis.

Der Innenraum mit dem Grundriss eines griechischen Kreuzes wirkt düster, doch kommt Giovanni Bellinis *Heiliger Hieronymus mit den Heiligen Christophorus und Augustinus* (1513) über dem ersten rechten Seitenaltar gut zur Geltung. Das Bild, das als sein letztes gilt, scheint deutlich von Giorgione angeregt. Sebastiano del Piombos *Heiliger Johannes Chrysostomos mit sechs Heiligen* (1509–11) über dem Hochaltar zeigt ebenfalls den Einfluss Giorgiones. Möglicherweise stammt die Figur Johannes' des Täufers sogar von dessen Hand.

Santi Apostoli ❿

Campo Santi Apostoli. **Stadtplan** 3 B5. *041 523 82 97.* *Ca' d'Oro.* *tägl. 7.30–11.30, 17–19 Uhr.*

Der Campo Santi Apostoli ist eine belebte Kreuzung – hier zweigen die Straßen zum Bahnhof und zum Rialto ab. Die Kirche ist wenig interessant und weist nur Teile der ursprünglichen Bausubstanz (16. Jh.) auf. Eine Ausnahme bildet die Mauro Coducci zugeschriebene Cappella Corner, die im späten 15. Jahrhundert im Stil der Renaissance ausgestattet wurde. Rechts vom Hauptschiff hütet die Kapelle Tiepolos *Kommunion der heiligen Lucia* (1748), das Grabmal von Marco Corner (1511; vermutlich von Tullio Lombardo); eine Inschrift erinnert an Corners Tochter, die Königin von Zypern, die hier beigesetzt war, bevor ihr Leichnam nach San Salvatore *(siehe S. 94)* überführt wurde.

Marco Polo (ca. 1254–1324)

Marco Polo, der um 1254 in Cannaregio geboren wurde, verließ Venedig im Alter von 18 Jahren, um seinen Vater auf eine vierjährige Handelsreise zum Hof des Mongolenherrschers Kublai Khan zu begleiten. Er blieb 20 Jahre im Osten, wo er als Diplomat im Auftrag des Großkhans umherreiste. Als er 1295 nach Venedig zurückkehrte, brachte er vom Hof Kublai Khans Edelsteine von unermesslichem Wert und einen Schatz von Erzählungen mit.

1298 diktierte er in Genueser Kriegsgefangenschaft einem Mithäftling seinen Reisebericht, der als *Le Livre des merveilles* erschien. Obwohl viele Italiener seine Erzählungen nicht glaubten, wurde das Buch ein Bestseller. Marco Polo erhielt den Spitznamen Marco Il Milione (der mit der Million Lügen), von dem sich die Bezeichnungen der Höfe ableiten, an denen die Familie Polo lebte: Corte Prima del Milion und Corte Seconda del Milion.

Marco Polo bricht zu großer Fahrt auf (Handschrift, um 1338)

Grab des Dogen Marco Corner in Santi Apostoli (Cappella Corner)

Ca' d'Oro ⓫

Siehe S. 144.

Palazzo Labia ⓬

Fondamenta Labia (Eingang am Campo San Geremia). **Stadtplan** 2 D4. *041 78 11 11.* *Ponte Guglie.* *nur nach tel. Vereinbarung, Mi–Fr 15–16 Uhr.* *Feiertage.*

Die Labias waren eine reiche Kaufmannsfamilie aus Katalonien, die sich 1646 in den venezianischen Patrizierstand einkaufte. Ende des Jahrhunderts ließen sie sich am Canale di Cannaregio, nicht weit vom Canal Grande, diesen Palast errichten. Giambattista Tiepolo schmückte 1745–50 den Ballsaal mit Fresken aus. Sie zeigen Szenen aus dem Leben der Kleopatra, die in Venedig spielen; die ägyptische Königin trägt Gewänder eines Edelfräuleins des 16. Jahrhunderts.

Da der Palazzo häufig den Besitzer wechselte (er beherbergte eine kirchliche Stiftung, eine Schule und ein sehr einfaches Gästehaus), verlor er mit der Zeit viel von seiner Grandeur. Von 1964 bis 1992 gehörte er der italienischen Rundfunkanstalt RAI, die ihn restaurieren ließ.

Die Fresken können Sie nach telefonischer Anmeldung kostenlos besichtigen.

Ca' d'Oro ⓫

Als bekanntestes Bauwerk der venezianischen Gotik ist die Ca' d'Oro eine der meistbesuchten Sehenswürdigkeiten am Canal Grande. Die früher üppig vergoldete Marmorfassade (daher der Name »goldenes Haus«) mit herrlichem Maßwerkgitter, Säulenbalustraden der Balkone, Gesims und Fialen trägt deutlich orientalische Züge. Doch der einst grandios verzierte Palazzo hat viel erlebt, im Inneren erinnert heute kaum etwas an die frühere Pracht. Seit 1984 beherbergt die Ca' d'Oro die Sammlung Franchetti.

Geschichte

Im Jahr 1420 beauftragte der Patrizier Marino Contarini Handwerker und Künstler Venedigs und der Lombardei mit dem Bau eines Palasts, der der prächtigste der ganzen Stadt werden sollte. Die Fassade ließ der Bauherr mit Blattgold, Ultramarinblau und Zinnoberrot verzieren.

Noch im 16. Jahrhundert mehrfach renoviert, war das Haus im 18. Jahrhundert sehr heruntergekommen. 1846 schenkte der russische Prinz Trubetzkoi den Palast der Tänzerin Marie Taglioni, deren Umbaumaßnahmen die Außentreppe im Innenhof und das Portal des Straßenzugangs zum Opfer fielen. Darüber hinaus verkaufte sie den Brunnen von Bartolomeo Bon (1427/28).

Tullio Lombardos *Doppelporträt*

Dass die Ca' d'Oro heute wieder in alter Schönheit erstrahlt, ist Baron Franchetti zu verdanken, der den Palast 1895 erwarb, um ihn in seinen Urzustand zurückzuversetzen. 1915 vermachte er den Besitz der Stadt. Seit den 1970er Jahren wurden umfangreiche Renovierungsarbeiten unternommen, das Gebäude erstrahlt nun wieder in seinem ursprünglichen, exotischen Glanz. Den hübschen Hof schmückt inzwischen auch wieder Bons herrlicher Brunnen.

***Verkündigung* (1504) von Vittore Carpaccio und Schülern**

Erste Etage

Den Mittelpunkt der Gemäldesammlung bildet Andrea Mantegnas *Heiliger Sebastian* (1506), das letzte Werk des Künstlers und Franchettis Lieblingsbild. Im *portego*, der auf den Canal Grande blickt, sind Skulpturen ausgestellt. Zu den schönsten Stücken hier zählen Bronzereliefs des Paduaners Il Riccio (1470–1532), Tullio Lombardos *Doppelporträt* (um 1493) und Sansovinos Lünettenrelief *Maria mit dem Christuskind* (um 1530). Die Säle rechts vom *portego* enthalten Renaissancebronzen und -gemälde, darunter *Verkündigung* und *Marientod* (beide um 1504) aus der Werkstatt Carpaccios. Im Raum links vom *portego* sind nichtvenezianische Kunstwerke zu sehen; Beachtung verdient Luca Signorellis *Geißelung* (um 1480).

Zweite Etage

Der zweite Stock beherbergt venezianische Gemälde. Glanzstücke sind eine *Venus* von Tizian, zwei Venediganansichten von Guardi sowie Freskenfragmente von Tizian. Hier sind auch Wandteppiche und Keramiken untergebracht.

Infobox

Canal Grande *(Calle Ca' d'Oro).*
Stadtplan 3 A4. *041 522 23 49.*
Ca' d'Oro. *8.15–19.15 Uhr (Mo bis 14 Uhr).* *1. Jan, 1. Mai, 25. Dez.*

Scalzi ⓭

Fondamenta Scalzi. **Stadtplan** 1 C4.
041 71 51 15. Ferrovia.
tägl. 7–12, 16–17 Uhr.

NEBEN DEM modernen Bahnhof *(siehe S. 58)* steht die Kirche Santa Maria di Nazareth, allgemein Scalzi genannt, nach den *scalzi*, den »barfüßigen« Karmelitermönchen, die in den 1670er Jahren nach Venedig kamen und hier ihre Kirche errichteten.

Den riesigen barocken Innenraum stattete Baldassare Longhena überreich mit Marmor, vergoldeten Schnitzarbeiten und Skulpturen aus. Das Deckenfresko von Ettore Tito ersetzt seit 1934 Tiepolos Fresko *Die Überbringung der Santa Casa aus dem Heiligen Land nach Loreto* (1743–45), das am 24. Oktober 1915 bei einem Bombenangriff völlig zerstört wurde.

San Giobbe ⓮

Campo San Giobbe. **Stadtplan** 1 C3.
041 524 18 89. Ponte dei 3 Archi. Mo–Fr 10–12, 15.30–18 Uhr, Sa, So 15.30–18 Uhr.

AN EINEM ENTLEGENEN *campo* steht diese Franziskanerkirche. Der frühgotische Bau wurde im 15. Jahrhundert vergrößert und umgestaltet. Von Lombardo stammen Renaissance-Elemente wie die Heiligenfiguren über dem Portal. Die Cappella dei Martini, die zweite Seitenkapelle links, ist mit Terrakottamosaiken im Stil der Werkstatt Della Robbias geschmückt. Die Altarbilder Bellinis und Vittore Carpaccios wurden während der napoléonischen Besatzung entfernt und sind in der Accademia *(siehe S. 130–133)* zu bewundern.

Heiligenfigur am Portal von San Giobbe

Ghetto ⓯

Stadtplan 2 E3. *Ponte Guglie.*
Museo Ebraico Campo di Ghetto Nuovo. *041 71 53 59. Ponte Guglie. So–Fr 10–19 Uhr (Okt–Mai: 10–18 Uhr). jüdische Feiertage; 1. Jan, 1. Mai, 25. Dez.*
www.museoebraico.it

Die schmiedeeiserne Brücke am nördlichen Ende des Ghettos

IM JAHR 1516 verabschiedete der Rat der Zehn *(siehe S. 42)* ein Gesetz, das alle Juden auf eine Insel nördlich des Canale di Cannaregio verbannte. Breite Wasserstraßen trennten diesen Stadtteil vom restlichen Venedig, an den beiden Übergängen waren christliche Wachen postiert. Benannt hat man das Judenviertel nach einer Gießerei (venezianisch *geto*), die sich früher auf der Insel befunden hatte. Später wurde die zunächst wertfreie Bezeichnung Ghetto für jüdische Enklaven in aller Welt übernommen.

Tagsüber durften die Juden das Ghetto verlassen, mussten aber Kennzeichen tragen, an denen sie zu erkennen waren. Auch sonst litten sie unter Reglementierungen und durften nur als Textilkaufmann, Arzt oder Geldverleiher arbeiten.

Campo di Ghetto Nuovo, heute der älteste Teil des Ghettos

Steigende Bevölkerungszahlen führten zu einer Erweiterung des Ghettos. Man wich zunächst in die Vertikale aus (die »Hochhäuser« Venedigs), 1633 entstand neben dem Ghetto Vecchio (1541) das Ghetto Nuovo. Mitte des 17. Jahrhunderts zählte die jüdische Gemeinde mehr als 5000 Menschen. 1797 ließ Napoléon die Tore des Ghettos abreißen, doch schon unter den Österreichern wurden die Juden erneut diskriminiert. Erst 1866 erhielten sie Bürgerrechte.

Blumen am Denkmal für die Holocaust-Opfer

Nur 33 der rund 500 venezianischen Juden leben heute noch im Ghetto. Dennoch hat das Viertel seinen Charme bewahrt: Es gibt jüdische Lebensmittelläden, einen Bäcker, eine Bücherei und zwei Synagogen. Einige Läden am renovierten Campo di Ghetto Nuovo verkaufen siebenarmige Leuchter und Ähnliches.

Museo Ebraico

Das Museum beherbergt eine Sammlung von Artefakten aus dem 17. bis 19. Jahrhundert. Täglich außer Samstag beginnen hier stündlich zwischen 10.30 und 17.30 Uhr (Okt–Mai bis 16.30 Uhr) Führungen zu den Synagogen, die einen faszinierenden Einblick in die Geschichte des ältesten Ghettos der Welt geben. Führungen zum alten jüdischen Friedhof: So 14.30 Uhr.

Die Inseln der Lagune

Sagenumwoben und reich an Mythen, war die Lagune einst das Revier von Fischern und Jägern. Im 5. und 6. Jahrhundert trieben die Barbareneinfälle die Festlandbewohner in die sumpfige Lagune, die Sicherheit gewährte. Ihre neue, wasserumspülte Heimat war gegen die offene See durch eine Kette schmaler Sandbänke *(lidi)* abgeschirmt. Im 13. Jahrhundert entstanden die ersten *murazzi*, Barrieren aus istrischem Stein, die die *lidi* gegen Erosion schützen sollten, doch ist es bis heute nicht gelungen, die Gefahr einer Überflutung endgültig zu bannen *(siehe S. 51)*.

Madonnenbildnis, Torcello

Die blühenden Siedlungen, die damals hier lebten und Handel trieben, sind längst verschwunden. Viele der Inseln, auf denen früher Klöster, Hospitäler oder auch Munitionsfabriken standen, sind heute verlassen, doch eine Handvoll davon wird wieder bebaut – eine wird in eine internationale Universität verwandelt, auf einer anderen entsteht eine exklusive Ferienanlage.

Sehenswürdigkeiten auf einen Blick

- Burano 2
- Giudecca 6
- Lazzaretto Nuovo 12
- Lido 10
- Murano 4
- Poveglia 13
- San Clemente 11
- San Francesco del Deserto 3
- San Lazzaro degli Armeni 9
- San Michele 5
- San Servolo 7
- Santa Maria della Grazia 8
- *Torcello S. 152f* 1

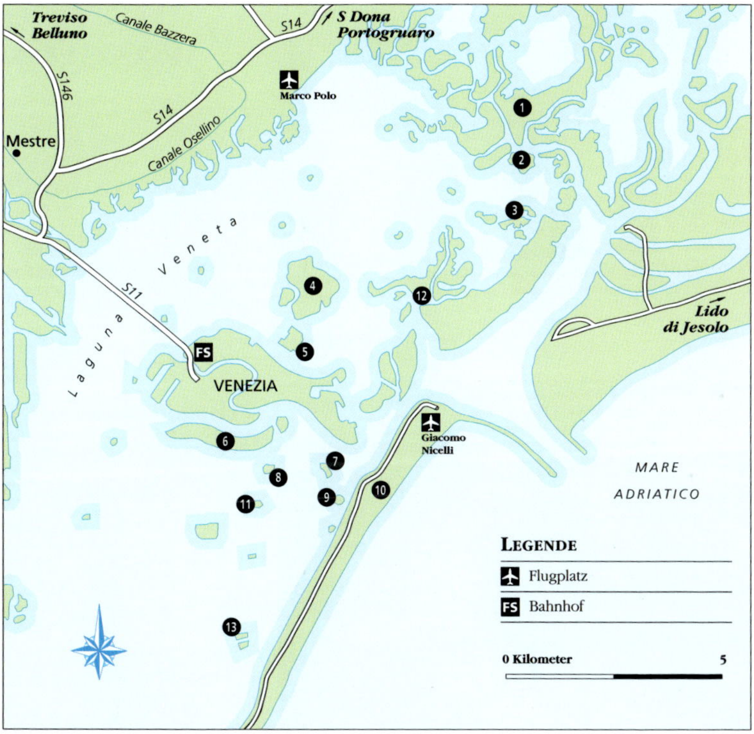

◁ **Farbenfrohe Häuser in Burano**

Überblick: Die Lagune

Ein Ausflug zu den Inseln ist eine angenehme Abwechslung zur Enge der schmalen, dicht bebauten Straßen Venedigs. Murano, seiner Glasherstellung wegen weltberühmt, erreicht man in wenigen Minuten. Etwas weiter nördlich lohnen die »Spitzenklöpplerinsel« Burano und das antike Torcello die längere Fahrt. Zum Lido mit seinen herrlichen Sandstränden gelangt man von San Marco aus.

Murano und San Michele sind von Venedig aus gut zu sehen.

Murano
Einige zum Wasser gelegene Hauseingänge stammen noch aus dem Mittelalter. ❹

San Michele
Neben Venezianern sind hier ausländische Schriftsteller und Künstler von Weltruf bestattet. ❺

Giudecca
Palladios Erlöserkirche Il Redentore ist der Glanzpunkt der Laguneninsel. ❻

Das Kloster von San Giorgio in Alga fiel 1717 einem Brand zum Opfer; Reste wurden im 19. Jahrhundert abgerissen.

Sant'Angelo della Polvere, leicht an seinen Türmen zu erkennen, war ursprünglich eine Munitionsfabrik.

Auf Sacca Sessola, einer künstlichen Insel, befand sich bis 1980 ein Krankenhaus.

Lido
Abseits der überlaufenen Strände und Grandhotels besitzt der Lido auch ruhige, malerische Wasserstraßen. ❿

Torcello
Die 639 n. Chr. geweihte Kathedrale dieser Insel ist das älteste Bauwerk der Lagune. ❶

Auf der Ossariumsinsel Sant' Ariano wurden früher die Gebeine verstorbener Venezianer beigesetzt.

Burano
Bunt bemalte, mit Holzläden versehene Häuser sind charakteristisch für die Straßen und Wasserwege dieser Insel. ❷

Le Vignole, ein antikes Fort, hat Gartenanlagen.

Auf Sant'Erasmo, einst Vergnügungspark der Römer, wird heute Gemüse angebaut.

San Servolo
Heute ein Ausbildungszentrum für Restauratoren und Kunsthandwerker. ❼

Lazzaretto Vecchio
Die kleine Insel mit der wechselhaften Vergangenheit sieht man vom Boot aus, das zwischen San Marco und dem Lido verkehrt.

San Lazzaro degli Armeni
Wer auf die hübsche Klosterinsel kommt, sollte unbedingt Kirche, Bibliothek, Museum und Druckerei besichtigen. ❾

Anfahrt

Die Hauptinseln der nördlichen Lagune werden regelmäßig von *vaporetti* *(siehe S. 274f)* und der Bootsroute Laguna Nord (LN) von den Fondamente Nuove aus angefahren. Einige der kleinen Eilande werden seltener angesteuert, andere erreicht man ausschließlich mit dem Wassertaxi.

Legende

- Hauptstraße
- Nebenstraße

Torcello ❶

Siehe S. 152f.

Stand mit Klöppelspitze an der Hauptstraße von Burano

Burano ❷

LN, ab Fondamente Nuove, etwa 40–50 Minuten, oder von San Zaccaria über Lido und Punta Sabbioni, etwa 90 Minuten.

Burano ist sicherlich die farbenfrohste Laguneninsel. Weit im Norden gelegen, erkennt man sie schon von weitem an ihrem hohen Kirchturm. Im Gegensatz zum verlassenen Torcello ist Burano dicht besiedelt, bunt gestrichene Häuser säumen die Kanäle.

Eine Besichtigung der Insel nimmt etwa eine Stunde in Anspruch. Die Straße vom Fährhafen bringt Sie zur Via Baldassare Galuppi, die nach dem hier gebürtigen Komponisten (1706–1785) benannt ist. Zahlreiche Marktstände bieten Klöppelspitzen zum Verkauf, malerische *trattorie* servieren fangfrischen Fisch.

Scuola dei Merletti

Piazza Baldassare Galuppi. *041 73 00 34. Mi–Mo 10–17 Uhr (Nov–März: bis 16 Uhr). 1. Jan, 1. Mai, 25. Dez.*

Die meisten Einwohner Buranos leben vom Fischfang oder vom Spitzenverkauf, auch wenn die Klöpplerinnen rar geworden sind. Im 16. Jahrhundert wurden hier die feinsten Spitzen Europas gefertigt. Sie waren so zart, dass sie als *punto in aria* (»Punkt in der Luft«) bekannt wurden. Konkurrenz aus dem Ausland, verbunden mit dem Niedergang der Republik, ließ den Handwerkszweig im 18. Jahrhundert fast verschwinden, doch wurde er Ende des 19. Jahrhunderts wiederentdeckt. 1872 wurde die Scuola dei Merletti gegründet, in der bis heute traditionelle Spitzenfertigung gelehrt wird. Echte Burano-Spitzen sind schwer zu finden und nahezu unbezahlbar, da diese Kunst immensen Zeitaufwand erfordert. In der Scuola dei Merletti können Sie bei der Herstellung zusehen; angeschlossen ist ein Museum.

Mazzorbo

Von Burano aus führt eine Fußgängerbrücke zur Insel Mazzorbo mit ihrer romanisch-gotischen Kirche Santa Caterina. Heute wird hier vor allem Obst angebaut. Die Fähren nach Burano und Torcello durchqueren den Kanal von Mazzorbo.

Bunt bemalte Häuser in Burano

San Francesco del Deserto ❸

Anfahrt mit dem Wassertaxi vom Landungssteg in Burano aus. *Inselbesuche Di–So 9–11, 15–17 Uhr (aktuelle Infos telefonisch erfragen).* **Kloster** *041 528 68 63.*

Neun Mönche sind die einzigen Einwohner dieses Kleinods südlich von Burano. Die *vaporetti* legen hier nicht an; um hinzukommen, müssen Sie in Burano ein Boot mieten, das Sie übersetzt und dort auf Sie wartet.

Einer der Mönche zeigt Ihnen gern die alte Kirche und die hübschen Gartenanlagen. Besonders stolz sind sie auf einen Baum, der aus dem Stock des heiligen Franz von Assisi entsprungen sein soll.

Ein Fischer aus Burano beim Einholen seines Fangs

Murano ❹

Nr. 41, 42 oder LN ab Fondamente Nuove. DM von Piazzale Roma.

Wie die Lagunenstadt selbst setzt sich auch Murano aus einer Reihe kleinerer Inseln zusammen, die über Brücken verbunden sind. Seit 1291 die Schmelzöfen wegen der Feuergefahr und Rauchbelästigung aus Venedig verbannt wurden, befinden sich hier die bedeutenden Glaswerkstätten.

Murano verdankt seinen Wohlstand allein der Glasindustrie. Seit dem späten 13. Jahrhundert, als hier mehr als 30 000 Menschen lebten, stand Murano unter Selbstverwaltung, prägte eigene Münzen und hatte sein eigenes Goldenes Buch *(siehe S. 42)*, in das alle Mitglieder adliger Familien eingetragen wurden. Im 15. und 16. Jahrhundert war Murano Zentrum der europäischen Glasmanufaktur. Die Glaskünstler genossen für die damalige Zeit unerhörte

Privilegien, durften allerdings keinen Betrieb außerhalb der Stadt gründen.

Es gibt einige wunderschöne Palazzi, die vom einstigen Glanz Muranos zeugen, und auch die Basilika der Stadt ist gut erhalten. Gleichwohl kommen die meisten Besucher allein des Glases wegen nach Murano, wobei viele das Angebot großer Glasbläsereien nutzen und sich kostenlos von San Marco übersetzen lassen.

Heute sind manche Glasfabriken verfallen, doch noch immer werden riesige Mengen erzeugt. Zwischen beispiellosem Kitsch findet man erlesene Stücke. Die Besichtigung einer Glaswerkstatt lohnt allemal *(siehe S. 249)*, am Wochenende bleiben allerdings die meisten geschlossen.

Museo del Vetro

Palazzo Giustinian, Fondamenta Giustinian. 041 73 95 86. *Apr–Okt: Do–Di 10–17 Uhr; Nov–März: 10–16 Uhr.* *1. Mai.*

Das Museo Vetrario im Palazzo Giustinian zeigt Meisterwerke der Glasbläserkunst. Prachtstück ist eine Hochzeitsschale (1470–80), die Angelo Barovier mit Emailbildnissen verzierte. In der Abteilung für moderne Glasbläserkunst sind einige außergewöhnliche Stücke zu sehen.

Basilica dei Santi Maria e Donato

Fondamenta Giustinian. *041 73 90 56.* *tägl. 8–12, 16–18 Uhr.* *So nachmittags.*

Kolonnadenschmuck an der Basilica dei Santi Maria e Donato, Murano

Architektonischer Höhepunkt der Insel ist die Basilica dei Santi Maria e Donato, deren als zweistöckige Arkadenwand gestalteter Chor sich in den Wassern des San-Donato-Kanals spiegelt. Trotz einer unrühmlichen, plumpen Restaurierung im 19. Jahrhundert hat diese Kirche viel von ihrer ursprünglichen Schönheit bewahrt. Beachten Sie die venezianisch-byzantinischen Säulen und das gotische Dach. Von herausragender Schönheit ist das Apsismosaik, das die Muttergottes allein vor goldenem Hintergrund zeigt.

Der Kirchenboden *(pavimento)* steht ihm allerdings kaum nach. Die mittelalterlichen Mosaiken (1140), die Glasfragmente aus den Gießereien der Insel enthalten, zeigen geometrische Muster, exotische Vögel, mythische Wesen und geheimnisvolle Symbole.

GLASBLÄSEREI

Wer Murano besucht, sollte die Gelegenheit zur Besichtigung einer Glaswerkstätte nutzen. Dort können Sie beobachten, wie der Glasbläser einen Klumpen der Glasschmelze durch Drehen, Wenden und Blasen auf wunderbare Weise in eine Vase, einen Vogel, Löwen oder Weinkelch verwandelt. Die Führungen enden in einem Ausstellungsraum, in dem Ihnen Verkäufer das eine oder andere Souvenir aufschwatzen wollen.

Glasbläser bei der Arbeit

San Michele ❺

Nr. 41 oder 42 ab Fondamente Nuove.

Dunkle Zypressen und hohe Terrakottamauern sind das Erste, was man von der Friedhofsinsel San Michele sieht, die gegenüber den Fondamente Nuove liegt. Ursprünglich wurden die Verstorbenen in Venedig beigesetzt. Aus Hygienegründen und Platzmangel bestimmte man dann im 19. Jahrhundert San Michele und eine Nachbarinsel zu Friedhöfen.

Grabmal Diagilews

Die Kirche San Michele in Isola steht nicht weit von der Landungsbrücke. Von Mauro Coducci um 1469 entworfen, besitzt sie als erste Kirche Venedigs eine Fassade aus weißem istrischem Kalkstein. Der Friedhof, dessen Grabsteine und Gedenkkapellen eine seltsame Faszination ausstrahlen, nimmt den größten Teil des Eilands ein. Einige Gräber sind vernachlässigt, die meisten jedoch sehr gepflegt und immer mit frischen Blumen geschmückt.

Die berühmtesten Gräber sind die von Ausländern: Ezra Pound (1885–1972) im protestantischen Teil sowie Sergei Diagilew (1872–1929) und Igor Strawinsky (1882–1971) in der orthodoxen Sektion. Die Überreste anderer Verstorbener wurden meist schon nach rund zehn Jahren exhumiert und auf die Ossariumsinsel Sant'Ariano verlegt, um Platz für »Neuankömmlinge« zu schaffen. Heute werden die meisten Venezianer auf dem Festland beerdigt.

Torcello ❶

ZWISCHEN DEM 5. und 6. Jahrhundert gegründet, entwickelte sich Torcello rasch zu einer blühenden Kolonie *(siehe S. 40)*. Zeitweise sollen bis zu 20 000 Menschen hier gelebt haben. Mit dem Aufstieg Venedigs begann für die Insel der Niedergang. Heute hat Torcello gerade noch 60 Einwohner, an die einstige Pracht erinnern nur noch die byzantinische Kathedrale und die Kirche Santa Fosca.

★ Apsismosaik
Die Muttergottes (13. Jh.) zählt zu den herrlichsten byzantinischen Mosaikarbeiten in Venedig.

★ Das Weltgericht
Die riesigen Mosaiken vom Jüngsten Gericht bedecken die gesamte Westwand.

Kanzel
Die heutige Basilika (1008) enthält viele wesentlich ältere Elemente. Die Marmorkanzel etwa besteht aus Fragmenten aus der ersten Kirche (7. Jh.).

Der römische Sarkophag unter dem Altar soll die sterblichen Überreste des heiligen Heliodorus bergen.

★ Ikonostase
Die exquisiten byzantinischen Marmortafeln sind mit Pfauen, Löwen und Blüten geschmückt. Dieses Detail zeigt zwei der Prachtvögel, die aus dem Lebensbrunnen trinken.

Säulenarkaden
Die Kapitellornamentik an den Säulen des Mittelschiffs stammt aus dem 11. Jahrhundert.

Torcellos letzte Kanäle
Rasche Verschlammung der Kanäle und Malaria beschleunigten den Niedergang von Torcello. Einer der letzten erhaltenen Kanäle verläuft in Richtung Basilika.

INFOBOX

Vaporetto: *Nr. 12 ab Fondamente Nuove.*
Basilica di Santa Maria dell' Assunta und Campanile
Tel.: *041 270 24 64.*
Öffnungszeiten: *Apr–Okt: tägl. 10.30–17.30 Uhr; Nov–März: tägl. 10–17 Uhr.*
Behindertengerechter Zugang, Audioguide
Santa Fosca Öffnungszeiten: *nur für Messen.*
Museo Tel.: *041 73 07 61.*
Öffnungszeiten: *März–Okt: Di–So 10.30–17.30 Uhr; Nov–Feb: Di–So 10–17 Uhr.* Geschlossen: *Feiertage.* Behindertengerechter Zugang

Santa Fosca
Die Kirche (11./12. Jh.) bezaubert mit dem arkadengeschmückten Portikus und dem byzantinischen Innenraum.

Hauptraum und Kreuzarme werden von Säulen mit korinthischen Kapitellen aus griechischem Marmor getragen.

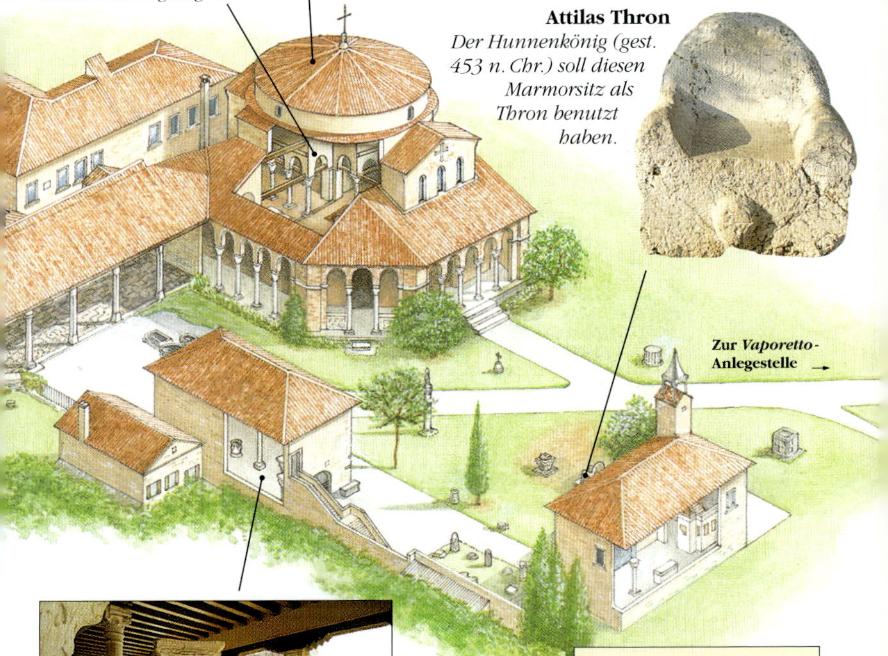

Attilas Thron
Der Hunnenkönig (gest. 453 n. Chr.) soll diesen Marmorsitz als Thron benutzt haben.

Museo dell' Estuario
Hier sind alte Kirchenschätze und archäologische Funde ausgestellt.

NICHT VERSÄUMEN

★ **Apsismosaik**
★ ***Das Weltgericht***
★ **Ikonostase**

Gondeln am Ponte Lungo auf Giudecca

Giudecca ❻

Nr. 41, 42 und 82.

Zur Zeit der Republik entstanden auf der Insel Giudecca prächtige Villen und Parkanlagen. Heute ähnelt sie einer ganz gewöhnlichen Vorstadt: Die schmalen Gassen sind von Apartmenthäusern gesäumt, die Plätze überlaufen und die Palazzi heruntergekommen. Viele ihrer alten Fabriken wurden zu modernen Wohnhäusern umgebaut. Ursprünglich hieß die Insel wegen ihrer Form Spinalunga (»langes Rückgrat«). Der Name Giudecca leitet sich möglicherweise von den Juden *(giudei)* ab, die hier im 13. Jahrhundert lebten; wahrscheinlicher ist jedoch die Herleitung von dem Wort *giudicati*, was »die Verurteilten« bedeutet. Dies bezieht sich auf die politisch unliebsamen *nobili*, die seit dem 9. Jahrhundert auf die Insel verbannt wurden.

Palladios Erlöserkirche auf Giudecca

Das Hotel Cipriani *(siehe S. 231)*, eine der Nobelherbergen Venedigs, steht an der Spitze der Insel. Am gegenüberliegenden Westende Guideccas befinden sich die Überreste des neugotischen Mulino Stucky. Der Schweizer Unternehmer Giovanni Stucky ließ diese Mühle 1895 errichten, behandelte seine Arbeiter aber derart schlecht, dass einer von ihnen ihn 1910 ermordete. Die Mühle stellte 1954 den Betrieb ein; Umbaupläne zu einem Komplex mit Hotel, Konferenzzentrum und Park wurden kürzlich genehmigt.

Il Redentore

Campo Redentore. *041 275 04 62. Redentore. tägl. 10–17 Uhr (So u. Feiertage ab 13 Uhr). Juli, Aug: So; 1. Jan, 25. Dez.*

Das bedeutendste Bauwerk Giudeccas ist Palladios Kirche Il Redentore (»der Erlöser«). Sie entstand 1577–92 zum Dank für die Befreiung Venedigs von der Pest, die ein Drittel der Einwohner dahingerafft hatte. Jedes Jahr zog der Doge mit Gefolge über eine »Brücke« aus Booten zur Kirche hinüber. Bis heute wird das Redentore-Fest am dritten Juliwochenende mit einer Prozession begangen *(siehe S. 34)*.

Die Erlöserkirche, deren Architektur dem klassischen römischen Stil nachempfunden ist, gilt als eines der Meisterwerke Palladios und besticht durch die Harmonie ihrer Proportionen. Das schlichte Innere steht in Kontrast zum reichen Ornamentschmuck der meisten venezianischen Kirchen. Die wichtigsten Gemälde – von Paolo Veronese und Alvise Vivarini – befinden sich in der Sakristei, rechts vom Chor. Den schönsten Blick auf Il Redentore genießt man von der anderen Seite des Canale della Giudecca aus.

Le Zitelle

Fondamenta delle Zitelle. *041 270 24 64 Zitelle. Apr–Okt: Fr, Sa 15.30–18.30 Uhr.*

Die Kirche wurde 1582–86 nach Plänen Palladios erbaut und ist schön restauriert. Der dazugehörige Konvent, der heute Venedigs modernstes Kongresszentrum beherbergt, diente früher als Stift für bedürftige Mädchen *(zitelle)*.

Ein Restaurator bei der Arbeit im Ausbildungszentrum

San Servolo ❼

Nr. 20 von San Zaccaria. nach Vereinbarung. 041 524 01 19. **San Servolo Servizi** *041 276 50 02.* **Venice International University** *041 271 95 11.* www. sanservolo.provincia.venezia.it

Auf halbem Weg zwischen San Marco und dem Lido werden auf der Insel San Servolo seit einigen Jahren verschiedene Projekte realisiert.

Die Geschichte der Besiedelung begann im 8. Jahrhundert, als Benediktinermönche hier ein Kloster errichteten, zu dem später ein Hospital kam. 1725 wurde die Insel zur psychiatrischen Anstalt; ein neues Gebäude beherbergte die Patienten. Einer Anordnung des Rats der Zehn *(siehe S. 42)* zufolge durften jedoch nur »Verrückte aus adligen oder wohlhabenden Familien« hierher gebracht werden. Arme Kranke wanderten ins Gefängnis oder blieben sich selbst überlassen. 1797 machte Napoléon die Anstalt allen geistig Verwirrten zugänglich.

1980 entstand auf der kargen Insel ein Ausbildungszentrum für Restauratoren und Kunsthandwerker. 1996 öffnete die Venice International University hier ihre Tore. Die San Servolo Servizi betreiben seit 2003 ein Kongresszentrum in den umfassend renovierten Gebäuden mit Parkanlagen.

Santa Maria della Grazia ❽

für Besucher.

DIE URSPRÜNGLICH La Cavana oder Cavanell genannte Insel liegt nicht weit von San Giorgio Maggiore *(siehe S. 95)* entfernt. Die einstige Herberge für Pilger auf dem Weg ins Heilige Land wurde im 15. Jahrhundert zur Klosterinsel. Der Namenswechsel erfolgte mit dem Bau einer Kirche, die als Schrein für ein aus Konstantinopel stammendes wundertätiges Marienbild errichtet wurde. Die Klosterbauten wurden unter Napoléon säkularisiert, die Insel zum Militärgebiet erklärt. Während des Aufstands gegen die Besatzungsmacht 1848 *(siehe S. 46f)* wurden die Gebäude allerdings zerstört.

Heute befindet sich auf Santa Maria della Grazia ein Quarantänekrankenhaus, das bald geschlossen werden soll.

Illustrierte Handschrift, San Lazzaro degli Armeni

San Lazzaro degli Armeni ❾

Nr. 20 von Riva degli Schiavoni. 041 526 01 04. tägl. 15.30–17 Uhr.

DIE KLEINE grüne Klosterinsel nicht weit vom Lido *(siehe S. 156f)* erkennt man leicht an der zwiebelförmigen Kuppel ihres weißen Glockenturms. Die Gebäude liegen inmitten herrlicher Gärten und schattiger Zypressenhaine. Seit dem 18. Jahrhundert befindet sich hier ein Armenierkloster mit Bildungsstätte.

Geschichte

Im 12. Jahrhundert befand sich auf dem Eiland eine Psychiatrie, die später zu einem Leprakrankenhaus umfunktioniert wurde. Nach dem Schutzheiligen der Leprakranken, dem heiligen Lazarus, taufte man die Insel auf ihren jetzigen Namen. Später wurde die Leprastation ins Ospedale di San Lazzaro dei Mendicanti bei Santi Giovanni e Paolo *(siehe S. 116f)* verlegt. 1717 gründete der armenische Mönch Manug di Pietro (Mechitar, »der Tröster«, genannt), der vor den Türken aus seiner Heimat fliehen musste, auf San Lazzaro einen Orden, errichtete mit seinen Mitbrüdern Kloster, Kirche, Bibliothek und Studienräume und legte Gärten und Obstplantagen an. Diese Insel ist bis heute ein Zentrum der armenischen Kultur geblieben.

Sarkophag des Prinzen Nehmechet (um 1000 v. Chr.), San Lazzaro

Die Insel heute

Die Mönche zeigen Besuchern Kirche, Kunstsammlung und Bibliothek sowie das Museum, in dem Artefakte aus Armenien, Griechenland, Indien und Ägypten ausgestellt sind. Eines der berühmtesten Exponate ist ein ägyptischer Sarkophag mit Mumie, die zu den besterhaltenen der Welt zählt. Besonders eindrucksvoll ist die Druckerei, in der vor über 200 Jahren eine Druckerpresse Werke in 36 Sprachen herstellte. Heute werden hier noch Post- und Landkarten für Besucher gedruckt.

Lord Byron

Im Jahr 1816 kam der englische Dichter Lord Byron häufig von Venedig herüber, um sich mit der armenischen Kultur vertraut zu machen. Voller Bewunderung für die Mönche schrieb er, das Kloster hier scheine alle Vorzüge des klösterlichen Lebens aufzuweisen. Die Tugenden der Brüder seien nur allzu geeignet, einen weltlich Gesinnten davon zu überzeugen, dass es selbst in diesem Leben noch etwas anderes und Besseres gäbe. Der Raum, in dem Byron arbeitete, kann besichtigt werden.

Garten und Klostergebäude von San Lazzaro degli Armeni

Der Lido abseits von Strand und Menschenmassen

Lido ⑩

Nr. 1, 51, 52, 61, 62, 82 (Sommer) und LN nach Santa Maria Elisabetta; Nr. 17 von Tronchetto nach San Nicolò.

Der Lido ist eine rund zwölf Kilometer lange, schmale Sandbank, die die venezianische Lagune gegen das offene Meer abschirmt; der Vorort Venedigs ist gleichzeitig Badeparadies der Stadt. Da der Lido als einzige Laguneninsel ein Straßennetz hat, gibt es eine Fährverbindung zum Festland. Von Venedig erreicht man den Lido mit dem *vaporetto*. Die schnellste Verbindung ist das *motonave* LN (Fahrzeit ca. 10 Min.).

Die Hauptsaison dauert von Juni bis September, wobei Juli und August am überlaufensten sind. Im Winter bleiben die meisten Hotels geschlossen.

Die elegante Bar des Hôtel des Bains auf dem Lido

Das erste Strandbad der Welt

Bevor der Lido zum Ferienparadies wurde, war er im 19. Jahrhundert ein bevorzugtes Ziel literarischer Größen wie Shelley oder Byron. Byron soll vom Lido aus in weniger als vier Stunden über den Kanal nach Santa Chiara geschwommen sein.

Immer mehr Freibäder öffneten ihre Pforten, um 1900 galt der Lido als eines der vornehmsten Strandbäder Europas. Gekrönte Häupter und Filmstars stiegen in Grandhotels ab, badeten im Meer oder saßen in Liegestühlen bei den gestreiften *cabanas* am Strand. In *Der Tod in Venedig* (1912) hat Thomas Mann die Atmosphäre jener Tage höchst anschaulich festgehalten. Das Hôtel des Bains, das sowohl in der Novelle als auch in Viscontis Verfilmung (1970) vorkommt, ist noch heute ein Wahrzeichen des Lido und ein elegantes Quartier *(siehe S. 231)*.

Heute ist der Lido nicht mehr das noble Strandbad von einst. Die Strände sind überfüllt, die Straßen voller Autos, die Fährboote bringen jede Menge Tagesausflügler. Doch noch immer bieten Strand, Meer und Sportmöglichkeiten eine willkommene Abwechslung für all jene, die der kulturbeladenen Stadt für kurze Zeit entfliehen möchten. An schwülen Sommertagen ist es hier wesentlich angenehmer als in der Stadt.

Die Insel

Sie können den Lido per Bus oder – noch besser – per Rad erkunden. Fast direkt gegenüber der *Vaporetto*-Haltestelle bei Santa Maria Elisabetta gibt es einen Fahrradverleih.

Sandstrände säumen die gesamte Ostseite der Insel. Passagiere, die mit der Fähre an der Hauptlandungsbrücke ankommen, erreichen sie mit Bus, Taxi oder zu Fuß über den Gran Viale Santa Maria Elisabetta. Am Ende der Straße geht es links zum Strand von San Nicolò, rechts zum Lungomare G. Marconi, an dem die vornehmsten Hotels und schönsten Strände liegen. Für Tagesausflügler kostet die Strandbadbenutzung allerdings ein kleines Vermögen.

Die lange Straße entlang dem Strand führt in das südwestlich gelegene Dorf Mala-

Cabanas am Strand, vor allem von den Venezianern benutzt

mocco mit hübschen Fischrestaurants. Kaum etwas erinnert noch daran, dass sich im 8. Jahrhundert hier der Verwaltungssitz der gesamten Lagune befand.

Bei Alberoni, an der Südspitze des Lido, wo auch die Fähre nach Pellestrina ablegt, gibt es einen Golfplatz und einen öffentlichen Strand.

San Nicolò

Die einzige kulturell bedeutende Sehenswürdigkeit des Lido, San Nicolò, liegt im Norden. Über den Porto di Lido sieht man auf der Insel Le Vignole die Festung Sant' Andrea, die Michele Sanmicheli 1435–49 zum Schutz der Laguneneinfahrt errichtete.

Am Porto di Lido ließ sich auch der Doge jedes Frühjahr aufs Meer hinausrudern, um einen Ring ins Wasser zu werfen und sich so symbolisch aufs Neue mit der See zu vermählen *(siehe S. 33)*. Im Anschluss an diese Zeremonie besuchte er die 1044 geweihte und im 16. Jahrhundert neu aufgebaute Kirche San Nicolò.

Der nahe gelegene jüdische Friedhof existiert seit 1386. Er ist der Öffentlichkeit zugänglich. Den Rest des Inselnordens nimmt ein Flugplatz ein, auf dem Flugunterricht angeboten wird.

Jüdischer Friedhof

041 71 53 59. Führungen nach telefonischer Anmeldung.

San Clemente ⓫

San Clemente Palace Hotel *041 244 50 01.* W www.sanclemente.thi.it

URSPRÜNGLICH WAR auf der Insel eine Herberge für Pilger, später wurde San Clemente Sitz eines Klosters. Zur Zeit der Republik trafen sich hier die Dogen mit Besuchern von hohem Rang. Von 1630 an, als die Pest die Insel heimsuchte, diente sie militärischen Zwecken. Im 19. Jahrhundert wurde hier eine Psychiatrie eingerichtet. Die meisten erhaltenen Gebäude stammen aus jener Zeit. Nach deren Renovierung residiert hier nun das noble San Clemente Palace Hotel.

INTERNATIONALES FILMFESTIVAL

Jedes Jahr im Spätsommer versammeln sich Filmfreunde aus aller Welt am Lido. Das Filmfestival wurde 1932 im Rahmen der Biennale *(siehe S. 256)* ins Leben gerufen und erfreute sich so großen Zuspruchs, dass man schon vier Jahre später den Palazzo del Cinema erbaute. Im Lauf seiner Geschichte lockte das Filmfestival zahlreiche große Namen der Filmwelt nach Venedig, hatte dann aber gegen Bürokratie und politische Intrigen zu kämpfen. Heute erstrahlt es in neuem Glanz, die Filmgrößen sind wieder an den Lido zurückgekehrt.

Das Festival findet Ende August/Anfang September zwei Wochen lang statt, Tag und Nacht laufen Filme, u.a. im Palazzo del Cinema (Kartenverkauf vor dem Kino). Den einen oder anderen Star (und viele *paparazzi*) kann man von der Terrasse des Hotels Excelsior aus sehen *(siehe auch S. 255)*.

Werbeplakat für das erste Internationale Filmfestival am Lido 1932

Lazzaretto Nuovo ⓬

041 244 40 11. Nr. 13.
Apr–Okt: Sa, So 9.45, 16 Uhr.
Spende.

EINEN STEINWURF von Sant' Erasmo liegt Lazzaretto Nuovo, eine der wenigen zugänglichen unbewohnten Inseln. Die Bauten stammen aus dem 15. Jahrhundert, als die Insel Quarantänestation für Schiffe aus Ländern war, in denen die Pest herrschte. Menschen wurden 40 Tage lang isoliert, Ladungen mit Rosmarin und Wacholder desinfiziert. Während der Epidemie von 1576 lebten hier 10 000 Opfer.

Poveglia ⓭

für Besucher.

DIE IHRER VIELEN Pappeln wegen früher Popilia genannte Insel war einst die Heimat einer kleinen, aber unabhängigen Siedlung mit eigenem Kloster. Nach dem Krieg gegen Genua im Jahr 1380 begann ihr Niedergang; im Lauf der Jahrhunderte diente die Insel nacheinander als Zufluchtsort für Pestopfer, Quarantänekrankenhaus und Altenheim. Heute werden hier Getreide und Wein angebaut. Von Malamocco am Lido können Sie den charakteristischen Turm der Insel sehen, einst Teil der Verteidigungsanlage.

Abendlicher Schleier über San Clemente in der südlichen Lagune

SPORTHOTEL
EUROPA

Die Regionen des Veneto

Das Veneto im Überblick

Landschaftliche Vielfalt und kultureller Reichtum machen das Veneto zu einer der faszinierendsten Regionen Italiens. Die Städte Verona, Padua und Vicenza bieten herausragende Architektur, Kirchen und Museen, viele der einmalig schönen Villen im Hinterland sind mit prachtvollen Fresken geschmückt. An der Lagune liegen große Fischereihäfen und Seebäder, während der Gardasee mit seiner majestätischen Gebirgskulisse, seinen historischen Burgen und Wassersportmöglichkeiten ein ideales Erholungsgebiet ist. Noch etwas weiter nördlich lädt die alpine Schönheit der Dolomiten zum Bergwandern und Skifahren ein.

Monti Lessini
In den Tälern der Lessiner Berge liegen malerische Dörfer wie Giazza (siehe S. 191).

Verona
Die alte römische Kolonie, Heimat von Romeo und Julia, ist heute Stadt der Oper, des Theaters und der Künste (siehe S. 192–203).

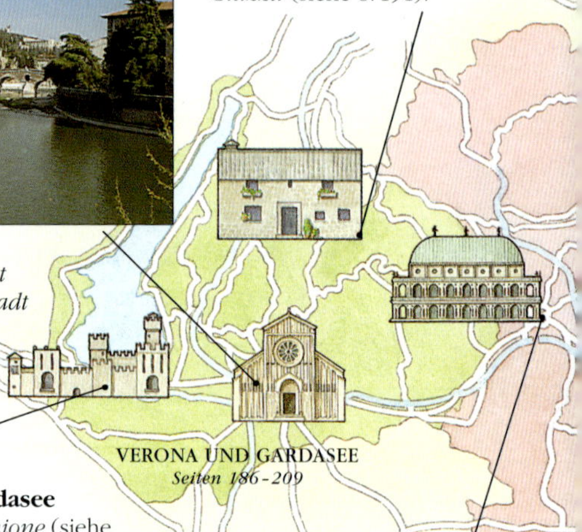

Gardasee
Sirmione (siehe S. 206f) *ist nur eine der imposanten Festungen, die die Scaliger rund um den schön gelegenen See Italiens errichtet haben.*

Vicenza
Vicenza, die Renaissancestadt par excellence, wird von der Architektur Palladios geprägt (siehe S. 168–173).

◁ **Der kleine Ort Alleghe am gleichnamigen See in den Dolomiten**

Dolomiten
Wind und Wetter haben den Kalksteingipfeln bizarre Formen verliehen. Entlang den steilen Talhängen liegen idyllische Gebirgsdörfer (siehe S. 216f).

Villa Barbaro
Paolo Veroneses Fresken bilden die perfekte Ergänzung zu Palladios grandioser Villa, die von einem Park mit Grotten und Teichen umgeben ist (siehe S. 24f).

Portogruaro
Römische und frühchristliche Funde füllen die Museen dieser antiken Stadt (siehe S. 175).

Padua
Die Kuppeln und minarettähnlichen Türme der Basilica di Sant'Antonio (siehe S. 182) *verströmen östliches Flair.*

Chioggia
Schwärme von Wasservögeln bevölkern die naturbelassenen Sumpfgebiete rund um Chioggia (siehe S. 185), *den größten Fischereihafen der venezianischen Lagune.*

Venezianisches Tiefland

Der weite Bogen, *den diese Ebene um den Golf von Venedig spannt, ist ausgesprochen vielgestaltig. Die antiken Städte blicken auf eine wechselvolle Geschichte zurück, ihre Architektur genießt Weltruf. Trotz der Industriegebiete, denen die Region ihren materiellen Wohlstand verdankt, ist die Landschaft, die sich aus den grünen Colli Euganei, den Lagunen und dem Vorland der Dolomiten zusammensetzt, ebenso reizvoll wie abwechslungsreich.*

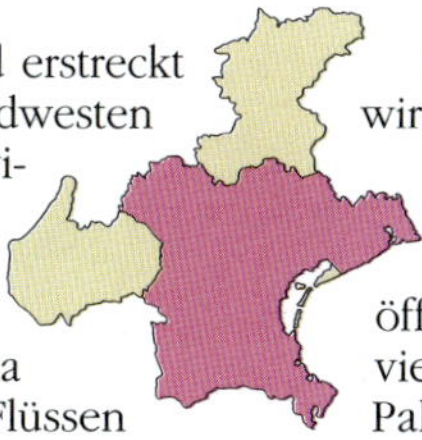

Das venezianische Tiefland erstreckt sich vom Po-Delta im Südwesten bis zum Grenzgebirge zwischen Italien und Slowenien. Die ganze Region ist von Flüssen und Kanälen durchzogen, die in die Adria münden. Dem von den Flüssen angeschwemmten Schlick, der auch die Lagune von Venedig entstehen ließ, verdankt das gesamte Gebiet seinen fruchtbaren Boden. Vor rund zweitausend Jahren errichteten die Römer hier Grenzposten, die sich zu den heutigen Großstädten Vicenza, Padua und Treviso entwickelt haben. Die günstige Lage am Knotenpunkt wichtiger Handelsstraßen ließ sie während des Römischen Reichs ebenso florieren wie unter der Herrschaft Venedigs tausend Jahre später.

Der Reichtum, den Landwirtschaft, Handel und Feldzüge einbrachten, floss in die Verschönerung der Städte, in Renaissancepaläste und öffentliche Bauten, von denen viele nach Entwürfen Andrea Palladios, des großen Architekten der Region, entstanden. Seine Villen zeugen von dem vornehmen Leben, das der Adel hier führte. Die Begleiterscheinungen modernen Wohlstands – Industriebauten und verschandelte Natur – sind heute, vor allem in der Gegend um Mestre, unübersehbar, doch haben sich auch Regionen mit natürlicher Schönheit erhalten. Der große Dichter Petrarca (1304–1374) liebte den Landstrich so sehr, dass er die Colli Euganei *(siehe S.184)* als zweite Heimat wählte.

Fischfang auf einem Wellenbrecher in der Lagune von Chioggia

◁ **Faun im Nymphäum der Villa Barbaro bei Asolo**

Überblick: Venezianisches Tiefland

DAS VENEZIANISCHE TIEFLAND ist flach, aber alles andere als langweilig. Die Bewohner der kleinen Dörfer der Region setzten früher ihren ganzen Stolz daran, den höchsten Kirchturm ihrer Gegend zu errichten; diese hohen Wahrzeichen ziehen Reisende bis heute magisch an. Mächtige Burgen aus dem 14. Jahrhundert krönen die wenigen Anhöhen, an klaren Tagen bilden die Alpen eine majestätische Kulisse.

SEHENSWÜRDIGKEITEN AUF EINEN BLICK

Asolo 7
Bassano del Grappa 4
Caorle 12
Castelfranco 6
Chioggia 20
Cittadella 5
Colli Euganei 15
Conegliano 10
Este 17
Maròstica 3
Mestre 13
Monsélice 18
Montagnana 16
Padua (Padova) S. 176–183 14
Polésine und Rovigo 19
Portogruaro 11
Thiene 2
Treviso 9
Valdobbiadene 8
Vicenza S. 168–173 1

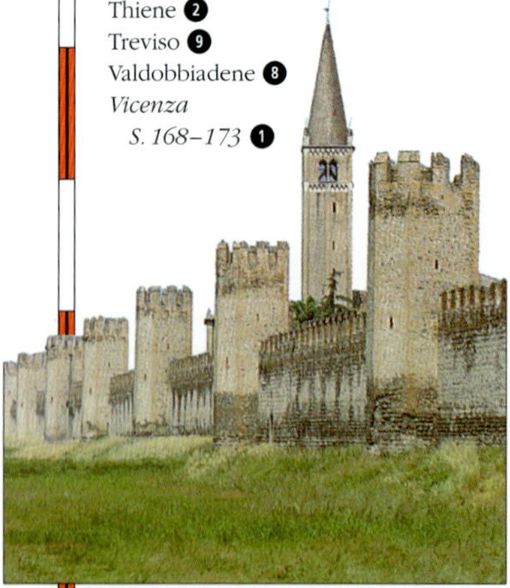

Die zinnenbewehrte Stadtmauer von Montagnana wurde im Mittelalter gebaut

IM VENEZIANISCHEN TIEFLAND UNTERWEGS

Gute Bahn- und Busverbindungen ermöglichen es, die Region umweltfreundlich zu erkunden. Auf den Straßen allerdings herrscht häufig Stau.

Palladios Villa Rotonda nahe seiner Heimatstadt Vicenza

Der farbenprächtige Markt am Hafen von Chioggia, dem größten Fischereihafen der Region

Vicenza ❶

Siehe S. 168–173.

Thiene ❷

Straßenkarte C3. *20 000.* *Piazza Ferrarin 20.* *0445 36 95 44.* *Mo vormittags.*

In Thiene, einer der vielen Textilindustriestädte der Region, werden vor allem Jeans und Sweatshirts für den gesamten europäischen Markt hergestellt. Sehenswert sind hier zwei Bauwerke. Neben Befestigungsanlagen hat das **Castello Porto-Colleoni** hübsche gotische Fensterarkaden zu bieten. Zur Zeit seiner Entstehung lag es mitten auf dem Land, die Befestigung sollte vor Banditen schützen. Im Inneren gibt es schöne Fresken (16. Jh.) von Giambattista Zelotti.

Bezaubernde Fresken von Zelotti schmücken auch die von Palladio *(siehe S. 24f)* entworfene **Villa Godi Malinverni**, zu der darüber hinaus ein hübscher Garten gehört. Im Haus selbst hängen Arbeiten italienischer Impressionisten und ein hinreißendes Porträt von Pietro Annigoni (1910–1988), das den Titel *Die Hexe* trägt.

Castello Porto-Colleoni
Via Roma 62. *0445 36 60 15.* *Mitte März–Mitte Nov: So nachmittags u. Feiertage, Gruppen nach Vereinbarung.*

Villa Godi Malinverni
Via Palladio 44. *0445 86 05 61.* *März–Nov: Di, Sa, So nachmittags oder nach telef. Anmeldung.*

Schachpartie mit lebenden Spielfiguren auf der Piazza von Maròstica

Maròstica ❸

Straßenkarte C3. *12 500.* *Piazza Castello 1.* *0424 721 27.* *Di.*

Maròstica ist eine mittelalterliche Festungsstadt, deren turmbewehrte Mauer die Scaliger *(siehe S. 207)* 1372 erbauten. Der Spazierweg vom **Castello Inferiore** (heute Rathaus) zur Höhenburg **Castello Superiore** bietet wunderschöne Panoramen.

Im Castello Inferiore sind die Kostüme für die *Partita a scacchi* ausgestellt. Diese Schachpartie mit lebenden Figuren, die im September stattfindet *(siehe S. 35)*, geht auf einen Wettstreit zweier Adliger im Jahr 1454 zurück.

Castello Inferiore
Piazza Castello 1. *tägl. 9–12, 15–18 Uhr.* *1. Jan, Ostern, 25. Dez.*

Bassano del Grappa ❹

Straßenkarte C3. *38 800.* FS *Largo Corona d'Italia 35.* *0424 52 43 51.* *Do u. Sa vorm.*

Das Städtchen am Monte Grappa hat seinen Beinamen vom Berg bekommen. Der Schnaps Grappa dagegen ist nach dem norditalienischen Dialektwort *graspa* (Traube, aus lat. *rapus*) benannt. Gleichwohl gibt es in Bassano mehrere Grappa-Destillerien. Mehr über den Destillierungsprozess erfährt man im **Museo degli Alpini**, am Ponte degli Alpini. Palladio hat die Brücke 1569 entworfen; er ließ sie aus Holz errichten, weil dies den Frühjahrsüberschwemmungen am besten standhielt.

Auch für seine Majolika (Keramik) ist Bassano berühmt *(siehe S. 252)*; edle Stücke sind im **Palazzo Sturm** zu bewundern. Das **Museo Civico** ehrt die hier gebürtigen Künstler Jacopo Bassano (1510–1592) und Antonio Canova (1757–1822).

Museo degli Alpini
Via Anagarano 2. *0424 50 36 50.* *Di–So 8–20 Uhr.* *10 Tage im Jan.*

Palazzo Sturm
Via Ferracina. *0424 52 49 33.* *Di–So 9–12.30, 15.30–18.30 Uhr (So ab 10 Uhr).*

Museo Civico
Piazza Garibaldi. *0424 52 33 36.* *Di–Sa 9–18.30 Uhr, So 15.30–18.30 Uhr.* *Feiertage.*

Der Ponte degli Alpini in Bassano del Grappa

Cittadella 5

Straßenkarte C3. *18 000.* *Via Marconi 3.* *049 597 06 27.* *Mo vormittags.*

DER SEHENSWERTE Ort ist das Gegenstück zu Castelfranco. Beide Städte waren stark befestigt, bis heute ist Cittadella von einer mächtigen Stadtmauer (13. Jh.) mit vier Toranlagen und 16 Wehrtürmen umgeben. Die Torre di Malta beim Südtor benutzte Ezzelino de Romano, ein berüchtigter Herrscher des 13. Jahrhunderts, als Folterkammer. Erfreulicher ist der Anblick des Gemäldes *Das Emmausmahl* von Bassano im **Duomo**.

Fresko aus der Villa Emo in Fanzolo nahe Castelfranco

Castelfranco 6

Straßenkarte D3. *30 000.* FS *Via Francesco Maria Preti 66.* *0423 49 14 16.* *Di u. Fr vormittags.*

DAS IM JAHR 1199 von den Herren von Treviso als Bollwerk gegen das benachbarte Padua gegründete Castelfranco besitzt einen historischen Stadtkern. In der **Casa di Giorgione**, dem angeblichen Geburtshaus Giorgiones (1478–1511), sind so herrliche Werke wie *Das Gewitter (siehe S. 131)* ausgestellt. Eine der wenigen mit Sicherheit authentischen Arbeiten, die *Madonna del Castelfranco* (1504), wird im **Duomo** gehütet. Es war eine Auftragsarbeit für Tuzio Costanza und schmückt das Grab von dessen Sohn Matteo, der im Gefecht fiel.

Die hübsche Stadt Asolo am Fuß der Dolomiten

In Fanzolo, nordöstlich von Castelfranco, steht die **Villa Emo**, die Palladio 1564 entwarf. Von Zelotti stammen die Fresken griechischer Götter.

Casa di Giorgione
Piazzetta del Duomo. *0423 72 50 22.* *Di–So 10–12.30, 15–18.30 Uhr.* *Feiertage.*

Villa Emo
Fanzolo di Vedelago. *0423 47 63 34.* FS *Fanzolo.* *5.* *Apr–Okt: Mo–Sa 15–19 Uhr, So, Feiertage 10.30–12.30, 15–19 Uhr; Nov–März: Sa, So u. Feiertage 14–16 Uhr.* *15. Dez–15. Jan.*

Asolo 7

Straßenkarte D3. *2000.* *Piazza Garibaldi 73.* *0423 52 90 46.* *Sa.*

ASOLO LIEGT idyllisch inmitten zypressenbewaldeter Hänge im Vorland der Dolomiten. Die Königin Caterina Cornaro (1454–1510) lebte einige Jahre in dem befestigten Ort; Kardinal Pietro Bembo (1470–1547) prägte das Verb *asolare*, um das bittersüße Nichtstun zu beschreiben, zu dem Catarina hier verurteilt war. Der englische Dichter Robert Browning benannte seinen letzten Lyrikband, *Asolanda* (1889), nach der Stadt. Die Reiseschriftstellerin Freya Stark lebte bis zu ihrem Tod 1993 ebenfalls hier.

Knapp zehn Kilometer östlich von Asolo, in Masèr, steht die **Villa Barbaro** *(siehe S. 24f)*; zehn Kilometer nördlich liegt Passagno, der Geburtsort Antonio Canovas. Der große Bildhauer wurde in einer riesigen, tempelähnlichen Kirche, die er selbst entworfen hatte, beigesetzt. Sein Familiensitz **Casa di Canova** ist nicht weit entfernt.

Villa Barbaro
Masèr. *0423 92 30 04.* *März–Okt: Di, Sa, So, Feiertage 15–18 Uhr; Nov–Feb: Sa, So, Feiertage 14.30–17 Uhr.* *Ostern, 24. Dez–6. Jan.*

Casa di Canova
Piazza Canova. *0423 54 43 23.* *Di–So.* *1. Jan, Ostern, 25. Dez.*

Valdobbiadene 8

Straßenkarte D3. *10 700.* *Piazza Marconi 1.* *0423 97 69 75.* *Mo.*

VON IDYLLISCHEN Weinbergen umgeben, ist Valdobbiadene nicht zuletzt für seinen spritzigen Schaumwein Cartizze bekannt. Der Ort bildet den westlichen Endpunkt der Strada del Vino Bianco, die – vorbei an Weingütern mit Verkauf – ostwärts zum Conegliano *(siehe S. 175)* führt.

UMGEBUNG: Zehn Kilometer nordöstlich liegt Follina, wo in der Kirche **San Pietro di Foletto** schöne romanische Fresken zu bewundern sind. Eine davon zeigt Christus umgeben von Werkzeugen verschiedener Berufszweige.

Weinberge bei Valdobbiadene

Im Detail: Vicenza ❶

Detail der Contrà Porti Nr. 21

Vicenza ist als die Stadt Andrea Palladios (1508–1580) bekannt geworden, des einflussreichsten Architekten seiner Zeit. Obwohl er in Padua geboren wurde, war Vicenza seine Heimat; ein Rundgang durch die Stadt zeigt die Entwicklung seines unverkennbaren Baustils. Das Stadtzentrum prägen die mit Loggien umgebene Basilika und zahlreiche Paläste, die sich die wohlhabenden Einwohner Vicenzas errichten ließen.

Loggia del Capitaniato
Die hohen Arkaden entwarf Palladio 1571.

An der Contrà Porti stehen einige der elegantesten Palazzi von Vicenza.

Palazzo Valmarana
Palladios eindrucksvolles Bauwerk (1566) sollte dreimal so groß werden. Der Palast wurde erst 1680 vollendet, 100 Jahre nach dem Tod des Architekten.

Duomo
Der Zweite Weltkrieg hinterließ schwere Schäden, 1950 wurde die Kathedrale teilweise neu errichtet.

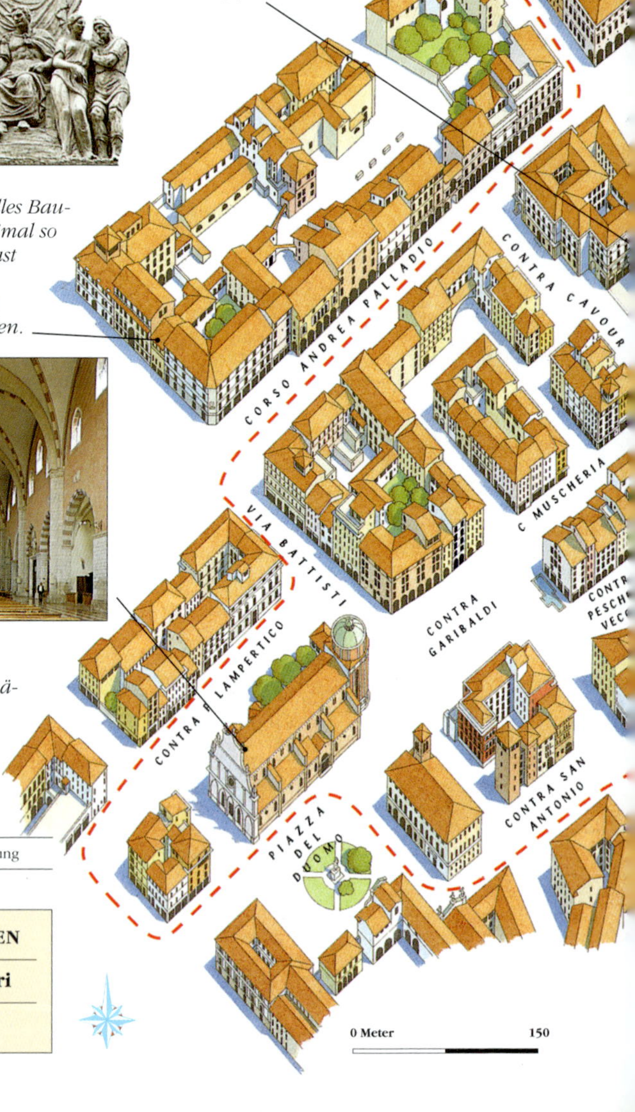

Legende

— — — Routenempfehlung

Nicht versäumen

★ **Piazza dei Signori**

★ **Casa Pigafetta**

INFOBOX

Straßenkarte C4. *116 000.*
FS *Piazza Stazione.* *Piazza Matteotti 12.* *0444 32 08 54.*
Di u. Do. *Konzertsaison (Mai–Juni); Theatersaison (Mai–Juni, Sep–Okt); Licht- und Tonshow (Ende Juli).*
www.comune.vicenza.it

★ Piazza dei Signori
Prächtige Bauten aus dem 15. Jahrhundert – darunter die imposante Basilika und der schlanke Backsteinturm – geben der belebten Piazza den angemessenen Rahmen.

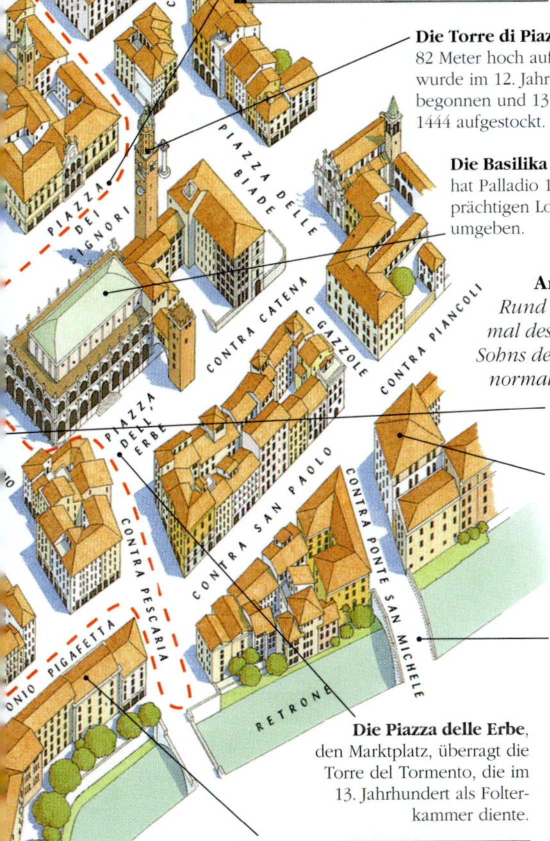

Die Torre di Piazza ragt 82 Meter hoch auf. Der Turm wurde im 12. Jahrhundert begonnen und 1311 sowie 1444 aufgestockt.

Die Basilika (15. Jh.) hat Palladio 1549 mit prächtigen Loggien umgeben.

Andrea Palladio
Rund um das Denkmal des berühmtesten Sohns der Stadt stehen normalerweise bunte Marktbuden.

Im Quartiere delle Barche finden Sie zahlreiche sehenswerte Paläste (14. Jh.) im Stil der venezianischen Gotik.

Die Piazza delle Erbe, den Marktplatz, überragt die Torre del Tormento, die im 13. Jahrhundert als Folterkammer diente.

Ponte San Michele
Von der 1620 erbauten Steinbrücke bietet sich ein schöner Blick auf die Stadt.

★ Casa Pigafetta
In dem Haus wurde Antonio Pigafetta geboren, der 1519 zusammen mit Magellan die Welt umsegelte.

Überblick: Vicenza

Die Stadt Palladios lockt mit fantastischer Architektur. Vicenza zählt zu den reichsten Städten des Veneto und bietet neben Denkmälern aus römischer Zeit und der Renaissance (es gibt ein kombiniertes Museumsticket) auch zahlreiche elegante Läden.

Von ihren Säulen blicken diese Statuen auf die Piazza dei Signori hinab

Piazza dei Signori

Im Herzen der Altstadt wird der Platz von dem imposanten Palazzo della Ragione geprägt. Das grüne Kupferdach des öffentlichen Hauses, das meist »Basilica« genannt wird, hat die Form eines umgekehrten Schiffsrumpfs und trägt eine Balustrade mit Statuen griechischer und römischer Gottheiten. Die Kolonnaden entwarf Palladio 1549, um den aus dem 15. Jahrhundert stammenden, bereits kurz nach seiner Fertigstellung vom Einsturz bedrohten Kommunalpalast zu stützen. Es war der erste öffentliche Auftrag des Meisterarchitekten.

Die Torre di Piazza steht bereits seit dem 12. Jahrhundert. Gegenüber, neben Palladios Loggia del Capitaniato (1571), liegt das Gran Caffè Garibaldi. Im Obergeschoss der Loggia befindet sich die Ratskammer.

Contrà Porti

Contrà (eine Abkürzung von *contrada*, Stadtviertel) heißt im Vicenzer Dialekt »Straße«. Die Westseite dieser Contrà ziert eine Reihe gotischer Patrizierhäuser mit verzierten Fenstern und Balkonen. Nr. 19 ist der Palazzo Porto-Colleoni. Diese Gebäude spiegeln die venezianische Architektur wider und erinnern daran, dass Vicenza einst zum Herrschaftsbereich der Lagunenstadt gehörte.

Auch diverse Bauten Palladios stehen hier. Die Palazzi Thiene (Nr. 12; 1545–50), Porto Barbarano (Nr. 11; 1570) und Iseppo da Porto (Nr. 21; 1552) illustrieren die Vielfalt seines Stils – jeder ist einzigartig. Am Palazzo Thiene hat Palladio einen beliebten Kunstgriff angewandt: Auf den ersten Blick scheint das Gebäude aus Stein, doch erkennt man bei näherem Hinsehen, dass es aus Ziegeln errichtet ist, denen Handwerker das Aussehen von behauenem Stein verliehen.

Casa Pigafetta

Contrà Pigafetta. ● *für Besucher.*

Mit seiner Stilmischung aus Gotik und Renaissance mit spanischem Einfluss wirkt das Gebäude (1481) pittoresk. Der erste Besitzer, Antonio Pigafetta, begleitete Magellan 1519–22 bei der Weltumsegelung und gehörte zu den 20 Überlebenden dieser Reise.

Museo Civico

Piazza Matteotti. *0444 32 13 48.* *Di–So.* ● *25. Dez, 1. Jan.*

Die städtische Kunstsammlung ist in Palladios Palazzo Chiericati (1550) untergebracht. Im Inneren fällt Domenico Brusazorzis Fresko ins Auge, das einen nackten Wagenlenker (die Sonne) zeigt, der über die Decke der Eingangshalle zu fliegen scheint. Im Obergeschoss hängen herrliche Gemälde. Besondere Beachtung unter den gotischen Meisterwerken aus örtlichen Kirchen verdient Hans Memlings *Kreuzigung Christi* (1468–70), die Mitteltafel eines Triptychons, dessen Seitenflügel sich in New York befinden. In weiteren Räumen sind Gemälde von Bartolomeo Montagna (um 1450–1523) zu sehen, darunter *Pala di San Bartolo Madonna* und *Muttergottes mit Heiligen*.

Santa Corona

Die dreischiffige gotische Kirche wurde 1261 errichtet – als Schrein für einen Dorn aus der Krone Christi, den Louis IX von Frankreich gestiftet hatte. In der Cappella Porto befindet sich das Grab von Luigi da Porto (gest. 1529), Autor

Brusazorzis Deckenfresko in der Eingangshalle des Museo Civico

des Romans *Romeo und Julia*, auf dem Shakespeares Drama basiert. Zu den Gemälden gehören Bellinis *Taufe Christi* und Veroneses *Anbetung der Könige*. Im Kloster ist heute das Museo Naturalistico-Archeologico untergebracht.

San Lorenzo

Das Portal der Kirche ist ein herausragendes Beispiel gotischer Steinmetzkunst. Im Tympanon dargestellt sind die Muttergottes sowie die Heiligen Franziskus und Laurentius. Leider sind die Fresken beschädigt. Der Kreuzgang ist eine Oase der Ruhe.

Kreuzgang der Kirche San Lorenzo

Palazzo Leoni Montanari

Contrà Santa Corona 25. *800 57 88 75.* *Di–So 10–18 Uhr.*

Giovanni Leoni Montanari, dessen Vermögen aus dem Stoffhandel stammte, gab das Barockgebäude, das um 1720 fertiggestellt wurde, in Auftrag. Heute befindet sich hier eine Sammlung mit venezianischen Gemälden und russischen Ikonen.

Monte Berico

Basilica di Monte Berico. *tägl.*

Monte Berico ist ein Zypressenhügel südlich von Vicenza, auf den sich reiche Einwohner der Stadt während der Sommerhitze flüchteten. Seit Mitte des 18. Jahrhunderts schützt ein schattiger Laubengang die Pilger, die von der Stadtmitte zu der kuppelgekrönten Basilika hinaufwandern.

Die Wallfahrtskirche datiert aus dem 15. Jahrhundert, erfuhr im 18. Jahrhundert einige Erweiterungen und ist der Marienerscheinung geweiht, die hier einer Bäuerin verkündete, Vicenza werde von der Pest verschont.

Heute bringen Busse Pilger zur prunkvollen Barockkirche hinauf, in der Montagnas ergreifende *Pietà* (1572) besondere Aufmerksamkeit verdient. Weitere Attraktionen sind die Fossiliensammlung im Kloster und Veroneses Gemälde *Das Gastmahl Gregors des Großen* (1572) im Refektorium, das nur auf Anfrage besichtigt werden kann. Während der Aufstände von 1848 zerschnitten Soldaten die große Leinwand in Streifen. Neben dem Meisterwerk hängt eine Tafel, die die mühevollen Restaurierungsarbeiten dokumentiert.

Die elegante Villa Rotonda, Palladios berühmtestes Bauwerk

Villa Valmarana

Via dei Nani 12. *0444 54 39 76.* *Mitte März–5. Nov.* *Mo, Di u. Fr vormittags.*

Auf der Gartenmauer der Villa, die Antonio Muttoni 1688 entwarf, stehen die Zwergenstatuen, die dem Bauwerk den Beinamen *ai Nani* (»zu den Zwergen«) gaben. Die Wände sind mit Fresken von Tiepolo gestaltet: Die Götter des Olymps blicken auf Szenen von Homer und Vergil hinab. Die Fresken in der Foresteria, die ländliches Leben und Landschaften zeigen, stammen von Tiepolos Sohn Giandomenico.

Von der Wallfahrtskirche zur Villa sind es nur zehn Minuten Fußweg. Folgen Sie der Via M. d'Azeglio bis zum Kloster, wo die Straße endet, und biegen in die Via San Bastiano ein. Es verkehrt auch ein Bus.

Die barocke Wallfahrtskirche Basilica di Monte Berico auf dem gleichnamigen Hügel

Villa Rotonda

Via della Rotonda 25. *0444 32 17 93.* **Villa** *Mitte März–4. Nov: Mi.* **Garten** *Mitte März–4. Nov: Di–So 10–12, 15–18 Uhr; 5. Nov–Mitte März: Di–So 10–12, 14.30–17 Uhr.*

Mit ihrer Symmetrie ist La Rotonda zum Inbegriff der Architektur Palladios geworden. Sein bekanntestes Bauwerk – ein überkuppelter *salone* in einem quadratischen Bau mit vier Portiken – wirkt so schlicht wie ästhetisch. Durch den Kontrast von weißen Wänden, Terrakottaziegeln und Garten wird dieser Eindruck noch verstärkt. Die 1550–52 erbaute Villa hat Architekten in aller Welt inspiriert (ähnliche Bauten stehen in Delhi, London und St. Petersburg). Ein Bus bringt die Besucher zur Villa. *Don-Giovanni*-Fans werden den Schauplatz aus Joseph Loseys Film (1979) wiedererkennen.

Vicenza: Teatro Olimpico

Das älteste erhaltene überdachte Theater besteht zum größten Teil aus Holz und Gips, bemalt in der für Marmor typischen Maserung. Der Architekt Andrea Palladio *(siehe S. 24f)* begann 1579 mit dem Entwurf, starb jedoch im darauffolgenden Jahr, ohne ihn vollendet zu haben. Sein Schüler Vincenzo Scamozzi führte das Projekt weiter und stellte den Theaterbau rechtzeitig zur Eröffnungsvorstellung am 3. März 1585 fertig: Gespielt wurde das Drama *König Ödipus* von Sophokles.

Antike Dramen
Noch heute werden auf Scamozzis Bühne griechische Dramen aufgeführt.

★ Fresken im Odeon
Die Götter des Olymps, nach dem das Theater benannt ist, zieren diesen Raum, in dem Konzerte veranstaltet wurden.

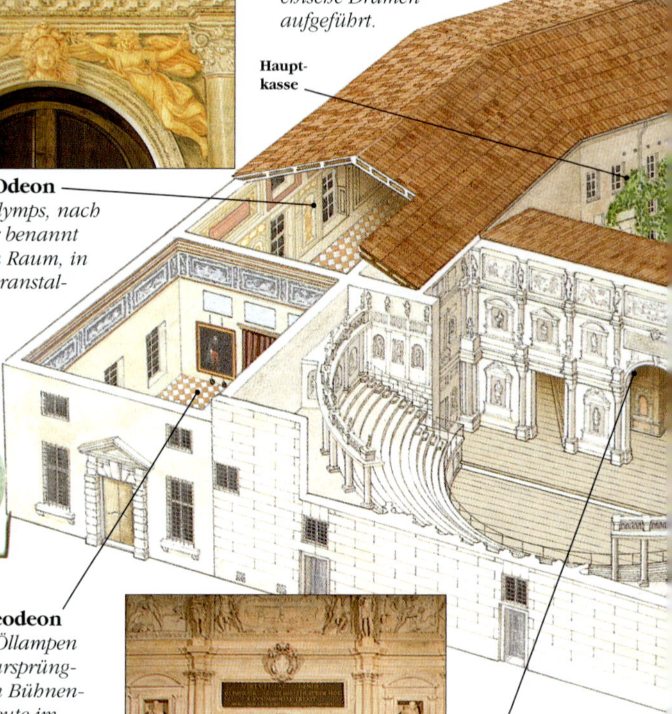

Haupt-kasse

Anteodeon
Die Öllampen des ursprünglichen Bühnenprospekts sind heute im Anteodeon des Theaters zu sehen, dessen Fresken die Eröffnungsvorstellung darstellen.

★ Perspektivbühne
Scamozzis plastische Kulissenstadt zeigt das antike Theben. Durch geschickte Perspektiven und den ansteigenden Bühnenboden entsteht der Eindruck großer Weite.

Nicht versäumen

- **★ Fresken im Odeon**
- **★ Perspektivbühne, Vincenzo Scamozzi**

Innenhofskulpturen
Den Hof des ehemaligen Kastells schmücken Skulpturen, gestiftet von den Mitgliedern der Accademia Olimpica, die das Theater erbauen ließen.

INFOBOX

Piazza Matteotti.
☎ 0444 22 28 00.
🚌 zur Piazza Matteotti.
○ Di–So 9–17 Uhr (Juli und Aug: teilweise länger).
● 1. Jan, 25. Dez und bei Theatervorführungen.

Arsenalsportal
Dieser Torbogen mit seinen militärischen Motiven führt von der Piazza Matteotti in den malerischen Innenhof des Theaters.

Den Zuschauerraum entwarf Palladio nach dem Vorbild griechischer und römischer Amphitheater wie demjenigen in Verona *(siehe S. 195)*. Über das Halboval aus »steinernen« Bänken (sie sind aus Holz) spannt sich ein gemalter Sternenhimmel.

Kostümentwürfe für *Sofonisba*
Griechische Vasen lieferten die Vorlage zu den Kostümen dieser Tragödie (1562) von G. G. Trissino.

Schauwandstatuen
Die Statuen sind Bildnisse der Akademiemitglieder, die den Bau finanzierten.

Die mittelalterliche Stadt Treviso ist von Kanälen durchzogen

Treviso ❾

Straßenkarte D3. *81 700.* FS *Piazzetta Monte di Pietà 8.* *0422 54 76 32.* *Di u. Sa nachmittags.*

DIE HÜBSCHEN Häuser an weidenbewachsenen Kanälen machen Treviso zu einem lohnenden Ausflugsziel. Häufig mit Venedig verglichen, hat die Stadt doch einen ganz eigenen Charakter. Ein Bummel entlang der Hauptstraße, von der Kathedrale zum restaurierten Rathaus, dem Palazzo dei Trecento (13. Jh.), vermittelt einen guten Eindruck der Architektur. Die Tradition, die Häuser zu bemalen, reicht bis ins Mittelalter zurück, als diese Art von Fassadenschmuck bei Holz- und Ziegelbauten den Mangel an (seltenem und teurem) Stein kompensieren sollte. Auch den Fischmarkt auf einer Insel im Fluss Sile gab es schon im Mittelalter.

Duomo

Der im 12. Jahrhundert geweihte Dom von Treviso wurde im 15., 16. und 18. Jahrhundert umgebaut. Er besitzt Tizians *Verkündigung* (1570) und das ausdrucksvolle Fresko *Anbetung der Könige* (1520) von Tizians Erzrivalen Pordenone. Erwähnenswert sind auch Paris Bordones Fresko *Anbetung der Hirten* und das prächtige Wandgrab für den Bischof Zanetti (1501) von Pietro Lombardo und seinen Söhnen.

Museo Civico

Via Santa Caterina. *0422 54 48 64.* *Di–So.* *Feiertage.*

Das Museo Civico in den kürzlich renovierten Räumlichkeiten des Klosters Santa Caterina dei Servi beherbergt eine archäologische Sammlung und eine Gemäldegalerie. Die schönsten Werke sind Lorenzo Lottos *Bildnis eines Dominikaners* (1526), Tizians *Bildnis des Sperone Speroni* (1544) und Bassanos *Kreuzigung*. Berühmt sind die Fresken (14. Jh.) mit Szenen aus dem Leben der heiligen Ursula von Tomaso da Modena.

San Nicolò

Die Dominikanerkirche San Nicolò bei der Stadtmauer (16. Jh.) besitzt sehenswerte Grabmäler und Fresken, einige von Lorenzo Lotto. Christophorus wird mit einem großen Bild geehrt, die Pfeiler des Langhauses wurden von Tomaso da Modena mit Heiligenbildern bemalt. Von ihm sind auch die humorigen Mönchsbilder (1352) im Kapitelsaal (Eingang Seminario Vescovile). Das Grabmal des Agostino Onigo (1500) stammt von Antonio Rizzo.

Conegliano ⑩

Straßenkarte D3. *35 300.*
Via XX Settembre 61.
0438 212 30. *Fr.* **Läden** *Mo vormittags.*

CONEGLIANO liegt umgeben von Weinbergen, wo Trauben für den Prosecco und den Rotwein der Region gedeihen *(siehe S. 238f)*. Angehende Winzer lernen in der hiesigen renommierten Weinbauschule. Die arkadengesäumte Hauptstraße, die Via XX Settembre, schlängelt sich durch die hübsche Altstadt mit Häusern aus dem 15. bis 18. Jahrhundert, die teils Freskenschmuck tragen, teils im Stil der venezianischen Gotik errichtet sind.

Der **Duomo** birgt eines der bedeutendsten Kunstwerke der Stadt, das Altarbild *Muttergottes mit Christuskind, Heiligen und Engeln* (1493) von Cima da Conegliano (1460–1518). Auftraggeber war die Bruderschaft der Flagellanten, deren freskengeschmückter Sitz, die Scuola di Santa Maria dei Buttati, neben der Kirche steht.

In der **Casa di Cima**, dem Geburtshaus des Künstlers, sind Kopien von Giambattista Cimas Gemälden ausgestellt. Im **Castelvecchio** befindet sich das Stadtmuseum.

Casa di Cima
Via Cima. *0438 21 660.*
telefonisch erfragen.

Castelvecchio
Piazzale Castelvecchio 8. *0438 228 71.* **Museum** *Di–So (Nov: nur So und Feiertage).* **Gärten** *tägl. (außer Nov).*

Grundmauern römischer Bauten in Concordia nahe Portogruaro

Portogruaro ⑪

Straßenkarte E3. *26 000.*
Via Martiri della Libertà 19–21. *0421 735 58.* *Do vormittags.* **Läden** Mo.

PORTOGRUARO an der Hauptstraße zwischen Venedig und Triest ist der mittelalterliche Nachfahre der römischen Stadt Concordia Sagittaria. Funde aus der Römerzeit sind im **Museo Concordiese** ausgestellt. Wer die Ausgrabungsstätten besichtigen möchte, muss das moderne Dorf Concordia (2 km südlich von Portogruaro) besuchen. Hier befinden sich die Grundmauern der römischen Siedlung.

Museo Concordiese
Via Seminaro 26. *0421 726 74.*
tägl. *1. Jan, 25. Dez.*

Caorle ⑫

Straßenkarte E3. *11 700.*
Calle delle Liburniche 18.
0421 810 85. *Sa nachmittags.*

WIE VENEDIG wurde auch Caorle von ehemaligen Festlandbewohnern gegründet, die im 5. Jahrhundert vor den Goten in die Sümpfe der venezianischen Lagune flüchteten. Heute ist es Badeort und Fischerdorf zugleich. Interessant ist die Gegend auch für Naturforscher, denn an den schilfreichen Gewässern der künstlichen Lagunen haben sich zahlreiche Wasservögel niedergelassen.

Der **Duomo** (11. Jh.) des Orts verdient schon seiner Pala d'Oro wegen einen Besuch. Dieses vergoldete Altarbild ist aus byzantinischen und venezianischen Silberarbeiten (12. und 13. Jh.) zusammengesetzt.

Fischer aus Caorle bei der Arbeit

Mestre ⑬

Straßenkarte D4. *179 000.*
Mi u. Fr vormittags.

DIE INDUSTRIEVORSTADT Venedigs ist eine wirkliche Alternative für all jene, die die Region möglichst preiswert erkunden wollen; gleichzeitig gibt es hier eine Reihe guter Restaurants. Wer mit dem Flugzeug nach Venedig kommt *(siehe S. 270f)*, sieht im Anflug auf die Stadt die Fabriken von Mestre und Marghera, die für die Wirtschaft der Region von entscheidender Bedeutung sind.

Mythische Skulptur in der Via XX Settembre in Conegliano

Im Detail: Padua ⓮

DER STADTKERN VON PADUA (Padova) zählt zu den belebtesten Norditaliens, was auf die 1222 gegründete Universität der Stadt zurückzuführen ist, aber auch auf die beiden Straßenmärkte. Täglich außer sonntags werden rund um den riesigen Palazzo della Ragione Obst und Gemüse verkauft. Unter den Arkaden dieses Stadtpalasts, der im Mittelalter Gerichtshof und Ratskammer beherbergte, befinden sich heute zahlreiche Bars, Restaurants und Läden.

Palazzo del Capitanio
Den Uhrturm des 1599–1605 als Sitz des venezianischen Stadtkommandanten erbauten Palasts schmückt eine astronomische Uhr (1344).

Die Piazza dei Signori ist umgeben von schönen Arkaden mit kleinen Läden, netten Cafés und altmodischen Weinbars .

In der Corte Capitaniato, der im 14. Jahrhundert gegründeten Kunstakademie, werden Konzerte veranstaltet. Hier ist eines der seltenen Bildnisse von Petrarca zu bewundern.

Loggia della Gran Guardia
Der heute als Konferenzzentrum genutzte Renaissancepalast datiert aus dem Jahr 1523. Hier tagte einst der Rat der nobili.

★ Duomo und Battistero
Im Baptisterium aus dem 12. Jahrhundert ist ein vollständig erhaltener, jetzt restaurierter mittelalterlicher Freskenzyklus zu sehen. Giusto de' Menabuoi schuf ihn 1378.

Im Palazzo del Monte di Pietà umschließen Arkaden aus dem 16. Jahrhundert ein mittelalterliches Gebäude.

LEGENDE

– – – Routenempfehlung

0 Meter 75

★ Caffè Pedrocchi
Das im Stil eines antiken Tempels erbaute Café erfreut sich seit seiner Eröffnung im Jahr 1831 bei Studenten und Intellektuellen großer Beliebtheit.

INFOBOX

Straßenkarte D4. *220 000.* **FS** *Piazza Boscetti.* **i** *Piazzale della Stazione.* *049 875 20 77.* *Mi–Sa am Prato della Valle.* ***Läden*** *Mo vorm. (Mode), Mi nachm. (Lebensmittel).* *Konzertsaison (Okt–Apr).* www.turismopadova.it

Palazzi Comunali
Zu dem Gebäudekomplex mit den Büros der Stadtverwaltung gehört auch ein Wehrturm (13. Jh.).

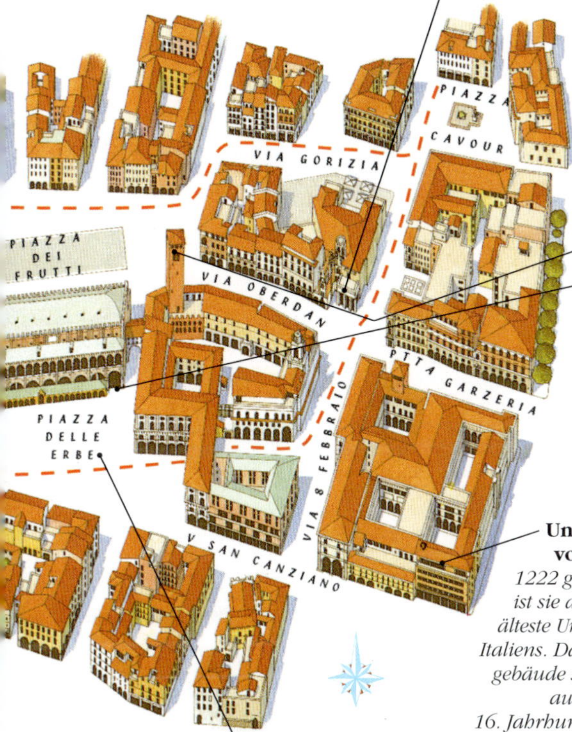

Der Palazzo della Ragione
(»Palast der Vernunft«) war im Mittelalter Sitz des Gerichtshofs. Der Innenraum ist mit prächtigen astrologischen Fresken ausgemalt.

Universität von Padua
1222 gegründet, ist sie die zweitälteste Universität Italiens. Das Hauptgebäude stammt aus dem 16. Jahrhundert.

★ Piazza delle Erbe
Einen guten Blick auf den Platz hat man von den zweigeschossigen Loggien (16. Jh.) des Palazzo della Ragione.

NICHT VERSÄUMEN

- **★ Duomo und Battistero**
- **★ Caffè Pedrocchi**
- **★ Piazza delle Erbe**

Überblick: Padua

Die Universitätsstadt Padua kann auf eine illustre akademische Geschichte zurückblicken und ist reich an Kunstschätzen und Architektur. Zwei Sehenswürdigkeiten ragen heraus: zum einen die zum Eremitani-Museenkomplex gehörige Cappella Scrovegni *(siehe S. 180f)* im Norden der Stadt, die durch Giottos Fresken berühmt wurde, zum anderen die Basilica di Sant'Antonio, eine der meistbesuchten Wallfahrtskirchen Italiens, die den Ausgangspunkt für weitere Besichtigungen bilden kann *(siehe S. 182f)*.

Detail aus dem Ägyptischen Zimmer im Obergeschoss des Caffè Pedrocchi

Caffè Pedrocchi

Via VIII Febbraio 15. 049 878 12 31. *tägl. (Juni–Okt: Di–So).*
Museo del Risorgimento e dell'Età Contemporanea *049 820 50 07.* *tägl. Di–So.*

Die Kaffeehauskultur hat in Norditalien Tradition. Im Caffè Pedrocchi wurden viele philosophische und politische Fragen diskutiert. 1831 eröffnet, entwickelte sich das Café zum Zentrum der Risorgimento-Bewegung, die die Unabhängigkeit Italiens zum Ziel hatte. 1848 war es Ausgangspunkt eines gescheiterten Aufstands, der die Hinrichtung mehrerer Studentenführer zur Folge hatte. Berühmt wurde es später als »Kaffeehaus ohne Türen«, weil es Tag und Nacht geöffnet blieb; ein Treffpunkt zum Reden, Lesen, Kartenspielen, Essen und Trinken.

In den Räumen des Obergeschosses, die im ägyptischen, maurischen, griechischen und mittelalterlichen Stil dekoriert sind, wurde ein Museum eingerichtet.

Palazzo del Bo (Universität)

Via VIII Febbraio 2. *049 820 97 11.* *Di, Do u. Sa vormittags, Mo, Mi u. Fr nachmittags (variabel, telefonisch nachfragen).*

Das Hauptgebäude der Universität, nach dem längst abgerissenen Gasthof Il Bo (Zum Ochsen) benannt, wird heute in erster Linie für Abschlussfeiern benutzt. Ursprünglich war hier die namhafte medizinische Fakultät untergebracht, wo viele berühmte Ärzte studierten und auch lehrten. 1678 – lange bevor europäische Universitäten Frauen zuließen – schloss Elena Lucrezia Corner Piscopia als erste Studentin hier ihre Ausbildung ab. Neben der Treppe des Innenhofs (16. Jh.) steht ihr Standbild.

Im Rahmen der Führung ist die Kanzel zu sehen, von der Galileo Galilei zwischen 1592 und 1610 seine Vorlesungen hielt. Das Teatro Anatomico (1594) ist der älteste erhaltene akademische Seziersaal der Welt.

Die hölzernen Ränge des Teatro Anatomico (16. Jh.), Palazzo del Bo

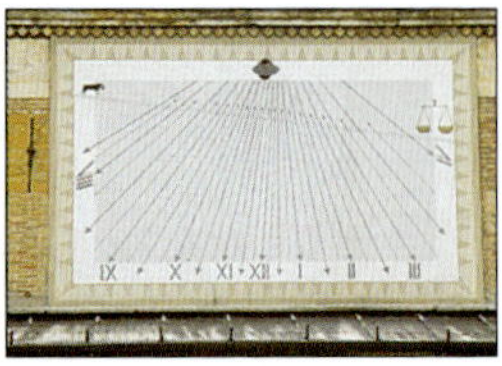

Sonnenuhr an der Fassade des Palazzo della Ragione

Palazzo della Ragione

Piazza delle Erbe. *049 820 50 06.* *Di–So.* *1. Jan, 1. Mai, 25. Dez.*

Der »Palast der Vernunft«, von den Einheimischen schlicht »Salone« genannt, entstand 1218 als Gerichtshof und Sitz des Rats. Der riesige Innenraum war ursprünglich mit Fresken von Giotto versehen, die jedoch 1420 einem Brand zum Opfer fielen. Die Malereien, die heute den Saal schmücken, stammen von Nicola Miretto.

Abgesehen von der Ausstattung beeindruckt der Raum allein durch seine Weite. Er ist mit 80 Metern Länge, 27 Metern Breite und 27 Metern Höhe der größte nicht unterteilte mittelalterliche Saal Europas und birgt ein riesiges Holzpferd, das vermutlich 1466 als Kopie von Donatellos Gattamelata-Standbild *(siehe S. 183)* angefertigt und bei Prozessionen mitgeführt wurde.

Mirettos Fresken (1420–25) stellen die zwölf Monate des Jahres dar; die Tafeln zeigen Tierkreiszeichen, Planetenbilder, Apostel und typische Tätigkeiten. Hier befindet sich auch der »Stein der Schande«: Bankrotteure wurden an den Pranger gestellt, bevor man sie aus der Stadt verbannte.

Eremitani-Museen

Der bedeutende Museenkomplex Paduas ist in einer Reihe von Klosterbauten aus dem 14. Jahrhundert untergebracht, die zu der Kirche der Augustiner-Eremiten gehörten. Die Eintrittskarte gilt für die Cappella Scrovegni *(siehe S. 180f)*, die das römische Amphitheater der Stadt überblickt, das Archäologiemuseum, das Museo Bottacin (Münzen und Medaillen) sowie für die Sammlungen mittelalterlicher und moderner Kunst, die sich um den Kreuzgang des Eremitenklosters gruppieren.

***Himmlische Heerscharen* (15. Jh.) von Guariento; Kunstmuseum**

Grabmal der Familie Volumni in der archäologischen Sammlung

Chiesa degli Eremitani

Gleich neben dem Museenkomplex befindet sich die Kirche der Augustinereremiten (1276–1306), die ihre Berühmtheit der überaus prachtvollen Decke und den Wandgräbern verdankt. Hier ist auch der Rechtsgelehrte Marco Benavides (1489–1582) bestattet; das Grabmal hat der berühmte Florentiner Renaissance-Architekt Ammannati geschaffen. Leider wurden Andrea Mantegnas wunderbare Fresken (1454–57) bei einem Bombenangriff 1944 zerstört.

Den Angriff unbeschadet überstanden haben nur zwei Szenen, die heute in der Cappella Ovetari zu sehen sind: *Das Martyrium des heiligen Johannes* wurde in mühevoller Kleinarbeit aus Fragmenten zusammengesetzt, während das *Christophorusmartyrium* schon vor dem Bombardement zur Restaurierung aus der Kirche entfernt worden war.

Museen

Glanzlicht der reichhaltigen archäologischen Sammlung ist das tempelähnliche Grabmal der Familie Volumni aus dem 1. Jahrhundert. Neben anderen römischen Funden aus der Region des Veneto befindet sich hier auch der Grabstein der jungen Tänzerin Claudia Toreuma, den leider kein Porträt der Verstorbenen schmückt. Außerdem umfasst die Sammlung eine Reihe sehenswerter Mosaiken und mehrere eindrucksvolle, lebensgroße Statuen römischer Götter und Würdenträger in Toga. Viele Besucher kommen der Renaissancebronzen wegen; schön ist *Der trinkende Satyr* von Il Riccio (1470–1532).

Für Münzsammler ist das Museo Bottacin absolutes Muss, da es u. a. eine komplette Sammlung aller venezianischen Münzen und einige sehr seltene römische Medaillen besitzt.

Das Museum für moderne Kunst ist derzeit wegen Renovierungsarbeiten geschlossen. Jedoch lohnt sich ein Besuch des mittelalterlichen Museums, in dem die Geschichte der venezianischen Kunst, mit Gemälden von Giotto bis zu Werken des 16. Jahrhunderts, dokumentiert wird. Ein weiteres Museum beschäftigt sich mit Giottos Einfluss auf die venezianische Kunst und zeigt u. a. ein Kruzifix aus der Cappella Scrovegni. Es wird von himmlischen Heerscharen (spätes 15. Jh.) von Guariento flankiert. Bemerkenswert ist Giovanni Bellinis *Bildnis eines jungen Senators* (15. Jh.).

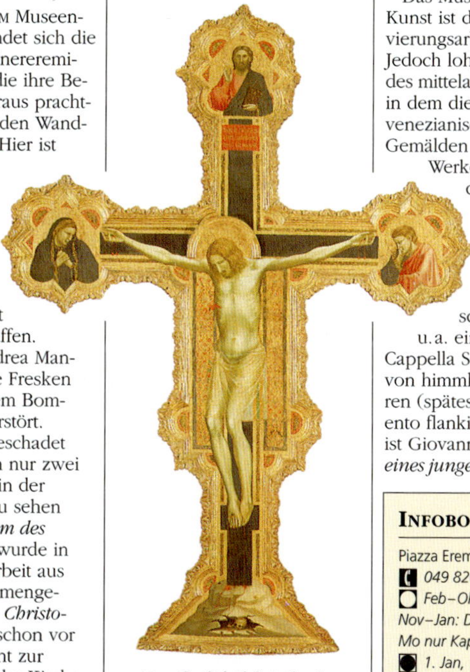

Kruzifix (14. Jh.), Leihgabe aus der Cappella Scrovegni

Infobox

Piazza Eremitani.
049 820 45 51.
Feb–Okt: Di–So 9–19 Uhr; Nov–Jan: Di–So 9–18 Uhr. Mo nur Kapelle geöffnet.
1. Jan, 1. Mai, 25./26. Dez.

Padua: Cappella Scrovegni

Enrico Scrovegni, einer der reichsten Bürger der Stadt, ließ diese Kapelle 1303 errichten, um seinen verstorbenen Vater, einen Wucherer, vor den Qualen des Fegefeuers zu bewahren, das Dante ihm in seinem *Inferno* gewünscht hatte. Giotto schmückte 1303–05 den Raum mit Fresken, die Szenen aus dem Leben Christi darstellen. Aufgrund ihrer Ausstrahlung hatten die Fresken einen starken Einfluss auf die europäische Kunst.

Geburt Christi
Marias natürliche Haltung markiert die Abkehr von der byzantinischen Stilisierung. Der Himmel ist nicht mehr golden, sondern blau.

Vertreibung der Händler
Die wütende Geste Christi sowie die Haltung des Kaufmanns und das Kind, das sein Gesicht in den Händen vergräbt, sind typisch.

Coretti
Die Coretti *genannten Tafeln malte Giotto als perspektivische Übung: Es entsteht der Eindruck eines Bogens mit einem dahinter liegenden Raum.*

Blick auf die Altarwand

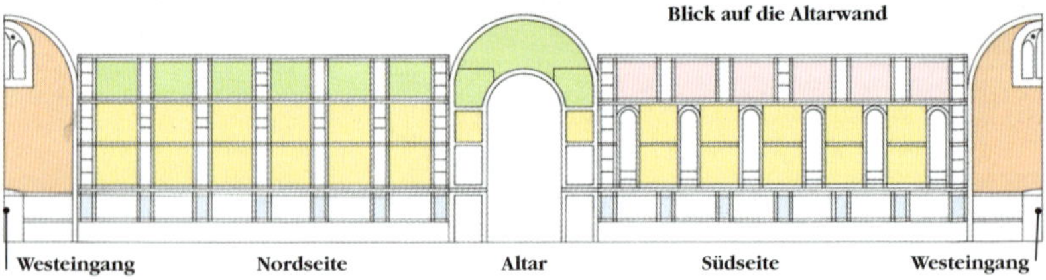

Kurzführer

Wegen des begrenzten Raums wird nur eine bestimmte Anzahl von Besuchern zugelassen, sodass mit Wartezeiten zu rechnen ist. Besucher müssen 15 Minuten in einem Desinfektionsraum verbringen, in dem man einen einführenden Film sieht. Auch die Besichtigungsdauer ist auf 15 Minuten begrenzt. Es herrscht Reservierungspflicht, telefonisch (049 201 00 20) oder online (www.cappelladegliscrovegni.it) unter Angabe der Kreditkartennummer. Auch der Rest des Eremitani-Komplexes lohnt einen Besuch.

Legende

- Geschichte Joachims und Annas
- Szenen aus dem Marienleben
- Szenen vom Leben und Tod Jesu
- Tugenden und Laster
- Das Jüngste Gericht

Das Jüngste Gericht
Das Bild nimmt die Westwand ein. Die Komposition ist weitaus mehr der byzantinischen Tradition verschrieben als die meisten Fresken der Kapelle; vermutlich stammen Teile von Giottos Schülern. Rechts unten der Stifter, Enrico Scrovegni, bei der »Übergabe« der Kapelle an Maria.

INFOBOX

Giardini dell'Arena (Eingang: Piazza Eremitani). *049 201 00 20.* *zum Piazzale Boschetti.* *tägl. 9–22 Uhr (Jan, Feb: bis 19 Uhr).* *1. Jan, 1. Mai, 25./26. Dez.* *siehe auch Eremitani-Museen S. 179.* ***Voranmeldung obligat.*** www.cappelladegliscrovegni.it

Tempelgang Mariens
Bei vielen Szenen benutzte Giotto Hintergrundarchitektur, um durch perspektivische Verkürzungen den Eindruck von Dreidimensionalität entstehen zu lassen.

Ungerechtigkeit
Tugenden und Laster malte Giotto monochrom. Die Ungerechtigkeit wird hier durch Kriegsszenen, Mord und Raub dargestellt.

Blick auf den Eingang

Beweinung Christi
Giottos Figuren drücken Trauer unterschiedlich aus; einige klagen kauernd, andere gestikulieren.

GIOTTO

Der Florentiner Giotto (1266–1337) gilt als Wegbereiter der modernen abendländischen Malerei. Sein Werk, charakterisiert durch Räumlichkeit, Natürlichkeit und narrative Dramatik, markiert die Abkehr von der byzantinischen Tradition, die die Malkunst über 1000 Jahre bestimmt hatte. Obwohl Giotto schon zu Lebzeiten geschätzt wurde, steht die Urheberschaft vieler Bilder nicht eindeutig fest. Manche dürften von anderer Hand stammen. Die Fresken der Cappella Scrovegni sind urkundlich als seine Arbeit nachgewiesen.

Der Innenraum des Doms von Padua (16. Jh.)

Duomo und Battistero

Baptisterio ☎ *049 65 69 14.*
◯ *10–18 Uhr tägl.* ● *Ostern, 25. Dez.*

Der Auftrag zum Bau des Doms von Padua ging 1552 an Michelangelo, doch wurden seine skizzenhaften Entwürfe während der Bauarbeiten stark verändert. Von der im 4. Jahrhundert geweihten Vorgängerkirche ist noch das überkuppelte romanische Baptisterium erhalten, das Giusto de' Menabuoi um 1375 ausmalte. Die Fresken behandeln biblische Themen wie Schöpfungsgeschichte, Kreuzigung und Auferstehung Christi sowie das Jüngste Gericht.

Basilica di Sant'Antonio

Die exotisch anmutende Kirche mit den minarettähnlichen Türmen und den byzantinischen Kuppeln wird »Il Santo« genannt. Sie wurde 1232 begonnen, um die Überreste des heiligen Antonius von Padua aufzunehmen, eines Predigers, der das Werk Franz von Assisis fortführte. Ihm zu Ehren errichteten die Bürger von Padua eine der üppigsten Kirchen des Abendlands. Der Grundriss spiegelt den Einfluss byzantinischer Sakralbauten wider – rund um eine kegelförmige Kuppel gruppieren sich weitere sieben Kuppeln über einer Fassade, in der gotische und romanische Elemente verschmelzen. Das Innere ist eher konventionell. Der Hochaltar selbst, für den Donatello herrliche Reliefs (1444/45) mit den Antonius-Wundern, ein Bronzekruzifix sowie Figuren Marias und verschiedener Paduaner Heiliger schuf, ist nicht zugänglich. Zu besichtigen sind das Antonius-Grab im nördlichen Querhaus, das Votiv-

Basilica di Sant'Antonio und Donatellos Gattamelata-Reiterstandbild

Tour am Brenta-Kanal

Schon im 16. Jahrhundert wurde die Brenta zwischen Padua und der Lagune kanalisiert. Auf einer Länge von 36 Kilometern schiffbar, wurde sie bald zu einem viel befahrenen Wasserweg; an ihren Ufern bauten sich reiche Venezianer prächtige Landsitze. Die meisten dieser Gebäude sind erhalten, drei davon öffentlich zugänglich: die Villa Foscari in Malcontenta, die Villa Widmann-Foscari in Mira und die Villa Pisani in Stra. Eine Tour mit dem *burchiello* (Ausflugsboot) von Padua nach Venedig (oder umgekehrt) dauert acht bis neun Stunden, Bustouren sind schneller und billiger.

Der malerische Ort Mira

Legende

- Routenempfehlung
- Straße
- Bootsanlegestelle

Villa Pisani ①
Die schlossähnliche Villa (18. Jh.) besitzt ein Deckengemälde von Tiepolo.

← PADOVA

tafeln, Opfergaben und Fotos von Personen zieren, die dank der Hilfe des Heiligen von Krankheit genesen sind oder einen Unfall überlebt haben. Die Kapellenwände sind mit Marmorreliefs (1505–77; Szenen aus dem Leben des heiligen Antonius) verkleidet. Sie stammen u. a. von Jacopo Sansovino und Tullio Lombardo, wirken allerdings etwas kraftlos, wenn man sie mit dem *Kreuzigungs*-Fresko (um 1380) vergleicht, das Altichiero da Zevio für das Querschiff geschaffen hat. Es stellt Szenen in wunderbarer Körperlichkeit dar.

Gattamelata-Standbild

Beim Eingang zur Basilika steht eines der bedeutendsten Kunstwerke der Renaissance: Das Standbild (1443–52) ehrt den Söldnerführer Erasmo Gattamelata, der der Republik Venedig große Dienste erwiesen hatte. Diese Arbeit – das erste Reiterstandbild dieser Größe seit der Antike – brachte Donatello viel Ruhm ein.

Scuola del Santo und Oratorio di San Giorgio

Piazza del Santo. *049 875 52 35. 9–12.30 Uhr, 14.30–19 Uhr (im Winter bis 17 Uhr). 1. Jan, 25. Dez. Kombiticket.*

Eine der vier Steinbrücken über den Kanal des Prato della Valle

In diesen Gebäuden befinden sich fünf Fresken, darunter frühe Arbeiten von Tizian: zwei Szenen aus dem Leben des heiligen Antonius von 1511. Die Fresken im San-Giorgio-Oratorium (Szenen aus dem Leben Jesu und Antonius') stammen von Altichiero da Zevio und Jacopo Avenzo und entstanden zwischen 1378 und 1384.

Orto Botanico

Via Orto Botanico 15. *049 82 72 119. Apr–Okt: 9–13, 15–18 Uhr; Nov–März: Mo–Sa 9–13 Uhr (tel. nachfragen).*

Der Botanische Garten Paduas ist der älteste Europas. 1545 gegründet, hat er noch viel vom ursprünglichen Aussehen. 1565 wurde hier der erste Flieder gepflanzt, 1568 folgten die ersten Sonnenblumen, 1585 kam die erste Palme. 1590 züchtete man die ersten Kartoffeln Italiens. Den Garten, der dem Anbau von Heilpflanzen dienen sollte, zieren viele mediterrane und exotische Pflanzen.

Prato della Valle

Der Prato (Feld), der die Form eines römischen Theaters aufweist, gilt als größter Platz Italiens. Antonius von Padua pflegte hier zu predigen, doch später wurde das Areal vernachlässigt und verkam zu einem Malariasumpf. 1767 legte man es durch den Bau jenes Kanals trocken, der heute um den Prato herumführt. Vier Steinbrücken überspannen den Kanal, der von 78 Statuen prominenter Bürger der Stadt flankiert ist.

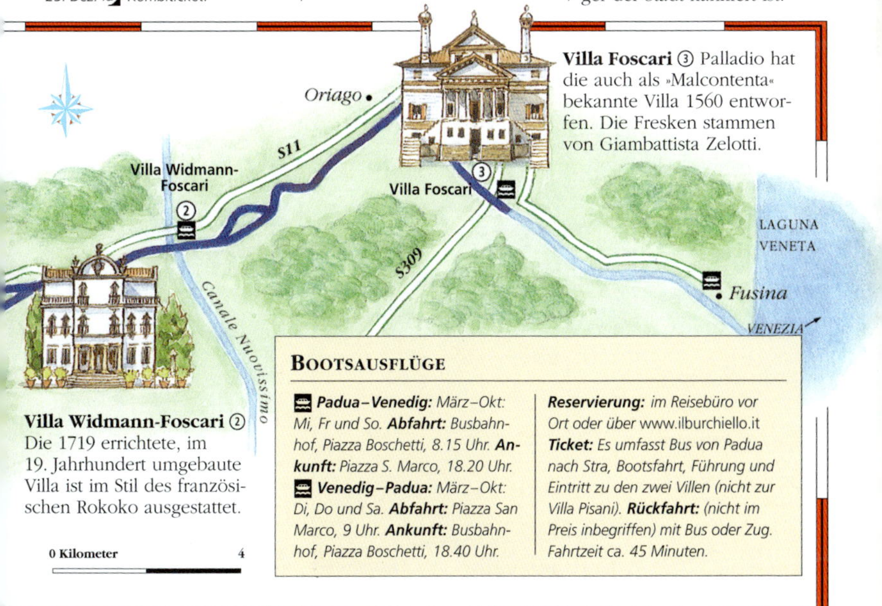

Villa Foscari ③ Palladio hat die auch als »Malcontenta« bekannte Villa 1560 entworfen. Die Fresken stammen von Giambattista Zelotti.

Villa Widmann-Foscari ② Die 1719 errichtete, im 19. Jahrhundert umgebaute Villa ist im Stil des französischen Rokoko ausgestattet.

Bootsausflüge

Padua–Venedig: *März–Okt: Mi, Fr und So.* ***Abfahrt:*** *Busbahnhof, Piazza Boschetti, 8.15 Uhr.* ***Ankunft:*** *Piazza S. Marco, 18.20 Uhr.*

Venedig–Padua: *März–Okt: Di, Do und Sa.* ***Abfahrt:*** *Piazza San Marco, 9 Uhr.* ***Ankunft:*** *Busbahnhof, Piazza Boschetti, 18.40 Uhr.*

Reservierung: *im Reisebüro vor Ort oder über www.ilburchiello.it*

Ticket: *Es umfasst Bus von Padua nach Stra, Bootsfahrt, Führung und Eintritt zu den zwei Villen (nicht zur Villa Pisani).* ***Rückfahrt:*** *(nicht im Preis inbegriffen) mit Bus oder Zug. Fahrtzeit ca. 45 Minuten.*

Die Colli Euganei, eine Region vulkanischen Ursprungs

Colli Euganei ⓯

Straßenkarte C4. *10 000.* *Viale Stazione 60, Montegrotto Terme.* *049 79 33 84.*

DIE EUGANEISCHEN Hügel oder Euganeen, die sich abrupt aus dem Tiefland erheben, sind die Überreste erloschener Vulkane. In Abano Terme und Montegrotto Terme sprudeln noch heiße Quellen aus dem Boden. Hier sind Kureinrichtungen entstanden, deren Gäste sich von Schlammbädern und dem schwefelhaltigen Wasser Linderung erhoffen. Schon die Römer kamen zu Badekuren in diese Region; in Montegrotto sind die Ruinen einer römischen Thermenanlage und eines Theaters zu besichtigen.

Abbazia di Praglia

Via Abbazia di Praglia, Bresseo di Teòlo. *049 999 93 00.* *Di–Sa nachm., So.* *Ende Jan.* **Spende** *erbeten.*
Das Benediktinerkloster in Praglia (6 km westlich von Abano Terme) ist ein friedlicher Ort im Grünen. Zum Lebensunterhalt bauen die Mönche Kräuter an, restaurieren alte Bücher und Handschriften und führen Besucher durch die Renaissancekirche (1490–1548).

Casa di Petrarca

Via Valleselle 4, Arquà Petrarca. *0429 71 82 94.* *Di–So.* *Feiertage.*
Der am südlichen Rand der Colli Euganei gelegene malerische Ort Arquà Petrarca hieß ursprünglich nur Arquà. 1868 änderte man dann den Namen zu Ehren des Dichters Francesco Petrarca (1303–1374), der hier seine letzten Lebensjahre verbrachte und oft die Schönheit der Olivenhaine und Weinberge der Region besungen hat. Die Wände seines Hauses sind mit Szenen seiner Gedichte ausgemalt. Trotz Umbauten enthält es noch immer den Schreibtisch des Dichters, seine Bücherregale und seine mumifizierte Katze. Petrarca selbst ist in einem Sarkophag auf der Piazza vor der Kirche beigesetzt.

Villa Barbarigo

Valsanzibio. *049 805 92 24.* *März–Nov: 10–13, 14 Uhr bis Sonnenuntergang.*
Als einziger der zahlreichen Landsitze, die sich reiche Paduaner errichten ließen, steht die Villa Barbarigo in Valsanzibio zur Besichtigung offen. Verglichen mit dem barocken Garten (1669) mit seinen zahlreichen Brunnen, Statuen und Seen, ist das Gebäude selbst relativ schlicht.

Das Haus des Dichters Petrarca in Arquà Petrarca

Montagnana ⓰

Straßenkarte C4. *12 000.* *Piazza Trieste 15.* *0429 813 20.* *Do vormittags.* ***Läden*** *Mo vormittags, Mi nachmittags.*

EINE ZWEI KILOMETER lange Stadtmauer mit Wall, Graben und 24 Wehrtürmen umgibt das Städtchen. Wer durch die Porta Padova, das östliche der vier Stadttore, nach Montagnana kommt, stößt auf Palladios **Villa Pisani** (um 1560), deren Fassade den Namen des einstigen Besitzers, Federico Pisani, zeigt. Hinter der Porta Padova liegt das archäologische Museum. Das Glanzstück des **Duomo** (teils gotisch, teils Renaissance) ist Veroneses Altarbild *Transfiguration* (1555).

Antiquitätenmarkt in Montagnana

Este ⓱

Straßenkarte C4. *17 600.* *Piazza Maggiore 9.* *0429 36 35.* *Mi u. Sa vorm.* **Läden** *Mo vorm. (Mode), Mi nachm. (Lebensmittel).*

AUSGRABUNGEN in Este haben eindrucksvolle Funde aus der Eisenzeit zutage gefördert. Die Atestiner, deren Kultur hier vom 9. Jahrhundert v. Chr. an florierte, fielen im 4. Jahrhundert v. Chr. unter römische Herrschaft. Die wertvollsten Stücke, darunter Begräbnisurnen, Figurinen, Bronzevasen und Schmuck, sind im **Museo Nazionale Atestino**, im Kastell (14. Jh.) des Orts zu sehen. Das Museum zeigt außerdem zahlreiche Kunstwerke aus Römerzeit und Mittelalter sowie Keramiken.

Museo Nazionale Atestino
Palazzo Mocenigo. *0429 20 85.*
tägl. *1. Jan, 1. Mai, 25. Dez.*

Monsélice ⓲

Straßenkarte C4. *17 000.* FS
Via del Santuario 6. *0429 78 30 26.* *Mo u. Fr.* ***Läden** Di vormittags (Mode), Mi nachmittags (Lebensmittel).*

Das Städtchen liegt am Fuß zweier Hügel. An einem bauten die Römer Trachyt *(masegna)* ab, auf dem anderen, einem Naturschutzgebiet, befindet sich die Ruine des **Castello Rocca**. Die Via del Santuario führt hinauf zur Kirche **San Giorgio** mit sehenswerten Marmoreinlegearbeiten. Auf dem Weg nach oben verdient die Kathedrale (13. Jh.) Beachtung. Sie sollten versuchen, durch die Tore der Villa Nani einen Blick in die barocke Gartenanlage zu erhaschen. Im nahe gelegenen Kastell **Ca' Marcello** (14. Jh.) sind Rüstungen, Fresken, Wandteppiche und Mobiliar zu sehen.

Einlegearbeit in San Giorgio

Ca' Marcello
Via del Santuario. *0429 729 31.*
Apr–Nov: Di–So, Dez–März: nur für Gruppen, vorher buchen.

Die Kapelle San Giorgio auf der Hügelkuppe von Monsélice

Polésine und Rovigo ⓳

Straßenkarte C5. FS
Piazza Matteotti 1, Porto Viro.
0426 63 17 78.

Polésine wird die fruchtbare, von Kanälen durchzogene Ebene zwischen Etsch und Po genannt, die früher regelmäßig überflutet wurde. Das Po-Delta ist ein Nationalpark, der viele Vögel wie Reiher und Rohrdommel beheimatet. Die schönsten Gegenden liegen um Scardovari und Porto Tolle südlich des Po. Von Porto Tolle aus sind Bootsausflüge möglich; auch Fahrräder und Kanus werden verliehen.

Hauptattraktion von Rovigo, der Hauptstadt der Region, ist die mit achteckigem Grundriss erbaute Kirche **La Rotonda** (1594–1602) mit einem reich dekorierten Innenraum.

Fischer in Chioggia beim Flicken der Netze

Umgebung: Das antike Städtchen **Adria**, 22 Kilometer östlich von Rovigo, war griechischer, später etruskischer Hafen. Durch Verlandung wuchs die Anbaufläche der Stadt; heute liegt sie 25 Kilometer landeinwärts und ist mit dem nach ihm benannten Meer durch einen Kanal verbunden. Das **Museo Archeologico**, das u.a. einen eisernen Wagen aus dem 4. Jahrhundert v. Chr. besitzt, zeigt die wechselhafte Geschichte der Stadt.

Museo Archeologico
Via Badini 59, Adria. *0426 216 12.*

Chioggia ⓴

Straßenkarte D4. *56 000.*
FS *Lungomare Adriatico 101.*
041 40 10 68. *Do.*

Chioggia ist der wohl bedeutendste Fischereihafen der Lagune. Der lebhafte **Fischmarkt** (täglich außer Montag) ist ein guter Grund, schon frühmorgens in die Stadt zu kommen. Viele Besucher mögen das Typische der Hafengegend, den Geruch, die bunt gestrichenen Boote und das Durcheinander von Netzen und Tauwerk. Zahlreiche preiswerte Fischlokale bieten fangfrischen Fisch. Aal, Krabben und Tintenfisch sind die regionalen Spezialitäten.
Bei Sottomarina gibt es einen schönen Strand. Einen Besuch verdient Carpaccios *Heiliger Paulus* (1520), die vermutlich letzte Arbeit des Künstlers, ausgestellt in der Kirche **San Domenico**.

COIFFEUR

Verona und Gardasee

VERONA IST *eine der faszinierendsten Städte Norditaliens und mit noblen Palästen, Klöstern und antiken Straßen tatsächlich so romantisch, wie man es von der Stadt Romeos und Julias erwarten möchte. Vor den Toren liegen die bekannten Weinbaugebiete Soave, Bardolino und Valpolicella. Im Westen, keine 30 Minuten mit dem Auto, atmosphärisch jedoch Welten entfernt, erstreckt sich vor majestätischem Hintergrund der Gardasee.*

Verona, zu beiden Seiten einer großen Schleife der Etsch (Adige) gelegen, erfreut sich seit seiner Gründung durch die Römer 89 v. Chr. immerwährender Prosperität. Zwei bedeutende Handelsstraßen treffen hier aufeinander – die Serenissima, die die großen Hafenstädte Venedig und Genua verbindet, und der Brennerpass, über den seit Jahrhunderten der Warenverkehr mit Mitteleuropa abläuft. Auf Letzteren ist sicherlich auch der deutsche Einfluss zurückzuführen, der sich in San Zeno, aber auch in den Gemälden zeigt, die im Museum von Castelvecchio hängen und Dürer näher verwandt scheinen als Raffael.

Was Atmosphäre und Charakter angeht, ist Verona jedoch ganz und gar italienisch. Elegante Läden und Cafés wechseln sich mit den eindrucksvollen Überresten römischer Denkmäler ab. Die riesige Arena, die mehr als 20 000 Besucher fasst, lockt mit ihren Freiluftaufführungen Opernfreunde aus aller Welt an. Galerien und Theater ergänzen das reiche kulturelle Angebot.

Der Gardasee, Italiens größter See, verdankt seine Berühmtheit in erster Linie der herrlichen Landschaft. Der breite Südteil ist ein beliebtes Ferienziel; wer die Ruhe vorzieht, sollte sich lieber ein Quartier an dem vom Monte Baldo überragten Ostufer suchen. Hier beginnt auch das Hügelgebiet der Monti Lessini, deren Flusstäler sich südwärts zur Etsch erstrecken.

Der Giardino Giusti in Verona, einer der ältesten Renaissancegärten Italiens

◁ In den hübschen kopfsteingepflasterten Gassen von Sirmione

Überblick: Verona und Gardasee

Verona eignet sich hervorragend als Ausgangspunkt für Exkursionen in die Berge und zu den Kastellen und Weinbaugebieten der näheren Umgebung. Auch der Gardasee, dessen Westufer bereits zur Lombardei gehört, ist ein beliebtes Ausflugsziel. In den zahlreichen Badeorten gibt es exzellente Hotels, gute Fischrestaurants und schöne Parkanlagen. Wassersportler schätzen den See als Surf- und Segelparadies. Weniger anstrengend sind Dampferfahrten, die Panoramen von beeindruckender Schönheit eröffnen.

Sehenswürdigkeiten auf einen Blick

Bolca 6
Bosco Chiesanuova 8
Garda 10
Gardone Riviera 15
Giazza 7
Grezzana 2
Malcésine 17
Montecchio Maggiore 4
Peschiera 11
Riva del Garda 16
Salò 14
Sant'Anna d'Alfaedo 9
Sirmione
S. 206f 13
Soave 3
Solferino 12
Valdagno 5
Verona S. 192–203 1

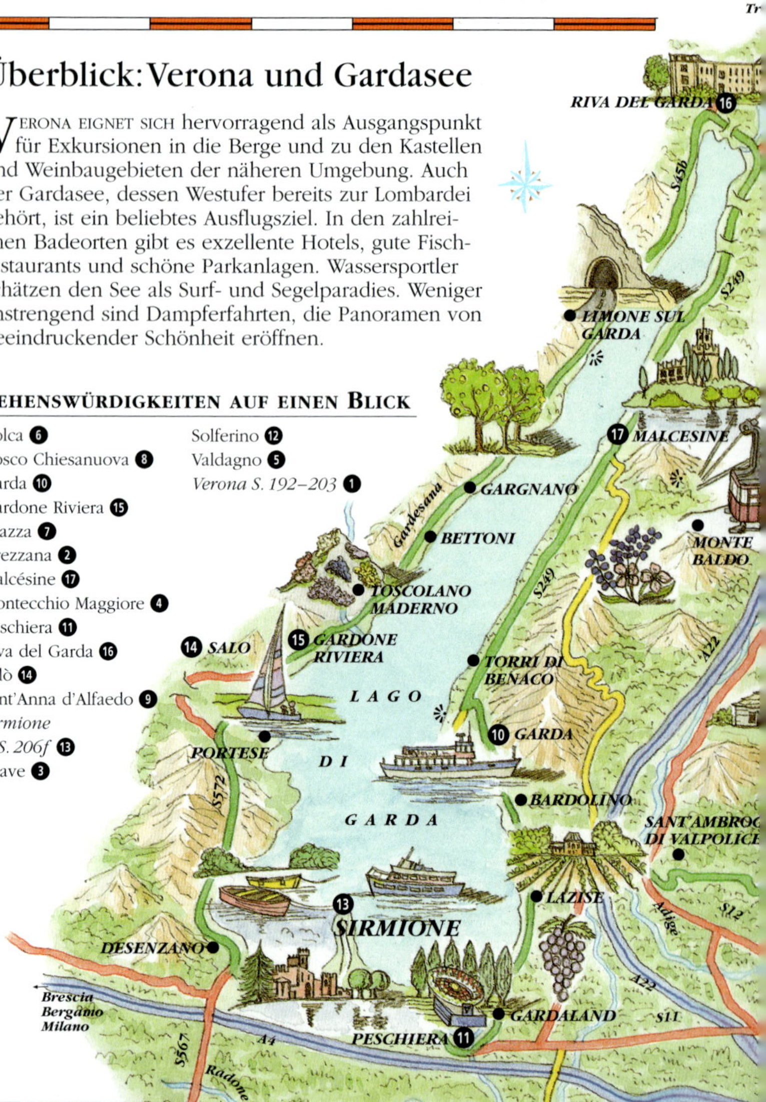

Am kleinen Hafen von Lazise am Ostufer des Gardasees

Um Verona und am Gardasee unterwegs

Die Straßen rund um Verona sind stark befahren, vor allem zu den Hauptverkehrszeiten muss mit Staus gerechnet werden. Schneller kommt man auf den Autobahnen voran, die jedoch nur zweispurig und häufig reparaturbedürftig sind. Zwischen Verona und dem Südufer des Gardasees besteht eine ausgezeichnete Bahnverbindung. In nördliche und südliche Richtung jedoch sowie um den See herum verkehren nur Busse. Fährverbindungen siehe S. 204.

Die saftig-grünen Weideflächen von Bolca, einer fossilienreichen Gegend

Frühjahr auf einem Weinberg bei Verona

Legende

- Autobahn
- Hauptstraße
- Nebenstraße
- Panoramastraße
- Fluss
- Aussichtspunkt

Das Castello di Romeo (14. Jh.) hoch über der Stadt Montecchio

Verona ❶

Siehe S. 192–203.

Grezzana ❷

Straßenkarte B4. *9700.* *jeden 1. Mi u. 3. Fr im Monat.*

In Grezzana selbst verdient die Pfarrkirche Santa Maria (13. Jh.) einen Besuch. Sie wurde häufig umgestaltet, doch der romanische Taufstein und der Glockenturm aus goldfarbenem, weißem und rosafarbenem Kalkstein sind erhalten geblieben.

Umgebung: Grezzana liegt landschaftlich reizvoll am Fuß der Kleinen Dolomiten. In Cuzzano steht die barocke **Villa Allegri-Arvedi** (17. Jh.). Etwas südlich, in Santa Maria in Stelle, befindet sich gleich neben der Pantheon genannten Kirche ein römisches Nymphäum.

Villa Allegri-Arvedi
Cuzzano di Grezzana. *045 90 70 45.* *nur für Gruppen (vorher telefonisch buchen).*

Soave ❸

Straßenkarte B4. *6200.* *Via 25 Aprile 6.* *045 768 06 48.* *Di vormittags.*

Soave ist ein stark befestigtes Städtchen mit einer Stadtmauer aus dem 14. Jahrhundert. Dank des gleichnamigen trockenen, leichten Weißweins, der in großen Mengen exportiert wird, ist der Name »Soave« in ganz Europa bekannt. Die meisten Weingüter liegen fast versteckt im Hügelland weiter nördlich, doch sieht der Besucher am Stadtrand die großen Fabriken, in denen die Garganega-Trauben weiterverarbeitet werden. Im Zentrum bieten viele Cafés und Weinkeller Gelegenheit, den berühmten Rebensaft zu kosten.

Die Stadtmauern reichen bis zu der mächtigen **Rocca Scaligera** hinauf, einer antiken Festung, die die Scaliger-Fürsten im 14. Jahrhundert erweitern ließen und dann im Stil der Zeit ausstatteten.

Rocca Scaligera
Via Castello Scaligero. *045 768 00 36.* *Di–So.*

Die Rocca Scaligera, die alte Scaliger-Burg bei Soave

Montecchio Maggiore ❹

Straßenkarte C4. *20 000.* *Via Leonardo da Vinci 50, Alta di Montecchio.* *0444 69 65 46.* *Fr vormittags.*

Bekannt sind die beiden Burgen, die von einem Hügel aus auf Montecchio hinabblicken und im Volksmund **Castello di Romeo** und **Castello di Giulietta** (hier gibt es ein Restaurant) heißen. Nichts weist darauf hin, dass sie wirklich den legendären Veroneser Familien Romeos und Julias *(siehe S. 199)*, den Montague und Capulet, gehörten, doch wirken sie romantisch und bieten eine herrliche Aussicht auf die umliegenden Weinberge.

Castello di Romeo
Via Castelli 4. *Sa und So nachm.*

Castello di Giulietta
Via Castelli 4. *0444 69 61 72.* *Do–Di.*

Die Schlucht Montagna Spaccata, nördlich von Valdagno

Valdagno ❺

Straßenkarte C3. *28 000.* *Viale Trento 4–6.* *0445 40 11 90.* *Di vormittags, Fr vormittags.*

Rund 20 Kilometer von Montecchio Maggiore entfernt liegt Valdagno, dessen Stadtbild von Fabriken und Häusern des 18. Jahrhunderts bestimmt wird. Nordwestlich befindet sich die Montagna Spaccata, eine 100 Meter tiefe Schlucht mit Wasserfall.

Versteinerung von Pflanzenresten, gefunden bei Bolca

Bolca 6

Straßenkarte B3. 500.
Läden *Mo vorm. (Mode), Mi nachm. (Lebensmittel).*

Der hübsche Ort im Herzen der Monti Lessini überblickt das Tal des Flusses Alpone und ist von Hügeln umgeben, in denen man herrliche Versteinerungen entdeckt hat. Die spektakulärsten Fossilien befinden sich heute im Museo Civico di Storia Naturale in Verona *(siehe S. 203)*, doch auch das hiesige **Museo dei Fossili** besitzt eine eindrucksvolle Sammlung von versteinerten Fischen, Reptilien und Pflanzen. Ein drei Kilometer langer Rundweg (nähere Informationen im Museum) führt zu den Fundstellen in den Steinbrüchen.

Museo dei Fossili
Via San Giovanni Battista.
045 656 50 88. Di–So.

Giazza 7

Straßenkarte B3. 150.
Läden *Mi nachmittags (Lebensmittel).*

Das kleine Dorf mutet fast alpin an. Sein **Museo dei Cimbri** dokumentiert die Geschichte der Tredici Comuni (Dreizehn Gemeinden) der Region. In Wahrheit gibt es in den Monti Lessini natürlich mehr als 13 Dörfer, viele davon wurden von bayerischen Bauern gegründet, die im 13. Jahrhundert von der deutschen Seite der Alpen kamen. Ihr zimbrischer Dialekt (viele Siedler sollen Zimmerer gewesen sein) ist fast ausgestorben, doch andere Traditionen haben sich erhalten: So begleitet der Klang der riesigen Alphörner *(tromboni)* auch heute noch jedes Fest.

Museo dei Cimbri
Via dei Boschi 62. *045 784 70 50.*
Mai–Sep: Di–So; Okt–Apr: Sa und So.

Bosco Chiesanuova 8

Straßenkarte B3. *3000.*
Piazza della Chiesa 34.
045 705 00 88. Sa vorm.

Als bedeutendes Wintersportzentrum hat Bosco Chiesanuova jede Menge Trubel und Unterhaltung zu bieten. Östlich, in der Nähe von Camposilvano, liegt das **Valle delle Sfingi** (Tal der Sphingen), das seinen Namen den eindrucksvollen Felsformationen verdankt.

Sant'Anna d'Alfaedo 9

Straßenkarte B3. *2500.*
in Bosco Chiesanuova.
Mi vormittags.

Sant'Anna d'Alfaedo wirkt nicht besonders italienisch, hier herrscht deutlich die alpine Bauweise vor. Das Dorf Fosse, unmittelbar nördlich von Sant'Anna, ist ein beliebter Ausgangspunkt für Touren auf den **Corno d'Aquilio** (1546 m), einen Berg, in dem sich eine der tiefsten Höhlen der Welt befindet: Die **Spluga della Preta** ist 850 Meter tief.

Leichter zugänglich ist ein weiteres Naturwunder, der **Ponte di Veia**, eine beeindruckende natürliche Felsbrücke, die südlich von Sant'Anna ein Tal überspannt. Hier, in den Höhlen auf beiden Seiten, hat man prähistorische Artefakte entdeckt.

Der Ort Giazza, eindrucksvoll in die Monti Lessini eingebettet

Verona ❶

Drachenrelief an der Fassade des Doms

VERONA IST EINE wirtschaftlich wie kulturell florierende Metropole und nach Venedig die größte und bedeutendste Stadt des Veneto. Den antiken Stadtkern zieren zahlreiche römische Baudenkmäler, die denen Roms kaum nachstehen, sowie viele mittelalterliche Paläste aus *rosso di Verona*, dem rötlichen Kalkstein der Region. Verona besitzt zwei Hauptattraktionen;die Arena aus dem 1. Jahrhundert und die Piazza Erbe, einen der malerischsten Marktplätze ganz Italiens. Dazwischen liegt ein Labyrinth von Gassen mit äußerst eleganten Boutiquen.

Blick vom Museo Archeologico auf Verona

Veroneser Herrscher

1263 begann die 127 Jahre dauernde Regierungszeit der Scaliger. Das Volk titulierte die Herrscher mit Namen wie Mastino (»Hetzhund«) und Cangrande (»großer Hund«). Die Scaliger brachten der von Unruhen und familiären Zwisten gespaltenen Stadt allerdings auch inneren Frieden. Sie erwiesen sich als relativ gerechte und kultivierte Fürsten; an ihren Hof kam 1301–04 Dante, der das *Paradies,* den letzten Teil der *Göttlichen Komödie,* pflichtgemäß Cangrande I widmete.

1387 fiel Verona an Mailand, nach weiteren Fremdherrschern – Venedig, Frankreich, Österreich – wurde das Veneto 1866 mit Italien vereint.

Obst- und Gemüseladen in einer Seitenstraße von Verona

LEGENDE

- Detailkarte *Siehe S. 196f*
- Fußgängerzone
- FS Bahnhof
- P Parken
- Information
- Kirche

Castelvecchio

Corso Castelvecchio 2. *045 806 26 11. tägl. 9–19 Uhr. 1. Jan, 25. und 26. Dez.*

Die mächtige Festung, die Cangrande II 1355–75 errichten ließ, beherbergt heute eine der wertvollsten Kunstsammlungen des Veneto. Zwischen mehreren Gebäudekomplexen wurden neue Verbindungswege von Carlo Scarpa geschaffen, von denen aus das Bauwerk selbst ebenso faszinierend zur Geltung kommt wie die Ausstellungsstücke darin, die äußerst sehenswert sind.

Die erste Abteilung ist der spätrömischen/frühchristlichen Zeit gewidmet und enthält u.a. Tafelsilber (7. Jh.) mit Abbildungen kämpfender Ritter, Broschen (5. Jh.) und bemaltes Glas. Die Martyriumsdarstellungen auf den Marmorsarkophagen (1179) der Heiligen Sergius und Bacchus sind erschütternd realistisch.

Zentrum von Verona

- Arco dei Gavi (4)
- Arena (7)
- Castelvecchio (3)
- Duomo (12)
- Giardino Giusti (18)
- Museo Archeologico (16)
- Museo Civico di Storia Naturale (19)
- Museo Lapidario Maffeiano (5)
- Piazza dei Signori (8)
- Piazza Erbe (9)
- Ponte Scaligero (2)
- San Fermo Maggiore (6)
- San Giorgio in Braida (13)
- San Zeno Maggiore (1)
- Sant'Anastasia (11)
- Santa Maria Antica (10)
- Santa Maria in Organo (17)
- Santo Stefano (14)
- Teatro Romano (15)

Die nächste Abteilung, die die Kunst des Mittelalters und der Frührenaissance umfasst, verdeutlicht den Einfluss Nordeuropas, was auf einen regen Austausch zwischen Verona und den Gebieten nördlich der Alpen schließen lässt. Im Gegensatz zu den Heiligen- und Madonnendarstellungen der toskanischen Kunst liegt der Schwerpunkt hier auf brutalem Realismus. Paradebeispiel ist die *Kreuzigung mit Heiligen* (14. Jh.), die den gemarterten Leib Christi und die schmerzverzerrten Gesichter der Trauernden realistisch wiedergibt. Ungleich poetischer ist dagegen Stefano da Veronas *Rosengartenmadonna*, die Anspielungen auf mittelalterliche Fabeln enthält, so die Gestalt der Fortuna mit Glücksrad. Das Gemälde zeigt die Jungfrau in einem Garten, umgeben von Vögeln und Engeln.

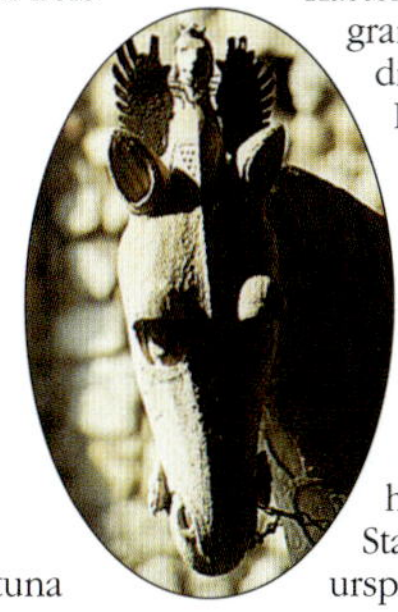

Das Pferd Cangrandes I mit Prunkausstattung

Andere Madonnenbildnisse aus dem 15. Jahrhundert, die Bellini zugeschrieben werden, sind zwischen Werken der Spätrenaissance eine Etage höher zu sehen. Schmuckgegenstände, Rüstungen, Schilde und Schwerter füllen die nächsten Räume. Einige stammen aus dem 6. und 7. Jahrhundert, als Verona

> **Infobox**
>
> **Straßenkarte** B4. *261 000.* *Villafranca 14 km.* FS *Piazza Brà. 045 806 86 80. Piazza Cittadella. Via Degli Alpini 9 (045 806 86 80). tägl.* **Läden** *Mi nachm. (Lebensm.), Mo vorm. (Mode und Kaufhäuser). Vinitalia: Italiens größte Weinmesse (Apr); Festival della Lirica: Opernfestspiele (Ende Juni–Aug); Estate Teatrale Veronese und Shakespeare Festival (Ende Juni–Aug).*
> www.comune.verona.it

immer wieder Teutonenangriffen ausgesetzt war.

Hinter dem Saal mit den Rüstungen können Sie dem Weg folgen, der zur Flussseite des Kastells führt und eine grandiose Aussicht auf die Etsch und den Ponte Scaligero *(siehe S. 194)* bietet. Ein paar Schritte weiter finden Sie sich Auge in Auge mit Cangrande I, einem Reiterstandbild (14. Jh.) auf einem hohen Sockel. Das Standbild schmückte ursprünglich Cangrandes Grabmal *(siehe S. 198)*. Pferd und Reiter sind prunkvoll gewandet, trotz Cangrandes eher harmlosen Grinsens wirken seine Züge eindrucksvoll.

Dahinter liegen weitere Gemäldegalerien mit Bildern vieler berühmter Meister. Beachten Sie vor allem Veroneses *Kreuzabnahme* (1565) und ein Porträt, das manche Kunsthistoriker Tizian zuschreiben; andere meinen, es stamme von Lorenzo Lotto.

Der Innenhof des Castelvecchio

Rund um die Arena

DIE MEISTEN BESUCHER Veronas sehen als Erstes die Piazza Brà, einen großen, ungleichmäßigen Platz mit Grünanlage. An der Nordseite steht ein Doppelportal, die Portoni della Brà. Die Ostseite wird von der römischen Arena beherrscht, dem größten Baudenkmal Veronas, in dem die Opernfestspiele stattfinden. Den Platz säumen Häuser aus dem 19. Jahrhundert, deren Architektur an antike Tempel erinnert.

Der Ponte Scaligero, Teil des alten Festungswalls von Castelvecchio

Ponte Scaligero

Cangrande II ließ die Brücke 1354–76 errichten. 1945 sprengten sie deutsche Truppen bei ihrem Rückzug in die Luft, doch die Einwohner der Stadt scheuten keine Mühe, sie wiederaufzubauen. Mühevoll war diese Arbeit in der Tat, denn um das mittelalterliche Mauerwerk zu retten, musste der Fluss stellenweise ausgebaggert werden. Die Brücke verbindet Castelvecchio *(siehe S. 193)* mit dem am Nordufer der Etsch gelegenen Arsenal, das die Österreicher 1840–61 erbauten und das heute an den Stadtpark grenzt. Wenn Sie von der Grünanlage zurückblicken, können Sie erkennen, dass der Fluss die Festung als natürlicher Wassergraben schützte, während die Brücke den Burgbewohnern die Möglichkeit zur Flucht offen ließ.

Arco dei Gavi und Corso Cavour

Neben dem massiven Mauerwerk von Castelvecchio wirkt der römische Triumphbogen trotz seiner stolzen Größe geradezu schmächtig. Ursprünglich überspannte er die größte Römerstraße, die nach Verona führte, den heutigen Corso Cavour. Die französischen Truppen, die 1805 Castelvecchio besetzt hielten, richteten den Bogen derart zu, dass man 1933 beschloss, ihn sicherheitshalber an diese weniger exponierte Stelle zu versetzen.

Einige schöne Paläste aus dem Mittelalter und der Renaissance (Hausnummern 10, 11 und 19) prägen den Corso Cavour. Etwas weiter steht das alte römische Stadttor, die **Porta dei Borsari**, die aus dem 1. Jahrhundert v. Chr. stammt.

Der römische Arco dei Gavi (1. Jh.)

Museo Lapidario Maffeiano

Piazza Brà 8. *045 59 00 87.* *tägl. 8.30–19.30 Uhr (Mo ab 13.30 Uhr).* *1. Jan, 25., 26. Dez.*

Das »Steinmuseum« enthält unterschiedlichste architektonische Fragmente, die die einstige Pracht der römischen Stadt erkennen lassen. Es gibt zahlreiche wunderschön gearbeitete Grabmäler, ein großer Teil der Sammlung besteht aus griechischen Inschriften, die der Gründer des Museums, Scipione Maffei, im 18. Jahrhundert zusammengetragen hat.

San Fermo Maggiore

Stradone San Fermo. *045 59 28 13.* *tägl.*

Genau genommen besteht San Fermo Maggiore aus zwei Kirchen. Am besten erkennt man das an der uneinheitlichen Chorpartie, an der über den romanischen Rundbogen die Spitzbogen des jüngeren gotischen Baus emporragen.

Die Unterkirche von 1065 ist wegen häufigen Wassereinbruchs recht feucht. Eindrucksvoller wirkt die Oberkirche (1313), die neben einem herrlichen Kielgewölbe reichen Freskenschmuck und einige monumentale Grabmäler enthält. Die Fresken aus dem 14. Jahrhundert gleich hinter dem Hauptportal stammen von Stefano de Zevico und illustrieren das Schicksal der vier Franziskanermissionare, die Mitte des 14. Jahrhunderts nach Indien reisten. Daneben steht das Brenzoni-Mausoleum (1439) von Giovanni di Bartolo, das von Pisanellos *Verkündigungs*-Fresko (1426) umrahmt wird. Auf der Südseite befindet sich eine üppigst dekorierte Kanzel (1396), umgeben von Fresken der Evangelisten und Kirchenväter.

Apsis der Unterkirche von San Fermo Maggiore

Die Arena von Verona

DAS AMPHITHEATER von Verona ist (nach dem Kolosseum in Rom und dem Amphitheater in Capua bei Neapel) das drittgrößte der Welt. In die 30 n. Chr. fertiggestellte Arena kamen Schaulustige aus dem ganzen Veneto, um sich an Gladiatorenkämpfen und Tierhatzen zu ergötzen. Später wurden öffentliche Hinrichtungen und Stierkämpfe abgehalten. 1913 begannen mit einer Inszenierung von Verdis *Aida* die Opernfestspiele.

INFOBOX

Piazza Brà, Verona. *045 800 51 51.* *tägl. 8.30–19.30 (Mo ab 13.30 Uhr; Einlass bis 18.30 Uhr).* *1. Jan, 25. Dez, an Vorstellungstagen nachmittags.* *teilweise. Konzerte u. Opern* (siehe S. 256 f). www.arena.it

Innengänge
Da die Arena seit 1580 kontinuierlich restauriert wird, sind auch die Innengänge recht gut erhalten.

Blick von der Piazza Brà auf die Arena

Das ovale Amphitheater ist 139 Meter lang und 110 Meter breit.

Gladiatoren und wilde Tiere kamen von beiden Seiten.

44 Sitzreihen aus Stein

In der unterirdischen Anlage befanden sich die Käfige für Löwen, Tiger und andere Tiere.

Blutige Schauspiele
Viele tausend Kriegsgefangene, Verbrecher und Christen starben zur Unterhaltung der Massen.

Opernfestspiele
Heute ziehen Verdis Aida *und andere populäre Opern bis zu 25 000 Besucher pro Vorstellung an.*

Im Detail: Verona

Seit der Römerzeit bildet die Piazza Erbe das kommerzielle und administrative Herz der Stadt. Wo sich früher das antike römische Forum befand, herrscht auch heute reger Betrieb. Einheimische und Besucher schlendern an den bunten Marktständen entlang, wo unter riesigen Sonnenschirmen Waren feilgeboten werden. Obwohl die mächtigen Türme und Paläste der Scaliger-Fürsten mehrfach verändert wurden, strahlen sie noch etwas von der düsteren Strenge des Mittelalters aus.

★ Piazza dei Signori
Die einzelnen Scaliger-Paläste hat man in der Renaissance durch Arkaden und verzierte Torbogen verbunden.

Dante-Denkmal
Der große Poet des Mittelalters hielt sich während seine Exils als Gast der Scaliger in Verona auf. Heute blickt er von seinem Sockel (1865) auf die Piazza dei Signori hinab.

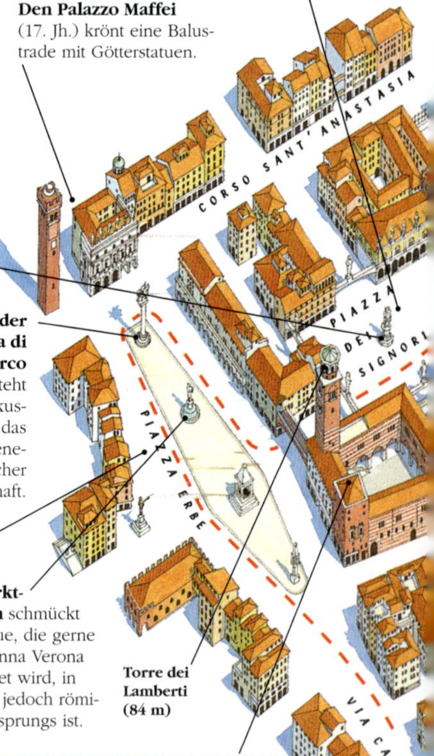

Den Palazzo Maffei (17. Jh.) krönt eine Balustrade mit Götterstatuen.

Auf der Colonna di San Marco (1528) steht der Markuslöwe, das Symbol venezianischer Herrschaft.

Den Marktbrunnen schmückt eine Statue, die gerne als Madonna Verona bezeichnet wird, in Wahrheit jedoch römischen Ursprungs ist.

Torre dei Lamberti (84 m)

Piazza Erbe
Wo im Mittelalter der Kräutermarkt abgehalten wurde, bemühen sich heute Boutiquen und Straßencafés um Kundschaft.

Palazzo della Ragione
Den mittelalterlichen Justizpalast ziert eine elegante Renaissancetreppe, die vom äußeren Hof zu den Räumen des Magistrats hinaufführt.

Entlang der Via Sottoriva stehen die für die Altstadt typischen arkadengeschmückten Häuser aus dem Mittelalter.

Sant'Anastasia
Zwei Bucklige (gobbi) tragen die Weihwasserbecken dieser Kirche. Die linke Figur (1495) soll Gabriele de Cagliari geschaffen haben.

★ Scaliger-Grabstätte
Sechs heilige Ritter in Tabernakeln bewachen das Meisterwerk gotischer Denkmalskunst (14. Jh.) und erinnern an die militärische Macht der Scaliger.

Santa Maria Antica
(7. Jh.) wurde Ende des 13. Jahrhunderts zur Familienkirche der Scaliger. Das Grabmal Cangrandes I befindet sich über dem Portal.

Ponte Nuovo
Die Brücke (1540) über die Etsch (Adige) verbindet die Hügel am Ostufer des Flusses mit dem historischen Stadtkern.

0 Meter 100

Casa di Giulietta
Das Haus der Julia mit seinem Marmorbalkon wirkt romantisch, doch gibt es keinerlei Belege dafür, dass es mit der tragischen Liebesgeschichte in Zusammenhang steht.

LEGENDE

– – – Routenempfehlung

NICHT VERSÄUMEN

★ Piazza dei Signori

★ Scaliger-Grabstätte

Die Altstadt von Verona

Die idyllischen Straßen der Altstadt gehen von der Anlage her auf die Römer zurück. Im Herzen des gitterförmigen Straßennetzes liegt die Piazza Erbe, das ehemalige Forum. Die meisten der eleganten Paläste, Kirchen und Denkmäler entstanden im Mittelalter.

Elegantes Straßencafé an der weitläufigen Piazza dei Signori

Piazza Erbe

Die Piazza Erbe ist nach dem alten Kräutermarkt der Stadt benannt (*erba* = Kraut). Die heutigen Marktstände, von Sonnenschirmen gegen die sommerliche Hitze geschützt, offerieren alles Erdenkliche: vom Spanferkel bis hin zu frischem Obst und Waldpilzen.

Der **Markuslöwe** thront am nördlichen Teil des Platzes auf einer Säule und erinnert daran, dass Verona 1405 unter die Herrschaft Venedigs fiel. Das barocke Haus mit der statuengeschmückten Balustrade an der Nordseite der Piazza Erbe ist der **Palazzo Maffei** (1668), in dem Geschäfte und Luxuswohnungen untergebracht sind. Diese Ecke säumen Boutiquen und Straßencafés.

Etwas entfernt plätschert ein hübscher **Brunnen** vor sich hin, inmitten der Marktbuden ist er leicht zu übersehen. Die Frauenstatue stammt aus der Römerzeit und ruft in Erinnerung, dass diese Piazza seit 2000 Jahren fast ununterbrochen als Marktplatz dient.

Piazza dei Signori

Torre dei Lamberti. *045 803 27 26.* *tägl.* *Mo vormittags (außer an Feiertagen).*

Im Zentrum der Piazza dei Signori steht ein **Denkmal** (19. Jh.) des Dichters Dante, der die Gebäude abschätzend zu mustern scheint. Sein Blick ist auf den festungsartigen **Palazzo del Capitano** geheftet, den Sitz des Veroneser Stadtkommandanten, und auf den ebenso bedrohlich wirkenden **Palazzo della Ragione**, den Justizpalast. Beide Palazzi stammen aus dem 14. Jahrhundert; im Inneren wirkt der ehemalige Gerichtshof weniger streng. Eine 1446–50 hinzugefügte elegante Freitreppe führt in die oberen Säle.

Marmorrelief, Piazza dei Signori

Wer die 84 Meter hohe **Torre dei Lamberti** an der Westseite des Innenhofs erklimmt, wird mit einem schönen Bergblick belohnt. Hinter Dantes Rücken befindet sich die Renaissance-Ratskammer, die **Loggia del Consiglio**, deren oberer Teil mit Fresken bemalt ist, während das Gesims Statuen berühmter in Verona gebürtiger Römer trägt – den Dichter Catull rechneten die Schöpfer ebenso dazu wie Plinius d. Ä. und den Architekturtheoretiker Vitruv. Zwischen der Piazza Erbe und diesem Platz steht der **Arco della Costa**, der seinen Namen der Walrippe verdankt, die hier aufgehängt wurde.

Santa Maria Antica

Die romanische Kirche wird fast erdrückt von den bizarren Scaliger-Monumenten, die sich vor ihrer Fassade drängen. Santa Maria war die Pfarrkirche der Veroneser Herrscherfamilie, weshalb hier ihre Mitglieder beigesetzt werden wollten. Die Grabmäler sind Zeugnisse ihrer militärischen Macht *(siehe S. 207)*.

Über dem Kirchenportal befindet sich das Grabmal Cangrandes I (gest. 1329), gekrönt von einem Reiterdenkmal. Allerdings sehen Sie nur eine Kopie; das Original steht im Castelvecchio *(siehe S. 193)*. Die übrigen Scaliger-Grabstätten, ein kleines Stück entfernt, schirmt ein schmiedeeisernes Gitter mit dem wiederkehrenden Motiv einer Leiter ab – schließlich hieß die Familie ursprünglich della

Der Brunnen (14. Jh.) auf der Piazza Erbe

Scala (*scala* = Leiter). Es wird überragt von den Grabmonumenten Mastinos II (gest. 1351; *mastino* = Hetzhund) und Cansignorios (gest. 1375; *cansignorio* = vornehmer Hund). Beide Denkmäler sind mit gotischen Verzierungen geradezu überladen und suchen in ganz Europa ihresgleichen.

Schlichtere Grabmäler markieren die letzte Ruhestätte weiterer Familienmitglieder – Mastino (gest. 1277), der die Scaliger-Dynastie begründete (er war 1260 zum Bürgermeister von Verona gewählt worden), und zwei della Scalas, die keine »Hundenamen« trugen: Bartolomeo (gest. 1304) und Giovanni (gest. 1359).

Sant'Anastasia

045 59 28 13. So nachm., Mo–Sa. Nov–Feb: Mo.

1290 wurde mit dem Bau des Gotteshauses begonnen; es sollte die großen Menschenmengen fassen, die damals zu den Predigten der fundamentalistischen Dominikaner strömten. Der interessanteste Teil der Kirche ist das goti-

Der hohe romanische Innenraum der Kirche Sant'Anastasia

Die Fassade des Duomo, Santa Maria Matricolare

sche Doppelportal mit Fresken (15. Jh.) und Reliefszenen aus dem Leben Petrus'. Bemerkenswert sind auch die Weihwasserbecken am ersten Pfeilerpaar: Sie werden von zwei realistisch gestalteten Bettlerfiguren getragen, die im Volksmund *i gobbi* (»die Buckligen«) heißen. Die linke entstand 1495, die rechte ein Jahrhundert später.

Vom nördlichen Seitenschiff erreicht man die Sakristei mit Antonio Pisanellos Fresko *Der heilige Georg und die Prinzessin* (1433–38). Trotz des traurigen Zustands des Gemäldes kommt der Charme der Prinzessin noch zur Geltung. Georg verabschiedet sich von ihr und bricht auf, den Drachen zu töten.

Duomo

045 592 813 So nachm., Mo–Sa. Nov–Feb: Mo.

Wer die 1139 begonnene Kathedrale Veronas besucht, tritt durch ein prachtvolles romanisches Portal, das Nicolò geschaffen hat, einer der beiden Bildhauer, die auch die Fassade von San Zeno *(siehe S. 200f)* gestalteten. Hier meißelte er die Ritter Oliver und Roland, deren Taten im Mittelalter besungen wurden. Neben ihnen stehen langbärtige Heilige und Evangelisten. Das gleichfalls romanische Südportal zeigt Jonas mit dem Wal (es wird zurzeit restauriert) und Karyatiden.

Glanzpunkt der Innenausstattung des Doms ist Tizians *Mariä Himmelfahrt* (1535–40) in der ersten Seitenkapelle links. Ein Stück weiter liegt der Zugang zum romanischen Kreuzgang, in dem Ausgrabungen von Vorgängerbauten zu sehen sind. Von hier gelangt man auch zum Baptisterium San Giovanni in Fonte. Die Taufkirche (8. Jh.) römischer Steinmetze birgt ein Taufbecken, das 1200 aus einem einzigen Marmorblock gemeißelt wurde.

Romeo und Julia

Die Tragödie von Romeo und Julia, die Luigi da Porto im 16. Jahrhundert niederschrieb, hat zahllose Künstler inspiriert. In der **Casa di Giulietta** (Haus der Julia; Via Cappello 27, Tel. 045 803 43 03) soll Romeo den Balkon erklommen haben – tatsächlich ist es ein restauriertes Gasthaus (13. Jh.). Die **Casa di Romeo** liegt in der Via delle Arche Scaligere, die **Tomba di Giulietta** (Tel. 045 800 03 61) ist in der Krypta von San Francesco al Corso in der Via del Pontiere zu sehen. Der Marmorsarkophag ist leer und eher schlicht, das Ambiente aber sehr stimmungsvoll. Julias Haus ist täglich 8.30–19.30 Uhr (Mo ab 13.30 Uhr), das Grabmal 9–19 Uhr zu besichtigen.

Romeo und Julia: Darstellung aus dem 19. Jahrhundert

Verona: San Zeno Maggiore

Fassadendetail

Der heilige Zeno, dem die 1120–1138 errichtete Kirche geweiht ist, war der erste Bischof Veronas und wurde zum Schutzheiligen der Stadt. Die am reichsten verzierte romanische Kirche Norditaliens zeigt an ihrer Fassade Marmorreliefs, die den Bronzetürfeldern (Wunder Zenos) in nichts nachstehen. Unter der Fensterrose ruht der Portalbaldachin auf zwei Säulen. Zwei Türme flankieren die Fassade: rechts der Backsteinglockenturm, links ein Wehrturm, in dem König Pippin (777–810) begraben sein soll.

Kielgewölbe
Das Mittelschiff wird von einem hölzernen Kielgewölbe mit kleeblattförmigem Querschnitt überspannt. Es wurde 1386 beim Neubau der Apsis ergänzt.

Helle und dunkle Streifen im Mauerwerk sind ein typisches Merkmal romanischer Bauten.

Hochaltar
Andrea Mantegnas dreiteiliges Altarbild (1457–59) zeigt die Muttergottes mit Kind und verschiedenen Heiligen. Auch der vergoldete Rahmen des Triptychons wird Mantegna zugeschrieben.

★ Kreuzgang
An die Kirche grenzt ein Kreuzgang (1293–1313), geschmückt von romanischen Rundbogen in der einen und gotischen Spitzbogen in der anderen Hälfte.

Nicht versäumen

- ★ **Kreuzgang**
- ★ **Krypta**
- ★ **Westportal**

Bronzetüren

Die 48 ausdrucksstarken Bronzereliefs am Westportal zeigen biblische Szenen und Episoden aus dem Leben des heiligen Zeno. Der linke Türflügel (1030) stammt von einem früheren Bau. Die rechte Hälfte entstand rund 100 Jahre später. Riesige Glotzaugen sowie osmanische Kopfbedeckungen, Rüstungen und Architektur bestimmen das Bild. Die Bedeutung einiger Szenen ist bis heute ungeklärt – beispielsweise die der Frau, die zwei Krokodile säugt.

Christus in der Vorhölle | **Himmelfahrt Christi** | **Römischer Kopf**

Infobox

Piazza San Zeno. 045 59 28 13. *31, 32, 33 von Castelvecchio. März–Okt: tägl. 8.30–18 Uhr (So ab 13 Uhr); Nov–Feb: Di–Sa 10–16 Uhr, So 13–17 Uhr. tägl. während Messe.*

Langhaus und Hauptaltar
Das Langhaus der Kirche ist einer altrömischen Basilika (Gerichtshalle) nachempfunden. Der Hauptaltar befindet sich auf einer erhöhten Tribuna (Apsis), auf der der Richterstuhl stand.

Der Glockenturm, 1045 begonnen, erreichte 1173 seine heutige Höhe von 72 Metern.

Lettner
Marmorstatuen Christi und der Apostel (1250) schmücken die Schranke zwischen Chor und Mittelschiff.

Die Fensterrose ist als Glücksrad gestaltet: Die Randskulpturen zeigen Aufstieg und Fall des Menschen.

★ Krypta
In der großen Krypta befindet sich das Grab des heiligen Zeno, der 362 zum Bischof von Verona ernannt wurde und 380 starb.

Die marmornen Wandfelder (1140) seitlich vom Portal zeigen links das Leben Jesu, rechts Szenen aus der Schöpfungsgeschichte.

★ Westportal
Beide Flügel des Holzportals sind mit 24 Bronzetafeln verziert, sodass der Eindruck einer massiven Bronzetür entsteht. Das Tympanonrelief zeigt den Sieg des heiligen Zeno über den Drachen.

Jenseits des Ponte Romano

Der Ponte Romano verbindet die Altstadt Veronas mit dem Ostufer der Etsch (Adige). Diese vornehme Wohngegend weist noble Paläste, Parkanlagen und Kirchen auf. Zudem hat man von hier einen schönen Blick auf die Türme und Kuppeln der mittelalterlichen Stadt.

Blick vom Teatro Romano über die Etsch

Teatro Romano

Rigaste Redentore 2. ☎ *045 800 03 60.* 🕐 *tägl. 8.30–19.30 Uhr (Mo ab 13.30 Uhr; an Feiertagen auch Mo vormittags).*

Als das Theater im 1. Jahrhundert v. Chr. eröffnet wurde, standen auch satirische Stücke von frühen Dramatikern wie Terenz und Plautus auf dem Spielplan – eine Tradition, die sich in den Open-Air-Vorstellungen des jährlichen Shakespeare-Festivals fortsetzt.

Das Theater ist in den Hang eines Hügels hineingebaut; die Aussicht über den Fluss und die dahinterliegende Stadt dürfte schon die damaligen Theaterbesucher fasziniert haben. Von der Bühne selbst ist kaum etwas erhalten, die halbkreisförmigen Sitzreihen sind umfassend restauriert worden.

Im Vordergrund des Panoramas liegt eine der drei Brücken, die die Römer hier über die Etsch bauten. Die erhaltene Brücke musste mühevoll rekonstruiert werden: Die deutschen Truppen sprengten 1945 alle Brücken Veronas, um dadurch den Vormarsch der Alliierten zu verzögern. Am ursprünglichsten sind die zwei dem Theater nächstgelegenen Pfeiler.

Augustus Caesar, Museo Archeologico

Museo Archeologico

Rigaste Redentore 2. ☎ *045 800 03 60.* 🕐 *tägl. 8.30–19.30 Uhr (Mo ab 13.30 Uhr; an Feiertagen auch Mo vormittags).*

Vom Teatro Romano bringt Sie ein Aufzug zu dem darüberliegenden einstigen Kloster, das heute ein archäologisches Museum beherbergt und neben seiner exzellenten Sammlung auch eine prachtvolle Aussicht auf die Stadt bietet. In der ersten Abteilung sind sorgfältig restaurierte Mosaiken zu bewundern; eines zeigt einen blutigen Gladiatorenkampf, wie sie einst im Amphitheater Veronas *(siehe S. 195)* stattfanden. Erst der christliche Kaiser Honorius setzte diesen barbarischen »Spielen« im 5. Jahrhundert ein Ende.

In einer der angrenzenden Klosterzellen ist die Büste des ersten römischen Kaisers Augustus Caesar (63 v. Chr.–14 n. Chr.) ausgestellt, dem es 31 v. Chr. gelungen war, seine Konkurrenten Mark Anton und Kleopatra auszuschalten und das Römische Reich als Alleinherrscher zu regieren. Wer für die Frauenbüste nebenan Modell saß, ist nicht bekannt.

Es folgen der winzige Kreuzgang mit Mosaiken und Relieffragmenten und eine Reihe von Räumen mit Glas- und Keramikwaren, Inschriften und Grabmälern. Zum Ende der Ausstellung hin sind die Exponate nicht mehr beschriftet, die Bestimmung von Art und Alter der Gegenstände bleibt der Fantasie des Besuchers überlassen.

Santo Stefano

Der Kirchenbau zählt zu den ältesten Veronas. Im 6. Jahrhundert geweiht, diente er als Kathedrale, bis im 12. Jahrhundert am anderen Ufer der Etsch der neue Dom *(siehe S. 199)* errichtet wurde. Wer Santo Stefano besucht, wird mit einem atemberaubenden Blick über den Dom und den angrenzenden Bischofspalast belohnt. Ungefähr zur Entstehungszeit des Doms wurde Santo Stefano von lombardischen Architekten erneuert und erhielt den achteckigen, roten Backsteinglockenturm. Die Apsis blieb unangetastet.

Im Inneren befinden sich ein byzantinisch beeinflusstes Ensemble aus Bischofsstuhl und Bank sowie eine Galerie und Kapitelle aus dem 8. Jahrhundert. Die meist verschlossene Apsis stammt vermutlich aus dem 6. Jahrhundert. In der Krypta sind Freskenfragmente aus dem 13. Jahrhundert und eine Petrusstatue aus dem 14. Jahrhundert zu sehen.

Hoch über der Kirche ragt im Osten das von Zypressen umsäumte Castel San Pietro auf. Der heutige Bau entstand 1854 unter österreichischer Herrschaft, steht jedoch auf den Grundmauern einer früheren Festung, die die Mailänder Visconti errichteten, als sie 1387 Verona eroberten.

Petrusstatue, Santo Stefano

San Giorgio in Braida

San Giorgio ist eine der wenigen Renaissancekirchen Veronas mit hoher Kuppel. Der Bau basiert auf einem Entwurf von Michele Sanmicheli und wurde 1477 begonnen. Sanmicheli ist auch der Schöpfer des von klassischen Vorbildern inspirierten Altars mit Paolo Veroneses *Martyrium des heiligen Georg* (1566). Dieses berühmte Bild wird jedoch von einem anderen in den Schatten gestellt, das Girolamo dai Libri 1526 malte: *Madonna mit Kind und den Heiligen Zeno und Lorenzo Giustiniani* zeigt eine mit liebevollen Details versehene Hintergrundlandschaft.

Junger Hahn: Einlegearbeit in der Kirche Santa Maria in Organo

Santa Maria in Organo

In der Kirche befinden sich einige der schönsten Einlegearbeiten ganz Italiens. Sie stammen von dem Architekten Fra Giovanni da Verona, der nahezu 25 Jahre, von 1477 bis 1501, an diesen prachtvollen illusionistischen Intarsien arbeitete. Die Lehnen der Chorbänke und die Schranktüren in der Sakristei sind in liebevoller Kleinarbeit mit höchst ergötzlichen Details geschmückt. Durch eine interessante Interpretation der Perspektive gelang es Fra Giovanni, selbst flachen Landschaften Tiefe zu verleihen und die Schränke mit Büchern, Musikinstrumenten und Obstschalen zu »füllen«. Am reizendsten sind die kleinen Tierbilder – der Hase auf dem Pult sowie die Eule und der Hahn in der Sakristei.

Versteinerter Fisch aus dem Naturgeschichtlichen Museum

Museo Civico di Storia Naturale

Lungadige Porta Vittoria 9. *045 807 94 00.* *Mo–Do, Sa 9–19 Uhr, So u. Feiertage 14–19 Uhr.* *1. Jan, Ostern, 1. Mai, 25. Dez.*

Das Naturgeschichtliche Museum von Verona besitzt eine herausragende Fossiliensammlung, die selbst Laien auf dem Gebiet der Paläontologie begeistern kann. Ganze Fische, Farnblätter und Libellen sind bis ins kleinste Detail erhalten. Die Versteinerungen stammen zum Großteil aus den Ausläufern der Dolomiten nördlich der Stadt; sie wurden in Steinbrüchen entdeckt *(siehe* Bolca, *S. 191)*.

Über frühe menschliche Siedlungen informieren Funde aus der Umgebung des Gardasees, es gibt Rekonstruktionen ganzer Dörfer. In der oberen Etage bieten Vitrinen mit ausgestopften Vögeln, Säugetieren und Fischen Einblick in die heutige Fauna der Region. Ein ideales Museum für verregnete Urlaubstage und für Familien mit Kindern.

Giardino Giusti

Via Giardino Giusti 2. *045 803 40 29.* *tägl.* *25. Dez.*

Zwischen den staubigen Fassaden der Via Giardino Giusti liegt, fast versteckt, der Eingang zu einem der schönsten Renaissancegärten Italiens. Der Park wurde 1580 angelegt und stellt – wie für jene Epoche typisch – Natur und Kunst bewusst nebeneinander. Der strengen unteren Gartenanlage mit Formbäumen und -sträuchern, exakt geometrischen Wegen, Skulpturen und Topfpflanzen stehen die eher naturbelassenen oberen Terrassen gegenüber.

Zu den frühen Besuchern des Gartens zählte der Engländer Thomas Coryate, der die Anlage 1611 als »zweites Paradies« bezeichnete. Auch Goethe lobte 1786 die »ungeheuren Zypressen« und die »treffliche Lage«.

Typisch Veneto: Formsträucher und Skulpturen im Giardino Giusti

Der Gardasee

Der Gardasee, das größte Binnengewässer Italiens, ist eines der beliebtesten Wassersportgebiete des ganzen Alpenraums. Kräftige Winde bieten optimale Bedingungen für Surfer und Segler; Yachthäfen und Badestrände sind reichlich vorhanden, viele Hotels besitzen Tennisplätze und Reitgelegenheit. Wer es nicht so aktiv mag, kann die Kulisse der schneebedeckten Gipfel und die spektakulären Sonnenuntergänge vom Schiff aus genießen.

Malcésine
Die zinnenbewehrte Scaliger-Burg (13./14. Jh.) überragt die Altstadt von Malcésine.

La Gardesana

Bardolino, der bekannte Rotwein, ist nach dieser Ortschaft benannt.

Die Halbinsel Sirmione kann man schön vom See aus sehen.

Legende

- Schiffsroute
- Autofähre

0 Kilometer 10

Desenzano
Die meisten Schifffahrten beginnen in dieser Hafenstadt, deren Uferpromenade von Palmen beschattet wird.

Torri del Benaco
Das Gebäude wurde von der Republik Venedig im Jahr 1852 gebaut und für Ratssitzungen genutzt, heute befindet sich ein Hotel darin.

La Gardesana

La Gardesana heißt die 143 Kilometer lange Uferstraße, die über weite Strecken direkt in den Fels hineingehauen ist, manchmal an steil abfallenden Klippen entlang verläuft und durch rund 80 Tunnel führt. An jeder Biegung bieten sich neue, spektakuläre Blicke (besonders bei Gargnano), es gibt eine Reihe von Aussichtspunkten. Zwei besonders lohnende Sehenswürdigkeiten sind die prachtvollen Gärten (18. Jh.) des Palazzo Bettoni in Bogliaco und das Kastell von Riva del Garda.

Unterwegs in Richtung Limone

Bootsausflüge

Die Fährschiffe auf dem Gardasee heißen zwar noch »Dampfer«, werden aber natürlich inzwischen von Dieselmotoren angetrieben. Fahrkarten können Sie in allen größeren Orten kaufen. Vom Wasser aus sieht man auf viele Villen und Gärten, die andernfalls den Blicken verborgen blieben. Die Fahrt von einem Ende des Sees zum anderen dauert etwa vier Stunden, mit dem Tragflügelboot zwei Stunden und 20 Minuten. Am Südufer des Sees verkehren auch Katamarane.

Das Tragflügelboot vor dem Hafen von Desenzano

Dämmerung am Gardasee bei Peschiera

Garda ⑩

Straßenkarte A3. *3400.* *Lungolano Regina Adelaide 13.* *045 627 03 84.* *Fr vorm.* ***Läden** Mi nachm. (Lebensmittel).*

Zahllose Strassencafés bringen Farbe in die Straßen rund um den Palazzo dei Capitani, den die Venezianer im 15. Jahrhundert als Verwaltungssitz errichteten. Das Stadtmuseum informiert über prähistorische Felszeichnungen, die in Punta San Vigilio entdeckt wurden.

Peschiera ⑪

Straßenkarte A4. *8900.* FS *Piazze Bettelone 15.* *045 755 16 73.* *Mo vorm.* ***Läden** Mi im Winter.*

In Peschiera tritt der Fluss Mincio aus dem Gardasee aus. Die Festung am Ortseingang bauten die Österreicher im 19. Jahrhundert an der Stelle einer Burg (15. Jh.). Ihr Name, Fortezza del Quadrilatero, geht auf den quadratischen Grundriss zurück.

Umgebung: Vor der Stadt liegen der Themenpark **Gardaland** mit einem Nachbau des ägyptischen Tals der Könige (kostenloser Bus vom Bahnhof Peschiera) und der Zoo **Parco Natura Viva** mit Safaripark und Dinosauriermodellen.

Gardaland
Loc. Ronchi, 37014 Castelnuovo del Garda. *045 644 97 77.* *Mitte März–Sep: tägl., Okt: Sa u. So.* www.gardaland.it

Parco Natura Viva
Nahe Bussolengo. *045 717 01 13.* *Mitte März–Okt: tägl. 9.30–17 Uhr; Feb u. Nov: Feiertage.*

Solferino ⑫

Straßenkarte A4. *2200.* *Piazza Torelli 1.* *0376 85 43 60.* *Sa nachmittags.* ***Läden** Mo nachmittags.*

In der Schlacht von Solferino (1859) fanden 40 000 italienische und österreichische Soldaten den Tod. Es gab keine medizinische Versorgung, die Gefallenen wurden nicht beerdigt. Dies rief den Schweizer Henri Dunant auf den Plan, der die erste Genfer Konvention (1864) und die Gründung des Internationalen Roten Kreuzes anregte. In Solferino erinnern ein Kriegsmuseum und eine Ossariumskapelle an die Kriegsopfer. Aus Spenden von Mitgliedsländern hat das Rote Kreuz Dunant ein Denkmal errichtet.

Die Ossariumskapelle mit den Schädeln gefallener Soldaten

Halbinsel Sirmione ⓭

Sirmione ragt als schmale Landzunge in den Südteil des Gardasees hinein und ist mit dem Festland über eine Brücke verbunden. Der Dichter Catull (geb. 84 v. Chr.) besaß hier eine Villa: Die Ruinen der Grotte di Catullo sind unter uralten Olivenbäumen an der Nordspitze der Halbinsel zu besichtigen. Die Festung Rocca Scaligera bewacht das untere Ende von Sirmione. Dahinter liegen Kurhotels und Wege, die zu Uferspaziergängen einladen.

Blick in Richtung Grotte
Von dem hohen Turm der Burg bietet sich ein herrlicher Blick über die gesamte Halbinsel Sirmione.

★ Rocca Scaligera
Im 13. Jahrhundert errichteten die Scaliger die Burg, die gegen Angriffe vom Wasser her bestens gerüstet ist: Feindliche Schiffe konnten von den Zinnen mit Wurfgeschossen bombardiert werden.

Vom mächtigen Wehrturm wurden Angreifer mit Geschützen bombardiert.

Im Burggraben, früher Teil eines ausgeklügelten Verteidigungssystems, schwimmen heute Karpfen.

Piazza Castello

Sirmione
Die schmalen Gassen der Altstadt sind von Souvenirläden gesäumt.

Nicht versäumen

★ Rocca Scaligera

★ Grotte di Catullo

Inselidyll
Auf der Halbinsel Sirmione sind keine Autos zugelassen, was die mittelalterlichen Straßen besonders attraktiv macht.

Spaziergang am Ufer
Am Ostufer der Halbinsel führt ein hübscher Spazierweg vom Dorf zu den Grotten des Catull.

INFOBOX

Straßenkarte A4. *Viale Marconi 8. 030 91 61 14.* **Rocca Scaligera** *030 91 64 68. Di–So 8.30–19 Uhr (Mo an Feiertagen). 1. Jan, 1. Mai, 25. Dez.* **Grotte di Catullo** *030 91 61 57. Di–So 8.30–19 Uhr (Mo an Feiertagen; Nov–März: bis 17 Uhr). 1. Jan, 1. Mai, 25. Dez. Sa, So.* www.sirmione.com

San Pietro
Die Kirche mit dem herrlichen Christusfresko (12. Jh.) wurde 765 auf dem höchsten Punkt der Halbinsel gegründet.

★ Grotte di Catullo
Hier liegen die Ruinen eines antiken Badeorts. Reiche Römer ließen sich im 1. Jahrhundert v. Chr. noble Villen errichten und erholten sich in einer Thermalanlage. Die Funde sind im sogenannten Antiquarium ausgestellt.

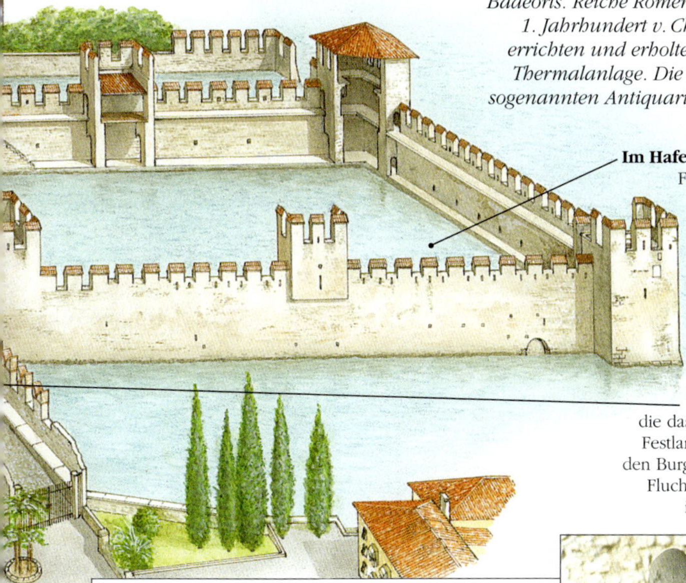

Im Hafenbecken fanden Fischer Schutz vor Stürmen, hier lag auch die Flotte des Kastells vor Anker.

Die Zugbrücke, die das Kastell mit dem Festland verbindet und den Burgbewohnern eine Fluchtmöglichkeit bot, ist stark befestigt.

DIE SCALIGER

Die Rocca Scaligera ist nur eine von vielen Festungen, die die Familie della Scala *(siehe S. 192)* in der Region Verona/Gardasee erbauen ließ. Gier nach Macht und Reichtum trieb die Feudalherren des 13. und 14. Jahrhunderts dazu, sich unentwegt gegenseitig zu bekämpfen. Trotz ihrer autokratischen Herrschaft brachten die Scaliger der Region eine Zeit friedlichen Wohlstands, da sie die Angriffe der Visconti abwehren konnten, die in der Lombardei regierten.

Der Scaliger-Fürst Cangrande I

Salò ⑭

Straßenkarte A3. 10 000. *Lungolago Zanardelli. 0365 214 23. Sa vormittags.*

DIE EINWOHNER dieses eleganten Städtchens werden nur ungern daran erinnert, dass Mussolini 1943 hier die Republik von Salò ausrief und von Salò aus Norditalien regierte – bis er 1945 von italienischen Widerstandskämpfern erschossen wurde. Wesentlich lieber berufen sie sich verständlicherweise auf Gaspare da Salò (1540–1609), den Erfinder der Geige.

Stolz ist man auf die Bauten der Stadt, die sich um eine Kathedrale gruppieren, deren Altarbild Paolo Veneziano 1510 geschaffen hat. Malerisch wirken die pastellfarbenen Häuser am Seeufer. Bei Salò beginnt die Riviera Bresciana, die ihre Berühmtheit den luxuriösen Villen und Grandhotels mit Gärten verdankt.

Gardone Riviera ⑮

Straßenkarte A3. 2500. *Via Repubblica 8. 0365 203 47.*

GARDONES GRÖSSTE Attraktion ist der terrassierte Stadtpark, in dem edle und exotische Bäume an heißen Tagen wohltuenden Schatten spenden. Nicht minder exotisch muten die mediterranen und afrikanischen Pflanzen im 1910 gegründeten **Orto Botanico Hruska** an, die im milden Klima prächtig gedeihen. Gardone ist schon lange ein beliebter Urlaubsort. Die herrliche **Villa Alba**, die heute ein Kongresszentrum beherbergt, ließ sich im 19. Jahrhundert der österreichische Kaiser bauen, um den bitterkalten Wintern seiner Heimat zu entfliehen. Weniger Hochwohlgeborene stiegen im **Grandhotel** ab.

Das Grandhotel von Gardone Riviera im Stil des Art déco

Weit über der Stadt thront die **Villa il Vittoriale** des Dichters Gabriele D'Annunzio. Sie ist voller Kuriositäten, z. B. gibt es ein sargförmiges Bett. Im Garten liegt ein Kriegsschiff, den Bug hoch über dem Gardasee.

Orto Botanico Hruska
Via Roma. *0336 41 08 77.*
Mitte März–Mitte Okt: tägl.

Villa il Vittoriale
Via Vittoriale 12. *0365 29 65 23.*
Di–So (Garten tägl.). 1. Jan, 24., 25. Dez.

Tour durch Valpolicella

DIESE RUNDFAHRT führt durch die wunderschöne Landschaft des berühmten Weinbaugebiets zwischen Verona und dem Gardasee. Am Ufer des Sees lässt das fruchtbare Erdreich, Hinterlassenschaft der eiszeitlichen Gletscher, die Rebstöcke gedeihen. Aus den Trauben wird Bardolino *(siehe S. 238f)* gekeltert, der bekanntlich jung getrunken werden sollte. Weiter landeinwärts liegen in den geschützten Tälern der Monti Lessini Dörfer, deren Bewohner ihren Lebensrhythmus völlig dem Weinbau angepasst haben. Hier gedeiht Valpolicella, ein Rotwein, der leicht und fruchtig, aber auch vollmundig sein kann.

ROUTENINFOS

Start: *Verona.*
Länge: *45 km.*
Ungefähre Fahrtzeit: *Drei Stunden.*
Rasten: *Im größten Dorf der Valpolicella, San Pietro in Cariano, gibt es gute Cafés und Restaurants.*

Bardolino ③
In dem Ort, der seinen Ruhm dem Rotwein verdankt, findet jeden September ein Weinfest statt. Weinproben gibt es ganzjährig.

LEGENDE

Routenempfehlung

Andere Straße

Affi ④
Das Dorf liegt mitten in Weinbergen, deren Rebstöcke im milden Klima des Etsch-Tals wachsen.

Lazise ②
Der malerische Hafen und die hübsche Kirche dieses Städtchens am Ostufer des Gardasees liegen am Fuß einer mittelalterlichen Festung.

Blick von Riva del Garda über den Gardasee

Riva del Garda ⓰

Straßenkarte B3. *13 600.* *Giardini di Porta Orientale 8.* *0464 55 44 44.* *2. Mi (im Sommer auch 4. Mi) im Monat.* **Läden** *Mo (Mode); Mo nachm. (Lebensmittel), im Winter Sa nachm.*

Das Seeufer des bezaubernden Städtchens liegt im Schutze der Scaliger-Festung **Rocca di Riva**. Sie beherbergt ein Museum, das über die prähistorischen Siedlungen der Region informiert, die weitgehend aus Pfahlbauten bestanden. Windsurfer schätzen die steten, ablandigen Winde.

Rocca di Riva
Piazza Cesare Battisti 3. *0464 57 38 69.* *Mitte März–Okt: Di–So (Juli, Aug: auch Mo).*

Malcésine ⓱

Straßenkarte B3. *3500.* *Via Capitanato 6–8.* *045 740 05 55.* *Sa.*

Goethe, der während seiner ersten Italienreise nach Malcésine kam und die »malerische Schönheit« mit dem Zeichenstift festhalten wollte, wurde deshalb der Spionage verdächtigt und für kurze Zeit sogar eingesperrt.

Der heutige Reisende gelangt mit der sich drehenden **Gondelbahn** zum Kamm des Monte Baldo (1745 m). Die Fahrt dauert 15 Minuten, an klaren Tagen sieht man bis zu den Dolomiten. Für Bergfreunde sind Höhenwanderwege ausgeschildert. Die unteren Hänge stehen unter Naturschutz; bei Interesse an der hiesigen Flora sollten Sie die **Riserva Naturale Gardesana Orientale** nördlich von Malcésine besuchen.

Sant'Ambrogio di Valpolicella ⑤
Von hier stammen der leichte Rotwein und der rötliche Stein vieler Veroneser Paläste.

Gargagnago ⑥
Das Weingut Alighieri gehört einem Nachfahren Dantes. Auf dem Anwesen steht eine Villa, die Dantes Sohn im 14. Jahrhundert errichtete.

Kreuzgang, San Giorgio in Valpolicella

Pedemonte ⑦
Der Verwaltungssitz des Weinguts Villa Santa Sofia ist ein Landsitz, der von Palladio entworfen, aber nie vollendet wurde.

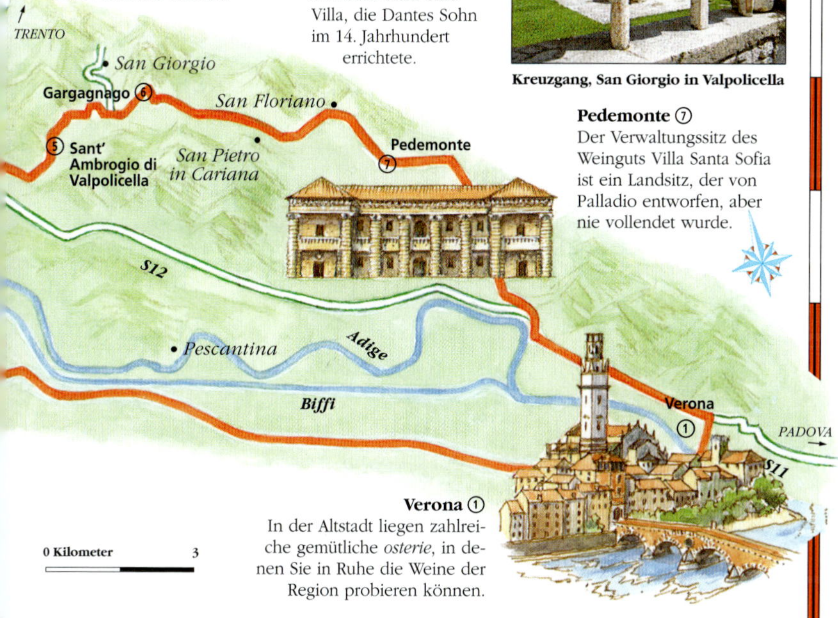

Verona ①
In der Altstadt liegen zahlreiche gemütliche *osterie*, in denen Sie in Ruhe die Weine der Region probieren können.

TRE CIME
TRE CIME
TRE CIME

Dolomiten

Die Bezeichnung Dolomiten *beschwört das Bild einer grandiosen Gebirgslandschaft herauf, nach Meinung vieler »das schönste Gebirge der Welt«. Im Süden der Region liegen die Zentren Feltre, Belluno und Vittorio Veneto. Der Norden steht ganz im Zeichen von Skigebieten wie Cortina d'Ampezzo. Dazwischen gibt es atemberaubende Panoramen und kleine Dörfer, die sich an die sonnigen Südhänge überraschend grüner Gebirgstäler schmiegen.*

Politisch und geografisch gehören die Dolomiten (Dolomiti) zu den drei italienischen Provinzen Trient (Trento), Bozen (Bolzano) sowie im südwestlichen Teil zu Belluno im Veneto. Die Gipfel des Gebirgszugs ragen über 2000 Meter hoch auf. Für die Orte der Dolomiten ist der Fremdenverkehr ein wichtiger Wirtschaftsfaktor; Besucher finden hier grandiose Landschaften, frische Luft und Erholung. Naturschutz steht hier im Einklang mit Fortschritt.

Die Region hat drei offizielle Landessprachen: Italienisch, Deutsch und Ladinisch. Teile der Region fielen erst 1918 von Österreich an Italien – nach Ende des Ersten Weltkriegs, in dem die Dolomiten auch Schauplatz blutiger Kämpfe waren, da beide Seiten die strategisch wichtigen Pässe kontrollieren wollten. In vielen Orten erinnern Kriegerdenkmäler an die Opfer jener Zeit.

Heute ist die Region vor allem als Wintersportgebiet bekannt. In Cortina d'Ampezzo wurden schon 1902 internationale Langlauf-Meisterschaften abgehalten, 1956 war die Stadt Austragungsort der Olympischen Winterspiele. Cortina gilt als exklusivster Wintersportort Italiens, nicht selten trifft man Filmstars und gekrönte Häupter. Viele Dolomitengipfel, die früher nur wenige Extremsportler bezwingen konnten, sind heute bequem von jedermann mit Liften und Seilbahnen erreichbar.

Straßencafé in der Altstadt von Feltre

◁ **Tretboote am Lago Misurina, im Hintergrund die Gipfel des Sorapiss**

Überblick: Dolomiten

Tizian-Denkmal, Pieve di Cadore

Die Region der Dolomiten unterscheidet sich gravierend vom industrialisierten venezianischen Tiefland. Weite Landstriche wurden als Naturschutzgebiet ausgewiesen; andere sind per Sessellift erreichbar und bieten Gebirgspanoramen, Höhenwanderwege und die Gelegenheit zu längeren Bergtouren. An Übernachtungsmöglichkeiten herrscht kein Mangel, es gibt zahlreiche Hütten und komfortable Hotels. Von Oktober bis Mai liegen die Gipfel unter Schnee, auf der Marmolada, dem höchsten Gipfel (3343 m), ist Skifahren das ganze Jahr über möglich.

Chalet bei Cortina d'Ampezzo

Sehenswürdigkeiten auf einen Blick

Belluno ❺
Cortina d'Ampezzo ❶
Dolomiten (Dolomiti)
S. 216f ❹
Feltre ❼
Misurina ❷
Pieve di Cadore ❸
Valzoldana ❻
Vittorio Veneto ❽

Blick von Zoppe di Cadore auf den Monte Pelmo

In den Dolomiten unterwegs

Die S50 und die S51 sind das ganze Jahr über befahrbar. Da die S48 und die meisten Nebenstraßen starke Steigungen enthalten, benötigen Sie dafür im Winter Schneeketten. Informieren Sie sich rechtzeitig, welche Passstraßen gerade geschlossen sind. Es gibt nur eine einzige Bahnstrecke (im Tal der Piave), doch Busse erschließen die Region fast flächendeckend.

Fast schon historischer Kleintransporter

Legende

- Autobahn
- Hauptstraße
- Nebenstraße
- Panoramastraße
- Fluss
- Aussichtspunkt

Cortina d'Ampezzo ❶

Straßenkarte D1. 6800. *Piazzetta San Francesco 8. 0436 32 31. Di und Fr vorm.*

DER VORNEHMSTE Wintersportort ganz Italiens, in dem die Schönen und Reichen aus Turin und Mailand Urlaub machen, hat natürlich unzählige Restaurants und Bars. Grund für die außerordentliche Beliebtheit ist die majestätische Kulisse, die dem Skivergnügen zusätzlichen Reiz verleiht. Wohin man auch blickt – überall ragen die zerklüfteten Gipfel gen Himmel.

Da Cortina 1956 Austragungsort der Olympischen Winterspiele war, verfügt es über unzählige Sporteinrichtungen. Sie können die Skischanze oder die Bobbahn erproben. Im Eisstadion finden regelmäßig Schlittschuh-Diskoabende statt, es gibt Hallenbäder, Tennisplätze und Reitgelegenheiten.

In den Sommermonaten können Sie sich Informationen über Touren und Wanderwege beim örtlichen Fremdenverkehrsbüro oder beim Club Alpino Italiano holen.

Sie können auch mit der Seilbahn *Freccia nel Cielo* (Pfeil zum Himmel) fahren, die Sie auf 3243 Meter über dem Meeresspiegel bringt.

Skifahrer bei Cortina

Bummel über den Corso Italia in Cortina d'Ampezzo

Die Dolomitenstraße

DIE STRADA DELLE DOLOMITI, eine Meisterleistung des Straßenbaus, zählt zu den schönsten Strecken der gesamten Alpen. Sie beginnt bei Bozen und erreicht am Pordoijoch (2239 m) ihren höchsten Punkt – und die Grenze zum Veneto. 35 Kilometer weit folgt sie nun in teils engen Kurven der S48 ostwärts zum Wintersportort Cortina d'Ampezzo. Unterwegs gibt es eine Reihe von Rastplätzen, von denen aus Sie das beeindruckende Hochgebirgspanorama bewundern können. Vielerorts besteht die Möglichkeit, mit Sessellift oder Seilbahn zu Berghütten hinaufzufahren.

ROUTENINFOS

Start: *Pordoijoch.*
Länge (im Veneto): *35 km.*
Ungefähre Fahrzeit: *Zwei Stunden. Sie sollten für Hin- und Rückfahrt inklusive Zwischenstopps jedoch einen ganzen Tag rechnen.*
Rasten: *In den kleinen Ortschaften Pieve di Livinallongo und Andraz gibt es gute Cafés und Restaurants.*

Pordoijoch ①
Im Norden des Passo Pordoi erhebt sich die Sellagruppe (3152 m).

LEGENDE

- Routenempfehlung
- Andere Straße
- Aussichtspunkt

0 Kilometer 5

Arabba ②
Arabba ist ein hübscher Ferienort, von dem eine Seilbahn auf die Porta Vescovo (2478 m) führt.

Misurina ❷

Straßenkarte D1. 82.
Via Misurina. *0435 390 16.*
Juli–Aug; Ende Dez–Anfang Jan.

Wesentlich kleiner und viel ruhiger als Cortina liegt Misurina direkt am Ufer des zauberhaften gleichnamigen Sees, in dessen klarem Wasser sich die Gipfel von Monte Cristallo, Cima di Cadini und Tre Cime di Lavaredo spiegeln. Im Nordosten führt eine acht Kilometer lange Straße zur Auronzo-Hütte und zum Fuß der Tre Cime di Lavaredo (2999 m).

Einer der Zuflüsse des klaren Lago Misurina

Tizians Geburtshaus in Pieve di Cadore

Pieve di Cadore ❸

Straßenkarte D1. *4000.*
Via Nazionale 45. *0435 316 44.*
Mi nachmittags (in Tai di Cadore).

Die Waldgebiete von Cadore versorgten Venedig jahrhundertelang mit Bauholz. Die Hauptstadt der Region ist Pieve di Cadore, das als Geburtsort Tizians bekannt ist. Die **Casa di Tiziano** steht zur Besichtigung offen. Das **Museo Archeologico** zeigt Funde aus vorrömischer Zeit.

Die meisten Besucher kommen der reizvollen Lage wegen. Nördlich von Pieve verjüngt sich das Tal zu einer beeindruckenden Schlucht, die Straße nach Comelica und Sesto ist bekannt für die herrlichen Panoramen und die alten Häuser. Noch weiter nordöstlich geht es ins Quellgebiet der Piave, die acht Kilometer nördlich von Sappada entspringt.

Casa di Tiziano
Via Arsenale 4. *0435 322 62.*
Juni–Sep: Di–So (Aug tägl.); Okt–Mai: nach Vereinbarung.

Museo Archeologico Romano e Preromano
Palazzo della Magnifica Comunità Cadorina, Piazza Tiziano 2. *0435 322 62.* *Juni–Sep: Di–So (Aug: tägl.); Okt–Mai: nach Vereinb.*

Falzarego ⑤
Kriegerdenkmäler erinnern an die blutigen Kämpfe, die 1914–18 hier an der Grenze zwischen Österreich und Italien stattfanden.

Cortina d'Ampezzo ⑥
Bei der Anfahrt auf Cortina bestimmen die Felszinnen der zerklüfteten Cinque Torri das Panorama.

Andraz ④
Das teilweise renovierte Castello di Andraz wurde im 14. Jahrhundert errichtet – zum Schutz gegen Räuber und um die Zufahrt zum Passo Falzarego zu kontrollieren.

Pieve di Livinallongo ③
Der Hauptort im beeindruckenden Tal der Cordevole bietet spektakuläre Ausblicke auf die Felsgipfel.

Wanderer bei den Kriegerdenkmälern am Passo Falzarego

Die Dolomiten ❹

Die Dolomiten sind sicherlich die beeindruckendsten und schönsten Berge Italiens. Das Gebirge entstand aus Kalkschichten, die vor 60 Millionen Jahren beim Zusammenstoß der europäischen und afrikanischen Kontinentalplatten aufgewölbt wurden. Anders als der Großteil der Alpen, der von Gletschern geformt wurde, sind die strahlend weißen, oft bizarren Felstürme und -nadeln das Resultat jahrtausendelanger Erosion. Die östlichen und westlichen Teile der Dolomiten haben etwas unterschiedliche Merkmale, wobei sich Ostteil noch grandioser, fast ehrfurchtgebietend präsentiert. Besonders der Anblick des Catinaccio (Rosengarten) ist unvergleichlich, wenn die Abendsonne seine Felsen in rosiges Licht taucht.

Zwiebeltürme sind hier oft zu sehen

Strada delle Dolomiti

Eine der spektakulärsten Routen durch die Dolomiten verläuft zwischen Bozen (Bolzano) und Cortina d'Ampezzo *(siehe S. 214)*. Seit 1908 führt sie in majestätischer Landschaft über die großen Pässe und an den höchsten Gipfeln vorbei.

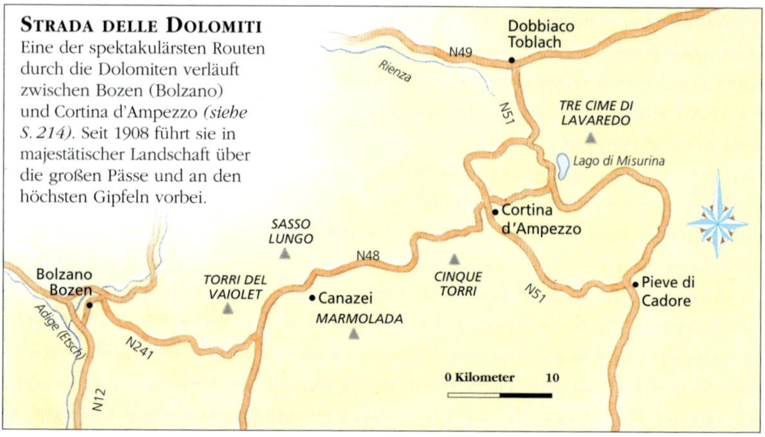

Gipfel der Dolomiten

Unter diesen Bergspitzen befinden sich mehrere besonders ausgeprägte und einige der höchsten Berge dieser Gegend. Viele sind leicht zu erkennen und haben charakteristische Namen.

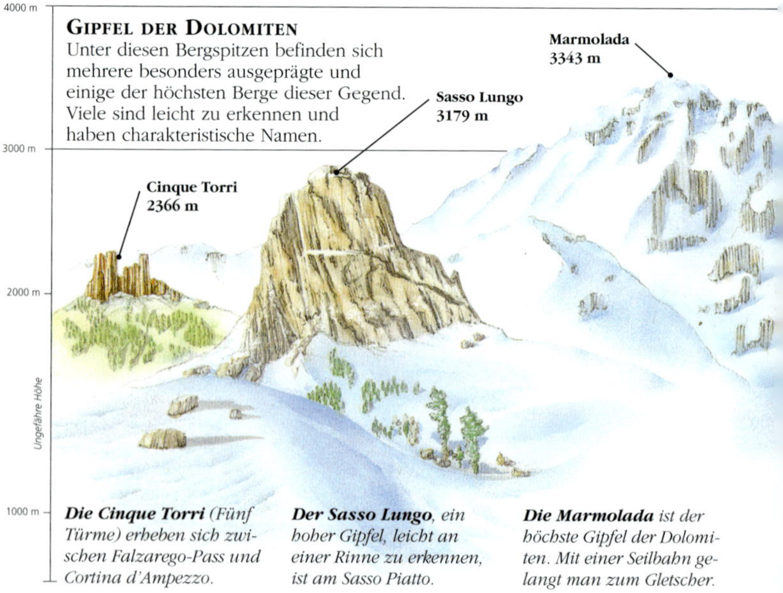

***Die Cinque Torri** (Fünf Türme) erheben sich zwischen Falzarego-Pass und Cortina d'Ampezzo.*

***Der Sasso Lungo**, ein hoher Gipfel, leicht an einer Rinne zu erkennen, ist am Sasso Piatto.*

***Die Marmolada** ist der höchste Gipfel der Dolomiten. Mit einer Seilbahn gelangt man zum Gletscher.*

Lago di Misurina *ist ein großer und schöner See am Erholungsort Misurina. Im kristallklaren Wasser spiegeln sich die umliegenden Gipfel (z. B. der Sorapiss) in schimmernden Farben.*

An sportlichen Aktivitäten *in dieser atemberaubend schönen Landschaft bietet sich im Winter Skifahren an, im Sommer laden Pfade zum Wandern ein. Aus den Hauptorten bringen einen Sessellifte oder Seilbahnen recht bequem in die Berglandschaft.*

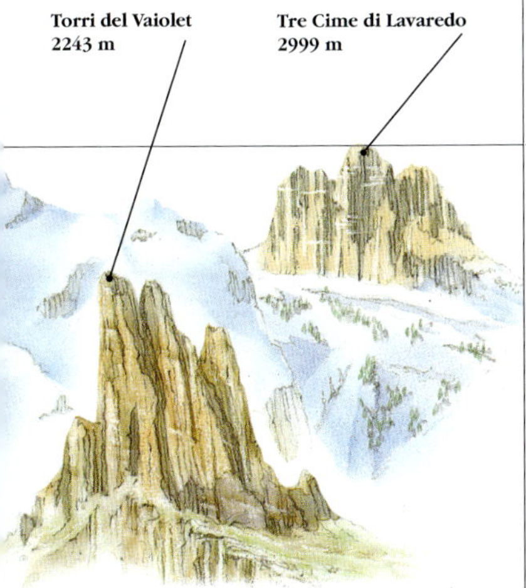

Die Torri del Vaiolet*, auffallend zerfurcht, sind Teil der schönen Catinaccio-Region.*

Tre Cime di Lavaredo *(Drei Zinnen) ragen über die Täler nördlich des Lago di Misurina.*

Tier- und Pflanzenwelt

Die Wälder und Wiesen der Dolomiten sind die Heimat für eine Vielzahl von Tieren und Pflanzen, die hervorragend an das karge Leben der Bergregionen angepasst sind.

Flora

Enzianwurzeln *nimmt man für bitteren Schnaps.*

Die Rostrote Alpenrose *gedeiht an Südhängen.*

Wiesensteinbrech *wächst in Büschen zwischen Felsen.*

Teufelsklaue *mit ihren auffallenden rosa Blüten.*

Fauna

Das Alpenschneehuhn *ist zur Tarnung im Sommer braun gesprenkelt, im Winter schneeweiß. Der Vogel ernährt sich von Beeren und jungen Trieben.*

Die Gämse *ist eine der wenigen echt europäischen Säugetierarten. Heute ist die Jagd auf sie verboten.*

Der Rotwildbestand *hat zeitweise überhand genommen, da die natürlichen Feinde – Wolf und Luchs – längst ausgerottet sind.*

Belluno 5

Straßenkarte D2. *35 800.* FS *Piazza Duomo 2.* *0437 94 00 83.* *Sa.* ***Läden** Mo vorm. (Mode), Mi nachm. (Lebensmittel).*

Die breite Renaissancefassade des Palazzo dei Rettori in Belluno

Die malerische Hauptstadt der gleichnamigen Provinz verbindet zwei unterschiedliche Gebiete des Veneto miteinander – das Tiefland im Süden und die Dolomiten im Norden. Beide Landschaften sind von der im 12. Jahrhundert errichteten **Porta Rugo** zu sehen, die das südliche Ende der Via Mezzaterra, der Hauptstraße der Altstadt, markiert. Noch spektakulärer ist die Aussicht vom Glockenturm des **Duomo** (16. Jh.), den Tullio Lombardo entwarf. Der heutige Bau ist jüngeren Datums, da der Dom zweimal durch Erdbeben beschädigt wurde.

Fassadenfresko, Zoppe di Cadore

Das Taufbecken des Baptisteriums zeigt Johannes den Täufer, eine Arbeit von Andrea Brustolon (1662–1732), der auch die Ca' Rezzonico in Venedig *(siehe S. 126)* ausstattete. Weitere Arbeiten Brustolons zieren die Kirchen **San Pietro** (zwei Altarbilder) und **Santo Stefano** (Kruzifix und Engel).

Ebenfalls an der Piazza Duomo stehen die **Torre Civica** (12. Jh.), der einzige erhaltene Teil des Bischofspalasts, und der **Palazzo dei Rettori** (1491), das eleganteste Gebäude der Stadt, einst Sitz der venezianischen Stadtverwaltung.

Einen Besuch lohnt das **Museo Civico** mit interessanten archäologischen Funden sowie Gemälden von Bartolomeo Montagna (1450–1523) und Sebastiano Ricci (1659–1734). Gleich rechts vom Museum kommen Sie zum schönsten Platz von Belluno, zur **Piazza del Mercato** mit ihren arkadengeschmückten Renaissancepalästen und einem sehenswerten Brunnen (1410).

Südlich der Stadt liegt das Skigebiet Alpe del Nevegal. Im Sommer können Sie mit dem Sessellift zum Rifugio Brigata Alpina Cadore (1600 m) hinauffahren.

Museo Civico

Via Duomo 16. *0437 94 48 36.* *Mai–Sep: Di–So; Okt–Apr: tägl.*

Valzoldana 6

Straßenkarte D1. *von Longarone.* *Via Roma 1, Forno di Zoldo.* *0437 78 73 49.*

Das bewaldete Tal des Zoldo ist ein beliebtes Wandergebiet. Der größte Fremdenverkehrsort in der Region ist Forno di Zoldo, die Berghöfe und Heuböden der Dörfer sind hier noch tirolerisch geprägt. Besonders

Selva di Cadore vom Colle di Santa Lucia aus gesehen

schön sind die auf steinernen Fundamenten errichteten Holzhäuser in Fornesighe, zwei Kilometer nordöstlich von Forno di Zoldo, und am Monte Penna in Zoppe di Cadore, acht Kilometer nördlich der Stadt.

Eine Rundfahrt führt Sie nordwärts auf der S251 über Zoldo Alto nach Selva di Cadore, dann westlich bis Colle di Santa Lucia (ein Eldorado für Hobbyfotografen). Halten Sie sich hier südlich, und folgen Sie der S203 durch Alleghe. Die Strecke führt durch eine abwechslungsreiche Landschaft mit Wäldern, Wiesen und Dörfern. Die südlichste Stadt der Region ist Agordo im Tal der Cordevole. Von hier führt eine reizvolle Strecke (S34) nordostwärts über den Passo Duran (1605 m) nach Dont hinab. Von dort ist es nicht mehr weit zurück zum Ausgangspunkt. Entlang der Straße stehen viele Kapellen; es lohnt sich, anzuhalten und den einen oder anderen Laden zu besuchen, in dem Holzschnitzereien angeboten werden. Fahren Sie auf der kurvenreichen Straße vorsichtig!

Palazzo Guarnieri, einer der Renaissancepaläste in Feltre

Feltre ❼

Straßenkarte D2. *19 600.* FS *Piazzetta Trento e Trieste 9.* *0439 25 40.* *Di u. Fr vorm.* **Läden** *Mo vorm. (Mode), Mi nachm. (Lebensmittel).*

Sein ehrwürdiges Stadtbild hat Feltre dem rachsüchtigen Maximilian I. zu verdanken, der als Kaiser des Heiligen Römischen Reichs die Stadt zweimal, 1509 und 1510, plündern ließ. Obwohl die Truppen der Liga von Cambrai *(siehe S. 44)* fast alles dem Erdboden gleichmachten und die meisten Einwohner niedermetzelten, blieben die Feltriner Venedig treu. Dafür revanchierte sich die Lagunenstadt, indem sie Feltre nach Kriegsende wieder aufbauen ließ. So kommt es, dass die Hauptstraße der Altstadt, die Via Mezzaterra, von arkadengeschmückten Häusern aus dem frühen 16. Jahrhundert gesäumt ist. Die Dächer sind steil, damit der Schnee abrutschen kann.

Folgen Sie der Hauptstraße zur Piazza Maggiore, an der die Reste des mittelalterlichen Kastells, die Kirche **San Rocco** und ein Brunnen Tullio Lombardos (1520) zu sehen sind.

Die Via L. Luzzo an der Ostseite des Platzes prägen Renaissancepaläste. Einer davon beherbergt das **Museo Civico**. Es besitzt ein Fresko von Lorenzo Luzzo, den Zeitgenossen »Il Morto da Feltre«, »den Toten von Feltre«, nannten, weil er stets leichenblass war.

Museo Civico

Palazzo Villabruna, Via L. Luzzo 23. *0439 88 52 41.* *Di–So.* *Feiertage.*

Vittorio Veneto ❽

Straßenkarte D2. *30 000.* FS *Viale della Vittoria 110.* *0438 572 43.* **Läden** *Di (Mode), Mi nachm. (Lebensmittel).* *Mo.*

Cenada und Serravalle, zwei bis dahin eigenständige Städte, wurden 1866 vereinigt und zu Ehren von König Vittorio Emanuele II in Vittorio Veneto umbenannt. Später verband man den Namen der Stadt mit der Entscheidungsschlacht des Ersten Weltkriegs auf italienischem Boden. Das **Museo della Battaglia** in Cenada, dem wirtschaftlichen Zentrum, erinnert daran. Serravalle wirkt mit seinen Palästen (15. Jh.) und arkadengesäumten Straßen eher malerisch. Franco Zeffirelli drehte hier am Fuß der Meschio-Schlucht Szenen zu *Romeo und Julia*. Ostwärts führt die S422 via Anzano hinauf zum Bosco del Cansiglio, einem bewaldeten Plateau.

Museo della Battaglia

Piazza Giovanni Paolo I. *0438 576 95.* *Di–So.*

Die Altstadt von Vittorio Veneto

Zu Gast in Venedig und im Veneto

Übernachten

Die Anziehungskraft, die Venedig auf Kunstliebhaber und Romantiker ausübt, ist sicher ein Grund für die Vielzahl der Hotels. Viele davon sind umgebaute *palazzi*. Auch in den geschichtsträchtigen Städten auf dem Festland sind zahlreiche Hotels und Pensionen in alten Gebäuden untergebracht. In kleineren Ortschaften werden sie häufig von Familien geführt, die sehr um den Ruf ihres Hauses bemüht sind. Die Menge der Hotels am Gardasee, einem schon im Altertum beliebten Ferienziel, eröffnet dem Besucher die volle Auswahl. Auch in der Gebirgsregion, in der das ganze Jahr über Saison ist, wird jeder etwas Passendes finden. Es gibt preiswerte Apartments und viele idyllisch gelegene, gut ausgestattete Campingplätze. Für junge Leute mit schmaler Brieftasche bieten sich auch Jugendherbergen an; Bergsteiger finden in Schutzhütten eine günstige Unterkunft. Hotels in Venedig und im Veneto finden Sie auf den Seiten 228–233.

Schild eines kleinen Hotels

Hotelsuche

Im Gegensatz zu den meisten anderen Städten gibt es in Venedig keine »schlechte« Wohngegend. Natürlich zahlen Sie für ein Hotel in der Nähe des Markusplatzes mehr, doch sind selbst scheinbar abgelegene Gegenden wie Cannaregio oder Santa Croce nicht allzu weit von den Hauptsehenswürdigkeiten entfernt. Adressangaben sind in Venedig verwirrend *(siehe S. 277)*. In der Auflistung ist für jedes Hotel das entsprechende Planquadrat angegeben, das Sie im Stadtplan auf den Seiten 280–293 bzw. auf den Seiten 12–13 (Veneto) nachschlagen können.

Vielen Venedig-Reisenden kommt es auf ein paar Euro mehr oder weniger nicht an, zumal sie nur wenige Nächte bleiben. Doch immer mehr Besucher entscheiden sich für einen Aufenthalt in Verona oder Padua und fahren mit dem Zug in die Lagunenstadt. Lassen Sie sich aber nicht von den relativ niedrigen Preisen der Hotels in Mestre in Versuchung führen – es sei denn, Sie sind gewillt, den Aufenthalt in einem Industriezentrum in Kauf zu nehmen. Wer mit dem Auto unterwegs ist, sollte bedenken, dass das Parkhaus am Piazzale Roma und auch andere Abstellmöglichkeiten *(siehe S. 278f)* reichlich Geld kosten.

Viele Hotels der kleineren Orte auf dem Festland sind auf Geschäftsleute eingerichtet, doch gibt es auf dem Land einige bezaubernde Hotels in Villen. Padua und Verona bieten zahlreiche Übernachtungsmöglichkeiten, Verona ist jedoch zur Festspielzeit oft Monate im Voraus ausgebucht. Reservieren Sie also so früh wie möglich. Weiter nördlich wird die Auswahl größer. Viele Hotels locken mit Garten, Swimmingpool und Sportgelegenheiten. Da auch Italiener hier Urlaub machen, empfiehlt sich eine rechtzeitige Reservierung.

Auf der belebten Riva del Vin vor dem Hotel Marconi *(siehe S. 230)*

Das Hotel Europa e Regina *(siehe S. 229)* direkt am Canal Grande

Hotelpreise

Seit 1994 dürfen Hotels die Übernachtungspreise unabhängig von ihrer Kategorie festsetzen, was vor allem in Venedig zu gewaltigen Aufschlägen geführt hat. Eine Nebensaison mit günstigeren Preisen gibt es im Grunde auch nicht. Unter 50 Euro pro Nacht werden Sie kaum etwas finden – bestenfalls noch zwischen November und Februar, wenn es kalt und oft nebelig ist. Bedenken Sie jedoch, dass viele Hotels in der kalten Jahreszeit ganz schließen. Zum Karneval machen sie dann wieder auf – zu entsprechenden Preisen.

Juli und August sind die teuersten Monate für einen Urlaub am Gardasee. In den Skigebieten der Dolomiten steigen die Preise dagegen zum Winter hin, viele Hotels machen im Sommer zu.

Wie überall sind Einzelzimmer in der Regel um einiges teurer als Doppelzimmer.

Versteckte Preisaufschläge

Wenn Sie kostenbewusst reisen, sollten Sie Übernachtung ohne Frühstück buchen, da die Kosten dafür meist überhöht sind. Auch wenn der Service im Preis inbegriffen ist, erwarten das Zimmermädchen und der Page Trinkgeld. Reinigung, Getränke aus der Minibar und Telefongespräche vom Zimmer sind sehr teuer.

Einige kleinere Hotels in Venedig sowie die meisten Ferienanlagen am Gardasee bieten in der Hochsaison ausschließlich Halb- oder Vollpension an.

Hotelkategorien

Italienische Hotels sind in Kategorien eingeteilt – von einem bis zu fünf Sternen. Allerdings sind die Bestimmungen je nach Region verschieden; erwarten Sie also nicht überall denselben Standard. Viele Hotels verfügen über ein Restaurant, in dem auch Gäste essen können, die nicht im Haus wohnen.

In alten Gebäuden gibt es häufig keine Klimaanlage. Obwohl die dicken Mauern ausgezeichnet isolieren, sollten hitzeempfindliche Venedig-Besucher im Hochsommer eine klimatisierte Unterkunft wählen. Wenn Sie im Spätherbst unterwegs sind, tun Sie gut daran, warme Kleidung einzupacken, denn in Italien wird die Zentralheizung erst ab 1. November angeschaltet – ganz gleich, wie kalt es draußen ist.

Kinder sind in den meisten italienischen Hotels gern gesehen, doch ist gerade Venedig für Kinder nicht besonders geeignet. Wenn Sie Ihre Sprösslinge mitnehmen, steigen Sie besser am Lido ab, wo es Strände, Pools und hoteleigene Gärten gibt.

Ausstattung

Da die Hotels in Venedig verpflichtet sind, alle Gäste polizeilich zu melden, müssen Sie bei der Ankunft Pass oder Personalausweis vorlegen. Falls es nicht automatisch geschieht: Vergessen Sie nicht, sich Ihren Ausweis zurückgeben zu lassen.

Italienische Hotelzimmer sind nicht wirklich »gemütlich« eingerichtet. Teppiche gibt es kaum, die Schränke sind meist sehr klein. Das gilt natürlich eher für preiswerte Unterkünfte, aber auch in sehr teuren Häusern geht schlichte Eleganz, für die die Italiener weltweit berühmt sind, vor plüschigem Pomp. Sauberkeit wird überall groß geschrieben, die Badezimmer sind eigentlich immer makellos sauber. Badewannen sind in preiswerten Hotels eher selten, Duschen gilt als hygienischer und verbraucht weniger Wasser. Zimmer ohne Bad sind in der Regel mit einem Waschbecken ausgestattet.

Hotel Do Pozzi ***(siehe S. 229)***

Hotel Excelsior ***(siehe S. 231)***

Gefrühstückt wird nur wenig – meist nur eine Tasse Kaffee und ein Hörnchen, obwohl die meisten Hotels auch Fruchtsaft, Brötchen und Marmelade anbieten. Das Frühstück in einer Bar ist fast immer preiswerter als im Hotel. Nur in den feinsten Hotels findet man ein Frühstücksbüfett vor.

Mit Ausnahme von Venedig, wo die Geräusche nur vom Wasser oder von Menschen herrühren, sind italienische Städte für unsere Verhältnisse häufig sehr laut. Sollten Sie damit Probleme haben, verlangen Sie bei der Reservierung ausdrücklich ein ruhiges Zimmer, oder bringen Sie sich Ohrstöpsel mit.

Die Abreise muss in den Hotels, wie fast überall auf der Welt üblich, bis zwölf Uhr geschehen sein, in preiswerteren Häusern oft schon bis zehn Uhr. Wer sein Zimmer bis dahin nicht geräumt hat, muss damit rechnen, den vollen Preis für eine weitere Übernachtung zu zahlen.

Das Villa Cortine Palace auf der Halbinsel Sirmione ***(siehe S. 232)***

Reservierung

Wenn Sie während der Hochsaison in einem bestimmten Hotel absteigen wollen, sollten Sie mindestens zwei Monate im Voraus reservieren. In den jeweiligen Fremdenverkehrsämtern liegen Listen mit den Hotels der Region aus. Hotels über der 50-Euro-Grenze akzeptieren meist Kreditkarten; erkundigen Sie sich aber sicherheitshalber bei der Reservierung. Anzahlungen leistet man ebenfalls mit Kreditkarte, ansonsten tut es eine internationale Zahlungsanweisung.

In Italien gilt ein Zimmer als gebucht, sobald die Anzahlung entrichtet und die Reservierung bestätigt ist. Klären Sie vorher, ob Sie bei Stornierung einen Teil Ihres Geldes zurückerhalten.

Behinderte Reisende

Allgemein ist man in Italien nicht besonders gut auf behinderte Reisende eingerichtet, in Venedig ist die Lage besonders ungünstig. Jüngst wurden einige der wichtigsten Brücken mit Aufzügen für Rollstühle versehen. Einen Schlüssel dafür bekommen Sie vorher auf Anfrage im Rathaus. Eine Liste der Veranstalter, die sich auf Reisen für Behinderte spezialisiert haben, erhalten Sie bei **ENIT**. Weitere Ratschläge für behinderte Reisende finden Sie auf Seite 261.

Das Hotel Fenice *(siehe S. 229)* in zentraler Lage

Hotels in historischen Gebäuden

Eine ganze Reihe venezianischer Hotels ist in historisch oder architektonisch interessanten Gebäuden untergebracht – meist in alten *palazzi*. Eine Auswahl der besten haben wir in unsere Hotelliste aufgenommen. Im Veneto gibt es einige wunderschöne Hotels in Villen, die den Aufenthalt zu einem besonderen Erlebnis machen.

Ferienwohnungen

Wegen des begrenzten Wohnraums sind Ferienwohnungen in Venedig überaus rar. Anbieter sind bei den italienischen Fremdenverkehrsämtern und in Reisebüros zu erfahren. Versuchen

Auf einen Blick

Informationen

ENIT (Ente Nazionale Italiano per il Turismo, Nationaler Italienischer Fremdenverkehrsverband)
W www.enit.it

Friedrichstr. 187,
10117 Berlin.
(030) 247 83 98.

Kaiserstr. 65,
60329 Frankfurt am Main.
(069) 25 91 26.

Lenbachplatz 2,
80333 München.
(089) 53 13 17.

ENIT Österreich
Kärntner Ring 4a,
1010 Wien.
(01) 505 16 30 12.

ENIT Schweiz
Uraniastr. 32,
8001 Zürich.
(043) 466 40 40.

Ferienwohnungen

Agriturist Ufficio Regionale
Via C Monteverdi 15,
30174 Venezia Mestre.
041 98 74 00.

CERA.NG Servizi Immobiliari
Rio Terra Canal,
Dorsoduro 3066.
Stadtplan 6 D2.
041 522 09 32.

Sant'Angelo
Campo Sant'Angelo,
San Marco 3818.
Stadtplan 6 F2.
041 522 15 05.

Preisgünstige Unterkünfte

AIG (Associazione Italiana Alberghi per la Gioventù)
Via Cavour 44,
00184 Roma.
06 487 11 52.
W www.ostellionline.org

Foresteria Valdese
Campo Santa Maria Formosa, 5170 Castello.
Stadtplan 7 C1.
041 528 67 97.

Istituto Ciliota
Calle delle Muneghe,
San Marco 2976.
Stadtplan 6 F2.
041 520 48 88.

Ostello Venezia
Fondamenta delle Zitelle,
Giudecca 86. **Stadtplan** 7 B5. 041 523 82 11.

Santa Fosca
Fmta Diedo, 2372 Cannaregio. **Stadtplan** 2 F3.
041 71 57 75.

Campingplätze und Berghütten

Club Alpino Italiano
Via E Petrella 19,
20127 Milano.
02 205 72 31.
W www.cai.it

Marina di Venezia
Via Montello 6,
Punta Sabbioni.
041 530 09 55.

San Nicolò
Riviera San Nicolò 65,
Lido. 041 526 74 15.

Touring Club Italiano
Corso Italia 10, 20122 Milano. 02 852 61.
W www.touringclub.it

Sie Ihr Glück auch bei Vermittlungsagenturen vor Ort, z. B. bei **CERA.NG Servizi Immobiliari** oder **Sant' Angelo**, die normalerweise jedoch nur längerfristige Vermietungen handhaben.

Unter der Bezeichnung **Agriturismo** firmieren im Veneto eine Reihe von Unterkünften – vom »Urlaub auf dem Bauernhof« bis hin zum Aufenthalt in luxuriösen, geräumigen Villen mit eigenem Swimmingpool. Jede Region hat ihr eigenes Agriturist Ufficio, buchen müssen Sie freilich meistens beim Besitzer selbst. Die Preise spiegeln den unterschiedlichen Komfort wider und können je nach Saison ziemlich schwanken. In der Nebensaison können vier Personen ab etwa 500 Euro pro Woche Urlaub machen.

Detail am Hotel Danieli

Preisgünstige Unterkünfte

Die meisten Ein- oder Zwei-Sterne-Hotels (mit Preisen zwischen 20 und 40 Euro pro Nacht und Person) sind kleine Familienbetriebe, die man früher *pensioni* nannte. Nur selten bieten sie Übernachtung mit Frühstück, Zimmer mit eigenem Bad sind rar. Auch an den Service dürfen Sie keine großen Ansprüche stellen. Eine Alternative zu den *pensioni* sind die sogenannten *affittacamere*, noch kleinere Häuser, die häufig nur einzelne Gästezimmer anbieten, diese jedoch manchmal mit Familienanschluss. Einige Klöster und andere kirchliche Einrichtungen nehmen auch Gäste auf, haben allerdings meist nur Schlafsäle. Das italienische Jugendherbergswerk **Associazione Italiana Alberghi per la Gioventù** in Rom verschickt Listen mit den Adressen sämtlicher Jugendherbergen in Italien – nicht nur für Jugendliche.

Venedigs bekannteste Jugendherberge ist das wunderschön gelegene **Ostello Venezia** auf Giudecca. Wenn Sie im Juli oder August kommen wollen, empfiehlt sich auch hier eine frühzeitige Reservierung. Beim Italienischen Fremdenverkehrsverband **ENIT** erhalten Sie Adressenlisten und Reservierungsformulare für alle Jugendherbergen der Region.

Campingplätze und Berghütten

Überall im Veneto gibt es ordentliche Campingplätze, doch die meisten findet man auf dem Festland nördlich von Venedig, rund um den Gardasee und im gebirgigen Norden. Eine Liste mit den Anschriften von Campingplätzen und Berghütten erhalten Sie bei **ENIT** oder den örtlichen Fremdenverkehrsämtern. Die meisten Berghütten gehören dem **Club Alpino Italiano**, dessen Hauptsitz in Mailand Ihnen gerne weiterhilft. Der **Touring Club Italiano** veröffentlicht jährlich eine aktualisierte Liste der Campingplätze: *Campeggi e Villaggi Turistici in Italia*.

Ein Kofferboot bringt das Gepäck der Gäste zum Hotel

Gartenterrasse des Hôtel des Bains am Lido ***(siehe S. 231)***

Zeichenerklärung

Die Hotels auf den Seiten 229–233 sind nach Lage und Kategorie klassifiziert. Die Symbole hinter der Adresse beziehen sich auf die Ausstattung.

- Zimmer mit Bad und/oder Dusche
- Einzelzimmer
- Mehrbettzimmer bzw. Extrabett
- Zimmer mit Fernseher
- Klimaanlage
- Swimmingpool
- Behindertengerecht
- Lift
- Hotelparkplatz
- Hotelrestaurant
- Kreditkarten
- Geschlossen

(siehe S. 223)

Preiskategorien für ein Doppelzimmer inklusive Steuern und Service pro Nacht:

€ unter 100 Euro
€€ 100–200 Euro
€€€ 200–300 Euro
€€€€ 300–400 Euro
€€€€€ über 400 Euro

Highlights: Hotels in Venedig

DIE UNTERKÜNFTE in Venedig reichen von den luxuriösen Nobelherbergen entlang dem Canal Grande bis hin zu einfachen Privatpensionen in ruhigeren Teilen der Stadt. Aber wo auch immer Sie absteigen – die wichtigsten Sehenswürdigkeiten, Restaurants und Läden sind niemals weit entfernt. Die hier aufgeführten Hotels bieten etwas Besonderes. Sei es die Lage am Wasser, ein Garten oder eine äußerst ruhige Umgebung. Reservieren Sie unbedingt frühzeitig, und denken Sie daran, dass viele Hotels in der Lagunenstadt im Winter geschlossen bleiben. Die Abbildungen zeigen das beste oder preisgünstigste Hotel seiner Art.

Zecchini
Eines der attraktivsten Hotels an der belebten Lista di Spagna mit gutem Preis-Leistungs-Verhältnis (siehe S. 230f).

Al Sole
Direkt an einem ruhigen Kanal liegt dieser gotische Palast abseits der Haupttouristenwege. Doch alle wichtigen Sehenswürdigkeiten sind gut erreichbar (siehe S. 229).

Agli Alboretti
Ein zauberhaftes Hotel in zentraler Lage mit ansprechenden Zimmern und romantischem Innenhof (siehe S. 230).

Gritti Palace
Als eines der berühmtesten Hotels der Stadt bietet das Gritti untadeligen Service, erstklassige Zimmer und ein großartiges Ambiente in einem historischen Palast am Canal Grande (siehe S. 229).

Giorgione
Dieses geräumige Haus mit ausgezeichnetem Service bietet jeglichen Komfort zu günstigeren Preisen als alle vergleichbaren Unterkünfte (siehe S. 231).

Marconi
Gut geführtes Hotel in einem alten Palast mit Blick auf den Canal Grande und die Rialtobrücke (siehe S. 230).

La Residenza
Das erstklassige Hotel in Familienbesitz, ruhig gelegen, ist mit Fresken und Antiquitäten ausgestattet. Die Gästezimmer sind jedoch schlicht möbliert (siehe S. 230).

Flora
Der Garten ist eine der Attraktionen dieses ansprechenden Hauses (siehe S. 229).

Londra Palace
In dem grandiosen Palast mit Blick auf San Giorgio Maggiore wohnte einst Tschaikowsky. Die heutigen Gäste schätzen die gemütliche Bar und das Restaurant (siehe S. 230).

Hotelauswahl

Die Liste enthält empfehlenswerte Hotels in Venedig und an der Lagune. Sie sind nach Viertel und Preisklasse geordnet. Nähere Angaben über diese und weitere Hotels im Veneto finden Sie auf den folgenden Seiten, Informationen zu anderen Unterkünften auf den Seiten 224f.

		Anzahl der Zimmer	Alle Zimmer mit Bad bzw. Dusche	Klimaanlage	Hotelrestaurant	Schöne Aussicht	Garten bzw. Terrasse	Ganzjährig geöffnet	Gute Lage
San Marco *(siehe S. 229)*									
San Moisè	€€	16	●	■		■		■	
Al Gambero	€€€	26			●	■		■	●
Do Pozzi	€€€	35	●			■	●		●
La Fenice et des Artistes	€€€	68	●	■	●			■	
Flora	€€€	44	●	■			●	■	●
Santo Stefano	€€€	11	●	■		■		■	
Cavalletto e Doge Orseolo	€€€€	107	●	■	●			■	●
Europa e Regina	€€€€€	184	●	■	●	■	●	■	●
Gritti Palace	€€€€€	91	●	■	●	■	●	■	●
Monaco e Grand Canal	€€€€€	99	●	■	●	■	●	■	●
San Polo und Santa Croce *(siehe S. 229f)*									
Alex	€	11							
Al Sole	€€	60	●	■			●	■	
Falier	€€	19	●	■				■	
Locanda Sturion	€€	11	●	■		■		■	
Marconi	€€€	26	●	■		■		■	●
Castello *(siehe S. 230)*									
Pensione Wildner	€€	16	●	■	●	■	●	■	●
La Residenza	€€	15	●			■		■	●
Paganelli	€€€	22				■	●	■	●
Danieli	€€€€€	233	●	■	●	■	●	■	●
Londra Palace	€€€€€	53	●	■	●	■	●	■	●
Dorsoduro *(siehe S. 230)*									
Agli Alboretti	€€	23	●	■	●	■	●		●
Messner	€€	40	●	■	●		●		
Montin	€€	11			●		●	■	
Pensione Accademia Villa Maravegie	€€	27	●	■		■	●	■	
Pensione Seguso	€€	36		■	●	■	●		●
Pausania	€€€	24	●	■			●	■	
Pensione La Calcina	€€€	28		■		■		■	●
Cannaregio *(siehe S. 230f)*									
Zecchini	€€	27	●					■	●
Abbazia	€€€	49	●	■			●	■	●
Continental	€€€	93	●	■	●	■	●	■	●
Giorgione	€€€	71	●	■			●	■	●
Die Inseln der Lagune *(siehe S. 231)*									
Villa Parco (Lido)	€€	23	●	■			●	■	
Quattro Fontane (Lido)	€€€	59	●	■	●		●		
Cipriani (Giudecca)	€€€€€	104	●	■	●	■	●	■	●
Excelsior Palace (Lido)	€€€€€	197	●	■	●	■	●		●
Hôtel des Bains (Lido)	€€€€€	191	●	■	●	■	●		●

VENEDIG

SAN MARCO

San Moisè

Piscina San Moisè, San Marco 2058. **Stadtplan** 7 A3. *041 520 37 55.* FAX *041 521 06 70.* www. sanmoise.it ***Zimmer:*** *16.* €€

Das San Moisè ist ein ruhiges, aber zentral gelegenes Hotel an einem beschaulichen Seitenkanal. Die Größe der Zimmer variiert beträchtlich, aber alle sind im traditionellen venezianischen Stil und mit Antiquitäten eingerichtet.

Al Gambero

Calle dei Fabbri, San Marco 4687. **Stadtplan** 7 A2. *041 522 43 84.* FAX *041 520 04 31.* www. locandaalgambero.com ***Zimmer:*** *26.* €€€

Das Al Gambero bietet einfache Zimmer an, darunter viele Einzelzimmer. Einige Räume haben Blick auf den Kanal.

Do Pozzi

Via XII Marzo, San Marco 2373. **Stadtplan** 7 A3. *041 520 78 55.* FAX *041 522 94 13.* www. hoteldopozzi.it ***Zimmer:*** *35.* €€€

Das Do Pozzi *(siehe S. 223)* liegt bezaubernd schön in einer grünen Gartenlandschaft. Seine Zimmer sind trotz der Nähe zur belebten Piazza San Marco recht ruhig.

La Fenice et des Artistes

Campiello Fenice, San Marco 1936. **Stadtplan** 7 A3. *041 523 23 33.* FAX *041 520 37 21.* www. fenicehotels.com ***Zimmer:*** *68.* €€€

Das hübsche Hotel ist mit Antiquitäten möbliert. Bei gutem Wetter kann man auf der Terrasse frühstücken *(siehe S. 224).*

Flora

Calle Larga XXII Marzo, San Marco 2283/a. **Stadtplan** 7 A3. *041 520 58 44.* FAX *041 522 82 17.* www.hotelflora.it ***Zimmer:*** *44.* €€€

Das ruhige Hotel in einer abgeschiedenen Gasse liegt nur wenige Minuten von der Piazza *(siehe S. 227)* entfernt. Manche Zimmer sind sehr klein, alle haben ein eigenes Badezimmer. Im Sommer kann man im Garten frühstücken.

Santo Stefano

Campo Santo Stefano, San Marco 2957. **Stadtplan** 6 F3. *041 520 01 66.* FAX *041 522 44 60.* www. hotelsantostefanovenezia.com ***Zimmer:*** *11.* €€€

Die traditionellen Zimmer in diesem hohen, schmalen Hotel können recht eng sein, aber bieten einen Blick auf das Viertel. Alle Zimmer mit Jacuzzi.

Cavalletto e Doge Orseolo

Calle Cavalletto, San Marco 1107. **Stadtplan** 7 B2. *041 520 09 55.* FAX *041 523 81 84.* www. sanmarcohotels.com ***Zimmer:*** *107* €€€€

Dieses erstklassige Hotel hat Tradition, es heißt schon seit mehr als 200 Jahren Gäste willkommen. Die Zimmer sind hell und freundlich eingerichtet und bieten angenehme Extras wie Minibar.

Europa e Regina

Calle Larga XXII Marzo, San Marco 2159. **Stadtplan** 7 A3. *041 520 04 77.* FAX *041 523 15 33.* www. starwood.com/europaeregina ***Zimmer:*** *184.* *Eigener Bootsservice. Zugang zum eigenen Strand.* €€€€€

Das Europa e Regina *(siehe S. 222)* ist das preisgünstigste unter den Luxushotels. Die Zimmer sind groß, von vielen kann man den Blick auf den Canal Grande genießen. Die großartigen, typisch venezianischen Rezeptions- und Aufenthaltsräume sind prächtig ausgeschmückt. Wer gerne *al fresco* isst, kann dies in einem Garten oder auf der Terrasse (mit atemberaubendem Blick) am Kanal tun.

Gritti Palace

Santa Maria del Giglio, San Marco 2467. **Stadtplan** 7 A3. *041 79 46 11.* FAX *041 520 09 42.* www. starwood.com/grittipalace ***Zimmer:*** *91.* *Eigener Bootsservice. Eigener Strand.* €€€€€

Das nicht zuletzt durch viele Romane und Filme berühmte Luxushotel direkt am Canal Grande befindet sich im Palazzo Gritti *(siehe S. 226)* aus dem 15. Jahrhundert. Das Hotel ist hochelegant und zugleich altmodisch im besten Sinn. Es bietet herrliche Zimmer und einen absolut tadellosen und aufmerksamen Service. Während seines Aufenthalts in Venedig war Ernest Hemingway hier zu Gast.

Monaco e Grand Canal

Calle Vallaresso, San Marco 1332. **Stadtplan** 7 B3. *041 520 02 11.* FAX *041 520 05 01.* www. hotelmonaco.it ***Zimmer:*** *99.* €€€€€

Untergebracht in einem Palast aus dem 18. Jahrhundert, blickt man über den Canal Grande zur Salute-Kirche. Die Hotelräume weisen eine gemütliche Atmosphäre auf, die Gästezimmer haben eine hübsche Einrichtung.

SAN POLO UND SANTA CROCE

Alex

Rio Terrà Frari, San Polo 2606. **Stadtplan** 6 E1. *und* FAX *041 523 13 41.* www.hotelalexinvenice.com ***Zimmer:*** *11.* *3.* €

Es ist schon einige Zeit her, dass die Zimmer dieses Familienbetriebs überholt wurden. Aber Preis und gute Lage entschädigen für das abgenutzte Ambiente.

Al Sole

Fondamenta Minotta, Santa Croce 136. **Stadtplan** 5 C1. *041 71 08 44.* FAX *041 72 22 86.* www. alsolehotels.com ***Zimmer:*** *60.* €€

Obwohl das hier nicht gerade der schönste Teil Venedigs ist, liegt das Al Sole in einer hübschen Ecke. Das Gebäude aus dem 14. Jahrhundert hat schöne Zimmer und einen einladend schattigen Garten.

Falier

Salizzada San Pantalon 130, Santa Croce 30135. **Stadtplan** 5 C1. *041 71 08 82.* FAX *041 520 65 54.* www.hotelfalier.com ***Zimmer:*** *19.* €€

Abseits von den meisten anderen Hotels liegt das Falier an der Grenze zum Studentenviertel; es wurde kürzlich renoviert.

Locanda Sturion

Calle del Sturion, San Polo 679. **Stadtplan** 7 A1. *041 523 62 43.* FAX *041 522 83 78.* www. locandasturion.com ***Zimmer:*** *11.* €€

Die gute Lage – ein paar Meter vom Canal Grande und nahe der Rialtobrücke – machte lange die Anziehungskraft dieses Hotels aus. Das freundliche Haus bietet ein gutes Preis-Leistungs-Verhältnis.

Marconi

Riva del Vin, San Polo 729. **Stadtplan** 7 A1. *041 522 20 68.* FAX *041 522 97 00.* www.hotelmarconi.it ***Zimmer:*** *26.* €€€

Wer venezianischen Überfluss sucht, wird die Rezeptionsräume des Marconi (ein Palast aus dem 16. Jh., *siehe S. 227*) zu schätzen wissen. Die Zimmer sind weniger großartig, aber manche haben Blick auf Kanal und Rialtobrücke.

Castello

Pensione Wildner

Riva degli Schiavoni, Castello 4161. **Stadtplan** 8 D2. *041 522 74 63.* FAX *041 241 46 40.* www.veneziahotels.com ***Zimmer:*** *16.* €€

Ein weiterer Familienbetrieb an der Riva mit einfachen, aber tadellosen Zimmern, die einen fantastischen Blick über San Giorgio Maggiore bieten.

La Residenza

Campo Bandiera e Moro, Castello 3608. **Stadtplan** 8 E2. *041 528 53 15.* FAX *523 88 59.* www.venicelaresidenza.com ***Zimmer:*** *15.* €€

Das Residenza ist ein ehemaliger Palast aus dem 14. Jahrhundert (*siehe S. 227*). Die Zimmer sind sehr einfach, aber die Deckenfresken und alten Möbel in den Hotelräumen die reinste Wonne.

Paganelli

Riva degli Schiavoni, Castello 4182 und 4687. **Stadtplan** 8 D2. *041 522 43 24.* FAX *041 523 92 67.* www.hotelpaganelli.com ***Zimmer:*** *22.* €€€

Die gemütlichen, altmodischen Zimmer bieten Blick aufs Becken vor der Piazza San Marco. Andere Hotels entlang der Riva verlangen das Dreifache. Die Zimmer in der *dipendenza* (Anbau) in Richtung San Zaccaria haben nicht die tolle Aussicht, sind dafür aber ruhiger.

Danieli

Riva degli Schiavoni, Castello 4196. **Stadtplan** 7 C2. *041 522 64 80.* FAX *041 520 02 08.* www.starwoodhotels.com ***Zimmer:*** *233.* *Eigener Strand.* €€€€€

Das Danieli verkörpert vor allem Luxus. Es war der Palast der Familie Dandolo und hat historische Verbindungen zur Welt der Literatur und Musik (*siehe S. 112f*). Die herrlichen Rezeptionsräume werden von Lüstern aus Muranoglas erleuchtet. Das Hotel besteht aus zwei Flügeln, einem 1940 erbauten und einem älteren.

Londra Palace

Riva degli Schiavoni, Castello 4171. **Stadtplan** 8 D2. *041 520 05 33.* FAX *041 522 50 32.* www.hotelondra.it ***Zimmer:*** *53.* €€€€€

An der langen Riva, an der Hotels dicht an dicht stehen, ist das Denkmal für König Vittorio Emanuele vor diesem hübschen Hotel ein guter Orientierungspunkt. Es besteht aus zwei ehemaligen Palazzi, die Empfangsräume sind sehr elegant. Es gibt ein gutes Restaurant sowie eine reizende Bar, auch der Ausblick entspricht dem Niveau. Die Gästezimmer sind stilvoll und komfortabel eingerichtet. Tschaikowsky komponierte hier seine berühmte *Symphonie Nr. 4.*

Dorsoduro

Agli Alboretti

Rio Terrà Antonio Foscarini, Dorsoduro 884. **Stadtplan** 6 E4. *041 523 00 58.* FAX *041 521 01 58.* *Jan.* www.aglialboretti.com ***Zimmer:*** *23.* €€

Dieses Hotel liegt nahe der Akademie und hat elegante, wenn auch kleine Zimmer. Der Rezeptionsraum ist holzgetäfelt, und es gibt einen Garten, in dem man sich erholen kann.

Messner

Rio Terrà de Catecumeni, Dorsoduro 216. **Stadtplan** 6 F4. *041 522 74 43.* FAX *522 72 66.* www.hotelmessner.it ***Zimmer:*** *40.* €€

Dieses Hotel besitzt modernisierte Zimmer in einer angenehmen Größe. Es gibt eine nette Bar und einen ruhigen Hof. Familien mit Kindern sind ausgesprochen gern gesehene Gäste.

Montin

Fondamenta delle Eremite, Dorsoduro 1147. **Stadtplan** 6 D3. *041 522 71 51.* FAX *041 520 02 55.* www.locandamontin.com ***Zimmer:*** *11.* €

Die Zimmer über einem von Venedigs besten Restaurants sind bezaubernd, auch wenn sie kein Bad haben. Unbedingt reservieren.

Pensione Accademia Villa Maravegie

Fondamenta Bollani, Dorsoduro 1058–1060. **Stadtplan** 6 E3. *041 521 01 88.* FAX *041 523 91 52.* www.pensioneaccademia.it ***Zimmer:*** *27.* €€

Diese zauberhafte, elegante Villa aus dem 17. Jahrhundert war einst die Russische Botschaft. Viele Zimmer sind mit alten Möbeln eingerichtet; manche sind allerdings sehr klein. Der Garten entschädigt für diese winzige Unannehmlichkeit.

Pensione Seguso

Zattere ai Gesuati, Dorsoduro 779. **Stadtplan** 6 E4. *041 528 68 58.* FAX *522 23 40.* www.pensioneseguso.it. ***Zimmer:*** *36.* *Dez–Feb.* €€

Die Zimmer dieser angenehmen Pension sind traditionell eingerichtet; der Rezeptionsraum ist vollgestopft mit Antiquitäten und Büchern. Fast alle Zimmer haben Blick aufs Wasser, entweder auf den Canal Grande oder den Rio San Vio. Man sollte frühzeitig reservieren.

Pausania

Rio di San Barnaba, Dorsoduro 2824. **Stadtplan** 6 D3. *041 522 20 83.* FAX *041 52 22 989.* www.hotelpausania.it ***Zimmer:*** *24.* €€€

Das kleine, freundliche Hotel bietet eine ruhige Zuflucht vor der Hektik der Stadt. Die meisten Zimmer liegen um einen malerischen Garten herum. Angemessene Preise und freundliches Personal garantieren auch während der hektischen Sommermonate einen angenehmen Aufenthalt.

Pensione La Calcina

Zattere ai Gesuati, Dorsoduro 780. **Stadtplan** 6 E4. *041 520 64 66.* FAX *041 522 70 45.* www.lacalcina.it ***Zimmer:*** *28.* €€€

Die einfach eingerichtete Pension nahe der Akademie ist beliebt. Alle Zimmer sind komfortabel; einige bieten einen wunderbaren Ausblick auf den Canale della Giudecca.

Cannaregio

Zecchini

Lista di Spagna, Cannaregio 152. **Stadtplan** 2 D4. *041 71 50 66.* FAX *041 71 56 11* www.hotelzecchini.com ***Zimmer:*** *27.* €€

Das zweistöckige Zecchini befindet sich in einem schönen Gebäude und ist über eine Treppe erreichbar *(siehe S. 226)*. Die Zimmer liegen an einer von Venedigs belebtesten Straßen; es kann etwas laut sein. Preis und Ausstattung der Zimmer sind sehr unterschiedlich.

Abbazia

Calle Priuli, Cannaregio 66/68. **Stadtplan** 1 C4. *041 71 73 33.* FAX *041 71 79 49.* www.abbaziahotel.com *2 Wochen im Jan.* ***Zimmer:*** *49.* €€€

Das Abbazia abseits der belebten Lista di Spagna ist wahrscheinlich das beste Hotel in der Nähe des Bahnhofs. Die Zimmer sind komfortabel, im Garten kann man sich bestens entspannen.

Continental

Lista di Spagna, Cannaregio 166. **Stadtplan** 2 D4. *041 71 51 22.* FAX *041 524 24 32.* www.hotelcontinentalvenice.com ***Zimmer:*** *93.* €€€

Das große, gut ausgestattete Hotel liegt in der geschäftigen Bahnhofsgegend. Es hat moderne Zimmer, manche mit Blick auf den Canal Grande; andere öffnen sich auf den angrenzenden, von Bäumen beschatteten *campo*.

Giorgione

Santi Apostoli, Cannaregio 4587. **Stadtplan** 3 B5. *041 522 58 10.* FAX *041 523 90 92.* www.hotelgiorgione.com ***Zimmer:*** *71.* €€€

Das moderne, renovierte Hotel befindet sich in einem hübschen Gebäude. Rezeption und Bar *(siehe S. 227)* sind sehr geräumig, es gibt einen herrlichen Garten. Die Lage ist günstig, besonders für Erkundungen im Umkreis der Rialtobrücke.

Die Inseln der Lagune

Villa Parco

Via Rodi 1, Lido di Venezia. *041 526 00 15.* FAX *041 526 07 26.* www.hotelvillaparco.com ***Zimmer:*** *23.* *Dez–Jan.* €€

Das Hotel ist nur wenige Minuten vom Meer entfernt und hat einen eigenen Garten, so dass es ideal für Ferien mit Kindern ist. Die modernen Zimmer sind freundlich. Die Lage in einer Wohngegend nahe dem Sommerkasino ist ruhig.

Quattro Fontane

Via Quattro Fontane 16, Lido di Venezia. *041 526 02 27.* FAX *041 526 07 26.* www.quattrofontane.com ***Zimmer:*** *58.* *Mitte Nov–März.* €€€

Dies ist das hübscheste der kleinen Hotels am Lido. Es liegt inmitten von Gärten und hat einen Tennisplatz. Rezeption und Zimmer sind mit Antiquitäten möbliert, die Giebel des Gebäudes muten alpin an. Im Sommer kann man in dem mit Klettergewächsen bepflanzten Hof genussvoll speisen. Das Meer ist nur wenige Minuten entfernt.

Cipriani

Giudecca 10. **Stadtplan** 7 C5. *041 520 77 44.* FAX *041 520 39 30.* www.hotelcipriani.it ***Zimmer:*** *104.* *Eigener Bootsservice.* *Jan.* €€€€€

In den Gärten am östlichen Ende von Giudecca gelegen, gehört das Cipriani seit seiner Eröffnung 1963 zu den großen Hotels der Welt. Die Gäste genießen hier luxuriöses Ambiente und perfekten Service. Zimmer und Suiten sind feudal, geschmackvoll und in einem jeweils eigenen Stil ausgestattet.

Excelsior Palace

Lungomare Marconi 41, Lido di Venezia. *041 526 02 01.* FAX *041 526 72 76.* www.westin.com ***Zimmer:*** *197.* *Eigener Bootsservice. Eigener Strand.* *Mitte Nov–Mitte März.* €€€€€

Als das Excelsior 1907 eröffnete, war es das größte Luxushotel der Welt *(siehe S. 48f)*. Es ist maurisch gestaltet, sogar die Strandkabinen sind in arabischem Stil gehalten. Das Innere ist ebenso prächtig. Am lebhaftesten geht es während des Filmfestivals zu *(siehe S. 255)*. Der Palazzo del Cinema liegt nahe.

Hôtel des Bains

Lungomare Marconi 17, Lido di Venezia. *041 526 59 21.* FAX *041 526 01 13.* www.sheraton.com/desbains ***Zimmer:*** *191.* *Eigener Bootsservice. Eigener Strand.* *Nov–Mitte März.* €€€€€

Cineasten werden dieses Hotel, in dem Thomas Mann die zugrundeliegende Novelle schrieb, als Szenerie von Luchino Viscontis Film *Tod in Venedig* wiedererkennen. Die Rezeption ist in elegantem Art déco gehalten, man kann auf einer Terrasse *(siehe S. 225)* zu Abend essen. Die Zimmer sind geräumig.

Venezianisches Tiefland

Asolo

Villa Cipriani

Straßenkarte D3. Via Canova 298, 31011. *0423 52 34 11.* FAX *0423 95 20 95.* www.sheraton.com/villacipriani ***Zimmer:*** *31.* €€€€

Von Asolo aus kann man ein weites Gebiet erkunden. Das komfortable Hotel in einer Villa aus dem 16. Jahrhundert bietet sehr hohen Standard. Vom Garten hat man wundervolle Sicht.

Bassano del Grappa

Victoria

Straßenkarte C3. Viale Diaz 33, 36061 Bassano del Grappa. *0424 50 36 20.* FAX *0424 50 31 30.* www.hotelvictoria-bassano.com ***Zimmer:*** *23.* €

Das Victoria liegt gleich außerhalb der Stadtmauer und eignet sich als Ausgangspunkt für Besichtigungen in Bassano. Die Zimmer sind komfortabel, es gibt einen Garten.

Bonotto Hotel Belvedere

Straßenkarte C3. Piazzale G. Giardino 14, 36061 Bassano del Grappa. *0424 52 98 45.* FAX *0424 52 98 49.* www.bonotto.it ***Zimmer:*** *87.* €€

Das am großzügigsten eingerichtete Hotel der Stadt liegt an einem von Bassanos Hauptplätzen. Das große, belebte Haus an der Ringstraße bietet komfortable, schallgeschützte Zimmer.

Chioggia

Grande Italia

Straßenkarte D4. Rione S. Andrea 597, 30015. *041 40 05 15.* FAX *041 40 01 85.* www.hotelgrandeitalia.com ***Zimmer:*** *56.* *Jan.* €€

Das Hotel liegt am oberen Ende von Chioggias Hauptstraße und ist ein idealer Ausgangspunkt, um mit dem Schiff nach Venedig zu fahren. Es bietet komfortable Zimmer zu niedrigen Preisen.

Zeichenerklärung siehe Seite 225

Conegliano

Canon d'Oro

Straßenkarte D3. Via XX Settembre 131, 31015. *und* FAX *0438 342 49.* www.hotelcanondoro.it ***Zimmer:*** *51.* 1 €

Dieses Drei-Sterne-Hotel bietet gediegenen Komfort und Herzlichkeit in einem alten Gebäude. Es ist ein guter Start für Rundgänge im historischen Stadtzentrum. Es gibt auch einen Garten zum Ausruhen.

Padua

Augustus Terme

Straßenkarte C4. Viale Stazione 150, 35036 Montegrotto Terme. *049 79 32 00.* FAX *049 79 35 18.* www.hotelaugustus.com ***Zimmer:*** *120.* 1 65. €

Im Badekurort Montegrotto Terme gibt es einige moderne Hotels, in denen man meist ein Zimmer findet. Das Augustus Terme ist eines der besten Häuser am Platz: groß, komfortabel und praktisch, mit Garten und eigenem Tennisplatz. Man kann auch die Thermalquellen benutzen.

Donatello

Straßenkarte D4. Via del Santo 102, 35123. *049 875 06 34.* FAX *049 875 08 29.* www.hoteldonatello.net ***Zimmer:*** *49.* 1 *Mitte Dez–Mitte Jan.* €€

Benannt ist das Hotel nach dem Schöpfer der großartigen Reiterstatue auf der Piazza, das der Basilica di Sant'Antonio *(siehe S. 182)* gegenübersteht. Hinter den alten Gemäuern verbirgt sich ein modernes Hotel mit großen, komfortablen Zimmern, denen es ein bisschen an Charakter fehlt.

Grande Italia

Straßenkarte D4. Corso del Popolo 81, 35131. *049 876 11 11.* FAX *875 08 50.* www.hotelgrandeitalia.it ***Zimmer:*** *60.* €€€

Dieses Hotel in bequemer zentraler Lage bietet ein gutes Preis-Leistungs-Verhältnis. Die Dekoration wirkt zwar etwas schäbig, doch die Gästezimmer sind komfortabel. Die Zimmer im rückwärtigen Teil des Gebäudes sind ruhiger.

Majestic Toscanelli

Straßenkarte D4. Via dell'Arco 2, 35122. *049 66 32 44.* FAX *049 876 00 25.* www.toscanelli.com ***Zimmer:*** *34.* €€

Das Hotel im Herzen der Stadt eignet sich gut als Ausgangspunkt für eine Sightseeing-Tour durch Padua. Von den Zimmern blickt man auf das alte Ghetto.

Treviso

Campeol

Straßenkarte D3. Piazza Ancillotto 4, 31100. *und* FAX *0422 566 01.* www.albergocampeol.it ***Zimmer:*** *14.* €

Ein preisgünstiges Hotel in Treviso. Es ist sauber, komfortabel, einladend und liegt mitten in der historischen Altstadt gegenüber einem sehr guten Restaurant.

Diana

Straßenkarte D3. Via Roma 49, 31049. *0423 97 62 22.* FAX *0423 97 22 37.* www.hoteldiana.org ***Zimmer:*** *56.* 1 €

Die hübsche Stadt Valdobbiadene liegt am Nordende der Strada del Vino Prosecco an den Hängen der Voralpen über dem Tal der Piave. Das Diana ist gut ausgestattet und hat hübsche Zimmer.

Vicenza

Casa San Raffaele

Straßenkarte C4. Viale X Giugno 10, 36100 Salita Monte Berico. *0444 54 57 67.* FAX *0444 54 22 59.* albergosanraffaele@tin.it ***Zimmer:*** *29.* 1 €

Das ruhige Hotel liegt am Hang des Monte Berico und bietet wunderschöne Ausblicke auf die Stadt. Zu Fuß braucht man etwa eine halbe Stunde dorthin.

Campo Marzio

Straßenkarte C4. Viale Roma 27, 36100. *0444 54 57 00.* FAX *0444 32 04 95.* www.hotelcampomarzio.com ***Zimmer:*** *21.* 1 €€

Elegantes, modernes Hotel mit guter Ausstattung. Es liegt in einer ruhigen Gegend, nicht weit von der Kathedrale.

Verona und Gardasee

Gardasee Süd

Peschiera

Straßenkarte A4. Via Parini 4, 37010 Peschiera del Garda. *045 755 05 26.* FAX *045 755 04 44.* www.hotel-peschiera.com ***Zimmer:*** *30.* *Mitte Jan–Mitte März.* €

Die kleine Stadt ist ein hübscher Ort zum Übernachten. Das Hotel ist neu, aber in traditionellem Stil gebaut. Es hat hohe Zimmer und freundliches Personal. Zugreisende werden vom Bahnhof abgeholt.

Villa Cortine Palace

Straßenkarte A4. Via Grotte 6–12, 25019 Sirmione del Garda. *030 990 58 90.* FAX *030 91 63 90.* www.palacehotelvillacortine.com ***Zimmer:*** *54.* *25. Okt–24. März.* €€€€€ *Halbpension nur 16. Jun–11. Sep.*

Das fantastische Grundstück des Hotels *(siehe S. 223)* bedeckt ein Drittel der Halbinsel von Sirmione *(siehe S. 206f).* Die großen Gästezimmer sind mit Antiquitäten eingerichtet. Komfort, Speisen und Service entsprechen allen Erwartungen.

Gardasee West

Hotel Garni Riviera

Straßenkarte A3. Via Roma 1, 25084 Gargnano. *0365 722 92.* FAX *0365 79 15 61.* www.garniriviera.it ***Zimmer:*** *20.* *Mitte Okt–März.* €

Das Hotel im Zentrum von Gargnano, nahe dem Hafen, bietet eine freundliche Atmosphäre. Es ist ideale Basis für Ausflüge in die Umgebung – ob zu Fuß, mit dem Rad oder auf dem Pferderücken.

Hotel du Lac

Straßenkarte A3. Via Colletta 21, 25084 Gargnano. *0365 711 07.* FAX *0365 710 55.* ***Zimmer:*** *11.* *10. Jan–10. März.* €

Der Speisesaal dieses stuckverzierten alten Hotels ragt auf das Wasser hinaus. Viele Zimmer haben einen Balkon mit Seeblick. Dieser Familienbetrieb ist ein schöner Ausgangspunkt für Ausflüge auf der Westseite des Gardasees.

Capo Reamol

Straßenkarte B3. Via IV Novembre 92, 25010 Limone sul Garda. *0365 95 40 40.* FAX *0365 95 42 62.* W www.hotelcaporeamol.com ***Zimmer:*** *58.* *Okt–März.* €€

Die Lage des Capo Reamol am See ist überwältigend. Die großen Zimmer haben alle eine eigene Terrasse. Im Speisesaal am Ufer werden gute Mahlzeiten serviert. Das Hotel eignet sich besonders für Ferien mit Kindern: Es gibt einen eigenen Strand mit Steg, einen Fitnessraum, Sauna, Whirlpool und Sonnenterrassen.

Gardasee Ost

Bisesti

Straßenkarte A3. Corso Italia 34, 37016 Garda. *045 725 57 66.* FAX *725 59 27.* W www.infogarda.com/bisesti ***Zimmer:*** *90.* *Nov–März.* €

In günstiger Lage nahe dem Stadtzentrum und fünf Minuten vom See entfernt, ist das Bisesti zudem ein modern ausgestattetes Ferienhotel. Man hat direkten Zugang zum Hotelstrand. Viele der Zimmer haben einen Balkon.

Kriss Internazionale

Straßenkarte A3. Lungolago Cipriani 3, 37011 Bardolino. *045 621 24 33.* FAX *045 721 02 42.* W www.kriss.it ***Zimmer:*** *35.* *Dez–Jan.* €€

Da es hübsch auf einem Felsvorsprung am See gelegen ist, bietet sich das Hotel auch für einen längeren Ferienaufenthalt an. Die Zimmer haben Balkon und Seeblick; es gibt einen Garten und einen Hotelstrand. Gäste ohne Auto werden vom Busbahnhof abgeholt. Ausleihen von Fahrrädern ist möglich.

Sailing Center Hotel

Straßenkarte B3. Località Molini Campagnola 3, 37018 Malcésine. *045 740 00 55.* FAX *045 740 03 92.* W www.hotelsailing.com ***Zimmer:*** *32.* *Okt–Apr.* €€

Das Hotel liegt etwas abseits vom Rummel, auf einer Landzunge gleich außerhalb von Malcésine. Es ist damit auch für einen Aufenthalt mit Kindern bestens geeignet. Die Zimmer sind kühl und angenehm. Es gibt einen Tennisplatz und einen Hotelstrand.

Locanda San Vigilio

Straßenkarte A3. San Vigilio, 37016 Garda. *045 725 66 88.* FAX *045 725 65 51.* W www.punta-sanvigilio.it ***Zimmer:*** *7.* *Nov–März.* €€€€€

Als eines der hübschesten Hotels am Gardasee erfüllt das Locanda alle Erwartungen an Komfort und Service. Verlockend sind der Garten und der eigene Strand.

Verona

Il Torcolo

Straßenkarte B4. Vicolo Listone 3, 37121. *045 800 75 12.* FAX *045 800 40 58.* W www.hoteltorcolo.it ***Zimmer:*** *19.* *Mitte Jan–Mitte Feb.* €

Das beliebte Hotel hat sowohl modern als auch traditionell eingerichtete Zimmer. Bezauberndes Ambiente, Frühstücksterrasse und freundliche Besitzer sorgen dafür, dass es immer belegt ist.

Giulietta e Romeo

Straßenkarte B4. Vicolo Tre Marchetti 3, 37121. *045 800 35 54.* FAX *045 801 08 62.* W www.giuliettaeromeo.com ***Zimmer:*** *31.* €€

Das Hotel liegt in einer ruhigen Straße nahe der Arena. Die geräumigen Zimmer sind komfortabel und modern mit Internetanschluss eingerichtet, das Frühstück wird in der Bar serviert. Ganz in der Nähe gibt es einige gute Restaurants.

Hotel Gabbia d'Oro

Straßenkarte B4. Corso Porta Borsari 4a, 37121. *045 800 30 60.* FAX *045 59 02 93.* W www.hotelgabbiadoro.it ***Zimmer:*** *27.* €€€

Ein luxuriöses Hotel in der Nähe der Piazza delle Erbe. Es bietet gepflegtes Ambiente mit Blick auf die Stadt und bestem Service.

Due Torri Hotel Baglioni

Straßenkarte B4. Piazza Sant'Anastasia 4, 37121. *045 59 50 44.* FAX *045 800 41 30.* W www.baglionihotels.com ***Zimmer:*** *91.* €€€€€

Im Herzen Veronas liegt eines der ältesten und wahrscheinlich ausgefallensten Hotels Italiens. Die Zimmer sind jeweils im Stil einer anderen Epoche ausgeschmückt, haben aber moderne Möbel. Es gibt Deckenmalereien und Fresken.

Dolomiten

Belluno

Astor

Straßenkarte D2. Piazza dei Martiri 26/e, 32100. *0437 94 20 94.* FAX *0437 94 24 93.* W www.astorhotel-belluno.com ***Zimmer:*** *38.* *teilweise.* €

Will man die wichtigste Stadt der Gegend besuchen, ist man in diesem zentralen Hotel gut aufgehoben. Die Zimmer sind komfortabel und geschmackvoll. Im Winter ist das Haus bei Skifahrern beliebt, dann ist die Bar recht voll.

Cortina d'Ampezzo

Hotel Pocol

Straßenkarte D1. Località Pocol, 32043. *0436 26 02.* FAX *0436 27 07.* W www.pocol.it ***Zimmer:*** *30.* *Apr–Mai, Okt–Nov.* €

Unweit von Skiliften und Skischulen liegt dieses Hotel westlich von Cortina. Die meisten Zimmer öffnen sich auf einen Balkon mit herrlicher Aussicht.

Menardi

Straßenkarte D1. Via Majon 110, 32043. *0436 24 00.* FAX *0436 86 21 83.* @ info@hotelmenardi.it ***Zimmer:*** *51.* *Apr–Mitte Juni, Mitte Sep–Mitte Dez.* €€

Die Familie Menardi betreibt dieses Hotel am Ortsende schon seit 1900. Ursprünglich als Bauernhof gebaut, ist es heute mit alten Möbeln eingerichtet. Es herrscht eine einladende Atmosphäre.

San Vito di Cadore

Hotel Ladinia

Straßenkarte D1. Via Ladinia 14, 32046. *0436 89 04 50.* FAX *0436 992 11.* W www.italiaabc.it/landinia @ ladinia@sunrise.it ***Zimmer:*** *36 und 10 Apartments.* *Mitte Apr–Mitte Juni, Mitte Sep–Mitte Dez.* €€

Im malerischen Tal des Ampezzo, südlich von Cortina, findet man das Ladinia in einem kleinen Ferienort. Im Sommer wie auch in der Skisaison ist es ganz auf Feriengäste eingestellt. Es gibt Tennisplatz, Garten und Bar.

Zeichenerklärung siehe Seite 225

Restaurants, Cafés und Bars

Die Restaurants Venedigs und des Veneto bieten vor allem regionale Küche, in Venedig wird entsprechend viel Fisch angeboten. Wo immer Sie einkehren, bekommen Sie Gerichte aus traditionellen Zutaten der Gegend.

Venezianer nehmen das Mittagessen *(pranzo)* gegen 12.30 Uhr ein, das Abendessen *(cena)* ab 20 Uhr. Abends wird in den Restaurants wegen der ausländischen Besucher meist auch schon früher serviert. Viele Restaurants sind im Winter für mehrere Wochen geschlossen und machen auch im Sommer zwei bis drei Wochen Betriebsurlaub. Die Schließungszeiten sind in der Restaurantliste angegeben. Fragen Sie am besten vorher telefonisch an, ob das Restaurant wirklich offen ist. Die Restaurantliste auf den Seiten 240–245 enthält einige der besten Restaurants aus allen Preisklassen sowie Verweise auf den Stadtplan.

Ägyptisches im Caffè Pedrocchi

Restaurant El Gato in Chioggia, berühmt für Fischgerichte *(siehe S. 242)*

Restaurants

In Italien gibt es verwirrend viele Bezeichnungen für Gaststätten, die Unterschiede können beträchtlich sein. Ein *ristorante* ist meist eleganter als eine *trattoria* oder *osteria* und wahrscheinlich auch kostspieliger. Es entstehen auch immer mehr Schnellrestaurants *(tavola calda)*, die keinen Servicezuschlag erheben.

Birreria und *spaghetteria* sind weniger anspruchsvolle Lokale, in denen Bier, Nudelgerichte und Snacks serviert werden. Diese findet man in Venedig eher selten. In einer guten *pizzeria* wird die Pizza im Holzofen gebacken; geöffnet sind Pizzerien in der Regel nur abends.

Wer mittags keine volle Mahlzeit möchte, kann in einer Bar oder einem Café einen kleinen Imbiss zu sich nehmen. Informationen zu kleinen Mahlzeiten finden Sie auf Seite 246.

Öffnungszeiten

Überall in Venedig und im Veneto haben Gaststätten zur gleichen Tageszeit geöffnet: mittags von 12 bis 14.30 Uhr, abends von 19.30 bis 22.30 Uhr. Das italienische Gesetz schreibt einen Ruhetag pro Woche vor, manche Lokale haben auch an einem zweiten Abend geschlossen. Ruhetage sind so angeordnet, dass immer ein geöffnetes Lokal zu finden ist. Schließungszeiten der empfohlenen Restaurants sind in der Liste angegeben.

Haupttheke im historischen Caffè Pedrocchi *(siehe S. 178)*

Vegetarische Gerichte

In Italien hält man nicht sehr viel von rein vegetarischer Ernährung. Wenn Sie Fisch essen, gibt es keine Probleme, gut zu speisen. Falls nicht, können Sie auf viele fleischlose Vorspeisen *(antipasti)*, Suppen und Pasta zurückgreifen. Salate und Gemüse sind überall gut, in den meisten Lokalen wird man Ihnen gern ein Omelett *(frittata)* servieren.

Tagesmenüs

Als Italien begann, den Fremdenverkehr auszubauen, mussten alle Gaststätten ein Tagesmenü anbieten. Das gilt heute nicht mehr, vor allem nicht außerhalb der Urlaubszentren. Häufig wird am Eingang ein *menù turistico* ausgehängt, das aber dann im Lokal nicht angeboten wird. Solche Menüs sind, wenn man sie denn findet, eher langweilig. Bei schmalem Geldbeutel empfiehlt es sich, ein Nudelgericht mit Salat zu essen, was fast überall akzeptiert wird, außer in ganz vornehmen Restaurants. Ein *menù gastronomico* ist ein Tagesmenü mit sechs oder sieben Gängen, das eine breite Palette der Hausspezialitäten bietet.

Preise

Die Transportkosten nach Venedig erhöhen die Warenpreise um bis zu 30 Prozent, was auch die hohen Preise in den Restaurants erklärt. In Lokalen der unteren

Preisklasse und in Pizzerien zahlt man für zwei Gänge und einen halben Liter Wein 10 bis 15 Euro, Drei-Gänge-Menüs kosten im Durchschnitt 18 bis 25 Euro, in besseren Restaurants aber auch 50 bis 70 Euro. Im Veneto sind die Preise niedriger, außer in besonders stilvollen Restaurants in Verona und am Gardasee während des Sommers.

In fast allen Restaurants zahlt man 1 bis 3 Euro für das Gedeck *(pane e coperto)*. Viele setzen zehn Prozent für Bedienung *(servizio)* auf die Rechnung *(il conto)*; informieren Sie sich vorher, ob dies der Fall ist. Ansonsten sind 12 bis 15 Prozent Trinkgeld angemessen.

Restaurants sind gesetzlich verpflichtet, Ihnen eine Quittung *(ricevuta fiscale)* auszuhändigen. Unleserliche Zettel sind illegal, es ist Ihr Recht, um eine ordentliche Rechnung zu bitten. Bevorzugt wird Barzahlung, aber viele Restaurants nehmen auch die bekannten Kreditkarten. Erkundigen Sie sich schon vor der Bestellung, ob Sie mit Ihrer Karte bezahlen können.

Reservierung

Venedigs Restaurants sind immer voll; reservieren Sie daher vorher (besonders wenn Sie eine lange Anfahrt haben) einen Tisch. Falls ein Restaurant keine Reservierungen vornimmt, sollten Sie möglichst frühzeitig kommen.

Kleiderordnung

Die Italiener lieben es, sich zum Abendessen gut zu kleiden. Das heißt nicht, dass Männer eine Krawatte tragen müssen, aber ohne Jackett fühlt man sich manchmal unpassend gekleidet. Für Männer gilt allgemein: modische, zwanglose Kleidung. Damen fallen auch in Abendkleidung nicht aus dem Rahmen.

Essen in der Loggia im Palazzo dei Trecento, Treviso *(siehe S. 174)*

Speisekarte

Mittag- und Abendessen verlaufen nach demselben Schema und beginnen gewöhnlich mit den *antipasti*, der Vorspeise (Meeresfrüchte, Oliven, Carpaccio vom Rind, Schinken, Salami). Dann folgt der erste Gang (Suppe, Risotto oder Pasta). Als Hauptgang werden Fisch oder Fleisch serviert. Gemüsebeilagen *(contorni)* oder Salat *(insalata)* müssen extra bestellt werden und sind im Preis für das Hauptgericht nicht enthalten.

Als Dessert stehen gemischte Früchte *(frutta)* oder Obstsalat, Süßspeisen *(dolce)* und Käse *(formaggio)* zur Auswahl. Kaffee – die Italiener trinken immer *espresso*, niemals *cappuccino* – wird ganz zum Schluss bestellt, oft mit einem *digestivo*.

In preisgünstigen Restaurants wird die Speisekarte oft auf eine Tafel geschrieben, oder der Ober zählt die Spezialitäten des Tages am Tisch der Gäste auf.

Kurze Pause im Karneval

Weine

Hausweine stammen meist aus der Region *(siehe S. 238f)*. Preiswertere Lokale haben nur eine kleine Weinkarte, Spitzenrestaurants bieten eine große Auswahl an Weinen an.

Kinder

Kinder sind in Restaurants gern gesehen. Vornehme Lokale sind weniger entgegenkommend. Annehmlichkeiten wie Kinderstühle stehen meist nicht zur Verfügung. Die meisten Restaurants bereiten auf Anfrage eine halbe Portion *(mezza porzione)* zu und verlangen weniger für einen solchen Kinderteller.

Rauchen

Seit 2005 ist das Rauchen in allen öffentlichen Gebäuden Italiens, auch in Cafés und Restaurants, streng verboten. Geraucht werden darf nur in separaten Raucherräumen.

Behinderte Reisende

Wenige Restaurants sind rollstuhlgerecht gebaut; ein Hinweis bei der Reservierung wird Ihnen aber einen gut platzierten Tisch und Hilfe bei der Ankunft sichern.

Zeichenerklärung

zu den Symbolen auf den Seiten 240–245.

- Tagesmenü
- Korrekte Kleidung erwünscht
- Tische im Freien
- Klimaanlage
- Sehr gute Weinkarte
- ★ Sehr empfehlenswert
- Kreditkarten

Preiskategorien für ein Drei-Gänge-Menü inklusive einer halben Flasche Hauswein, Gedeck, Steuer und Service:

- € unter 15 Euro
- €€ 15–25 Euro
- €€€ 25–40 Euro
- €€€€ 40–50 Euro
- €€€€€ über 50 Euro

Spezialitäten in Venedig und im Veneto

Artischocke

TRADITIONELLE VENEZIANISCHE Gerichte basieren auf frischen Produkten der Saison, Fleisch und Käse vom Festland sowie einer Vielfalt an Fischen und Meeresfrüchten. Wie überall in Italien wird auch hier Pasta gegessen, typischer sind Polenta (aus Maismehl) und verschiedene Arten von Risotto. Auf dem Festland werden namhafte Salamisorten hergestellt. Der Norden liefert Wild und Pilze als Grundzutaten für einige wunderbare Gerichte; der Gardasee ist berühmt für *coregone*, einen rosafarbenen forellenähnlichen Fisch. Der Radicchio aus Treviso ist in ganz Italien bekannt. Bassano del Grappa und Sant' Erasmo haben ausgezeichneten Spargel zu bieten.

Baccalà mantecata
Paste aus Stockfisch mit Olivenöl, Petersilie und Knoblauch.

Fiori di zucchini
In Teig ausgebackene Zucchiniblüten sind ein saisonales Gericht.

Antipasto di frutti di mare
Das Dressing für die Meeresfrüchte besteht aus Olivenöl und Zitronensaft. Die Vorspeise kann auch Schalentiere enthalten.

Risotto alle seppie
Sepiatinte färbt den Reis für dieses traditionelle Risotto.

Carpaccio
Hauchdünne Scheiben von rohem Rinderfilet, angerichtet mit Olivenöl, Rucola und Parmesan.

Risi e bisi
Dieses Risotto mit Erbsen, verfeinert mit Schinken, ist mild und sämig.

Brodo di pesce
Fischsuppe, ein klassisches venezianisches Gericht, wird mit Safran gewürzt.

Zuppa di cozze
Miesmuscheln in Weißwein, meist mit Knoblauch und Petersilie gekocht.

Spaghetti alle vongole
Diese Spaghetti werden mit Muscheln und pikanter Sauce zubereitet.

Polenta
Aus Maismehl hergestellt, kann Polenta gelb bis weißlich sein.

Sardine in saor
Fisch in süßsaurer Sauce ist ein traditionelles venezianisches Gericht.

Anguille in umido
Aal wird in Tomatensauce und Weißwein mit Knoblauch gekocht.

Fegato alla veneziana
Für diese Spezialität wird zarte Kalbsleber auf einem Zwiebelbett leicht gegart.

Faraona con la peverada
Die Sauce für dieses Perlhuhn geht auf ein altes arabisches Rezept zurück.

Insalata mista
Blattsalate aller Art werden für diesen sommerlichen Salat verwendet.

Radicchio alla griglia
Die Blätter des roten Chicorées aus Treviso werden gegrillt.

Gelati
Im Sommer wird Eis mit frischen Früchten zubereitet.

Tiramisù
Das Dessert aus kaffeegetränktem Biskuit und Mascarpone.

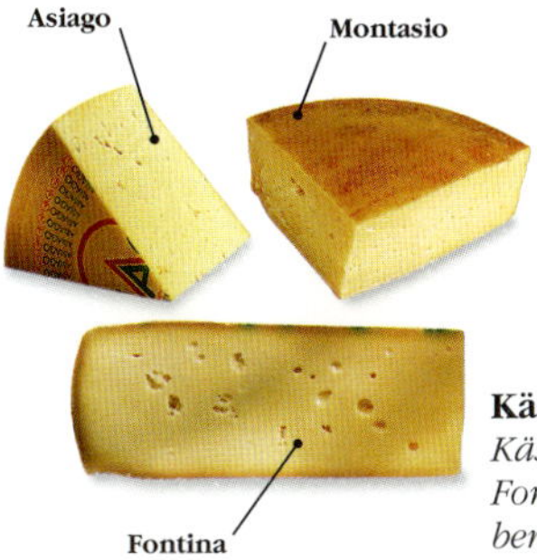

Käse
Käse der Region wie Asiago, Fontina und Montasio bereichern die Käseplatte.

Getränke in Venedig und im Veneto

Trocknende Valpolicellatrauben

SEIT ÜBER 3000 JAHREN wird in Italien Wein angebaut. Das Veneto liefert die größten Produktionsmengen von hochwertigen DOC-Weinen in Italien. Zu den Weinen dieser Region gehören so bekannte wie Soave, Valpolicella und Bardolino, aber auch viele andere, die ihr Geld durchaus wert sind. Obwohl man in Italien einen leichten Tropfen zu den Mahlzeiten bevorzugt, gibt es auch einige bemerkenswerte schwere Weine. Italiens berühmter *digestivo* Grappa kommt ebenfalls aus dieser Ecke des Landes. Vor dem Essen nimmt man gern einen *aperitivo* oder ein Glas vom hiesigen Schaumwein Prosecco.

Roter Venegazzù Masis *ripasso*

Rotwein

DIE ROTWEINE werden hauptsächlich in der Gegend um Bardolino und Valpolicella, also zwischen Verona und Gardasee *(siehe S. 208f)*, hergestellt. Die Corvina-Traube als Basissorte macht die Weine leicht und fruchtig; ihre Qualität kann allerdings stark variieren.

Valpolicella ist als leichter Wein, aber auch als *ripasso* zu haben, der dunkler und stärker ist, da die Haut der Trauben vor dem Pressen mazeriert wird. Außergewöhnlich ist der Recioto della Valpolicella, ein intensiver Wein mit reichem Bukett, der aus halbgetrockneten Trauben hergestellt wird. Durch weitere Fermentation wird dem Recioto die Süße entzogen und so der schwere, trockene Recioto Amarone gewonnen. Recioto ist weltweit einer der stärksten Weine mit natürlichem Alkoholgehalt. Ausgezeichnete Rotweine werden auch von Erzeugern wie Venegazzù und Maculan aus den Trauben Cabernet Sauvignon und Merlot hergestellt.

Bardolino ist leicht, fruchtig und von granatroter Farbe.

Amarone ist körperreich, sehr fruchtig und hochprozentig.

Weinkennzeichnung

FÜR ITALIENISCHE WEINE gibt es vier Qualitätsstufen. An der Spitze steht DOCG *(Denominazione di Origine Controllata e Garantita)*. Dieser Status wird nur wenigen kleinen Anbaugebieten zuerkannt, von denen keines im Veneto liegt. Die meisten Qualitätsweine – über 250 in ganz Italien – gehören zur DOC-Kategorie (wie oben, aber ohne Garantie), die gute Qualität verspricht. IGT *(Indicazione Geografica Tipica)* ist eine neue Kategorie und entspricht dem französischen Landwein. Die unterste Stufe ist Tafelwein *(vino da tavola)*. Wegen der etwas unflexiblen italienischen Weingesetze findet man manchen exzellenten Tropfen in dieser Kategorie.

In der Tabelle sind keine Jahrgänge empfohlen, da die Weine des Veneto jung am besten sind.

Weinsorten	Empfohlene Erzeuger
Weissweine	
Soave	**Anselmi, Bertani, Col Baraca (Masi), Boscaini, CS di Soave, Masi, Pieropan, Scamperle, Tedeschi, Zenato, Zonin**
Bianco di Custoza	**Cavalchina, Le Tende, Le Vigne di San Pietro, Pezzini, San Leone, Tedeschi, Zenato**
Breganze di Breganze	**Maculan**
Gambellara	**CS di Gambellara, La Biancara, Zonin**
Rotweine	
Bardolino	**Alighieri, Bertani, Bolla, Boscaini, Guerrieri-Rizzardi, Masi, Tedeschi**
Valpolicella	**Alighieri, Allegrini, Bertani, Bolla, Boscaini, Guerrieri-Rizzardi, Masi, Tedeschi, Zenato**
Ripasso Valpolicella (nicht DOC)	**Serègo Alighieri, Jago (Bolla), Le Cane (Boscaini), Le Sassine (Le Ragose), Campo Fiorin (Masi), Capitel San Rocco (Tedeschi)**
Recioto und Recioto Amarone della Valpolicella	**Serègo Alighieri, Allegrini, Masi, Quintarelli, Le Ragose, Tedeschi**

Weisswein

Bianco di Custoza

Weißer Recioto

Im Veneto werden mehr weiße als rote Weine produziert. Die meisten Weißweine kommen aus den Weingärten um Soave *(siehe S. 190)*. Diese Weine können flach im Geschmack sein, aber immer mehr Weinerzeuger bemühen sich, das Ansehen des Soave zu heben. Bianco di Custoza, der samtige, kräftige Soave Superiore vom Ostufer des Gardasees, ist zu empfehlen. Nach Breganze sollte man ebenso Ausschau halten wie nach dem Erzeuger Maculan (für leichte, preisgünstige Weine und Dessertweine von Weltklasse). Gambellara wird hauptsächlich aus der Garganegatraube gekeltert. Venegazzù ist ebenfalls ein verlässlicher Erzeuger von Qualitätsweinen.

Pieropan ist ein erstklassiger Erzeuger von Soave. Die Weine von kleinen Lagen sind exzellent.

Venegazzùs Pinot Grigio ist trocken und passt gut zu Fisch und Meeresfrüchten.

Weißen Tafelwein gibt es von hell und trocken bis hin zu süß und goldfarben.

Puiattis weißer Ribolla ist fruchtig, aber trocken. Er kommt aus dem Friaul.

Aperitifs und andere Getränke

Grappa

Crodino

Italienische Aperitifs sind oft bittere, herbe Getränke, etwa Martini und Campari. Weniger bekannt sind Punt e Mes (aus Kräutern), Cynar (aus Artischocken) und der spritzige Aperol. Crodino ist eine beliebte nichtalkoholische Variante. Um nach der Mahlzeit den Magen zu schließen, gibt es *amari* (Bitter) und *digestivi*. Montenegro und Ramazzotti sollte man probieren, ebenso Grappa, der aus Trester hergestellt wird *(siehe* Bassano del Grappa, *S. 166)*. Eine lokale Spezialität ist Trevisano, der mit einem Extrakt aus Treviso-Radicchio versetzt ist. Italienischer Weinbrand kann ziemlich ölig sein, aber Vecchia Romagna ist eine gute Marke.

Nichtalkoholische Getränke

Fruchtsäfte aus der Flasche sind in verschiedensten Geschmacksrichtungen zu haben. In vielen Bars bekommt man frisch gepressten Saft *(spremuta)* aus Orangen *(arancia)* oder Grapefruits *(pompelmo)*. *Frullato* ist ein eisgekühltes Milchmixgetränk mit Früchten.

Spremuta di arancia

Prosecco

Prosecco

Cocktail Bellini

Prosecco, der Schaumwein aus dem Veneto, ist als erfrischender Aperitif ebenso gut wie als Wein zum Essen. Er kommt ursprünglich aus Conegliano *(siehe S. 175)*. Es gibt ihn trocken *(secco)* und lieblich *(amabile)* sowie *frizzante* und *spumante* (halb- und vollschäumend). Am besten passt Prosecco pur zu Obst und Meeresfrüchten. Das Getränk ist auch Grundlage für den Bellini, einen bekannten Cocktail aus Prosecco und frischem weißem Pfirsichsaft *(siehe S. 92)*. Daraus gingen mehrere Varianten hervor, z. B. Mimosa (mit Orangensaft) und Tiziano (mit rotem Traubensaft).

Kaffee

Kaffee gehört einfach zu Italien. *Cappuccino* mit Kakaopulver auf der Milchhaube trinkt man zum Frühstück, starken schwarzen *espresso* den ganzen Tag über. Wenn Sie Kaffee mit Milch mögen, bestellen Sie *caffè latte* (mit viel Milch) oder *caffè macchiato* (mit wenig Milch). *Caffè lungo* ist ein weniger starker Kaffee, *doppio* dagegen extra stark. *Coretto* enthält einen Schuss Alkohol (z. B. Grappa).

Espresso

Cappuccino

VENEDIG

SAN MARCO

Al Conte Pescaor

Piscina San Zulian, San Marco 544. **Stadtplan** 7 B1. 041 522 14 83. *So.* €€€

Besonders wegen der Fischgerichte sollte man dieses Restaurant besuchen. Trotz der Lage sind die meisten Gäste Einheimische, was eine gute Qualität garantiert.

Al Graspo de Ua

Calle Bombaseri, San Marco 5094. **Stadtplan** 7 A1. 041 520 01 50. *Mo.* €€€€

Die drei kleinen Räume gehörten einst zur Sakristei der Kirche San Bartolomeo. Die Küche ist venezianisch – von ganz besonderer Art. Garnelen und Artischocken empfehlen sich als Vorspeisen.

Antico Martini

Campo San Fantin, San Marco 1983. **Stadtplan** 7 A2. 041 522 41 21. www.anticomartini.com *Di, Mi mittags.* ★ €€€€

Von der Terrasse des gepflegten Restaurants aus blickt man auf das Teatro La Fenice. Es wird bis ein Uhr morgens serviert, man kann noch bis nach zwei Uhr sitzen bleiben. Die kreative Küche basiert auf regionalen Spezialitäten. Empfehlenswert ist Entenbrust mit schwarzen Trüffeln. Die Weinkarte weist über 300 Namen auf.

La Caravella

Calle Larga XXII Marzo, San Marco 2396. **Stadtplan** 7 A3. 041 520 89 01. www.hotelsaturnia.it ★ €€€€

Das Caravella, eines der beiden Restaurants im Hotel Saturnia, erinnert an eine venezianische Galeere aus dem 16. Jahrhundert. Zu den fantasiereichen Gerichten gehören eine feine Hummersuppe sowie Scampi in Champagner.

Da Arturo

Calle degli Assassini, San Marco 3656. **Stadtplan** 7 A2. 041 528 69 74. *Aug und So.* €€€€

Das holzgetäfelte Restaurant ist einzigartig in Venedig: Es bietet nur Fleisch als Hauptgericht an, und das von höchster Qualität. Eine der interessantesten Vorspeisen ist Auberginen *in saor* (süßsaure Essigsauce). Auch für Vegetarier wird gut gesorgt.

Do Forni

Calle Specchieri, San Marco 468. **Stadtplan** 7 B2. 041 523 21 48. www.doforni.it €€€€

Die zwei Speiseräume des »Showbusiness«-Restaurants sind in zwei Stilrichtungen ausgestattet: rustikal der eine, elegant der andere. Spezialität des Hauses ist die gemischte Fischplatte vom Grill.

La Locanda dell' Europa e Regina

Calle Larga XXII Marzo, San Marco 2159. **Stadtplan** 7 A3. 041 520 04 77. ★ €€€€€

Das schöne Hotelrestaurant in einem Palazzo (16. Jh.) am Canal Grande hat eine herrliche Terrasse direkt am Ufer. Die Speisen entsprechen dem Ambiente. Spezialitäten sind u.a. Meeresfrüchtesalat, Steinpilze mit Parmesan, *fegato alla veneziana* (Leber auf venezianische Art); zum Dessert gibt es beispielsweise Himbeer-Crêpes und Tiramisù. Hervorragende Weinkarte.

Le Bistrot de Venise

Calle del Fabbri, San Marco 4685. **Stadtplan** 7 B2. 041 523 66 51. www.bistrotdevenise.com ★ €€€€€

Dieses exzellente Restaurant bietet traditionelle venezianische Küche und eine ausgezeichnete Weinkarte. Das Restaurant ist Treffpunkt heimischer Künstler und veranstaltet kulturelle Events am Nachmittag und Abend.

Grand Canal

Monaco Hotel, Calle Vallaresso, San Marco 1332. **Stadtplan** 7 B3. 041 520 02 11. €€€€€

Das perfekte Ambiente für ein stilvolles Diner. Im Winter genießt man die traditionell venezianische Küche im Wintergarten, im Sommer auf der Terrasse. Das Restaurant ist bei Einheimischen beliebt, deshalb sollte man auch in der Nebensaison reservieren.

Harry's Bar

Calle Vallaresso, San Marco 1323. **Stadtplan** 7 B3. 041 528 57 77. www.cipriani.com €€€€€

In Harry's Bar isst man, weil sie so berühmt ist. Das Essen ist teuer und meist auch gut, z.B. Garnelen mit Öl und Zitrone oder Carpaccio alla Cipriani. Die Weinkarte ist ausgewogen, die Cocktails sind nicht umsonst weltberühmt.

Hotel Gritti

Campo Santa Maria del Giglio, San Marco 2467. **Stadtplan** 6 F3. 041 79 46 11. ★ €€€€€

Der Speiseraum des berühmten Hotels ist in venezianisch-gotischem Stil gebaut. Von der Terrasse blickt man auf den Canal Grande und Santa Maria della Salute. Zu den klassischen Gerichten gehören Babygarnelen mit Radicchio, *pasta e fagioli* (Pasta mit Bohnen), Safranreis mit Hühnerleber und gebratene Scampi.

SAN POLO UND SANTA CROCE

Antica Bessetta

Calle Savio, San Polo 1395. **Stadtplan** 2 E5. 041 524 04 28. *Di und Mi mittags.* €€

Der einfache Familienbetrieb bietet venezianische Küche nach Hausfrauenart: *risi e bisi* (Risotto mit Erbsen), selbstgemachte Pasta und gute Scampi.

Antica Trattoria Poste Vecie

Rialto Pescheria, San Polo 1608. **Stadtplan** 3 A5. 041 72 18 22. www.postevecie.com *Di* ★ €€

Das stilvolle Restaurant nimmt für sich in Anspruch, das älteste in Venedig zu sein. Es gibt z.B. hausgemachte Ravioli und Tagliolini sowie gebackenen Stein- und Glattbutt; beeindruckende Dessertauswahl.

Trattoria alla Madonna

Calle della Madonna, San Polo 594. **Stadtplan** 7 A1. 041 522 38 24. *25. Dez–31. Jan, 5.–20. Aug.* ★ €€

Das belebte Fischrestaurant ist bei Venezianern und Urlaubern beliebt. Meeresfrüchterisotto und Fischsuppe sind ausgezeichnet, und auch alle anderen Fischvariationen sind äußerst empfehlenswert.

Da Fiore

Calle dello Scaleter 2202a, San Polo. **Stadtplan** 6 D2. 041 72 13 08. www.dafiore.com *So, Mo, 2 Wochen im Dez, 3 Wochen im Aug.* €€€€€

Zu den Fischspezialitäten gehören Meeresfrüchte-Antipasto, gegrillter Fisch und *fritto misto* (gemischter, frittierter Fisch). Dazu gibt es hervorragende Weine.

Stadtplan siehe Seiten 280–293

Castello

Arcimboldo

Calle dei Furlani, Castello 3219. **Stadtplan** 8 D1. *041 528 65 69.* *Di.* €€

Benannt ist das Restaurant nach dem Maler des 16. Jahrhunderts, der Porträts aus Gemüsen und Früchten komponierte. Ähnlich eigenwillig sind auch die Interpretationen der Küche in diesem Restaurant. Probieren Sie Barsch mit Tomaten oder marinierten Lachs mit Zitrusfrüchten und Kräutern.

Hostaria da Franz

Fondamenta San Giuseppe, Castello 754. **Stadtplan** 8 D1. *041 522 08 61.* www.hostariadafranz.com *Jan, Nov.* ★ €€€

Das Restaurant liegt hinter dem Stadtgarten. Auf der Terrasse am Kanal bekommt man einige der besten Fischgerichte der Stadt. Versuchen Sie Gnocchi mit Garnelen und Spinat, marinierte Garnelen mit Peperoni oder Fisch mit Polenta.

Corte Sconta

Calle del Pestrin, Castello 3886. **Stadtplan** 8 E2. *041 522 70 24.* *7. Jan–7. Feb, 21. Juli–16. Aug; So, Mo.* ★ €€€€

Die Familie Proietto hat aus einem einfachen Gasthaus eines der Spitzenrestaurants der Stadt gemacht. Es ist schwer zu finden, aber die Suche lohnt sich wegen der Fisch- und Pastagerichte, die im Sommer im Garten serviert werden.

Danieli Terrace

Riva degli Schiavoni, Castello 4196. **Stadtplan** 8 D2. *041 522 64 80.* ★ €€€€€€

Der Ausblick von diesem stilvollen Hotelrestaurant ist einfach großartig. Speisen und Service sind genau so, wie man es von einem großen Haus wie diesem erwartet. Die Risotti sind sehr gut, die ausgezeichnete Weinkarte führt ausschließlich italienische Weine auf.

Do Leoni

Riva degli Schiavoni, Castello 4171. **Stadtplan** 8 D1. *041 520 05 33.* www.hotelondra.it €€€€

Das große Hotelrestaurant mit sehr gutem Ruf hat eine Sommerterrasse an der Riva. Die Küche ist venezianisch. Die *scaloppine* mit frischen Artischocken sind besonders gut. Ein exzellenter Nachtisch ist *gelato al mascarpone* mit heißer würziger Quitten-*mostarda*.

Dorsoduro

Locanda Montin

Fondamenta Eremite, Dorsoduro 1147. **Stadtplan** 6 D3. *041 522 71 51.* *Di, Mi.* ★ €€

In diesem berühmten Restaurant mit seinen Verbindungen zur Welt der Kunst und Literatur können Qualität und Service schwanken. Der Garten ist immer eine Freude und die Atmosphäre lebendig. Es gibt auch eine Verkaufsgalerie.

Taverna San Trovaso

Fondamenta Priuli, Dorsoduro 1016. **Stadtplan** 6 E3. *041 520 37 03.* *Mo.* €€

Das freundliche, belebte Lokal liegt zwischen der Akademie und den Zattere. Die Küche ist einfach mit Pizza und Pastagerichten.

Agli Alboretti

Rio Terrà Antonio Foscarini, Dorsoduro 884. **Stadtplan** 6 E4. *041 523 00 58.* www.aglialboretti.com *Mi und Do mittags.* €€€€

Das Agli Alboretti ist einladend und im Sommer, wenn man draußen unter der Pergola isst, sehr angenehm. Die Küche gibt sich innovativ. Probieren Sie Safranrisotto mit Scampi und Muscheln, Mönchsfisch-Schwänze oder Kalbfleisch mit Kirschen.

Ai Gondolieri

San Vio, Dorsoduro 366. **Stadtplan** 6 F4. *041 528 63 96.* www.aigondolieri.com *Di.* ★ €€€

Das Gasthaus gehört Giovanni Trevisan. Seine Frau Marisa kocht und engagiert sich für eine regionale Küche. Zu ihren Spezialitäten zählen Gemüsegerichte wie Radicchio aus Treviso und *sformati* (Aufläufe) aus Blattgemüse.

Cantinone Storico

Fondament Bragadin 660, Dorsoduro. **Stadtplan** 6 E4. *041 523 95 77.* *Mitte Jan–Ende Jan; Nov; So.* €€€

Diese hübsche Trattoria liegt nahe der Accademia. Auf der Karte stehen venezianische Spezialitäten. Den kulinarischen Genuss vervollkommnet die gute Weinkarte.

Da Silvio

Calle San Pantalon, Dorsoduro 3748. **Stadtplan** 6 D2. *041 520 58 33.* www.dasilvio.it *Sa mittags und So.* €€€€

Das authentische Lokal voll Einheimischer bietet seinen Gästen einen schönen Garten. Die Karte bietet keine Überraschungen, aber das Essen ist stets frisch.

Cannaregio

Ostaria al Bacco

Fondamenta delle Cappuccine, Cannaregio 3054. **Stadtplan** 2 D2. *041 71 74 93.* *2 Wochen im Jan, 2 Wochen im Aug; Mo.* €€

Hier liegt der Akzent auf Fischgerichten. Vorspeisen sind Spaghetti mit schwarzer Tintenfischsauce oder gemischte frittierte Fische; auch *baccalà* steht auf der Karte.

Ostaria da Rioba

Fondamenta della Misericordia, Cannaregio 2553. **Stadtplan** 2 F3. *041 524 43 79.* *Mo.* €€

Zu den Spezialitäten des hübschen Restaurants gehören *Baccalà alla vicentina* und Fischrisotto. Kleine, aber feine Weinkarte.

Fiaschetteria Toscana

San Giovanni Crisostomo, Cannaregio 5719. **Stadtplan** 3 B5. *041 528 52 81.* www.fiaschetteriatoscana.it *Mo, Di mittags, Mitte Juli–Mitte Aug.* €€€

Im Restaurant der Familie Busatto gibt es venezianische Gerichte. Der warme Fischsalat ist eine köstliche Vorspeise. Als Hauptgericht gibt es z.B. Aal oder Heilbutt mit schwarzer Butter und Kapern.

Vini Da Gigio

Fondamenta San Felice, Cannaregio 3628/a. **Stadtplan** 3 A4. *041 528 51 40.* *15. Jan–1. Woche im Feb, 15. Aug–Anfang Sep; Mo.* €€€

Traditionelle Speisen mit moderner Note, z.B. *gnocchetti* mit Scampi und Radicchio. Als Dessert gibt es u. a. *crema fritta alla veneziana*. Reservierung notwendig!

Die Inseln der Lagune

Ai Pescatori

Via Galuppi 371, Burano. *041 73 06 50.* *1.–15. Jan; Mi.* ★ €€

Zu den interessanten Gerichten auf der Karte gehören Hummer und Tagliolini mit Tintenfisch. Berühmt sind die Wildgerichte im Winter. Sehr gute Weinauswahl.

Zeichenerklärung siehe Seite 235

Antica Trattoria alla Maddalena

Mazzorbo 7/b, Burano. *041 73 01 51.* *Do; letzte Woche im Dez–15. Jan.* €€€

Das Restaurant nahe der *Vaporetto*-Anlegestelle war und ist bei den Einheimischen populär. Probieren Sie etwa die Wildente mit Fettuccine oder Polenta.

Do Mori

S. Eufemia, Giudecca 588. *041 522 54 52.* *Sa mittags, So, 20. Dez–20. Jan, 1. Woche im Aug.* ★ €€€

Das rustikale Restaurant am Ufer wird vom ehemaligen Koch von Harry's Bar *(siehe S. 240)* betrieben, die Preise sind jedoch niedriger. Die Küche ist venezianisch mit guten Vorspeisen, hausgemachten Nudeln und leckeren Fischgerichten. Auch die Desserts werden frisch zubereitet.

Osteria al Ponte del Diavolo

Fondamenta Borgognoni 11, 30012 Torcello. *041 73 04 01.* www.alpontedeldiavolo.it *Mi im Winter.* ★ €€€

Der Name des Restaurants leitet sich von der Brücke über den vernachlässigten Hauptkanal von Torcello ab. Das Lokal wurde von drei ehemaligen Cipriani-Mitarbeitern gegründet – die Fischgerichte sind also gut. Die große Terrasse lädt zum Verweilen ein.

Da Romano

Piazza Galuppi 221, Burano. *041 73 00 30.* www.daromano.it *Mitte Dez–Anfang Feb; Di; So abends.* €€€€

Das hübsche Restaurant mit Terrasse an der Hauptstraße von Burano wurde um 1930 gegründet und wird vom Sohn des ursprünglichen Besitzers betrieben. Man serviert hier ausgezeichneten Fisch zu niedrigeren Preisen als sonstwo in Venedig.

Harry's Dolci

S. Eufemia, Giudecca 773. **Stadtplan** 5 C5. *041 522 48 44.* *Mai–Okt.* *Di.* ★ €€€€€

Was als Bar und Teehaus begann, ist heute ein Restaurant, das viele der Spezialitäten des Hauptlokals *(siehe S. 240)* bietet. Genießen Sie Nudeln mit Bohnen, Carpaccio oder Leber, als Aperitif einen Bellini und als Nachspeise die Schokoladentorte. Auch Lebensmittel von Cipriani werden hier verkauft.

Hotel Cipriani

Giudecca 10. **Stadtplan** 7 C5. *041 520 77 44.* www.cipriani.com ★ *abends.* *Nov–März.* €€€€€

Lage und Stil allein rechtfertigen schon die hohen Preise. Die Spiegelwände des Speiseraums reflektieren die Lagune, die Sommerterrasse ist eine Oase der Ruhe. Es gibt fantasievolle Gerichte und guten Wein. Genießen Sie Vorspeisen vom Büfett, bevor Sie sich den anderen Spezialitäten zuwenden.

Locanda Cipriani

Piazza Santa Fosca 29, Torcello. *041 73 01 50.* www.cipriani.com *Di und Jan.* €€€€€

Dies ist das abgelegenste Lokal von Cipriani, es ging 1930 aus einer Fischerkneipe hervor. Die hervorragende Karte wartet mit *fritto misto* und Risotto mit frischem Gemüse aus dem Küchengarten auf. Ein schönes Ausflugsziel, zumal Sie der restauranteigene Bootsservice von der Piazza San Marco abholt.

VENEZIANISCHES TIEFLAND

ASIAGO

Ristorante Casa Rossa

Straßenkarte C3. Via Kaberlaba 19, 36012. *0424 46 20 17.* www.ristorantecasarossa.it *Anfang Juni, Do.* ★ €

Das Restaurant in den Hügeln der Sette Comuni ist bemerkenswert wegen seiner regionalen Küche. Versuchen Sie den pikanten Kuchen mit Blattsalaten, die Entenbrust und die Beerentorte.

ASOLO

Villa Cipriani

Straßenkarte D3. Via Canova 298, 31011. *0423 95 21 66.* FAX *0423 95 20 95.* www.sheraton.com/villacipriani ★ €€€€

Die Villa aus dem 16. Jahrhundert beherbergt eines der Grandhotels des Veneto *(siehe S. 231)*. Die Küche ist innovativ, man verwendet lokale Zutaten, z. B. für Pappardelle mit Scampi, Tomaten und Basilikum oder Kalbsmedaillons mit Spargel und Artischocken.

BRENTA-KANAL

Alla Posta

Straßenkarte D4. Via Ca' Tron 33, Dolo. *041 41 07 40.* www.locandaallaposta.com *1.–15. Jan, 2 Wochen im Juni/Juli; Mo.* €€€€

Das Fischrestaurant in Familienhand ist in einem ehemaligen Postgebäude untergebracht. Der Sardellen-Kartoffel-Kuchen ist fast schon ein kulinarisches Erlebnis, auch die Weinkarte kann sich sehen lassen.

CASTELFRANCO

Barbesin

Straßenkarte D3. Via Circonvallazione 41. *0423 49 04 46.* www.barbesin.it *Mi abends und Do; 1.–7. Jan, 7.–21. Aug.* €

In dem relativ preisgünstigen Restaurant kann man regionale Spezialitäten wie Risotto mit Steinpilzen und Entenbrust mit Rosmarin genießen.

CHIOGGIA

El Gato

Straßenkarte D4. Campo San Andrea 653, 30015. *041 40 18 06.* www.elgato.it *Jan–Mitte Feb, Mo, Di–Fr mittags.* ★ €€€€

Die klassische Küche in dezentem Ambiente macht dieses Restaurant so besonders. Wie in einem Fischerhafen zu erwarten, liegt der Akzent auf Fisch und Meeresfrüchten. Der Tintenfisch wird nach traditioneller Art gekocht und mit Polenta serviert.

CONEGLIANO

Al Salisà

Straßenkarte D3. Via XX Settembre 2, 31015. *0438 242 88.* *Mi.* ★ €

Das kleine Restaurant hat eine hübsche Veranda, auf der man an Sommerabenden speisen kann. Interessant sind etwa Fettuccine mit einer Sauce aus Radicchio und Hühnerleber oder Heilbutt in Spinat gehüllt. Versuchen Sie als Nachtisch die Zabaione.

Colli Euganei

Trattoria da Piero Ceschi

Straßenkarte C4. Piazza Trento 16, 35042 Este. *0429 28 55.* *Di.* €€

In dem freundlichen Lokal mitten in Este bekommt man Schinken aus der Region und *porchetta* (mit Gewürzen und Kräutern gegrilltes Spanferkel). Pietro ist Besitzer, Koch und Oberkellner in einer Person. Die angebotenen Weine kauft er persönlich bei den Erzeugern ein.

La Montanella

Straßenkarte C4. Via dei Carraresi 9, 35032 Arquà Petrarca. *0429 71 82 00.* www.montanella.com *Di abends, Mi; Jan–Mitte Feb, Mitte Aug.* €€€

Petrarca verbrachte die letzten Jahre seines Lebens in Arquà Petrarca, dem schönsten Kurort in den Colli Euganei *(siehe S. 184)*. Ein Abendessen im Montanella gehört zu den besonderen Genüssen, die der Ort zu bieten hat. Serviert werden hier lokale Gerichte wie Spargel-Tortelloni und Perlhuhn, begleitet von regionalem Gemüse.

Mestre

Dall'Amelia

Straßenkarte D4. Via Miranesi 113, 30171 Mestre. *041 91 39 51.* *Mi.* €€€

Eines der besten Restaurants mit traditioneller Küche. Auf sehr hohem Standard werden hier die verschiedensten Fischgerichte angeboten, gebratener Fisch wird in einem abgetrennten Bereich serviert. Zu den Spezialitäten gehören aber auch Tagliolini mit frischem Gemüse und Garnelen oder Steinpilze mit Rucola. Die Weinkarte ist außergewöhnlich.

Ristorante Marco Polo

Straßenkarte C4. Via Forte Marghera 67, 30173 Mestre. *041 98 98 55.* www.ristorantemarcopolo.it *So; erste Woche im Jan; 3 Wochen im Aug.* €€€

Bekannte Rezepte erhalten hier eine persönliche Note. Petersfisch mit Fenchel und Schwertfisch mit Kapern sind eine gute Wahl, Fleischliebhabern sei der Kalbsbraten mit Steinpilzen besonders empfohlen.

Oderzo

Gambrinus Parco

Straßenkarte E3. Località Gambrinus 22, 31020 San Polo di Piave. *0422 85 50 43.* *1.–15. Jan; 2 Wochen im Aug; Mo (außer an Feiertagen).* ★ €€€

Das Restaurant ist der regionalen kulinarischen Tradition treu ergeben. Zwei überragende Fischgerichte sind Flusskrebse alla Gambrinus und Stör in einer Kruste aus grobem Salz. Die erlesenen Weine, die auf der Karte angeboten werden, runden die kulinarischen Genüsse ab.

Padua

Osteria L'Anfora

Straßenkarte D4. Via dei Sonsin 13, 35122. *049 65 66 29.* *So, 1.–6. Jan, 1 Woche im Aug.* €

Das lebhafte Restaurant serviert venezianische Küche mit exotischen Elementen, die in der Renaissancezeit von Handelsreisenden nach Venedig gebracht wurden.

La Braseria

Straßenkarte D4. Via N. Tommaseo 48, 35100. *049 876 09 07.* *Aug abends, Sa mittags, So.* €€

In diesem freundlichen Restaurant kann man einfache Küche genießen. Empfehlenswert sind Penne mit Steinpilzen und geräucherter Schinken.

Belle Parti El Toulà

Straßenkarte D4. Via Belle Parti 11, 35100. *049 875 18 22.* *So, 3 Wochen im Aug.* €€€

Komfortables, hervorragendes Restaurant in einem Palazzo aus dem 16. Jahrhundert. Die Gemüsegerichte, wie Auberginenauflauf *(sformato)*, sind besonders gut.

Boccadoro

Straßenkarte D4. Via della Resistenza 49, 35100 Noventa Padovana. *049 62 50 29.* www.boccadoro.it *Di abends, Mi, 2.–12. Jan, 4.–27. Aug.* €€€

In dem Familienbetrieb serviert man gute Paduaner Küche. Es gibt eine ausgezeichnete Radicchiosuppe, und auch die Gans sollte man probieren.

Portogruaro

Duilio

Straßenkarte E3. Via Strada Nuova 19, 30021 Caorle. *0421 810 87.* *Mo im Winter, Mitte Jan.* ★ €€

In diesem geräumigen Restaurant verleiht man Fischrezepten eine moderne Note. Heilbutt wird in Champagner pochiert oder dient als Füllung pikanter Pfannkuchen. Bestes Preis-Leistungs-Verhältnis.

Alla Botte

Straßenkarte E3. Viale Pordenone 46, 30026. *0421 76 01 22.* *So im Winter.* ★ €€€€

Das gemütliche Hotelrestaurant hat eine gute regionale Küche, die auch Einflüsse aus dem benachbarten Friaul aufgreift. Die Gnocchi mit Brennnesseln sollten Sie unbedingt probieren.

Treviso

Agnoletti

Straßenkarte D3. Via della Vittoria 190, Giaverà del Montello. *0422 77 60 09.* *Di.* €€

Die idyllische Lage in den Hügeln nördlich von Treviso und der hübsche Garten allein machen das Lokal schon zu einem lohnenden Ausflugsziel. Besonders die Antipasti und die Gnocchi sind empfehlenswert.

Osteria dalla Pasina

Straßenkarte D3. Via Marie 3, Dosson di Casier. *0422 38 21 12.* www.pasina.it *So abends, Mo, 1 Woche nach Weihnachten.* €€

Die Osteria bietet Herzhaftes fast ausschließlich aus frischen regionalen Produkten. Risotto mit Scampi und Spargel sind ein guter Anfang, gefolgt von zartem Kaninchen mit Kräutern; als Nachtisch gibt es Mousses und Sorbets.

Toni del Spin

Straßenkarte D3. Via Inferiore 7, 31100. *0422 54 38 29.* *www.ristorantetonidelspin.com* *Aug; So, Mo mittags.* €€

Das heimelige Restaurant serviert herzhafte Spezialitäten wie *pasta e fagioli* (Pasta mit Bohnen), gebackene Kutteln und üppiges Tiramisù.

Ristorante alle Beccherie

Straßenkarte D3. Piazza Ancillotto 10, 31100. *0422 54 08 71.* *So abends, Mo, 15.–30. Juli.* €€€

Das Beccherie residiert in einem alten venezianischen Gebäude mit Stilmöbeln. Das Perlhuhn mit Pfeffersauce und das Radicchiorisotto sind köstlich.

Ristorante Enoteca Marchi

Straßenkarte D3. Via Castellana 177, Montebelluna. *0423 238 75.* *Mo.* ★ €€€

Schon allein wegen des Weins sollte man das Restaurant besuchen – es bietet über 500 feine Tropfen. Probieren Sie Spaghetti mit Radicchio und Granatäpfeln sowie das Lamm in Prosecco.

Vicenza

Al Torresan

Straßenkarte C3. Via Zabarella 1, 36042 Breganze. *0445 87 32 60.* *Do; Ende Juli–25. Aug.* €€

Im Herbst kommen viele Einheimische wegen der Pilzgerichte hierher. Die Küche ist herzhaft und passt zum regionalen Wein.

Taverna Aeolia

Straßenkarte C4. Piazza C. Da Schio 1, 36023 Costozza di Longare. *0444 55 50 36.* *Di; 1.–15. Nov.* €€

Luca Chemello, der Küchenchef in der eleganten Villa, zaubert wunderbare Dinge in der Küche und wird damit dem Reiz des freskobemalten Speiseraums gerecht. Die Speisekarte wechselt monatlich.

Trattoria Leoncino

Straßenkarte C4. Via Tavernelle 72, 36077 Altavilla Vicentina. *0444 57 20 32.* www.trattorialeoncino.it *So, Mo, 27. Dez–10. Jan, Aug.* €€

Das rustikale Restaurant der Familie Tecchio liegt außerhalb Vicenzas. Probieren Sie die *bolliti misti* (verschiedene Fleischarten) mit Kräuter-Kapern-Sauce.

Antica Trattoria Tre Visi

Straßenkarte C4. Corso Palladio 25, 36100. *0444 32 48 68.* *So abends, Mo; Juli.* €€€

Das Restaurant in einem alten Gasthaus aus dem 15. Jahrhundert liegt mitten im alten Stadtzentrum. Wer dort zu Abend isst, kann in die Küche sehen, in der Luigi gute Vicenzer Gerichte kocht.

Cinzia e Valerio

Straßenkarte C4. Piazzetta Porta Padova 65/67, 36100. *0444 50 52 13.* *So abends, Mo, 25. Dez–5. Jan, 3 Wochen im Aug.* ★ €€€

Im stilvollen Restaurant innerhalb der alten Stadtmauern wird nur Fisch serviert: marinierter roher Lachs, Garnelen-Risotto, Seezungenfilet, Hummer und Muscheln.

Ristorante Storione

Straßenkarte C4. Strada Pasubio 64, 36100. *0444 56 62 44.* *So.* €€€€

Die Familie Zorzo betreibt dieses bezaubernde Restaurant mit dem hübschen Garten. Storione heißt Stör und ist eine der vielen Fischspezialitäten. Kinder sind gern gesehene Gäste. Das Mittagsmenü kostet 25 Euro.

VERONA UND GARDASEE

Gardasee Süd

Antica Locanda Mincio

Straßenkarte A4. Via Buonarotti 12, 37067 Valeggio sul Mincio. *045 795 00 59.* www.anticalocandamincio.it *Mi, Do; 2 Wochen im Nov, 2 Wochen im Feb.* €€€

Die Locanda befindet sich im alten Postgebäude und ist heute ein entzückendes Abendlokal mit Fresken und offenen Kaminen. Die *antipasti rustici* sind eine gute Vorspeise, viele Hauptgerichte sind der regionalen Küche verpflichtet.

Trattoria Vecchia Lugana

Straßenkarte A4. Piazzale Vecchia Lugana 1, 25019 Lugana di Sirmione. *030 91 90 12.* www.vecchialugana.com *1. Jan–15. Feb; Mo, Di.* ★ €€€€

Fleisch wird auf offenem Feuer in der Küche gegart. Zu den regionalen Gerichten gehören Süßwasserfisch und zartes Zicklein mit Polenta. Die Weinkarte bevorzugt Tropfen vom Gardasee.

Esplanade

Straßenkarte A4. Via Lario 10, 25015 Desenzano del Garda. *030 914 33 61.* *Mi.* ★ €€€€€

Fantasievolle Gerichte mit starken regionalen Wurzeln werden in einem Strandrestaurant serviert, z. B. Zucchiniblüten gefüllt mit Scampi und Süßwasserfisch-Terrine. Ein weiteres beliebtes Hauptgericht ist Lamm mit Zwiebeln, Kartoffeln und Rosmarinsauce.

Gardasee West

Alla Campagnola

Straßenkarte A3. Via Brunati 11, 25087 Salò. *0365 221 53.* www.lacampagnoladisalo.it *Mo, Di mittags; 3 Wochen im Jan.* €€

In dem Familienbetrieb hat Elisa Dal Bom interessante alte Rezepte wiederbelebt. Als Vorspeisen serviert sie eine stattliche Menge von Gemüsen, es gibt Pasta gefüllt mit Kürbis oder Auberginen.

Capriccio

Straßenkarte A3. Piazza San Bernardo 6, Frazione Montinelle, 25080 Manerba del Garda. *0365 55 11 24.* www.ristorantecapriccio.it *Di; Jan–Feb.* €€€€

Von der Terrasse blickt man auf See und Berge; die Karte bietet reichlich Fisch. An Olivenöl wird hier nicht gespart. Eine delikate Nachspeise ist Gelee aus Muskattrauben mit Pfirsichsauce.

La Tortuga

Straßenkarte A3. Via 24 Maggio, Porticciolo di Gargnano, 25084 Gargnano del Garda. *0365 712 51.* *Di.* ★ €€€€

Die Lage am See und die leichte Küche zeichnen das Tortuga aus. Kosten Sie Süßwasserfisch, z. B. *coregone* (Muräne) mit Tomaten und Kapern.

Villa Fiordaliso

Straßenkarte A3. Corso Zanardelli 132, 25083 Gardone Riviera. *0365 201 58.* www.villafiordaliso. it *Mo und Di mittags; Dez–Jan.* ★ €€€€€

Das stilvolle Restaurant befindet sich in der Villa, die Mussolini und Clara Petacci als Liebesnest diente. Im Sommer kann man im Garten genießen, was die kreative Küche aus feinsten Zutaten zaubert.

Gardasee Ost

Locanda San Vigilio Regina

Straßenkarte A3. Località San Vigilio, 37016 Garda. *045 725 66 88.* www.punta-sanvigilio.it *Nov–März.* €€€€

Das Restaurant gehört zu einem der hübschesten Hotels am Gardasee. Beginnen Sie mit einer Auswahl vom Vorspeisenbüfett, nehmen Sie dann ein Fischgericht.

Verona

Al Bersagliere

Straßenkarte B4. Dietro Pallone 1, 37121. *045 800 48 24.* *So.* €

Angenehmer Rahmen für traditionelle Veroneser Küche: Wild nach Jahreszeit, Fleisch und Polenta mit frischen Pilzen.

Cantina di S Rocchetto

Straßenkarte B4. Via S. Rocchetto 11, 37100. *045 801 36 95.* *Mo mittags, So.* €€

Die vielfältige Speisekarte wechselt ständig, aber immer gibt es Fleisch, Meeresfrüchte und Ziegenkäse. Der Service im Speiseraum ist ausgezeichnet, ebenso die Weinkarte. Im ersten Stock gibt es eine Weinbar.

Ciccarelli

Straßenkarte B4. Via Mantovana 171, 37100. *045 95 39 86.* *Sa, 3 Wochen im Aug.* €€

Das Ciccarelli liegt zehn Minuten von Verona entfernt und ist seit 40 Jahren berühmt. Serviert werden beste Fleischgerichte, hausgemachte Pasta und eine fantastische *crème caramel all'amaretto.*

Baba-jaga

Straßenkarte B4. Via Cabalao 11, 37030 Montecchia di Crosara. *045 745 02 22.* *So abends, Mo, Jan, 3 Wochen im Aug.* €€€

Das Restaurant ist eine gute Wahl, wenn man sich im Soavegebiet aufhält. Es gibt u.a. Risotto mit Trüffeln und Barschfilet.

Ristorante ai Teatri

Straßenkarte B4. Via S. Maria Rocca Maggiore 8. *045 801 21 81.* *bis spätabends.* *So; Mo mittags.* €€€€

In der Nähe der Piazza Erbe liegt ein Lieblingslokal der Einheimischen, in dem innovative Küche serviert wird. Saisonales, stets frisches Speisenangebot.

Bottega del Vino

Straßenkarte B4. Via Scudo di Francia 3, 37100. *045 800 45 35.* www.bottegavini.it *Di (außerhalb der Opernsaison).* €€€€€

Die Bottega führt über 800 Weine auf der Karte. Das Essen ist hervorragend, es gibt viele Fischspezialitäten.

Il Desco

Straßenkarte B4. Via dietro San Sebastiano 5/7, 37100. *045 59 53 58.* *So, Mo (außer Juli und Aug; Mo mittags nur Dez und Juni); 25. Dez–10. Jan, 15.–30. Juni.* €€€€€€

Harmonie zeichnet dieses Restaurant in einem Palazzo aus dem 16. Jahrhundert aus. Die Speisekarte ist verführerisch: Kartoffelkuchen mit Trüffeln, Hummerrisotto, Kalbfleisch mit Ingwer, Lauch und glasierten Zwiebeln sowie viele köstliche Nachspeisen.

Dolomiten

Belluno

Antica Locanda al Cappello

Straßenkarte D2. Piazza Papa Luciani 20, 32026 Mel. *0437 75 36 51.* *Di abends, Mi (außer Aug und Weihnachten); 2 Wochen im Juli.* €

Die antiken Möbel passen zu den bemalten Räumen des stilvollen Restaurants. Interessante Gerichte wie Mohnsamengnocchi und mit Radicchio gefüllte Ravioli. Auch Wild steht oft auf der Speisekarte.

Dolada

Straßenkarte D2. Via Dolada 21, 32010 Pieve d'Alpago. *0437 47 91 41.* www.dolada.it €€€

Ein Dorf an den Abhängen des Monte Dolada ist die Heimat eines der besten Restaurants in ganz Italien. Enzo und Rossana de Pra bereiten Hühnerbrust mit Trüffelöl, Lachsmousse und Lende vom Rind mit Thymian einfallsreich zu und servieren ausgezeichneten Wein.

Locanda San Lorenzo

Straßenkarte D2. Via IV Novembre 79, 32015 Puos d'Alpago. *0437 45 40 48.* www.locandasanlorenzo.it *Mi (außer Aug); 2 Wochen im Jan–Feb.* €€€€

Forelle, Kaninchen, Ente und Taube werden in diesem Hotelrestaurant über dem See von Santa Croce serviert. Die Brüder Dal Farra sind zu Recht stolz auf ihre regionale Küche mit moderner Note.

Cadore

Al Capriolo

Straßenkarte D1. Via Nazionale 108, 32040 Vodo di Cadore. *0435 48 92 07.* *Di (außer Juli, Aug); Mai–Mitte Juni, Okt.* €€

Wild, u.a. Reh und Elch, finden Sie in diesem Restaurant im Herzen der Dolomiten auf der Speisekarte. Die besondere Note erhalten die Gerichte durch Trüffeln.

Dal Cavalier

Straßenkarte E1. Località Cima Gogna, 32041 Auronzo di Cadore. *0435 98 34.* *Mi (außer Juli); Aug und Weihnachten.* €€

Die Familie Munerin betreibt den Berggasthof, der mit vielen Kupfertöpfen dekoriert ist. Die Qualität der Gerichte ist durchweg sehr gut. Die Weinkarte wartet mit seltenen regionalen Schätzen auf.

Cortina d'Ampezzo

Ristorante El Zoco

Straßenkarte D1. Via Cademai 18, 32043. *0436 86 00 41.* *Mo nur im Winter; Mai, Nov.* €€€

Wild, besonders Gämse, gehört hier zum kulinarischen Repertoire. Die Gemüsegerichte sind von großer Klasse, besonders *sformato* aus Radicchio oder die gegrillten Pilze.

El Toulà

Straßenkarte D1. Via Ronco 123, 32043. *0436 33 39.* *Mo, Ostern–Mitte Juli, Mitte Sep–Mitte Dez.* €€€€€€

Die anspruchsvollen Gerichte des rustikalen, aber schicken Restaurants können auf der Terrasse eingenommen werden. Es gibt u.a. Basilikumcrêpes, Kalb und Ente.

Zeichenerklärung siehe Seite 235

Bars und Cafés in Venedig

Viele Bars in Venedig machen ihr Geschäft durch den Fremdenverkehr: Besucher müssen immer wieder ihre schmerzenden Füße ausruhen und in ihren Reiseführern blättern. Stoßzeiten sind am Vormittag und Mittag, wenn auch die Einheimischen kommen, um etwas zu essen oder zu trinken. Cafés gibt es von der einfachen Ein-Raum-Bar bis hin zu opulenten Kaffeehäusern im alten Stil, wie etwa das **Caffè Quadri** oder das **Caffè Florian**. Auch die bescheidenste Bar bietet eine gute Auswahl an Erfrischungen – von Kaffee über Bier bis zu Aperitif oder Schnaps. Solange eine Bar geöffnet ist, gibt es immer auch Kleinigkeiten zu essen: frisches Gebäck am Morgen, Sandwiches am Mittag, belegte Brötchen, Kuchen, Kekse und manchmal hausgemachtes Eis. Weinbars bieten einen oft typisch venezianischen Imbiss an und sind besonders für Mittagspausen zu empfehlen.

Bars

Italiener frühstücken oft auf dem Weg zur Arbeit in einer Bar, meist einen Cappuccino (Kaffee mit aufgeschäumter Milch) und Brioche (Hefegebäck, gefüllt mit Marmelade oder Sahne). Die **Pasticceria Dal Mas** an der Hauptstraße vom Bahnhof zur Rialtobrücke ist bei Pendlern sehr beliebt.

Verschiedenste Alkoholika werden angeboten, ein Glas Bier oder Wein ist überall zu haben. Bier vom Fass ist *birra alla spina* und wird in drei verschiedenen Maßen ausgeschenkt: *piccola, media* und *grande*. Italienische oder importierte Flaschenbiere gibt es natürlich auch, sie sind allerdings teurer. In allen Bars gibt es Mineralwasser, aber man kann auch nach einem Glas Leitungswasser *(acqua del rubinetto)* fragen, das kostenlos ist. Oft gibt es frisch gepressten Obstsaft *(spremuta)* und Milchmixgetränke mit Früchten *(frullato)*. Italienische Flaschensäfte sind sehr gut und in verschiedensten Geschmacksrichtungen zu haben.

Überall werden Sandwiches *(tramezzini)* und belegte Brötchen *(panini)* angeboten, oft auch getoastete Sandwiches und Pizza. Manche Bars sind gleichzeitig eine Konditorei *(pasticceria)*. Wenn Sie sich in der Nähe der Akademie befinden, sollten Sie unbedingt die kleine **Pasticceria Vio** aufsuchen; für etwas teurere Leckereien bietet sich **Harry's Dolci** auf Giudecca an *(siehe S. 242)*.

Vergessen Sie nicht, dass es teurer ist, in einer Bar an einem Tisch zu sitzen, als am Tresen zu stehen. Die Tischgebühren werden immer höher, je mehr man sich San Marco nähert. Eine Toilette *(bagno* oder *gabinetto)* gibt es immer, aber manchmal muss man an der Theke nach dem Schlüssel fragen. In diesem Landesteil schließen die Bars übrigens etwas früher als anderswo in Italien, besonders im Winter.

Üblicherweise bezahlt man, was man essen oder trinken möchte, zuerst an der Kasse, an der man einen Beleg *(scontrino)* bekommt, den man dann an der Bar abgibt. Wenn viel los ist, kann ein kleines Trinkgeld den Service beschleunigen. Wenn Sie sich drinnen oder draußen an einen Tisch setzen, wird Ihre Bestellung von einem Kellner aufgenommen, der die Rechnung mit den Getränken bringt. Dafür muss man zwar meist viel mehr bezahlen, aber dafür kann man sitzen bleiben, solange man will.

Weinbars

Es gibt eine alte Tradition in Venedig mit Namen *cichetti e l'ombra*, was man mit »Imbiss und Schatten« übersetzen kann. Der Imbiss kann ein Stück Brot mit *prosciutto crudo* (roher Schinken), Frikadellen oder gebratenem Gemüse, Sardinen oder *baccalà* (Stockfisch) sein. Der »Schatten« ist einfach ein Glas Wein, so genannt, weil die Gondolieri gern ein Gläschen im Schatten tranken. Es gibt zahlreiche Weinbars *(bacari)*, die *cichetti e l'ombra* anbieten; man findet einige in den Gassen, die von der Rialtobrücke wegführen, z. B. das **Do Mori**. Eine nette Weinbar ist auch die **Cantina del Vino già Schiavi** nahe der Brücke San Trovaso.

Cafés und Eisdielen

Cafés haben in der Geschichte des Veneto schon immer ihre Rolle gespielt, besonders das Caffè Pedrocchi in Padua *(siehe S. 178)*. Ein Venedigbesuch wäre nicht vollständig, ohne im **Caffè Florian** oder **Caffè Quadri** gewesen zu sein. Es ist wirklich schwer zu entscheiden, ob man lieber draußen sitzen und die Menge beobachten oder drinnen den eleganten Charme und die Atmosphäre vergangener Zeiten erleben möchte. Großen Durst sollten Gäste hier lieber nicht haben, denn die Preise sind exorbitant; dafür kann man sich Zeit lassen und dem Orchester zuhören.

Harry's Bar *(siehe S. 92)* ist weltberühmt. Die Preise sind allemal hoch, aber gönnen Sie sich das Vergnügen, einen Bellini (Prosecco mit Pfirsichsaft) dort zu trinken, wo er erfunden wurde.

Die Cafés entlang den Zattere, mit den schönen Ausblicken über den Canale della Giudecca, bieten sich für eine Rast an, zumal die Preise viel niedriger sind. An vielen Plätzen in Venedig gibt es Cafés mit Tischen im Freien, einige am Campo Santo Stefano. Empfehlenswert ist auch die **Bar Colleoni** am Campo Santi Giovanni e Paolo (San Zanipolo). **Il Caffè** ist das hübscheste seiner Art am Campo Santa Margherita.

Venezianisches Eis ist eindeutig das beste in Italien, die Eisdielen *(gelaterie)* hier bieten eine große Auswahl an

Geschmacksrichtungen an – manche Sorten gibt es nur in Venedig. Venezianer essen Eis das ganze Jahr über, oft als Nachspeise oder Abschluss eines abendlichen Spaziergangs *(passegiata)*. Man bekommt Eis entweder in der Tüte *(cono)* oder im Becher *(coppa)*, in der Regel nimmt man mindestens drei verschiedene Sorten. Das **Paolin** am Campo Santo Stefano ist eine der besten Eisdielen. Aber auch **Il Doge** und **Nico** sollten Sie ausprobieren; in Letzterem gibt es *gianduiotto*, eine venezianische Spezialität auf Schokoladenbasis. Versichern Sie sich, dass das Eis hausgemacht ist *(artigianato* oder *produzione propria)*, und probieren Sie Sorten, die der Jahreszeit entsprechen; Eis aus Sommerfrüchten wie Melone, Pfirsich oder Aprikose ist lecker und erfrischend.

Auf einen Blick

San Marco

Bar Gelateria Paolin
Campo Santo Stefano, San Marco 2962A. **Stadtplan** 6 F3.

Caffè Florian
Piazza San Marco, San Marco 56/59. **Stadtplan** 7 B2.

Caffè Quadri
Piazza San Marco, San Marco 120–124. **Stadtplan** 7 B2.

Harry's Bar
Calle Vallaresso, San Marco 1323. **Stadtplan** 7 B3.

Hostaria ai Rusteghi
Campiello del Tentor, San Marco 5513. **Stadtplan** 7 B1.

Osteria Terrà Assassini
Rio Terrà degli Assassini, San Marco 3695. **Stadtplan** 7 A2.

Rosa Salva
Calle Fiubera, San Marco 951. **Stadtplan** 7 B1.

Vino Vino
Ponte delle Veste, San Marco 2007. **Stadtplan** 7 A3.

San Polo und Santa Croce

Al Prosecco
C. San Giacomo dell'Orio, S. Croce 1503. **Stadtplan** 2 E5.

Bar Dogale
Campo dei Frari, San Polo 3012. **Stadtplan** 6 E1.

Do Mori
Calle Do Mori, San Polo 429. **Stadtplan** 3 A5.

Castello

Bar Colleoni
Campo Santi Giovanni e Paolo, Castello 6811. **Stadtplan** 3 C5.

Bar Gelateria Riviera
Ponte de la Pietà, Riva degli Schiavoni 4153. **Stadtplan** 8 D2.

Bar Mio
Via Garibaldi, Castello 1820. **Stadtplan** 8 F3.

Bar Orologio
Campo Santa Maria Formosa, Castello 6130. **Stadtplan** 7 C1.

Caffè al Cavallo
Campo Santi Giovanni e Paolo, Castello 6823. **Stadtplan** 3 C5.

La Boutique del Gelato
Campo San Lio, Castello 5727. **Stadtplan** 7 B1.

Snack & Sweet
Salizzada San Lio, Castello 5689. **Stadtplan** 7 B1.

Dorsoduro

Accademia Foscarini
Rio Terra A Foscarini, Dorsoduro 878/C. **Stadtplan** 6 E4.

Ai do Draghi
Calle della Chiesa, Dorsoduro 3665. **Stadtplan** 6 F4.

Al Chioschetto
Zattere, Dorsoduro 1406/a. **Stadtplan** 6 D4.

Bar Gelateria Causin
Campo Santa Margherita, Dorsoduro 2995. **Stadtplan** 6 D2.

Bar Gelateria Il Doge
Campo Santa Margherita, Dorsoduro 3058A. **Stadtplan** 6 D2.

Bar Gelateria Nico
Zattere ai Gesuati, Dorsoduro 922. **Stadtplan** 6 D4.

Bar Pasticceria Vio
Rio Terrà della Toletta, Dorsoduro 1192. **Stadtplan** 6 D3.

Cantina del Vino già Schiavi
Ponte San Trovaso, Dorsoduro 992. **Stadtplan** 6 E4.

Il Caffè
Campo Santa Margherita, Dorsoduro 2963. **Stadtplan** 6 D3.

Soto Sopra
Calle San Pantalon, Dorsoduro 3740. **Stadtplan** 6 D2.

Cannaregio

Alla Bomba
Calle dell'Oca, Cannaregio 4297. **Stadtplan** 3 A5.

Bar Algiubagio
Fondamente Nuove, Cannaregio 5039. **Stadtplan** 3 C4.

Bar Gelateria Solda
Campo Santi Apostoli, Cannaregio 4440. **Stadtplan** 3 B5.

Caffè Pasqualigo
Salizzada Santa Fosca, Cannaregio 2288. **Stadtplan** 2 F4.

Enoteca Boldrin
San Canciano, Cannaregio 5550. **Stadtplan** 3 B5.

Il Gelatone
Rio Terrà Maddalena, Cannaregio 2063. **Stadtplan** 2 F3.

Osteria da Alberto
Calle Larga Giacinto Gallina, Cannaregio 5401. **Stadtplan** 3 C5.

Pasticceria Dal Mas
Lista di Spagna, Cannaregio 150/A. **Stadtplan** 2 D4.

Die Inseln der Lagune

Bar della Maddalena
Mazzorbo.

Bar Ice
Campo San Donato, Murano. **Stadtplan** 4 F2.

Bar La Palanca
Fondamenta Santa Eufemia, Giudecca 448. **Stadtplan** 6 D5.

Bar Palmisano
Via Baldassare Galuppi, Burano.

Bar Trono di Attila
Torcello.

Harry's Dolci
Fondamenta San Biagio, Giudecca 773. **Stadtplan** 6 D5.

Lo Spuntino
Via Baldassare Galuppi, Burano.

Shopping

Die engen Strassen Venedigs werden von interessant dekorierten Schaufenstern gesäumt, die Besucher unweigerlich in Versuchung führen. Dazu kommt, dass die ganze Stadt Fußgängerzone ist. In nur wenigen anderen Städten dieser Größe kann man, wenn man durch die Viertel bummelt, in so vielen verschiedenen Läden herumstöbern. Hier gibt es noch viel traditionelles Handwerk, neben Glas und Spitzen findet man hochwertige Mode, Lederwaren, Antiquitäten und Schmuck. Im Veneto, einer der reichsten Regionen Italiens, rühmt sich jede Stadt ihrer Läden, in vielen Orten gibt es Spezialitätenmärkte. Auf dem Land kann man Wein und Olivenöl direkt vom Erzeuger kaufen.

Vase aus Murano-Glas

Schmuck und mehr in einem Schaufenster in der Frezzeria

Öffnungszeiten

Im Allgemeinen öffnen Läden um 9 oder 9.30 Uhr und beginnen ihre Mittagspause um 12.30 oder 13 Uhr. Lebensmittelläden und Märkte dagegen sind schon um 8 Uhr geöffnet. Ladenzeiten am Nachmittag sind im Winter von 15.30 bis 19.30 Uhr, im Sommer von 16 bis 21 Uhr. In Venedig sind Läden, die in erster Linie Urlauber ansprechen, ganztägig und sogar sonntags geöffnet, ebenso die großen Supermärkte außerhalb der Stadt – was für Selbstversorger praktisch ist.

Montag ist der übliche Ruhetag in Norditalien, was aber wiederum nicht für alle Läden in Venedig gilt. Kleinere Städte im Veneto haben oft versetzte Ruhetage, z. B. Lebensmittelläden am Montag, Modeboutiquen am Mittwoch. Märkte und Läden im Veneto sind während der allgemeinen Ferienzeit im August oft zwei bis drei Wochen geschlossen. Die beste Zeit für ein Schnäppchen ist während des Ausverkaufs im Januar und im Juli – achten Sie auf Schilder mit der Aufschrift *Saldi* oder *Sconti*.

Shopping-Gegenden

Die Mercerie *(siehe S. 95)* von der Piazza San Marco zur Rialtobrücke sind schon seit dem Mittelalter Einkaufsgegend, zusammen mit dem parallel verlaufenden Calle dei Fabbri ziehen sie noch heute die Massen an. Westlich der Piazza San Marco findet man in der Frezzeria viele interessante und ungewöhnliche Läden. An der Hauptstraße von der Piazza zur Akademiebrücke reihen sich luxuriöse Spezialitätenläden aneinander, die Straßen nördlich des Campo Santo Stefano *(siehe S. 93)* sind eine Fundgrube für hochwertige Andenken und Fachgeschäfte aller Art.

Auf der anderen Seite des Canal Grande findet man in den engen Straßen südwestlich von der Rialtobrücke Richtung Campo San Polo *(siehe S. 101)* die etwas weniger teuren Geschäfte. In Bahnhofsnähe decken die Läden an der geschäftigen Lista di Spagna und der Strada Nova den täglichen Bedarf der Venezianer.

Bunte Auswahl von T-Shirts mit dem Venedig-Emblem

Glas und Spitzen kauft man auf den Inseln Murano und Burano *(siehe S. 150f)*.

Bezahlen

Die üblichen Kreditkarten *(siehe S. 266)* werden in größeren Läden bei höheren Summen in der Regel angenommen, Kleinigkeiten bezahlt man nach wie vor besser in bar. Auch Bezahlung mit der Maestro-/ec-Karte wird meist akzeptiert; Reiseschecks haben so gut wie keine Bedeutung mehr.

Ladeninhaber sind gesetzlich verpflichtet, eine Quittung *(ricevuta fiscale)* auszustellen, die Sie behalten sollten, bis Sie sich etwas vom Geschäft entfernt haben (Vorschrift sind 600 Meter). Bemerkt man erst später, dass die Ware fehlerhaft ist, kann man sie meist umtauschen, oder man bekommt eine Gutschrift; Geld wird gewöhnlich nicht zurückerstattet.

Mehrwertsteuer

Besucher aus Nicht-EU-Ländern können sich die Mehrwertsteuer von 20 Prozent (genannt IVA) rückerstatten lassen, wenn sie für mehr als 160 Euro in einem Laden eingekauft haben. Lassen Sie sich eine genaue Rechnung ausstellen, die bei der Ausreise vom Zoll abgestempelt wird. Das Geschäft wird die Steuer in Euro zurückzahlen, wenn es die abgestempelte Rechnung erhält.

Laden mit Designermode in Treviso

Mode und Accessoires

In Venedig findet man alle großen Namen der Modewelt nahe San Marco: **Armani**, **Laura Biagiotti**, **Missoni** und **Valentino** haben ihre eleganten Läden nicht weit von der Piazza. Für wirklich Neues und Ausgefallenes sollten Sie zu **Fiorella** am Campo Santo Stefano gehen. **La Pantofola** im Calle Mandola verkauft erstklassige Lederschuhe und traditionelle venezianische Hausschuhe aus Velours in unglaublich vielen Farben. Echte Gondolierehemden können Sie bei **Emilio Ceccato** bekommen.

Stoffe und Einrichtung

Venedig ist berühmt für kostspieligen Brokat, feine Seide und bedruckten Samt. **Trois** verkauft Seide am Meter, auch die hauchdünne plissierte Seide für Delphoskleider von Fortuny *(siehe S. 94)*. **Valli** führt im Laden in den Mercerie wunderbare Designerseide und andere Stoffe. Das berühmte Haus von **Rubelli** hat eine Filiale am Campo San Gallo. Hier gibt es üppigen Brokat und Samt. **Color Casa** in San Polo hat ebenso hübsche Stoffe, aber zu etwas niedrigeren Preisen, **Jesurum** verkauft wunderschöne feine Leinenware und verführerische Dessous. Im Gran Viale am Lido findet man stilvolle Läden für moderne Innenausstattung.

Masken und Kostüme

Billige Massenware kann man überall in Venedig bekommen, aber eine authentische Maske ist ein wirklich gutes Souvenir. **Laboratorio Artigiano Maschere** in Castello führt die traditionelle Maskenherstellung weiter; die Designs sind einfach überwältigend. **Tragicomica** nahe dem Campo San Polo verkauft sowohl Kostüme und Masken als auch Commedia-dell'arte-Figuren. All das bekommen Sie auch bei **Il Prato**, wo es zudem noch Marionetten gibt. In Dorsoduro findet man mehrere Werkstätten.

Venezianische Maske

Mondonovo gleich beim Campo Santa Margherita bietet eine fantastische Auswahl an Masken und Kostümen.

In den Wochen vor dem Karneval sind die Maskenkünstler natürlich sehr beschäftigt, aber zu anderen Zeiten zeigen sie interessierten Besuchern gerne ihre Werkstätten *(siehe S. 31)*.

Glas

Glas kauft man am besten auf der Insel Murano, wo es seit dem 13. Jahrhundert hergestellt wird *(siehe S. 150f)*. Alle wichtigen Produzenten haben hier ihre Schmelzöfen, in ihren Ausstellungsräumen wird jedoch eher der Durchschnittsgeschmack befriedigt. Manche Glaserzeuger stellen auch in Venedig selbst aus.

Seguso und **Barovier e Toso** auf Murano produzieren traditionelle Designs mit einfachen Linien.

Ähnlich hübsche Stücke findet man in Venedig bei **Paolo Rossi**, wo man sich auf Reproduktionen von altem Glas spezialisiert hat. **Pauly** und **Venini** haben Läden in der Nähe von San Marco; sie bieten so ziemlich das Beste, was auf dem Markt zu finden ist: Einige ihrer Stücke entsprechen auch besonderen ästhetischen Ansprüchen.

Schmuck

Die schicksten Juweliere in Venedig sind **Missiaglia** und **Nardi**, beide unter den Arkaden von San Marco. Läden auf der Rialtobrücke verkaufen preisgünstigere Stücke. Man bekommt hier Armbänder und Ketten, deren Preis sich nach dem Goldgewicht richtet.

Nicht allzu teuren, aber hübschen Glasschmuck findet man bei **FGB** am Campo Santa Maria Zobenigo.

Obst und Gemüse auf dem Rialtomarkt

Ein typischer Lebensmittelladen im San-Marco-Viertel

Kaufhäuser

Kaufhäuser sind in Italien weniger verbreitet als in anderen Ländern. Coin, wo man vom Regenschirm bis zum Tafelgeschirr alles bekommt, ist das wichtigste in Venedig. Oviesse und Upim sind billigere Geschäfte im Supermarktstil. Filialen findet man auch in anderen Städten.

Fundgrube bei einem Kunsthändler auf Murano

Bücher und Geschenke

Die beste Buchhandlung in Venedig ist **Goldoni** in der Calle dei Fabbri, wo es auch Landkarten gibt. **Filippi Editori Venezia** vertreibt Faksimileausgaben alter Bücher sowie Bücher über Venedig. **Fantoni** ist Spezialist für Kunstbände. **Santi Giovanni e Paolo** führt fremdsprachige Literatur.

Handgemachtes, marmoriertes Papier ist typisch für Venedig; es wird für Bucheinbände oder Schreibtischsets verwendet. **Linda Gonzalez** verkauft marmoriertes Papier sowie hangemachte Masken. **Paolo Olbi** bietet ein großes Papiersortiment an, **Alberto Valese-Ebru** nutzt eine besondere Marmorierungstechnik für Stoffe und Papier. Die Stände am Campo dei Santi Apostoli verkaufen Aquarelle mit Ansichten von Venedig.

Im San-Barnaba-Viertel findet man in Kunsthandwerksläden ungewöhnliche Geschenke und Souvenirs. **Signor Blum** am Campo San Barnaba führt bezaubernde Sachen und Spielzeug aus geschnitztem und bemaltem Holz. Ein anderer, **Livio de Marchi**, schnitzt große wunderliche Ornamente. **La Bottega dell'Arte** führt interessante Papierwaren und Masken. Ungewöhnliche Seifen und Toilettenaccessoires finden Sie in dem hübschen Kräuterladen **Il Melograno**.

Märkte und Lebensmittelläden

Einer der Höhepunkte eines Venedigbesuchs sind die frühmorgendlichen Lebensmittelmärkte. Im Westen der Rialtobrücke breiten sich die Obst- und Gemüsestände aus, der Fischmarkt liegt direkt am Canal Grande *(siehe S. 100)*. In den anliegenden Straßen gibt es viele ausgezeichnete Lebensmittelläden. Aromatisches Olivenöl, Essig und Pasta in allen Formen und Geschmacksrichtungen kann man gut mit nach Hause nehmen. **Aliani (Casa del Parmigiano)** ist ein Käseladen der Superlative gleich am Gemüsemarkt; hier gibt es auch frische Pasta, Salami und Zutaten für ein Picknick.

In der Ruga Rialto bekommt man in der **Drogheria Mascari** feinsten Kaffee und Tee, Trockenfrüchte und Nüsse. Die **Pasticceria Marchini** ist die beste in Venedig und führt die traditionellen venezianischen Leckereien.

Der Viale Santa Maria Elisabetta – die Shopping-Meile am Lido

AUF EINEN BLICK

MODE UND ACCESSOIRES

Emilio Ceccato
Sottoportico di Rialto, San Polo 16/17. **Stadtplan** 7 A1. *041 522 27 00.*

Emporio Armani
Calle dei Fabbri, San Marco 989. **Stadtplan** 7 B2. *041 523 78 08.*

Fiorella
Campo Santo Stefano, San Marco 2806. **Stadtplan** 6 F3. *041 520 92 28.*

Laura Biagiotti
Calle Larga XXII Marzo, San Marco 2400–2401. **Stadtplan** 7 A3. *041 520 34 01.*

Missoni
Calle Vallaresso, San Marco 1312. **Stadtplan** 7 B3. *041 520 57 33.*

La Pantofola
Calle Mandola, San Marco 3718. **Stadtplan** 6 F2. *041 522 21 50.*

Valentino
Salizzada San Moisè, San Marco 1473. **Stadtplan** 7 A3. *041 520 57 33.*

STOFFE UND EINRICHTUNG

Annelie
Calle Lunga San Barnaba, Dorsoduro 2748. **Stadtplan** 6 D3. *041 520 32 77.*

Color Casa
Calle Madonneta, San Polo 1990. **Stadtplan** 6 F1. *041 523 60 71.*

Jesurum
Mercerie del Capitello, Sa Marco 4857. **Stadtplan** 7 B2. *041 520 61 77.*

Rubelli
Campo San Gallo, San Marco 1089. **Stadtplan** 7 B2. *041 523 61 10.*

Trois
Campo San Maurizio, San Marco 2666. **Stadtplan** 6 F3. *041 522 29 05.*

Valli
Merceria San Zulian, San Marco 783. **Stadtplan** 7 B1. *041 522 57 18.*

MASKEN UND KOSTÜME

Balo Coloc
Santa Maria Mater Domini, San Croce 2134. **Stadtplan** 2 F5. *041 524 05 51.*

Laboratorio Artigiano Maschere
Barbaria delle Tole, Castello 6657. **Stadtplan** 4 D5. *041 522 31 10.*

Mondonovo
Rio Terrà Canal, Dorsoduro 3063. **Stadtplan** 6 D3. *041 528 73 44.*

Il Prato
Frezzeria, San Marco 1770. **Stadtplan** 7 A2. *041 520 33 75.*

Tragicomica
Calle dei Nomboli, San Polo 2800. **Stadtplan** 6 F1. *041 72 11 02.*

GLAS

Barovier e Toso
Fondamenta Vetrai 28, Murano. **Stadtplan** 4 E3. *041 73 90 49.*

Paolo Rossi
Campo San Zaccaria, San Marco 4685. **Stadtplan** 8 C2. *041 523 00 90.*

Pauly
Calle Larga, Ponte dei Consorzi, San Marco. **Stadtplan** 7 C2. *041 520 98 99.*

Seguso
Ponte Vivarini 143, Murano. **Stadtplan** 4 E2. *041 73 94 23.*

Venini
Piazzetta dei Leoncini, San Marco 314. **Stadtplan** 7 B2. *041 522 40 45.*

SCHMUCK

FGB
Campo Santa Maria Zobenigo, San Marco 2514. **Stadtplan** 7 C1. *041 523 65 56.*

Missiaglia
Procuratie Vecchie, San Marco 125. **Stadtplan** 7 B2. *041 522 44 64.*

Nardi
Procuratie Nuove, Piazza San Marco, San Marco 69–71. **Stadtplan** 7 B2. *041 522 57 33.*

BÜCHER UND GESCHENKE

Alberto Valese-Ebru
Campiello Santo Stefano, San Marco 3471. **Stadtplan** 6 F3. *041 523 88 30.*

Cartoleria Accademia
Rio Terrà Carità, Dorsoduro 1044. **Stadtplan** 6 E3. *041 520 70 86.*

Cartoleria Testolini
Fondamenta Orseolo, San Marco 1744. **Stadtplan** 7 A2. *041 522 30 85.*

Daniela Porto
Rio Terrà dei Nomboli, San Polo 2753. **Stadtplan** 6 E1. *041 523 13 68.*

Erborista Il Melograno
Campo Santa Margherita, Dorsoduro 2999. **Stadtplan** 6 D2. *041 528 51 17.*

Fantoni
Salizzada San Luca San Marco 4119. **Stadtplan** 7 A2. *041 522 07 00.*

Filippi Editori Venezia
Calle Casselleria, Castello 5284. **Stadtplan** 7 C1. *041 523 69 16.*

Goldoni
Calle dei Fabbri, San Marco 4742. **Stadtplan** 7 A1. *041 522 23 84.*

La Bottega dell'Arte
Ponte San Barnaba, Dorsoduro 2806. **Stadtplan** 6 D3. *041 523 08 25.*

Libreria della Toletta
Sacca della Toletta, Dorsoduro 1214. **Stadtplan** 6 D3. *041 523 20 34.*

Linda Gonzalez
Campo San Fantin, San Marco 1854. **Stadtplan** 7 A2. *041 528 55 63.*

Livio de Marchi
Salizzada San Samuele, San Marco 3157. **Stadtplan** 6 E2. *041 528 56 94.*

Paolo Olbi
Calle della Mandola, San Marco 3653. **Stadtplan** 6 F2. *041 528 50 25.*

Signor Blum
Campo San Barnaba, Dorsoduro 2840. **Stadtplan** 6 D3. *041 522 63 67.*

LEBENSMITTEL

Aliani (Casa del Parmigiano)
Erberia Rialto, San Paolo 214/5. **Stadtplan** 3 A5. *041 520 65 25.*

Drogheria Mascari
Ruga Rialto, Calle dei Spezieri, San Polo 381. **Stadtplan** 3 A5. *041 522 97 62.*

Pasticceria Marchini
Spadaria, San Marco 676. **Stadtplan** 6 F3. *041 522 91 09.*

Souvenirs

Glas ist zwar das beliebteste Souvenir, aber es gibt noch viele andere Mitbringsel: von Karnevalsmasken und Keramik bis zu Stoffen und Spitzen. Feinschmecker lieben Olivenöle aus der Region, Honig und Wein. Auf dem Land kann man viele Lebensmittel direkt vom Erzeuger kaufen. Spezialisten in Sachen Kunsthandwerk findet man vor allem auf den Laguneninseln.

Moderne Vase aus mattiertem Glas

Traditionelle Gläser mit Goldmuster

Zweifarbiger Pokal

Venezianisches Glas

Ob in traditionellem Blau und Weinrot oder in modernem Design, man findet alles Mögliche in Glas – vom Duftfläschchen bis zum Kronleuchter.

Geschenkschachtel aus marmoriertem Papier

Adressbuch

Marmoriertes Papier

Marmoriertes Papier ist eine venezianische Besonderheit. Die Bogen werden in flüssigen Leim getaucht, bevor Farbe aufgetragen wird. Man bekommt viele Schreibutensilien, die mit solchem Papier dekoriert sind, aber auch einzelne marmorierte Papierbogen.

Verzierte Schachtel

Geschenkpapier

Verzierte Keramikvase aus Bassano

Feiner Spitzenkragen aus Burano

Venezianisches Kunsthandwerk

Die alten Muster der Buranospitze zieren Tisch- und Unterwäsche. Handbemalte Vasen, Teller und Schalen werden in der malerischen alten Stadt Bassano del Grappa hergestellt.

Silberlöffel mit Löwengriff

Rotgoldene Maske

Masken (siehe S. 30f)
Von Commedia-dell'arte-Motiven bis zu abstrakten Designs junger Künstler reicht die Palette venezianischer Masken. Man bekommt sie das ganze Jahr über; im Karneval kann man sie an Straßenständen kaufen.

Karnevalsmaske

Samtschuhe

Bunter Kinderpullover

Mode
Wie überall in Italien kommt man auch hier an Designermode kaum vorbei. Besonders Kinderkleidung ist günstig und originell. Bunte, samtene Hausschuhe trägt man zu Hause und auch im Karneval zum Kostüm.

Pasta
Pasta, schön verpackt, ist in verschiedenen Farben, Formen und Geschmacksrichtungen erhältlich. Tomaten-, Artischocken- und Spinatnudeln sind die beliebtesten, aber es gibt auch Pasta mit Roter Bete, Knoblauch, Curry, Lachs, Tintenfisch und sogar Schokolade.

Artischocke

Rote Bete

Tintenfisch

Nudelallerlei

Balsamico-Essig und Olivenöl

Panettone

Amarettokekse

Delikatessen aus dem Veneto
Panettone, ein lockerer Hefekuchen mit Vanille, Korinthen und Zitronat, ist ein traditionelles Weihnachtsgebäck. Andere Spezialitäten sind Olivenöle vom Gardasee, Essig, Berghonig aus Belluno, Fruchtliköre, Grappa aus Bassano (siehe S. 166) *und Amarettokekse.*

Orangenlikör

Limonenlikör

Birnenlikör

Unterhaltung

Einst lockten die zahlreichen Vergnügungen unzählige Besucher nach Venedig, und auch das heutige Unterhaltungsangebot ist nicht zu verachten. Das ganze Jahr über bietet Venedig – neben großen Opern- und Theateraufführungen – diverse Festivals; Höhepunkte im Spätsommer sind das Internationale Filmfestival und die Biennale, die moderne Kunst der ganzen Welt ausstellt.

Plakat für das Filmfestival

Die »alltäglichen« abendlichen Vergnügungen sind zwar weniger extravagant als in der Blütezeit der Republik *(siehe S. 46f)*, aber in Diskotheken und Klubs kommt man meist auf seine Kosten. Wer das Risiko nicht scheut, kann ins Kasino gehen.

Ganz gleich, welchen Vergnügungen Sie nachgehen, die unvergleichliche Umgebung kann jede Unternehmung zu einem besonderen Erlebnis machen. Den größten Eindruck hinterlässt sicherlich eine romantische Gondelfahrt im Mondschein *(siehe S. 276)*, für weniger kitschig Veranlagte bleibt die *passegiata*, im Anschluss daran ein Drink in einer Bar oder einem Café an einer der vielen idyllischen Piazzas oder auf der hell erleuchteten Piazza San Marco.

Praktische Hinweise

Veranstaltungshinweise in italienischer und englischer Sprache finden sich in *Leo Bussola*, einer kostenlosen Broschüre des Fremdenverkehrsamts. Eine andere Broschüre, *Un Ospite di Venezia*, wird vom Hotelverband im Sommer vierzehntägig und im Winter monatlich herausgegeben und liegt in den meisten Hotels aus. Die lokale Tageszeitung *Il Gazzettino* druckt Veranstaltungshinweise unter *Spettacoli* ab, außerdem werben Plakate in der ganzen Stadt für Events aller Art.

Nach Veranstaltungen und Festen in anderen Städten der Region erkundigt man sich am besten im Reisebüro. Auch das örtliche Kulturamt gibt wertvolle Informationen, besonders zu den aktuellen Kunstausstellungen. Natürlich sind Veranstaltungshinweise auch der lokalen Presse zu entnehmen.

Musik und Kaffee im Caffè Florian an der Piazza San Marco *(siehe S. 246)*

Kartenvorverkauf

Die Italiener kaufen in der Regel keine Karten im Voraus, sie entscheiden sich lieber spontan, ganz nach Lust und Laune. Wenn Sie wirklich ganz sicher sein wollen, eine Karte für die entsprechende Vorstellung zu bekommen, müssen Sie die Karte persönlich am Kartenschalter erwerben – meist werden Reservierungen am Telefon nicht entgegengenommen. Die Vorverkaufsgebühr *(prevendita)* beträgt in der Regel ungefähr 10 Prozent.

Theaterkarten kosten ab 16 Euro aufwärts; für große Namen muss man mit einem Preis bis zum Fünffachen rechnen. Karten für Pop-Konzerte gibt es in den auf den Plakaten angegebenen Plattenläden und Musikgeschäften.

Karten für klassische Konzerte werden in Italien meist erst am Tag selbst gekauft, Karten für die Oper dagegen Wochen im Voraus. Karten gibt es an den Kassen der entsprechenden Häuser oder im Internet. Der Kartenschalter des **Teatro Goldoni** ist zwischen 9.30 und 12.30 Uhr sowie 16 und 18 Uhr geöffnet.

Das vergoldete Innere des Teatro La Fenice *(siehe S. 93)*

Kino und Filmfestival

Es gibt vier Kinos in Venedig, in denen synchronisierte ausländische Filme laufen, im **Multisala Astra** und im **Giorgione Movie d'Essay** zeigt man auch Kunstfilme. Das aktuelle Kinoprogramm finden Sie in *Il Gazzettino*.

Die »Mostra«, das Filmfestival von Venedig, existiert seit 1932 und gehört zu den führenden Filmfestivals der Welt. Sie findet jährlich von Ende August bis September statt. Gezeigt werden die für das Festival nominierten Filme im **Palazzo del Cinema** am Lido, aber auch in den anderen Kinos in Venedig; Karten gibt es am Tag der jeweiligen Vorstellung an den Kinokassen. Das Programm ist unter www.labiennale.org/it/cinema zu finden, man kann sich aber auch ein Programmheft besorgen oder eines der vielen Festivalplakate studieren.

Singender Gondoliere auf dem Canal Grande

Musik und Theater

Wie viele italienische Städte nutzt auch Venedig zahlreiche Kirchen als Konzerthäuser. La Pietà *(siehe S. 112)* war Vivaldis Kirche; hier werden ebenso wie in der Frari-Kirche *(siehe S. 102f)* und in Santo Stefano *(siehe S. 93)* Konzerte gegeben. In der Scuola di San Giovanni Evangelista *(siehe S. 104)* und im Palazzo Prigioni Vecchie, dem alten Gefängnis neben dem Dogenpalast *(siehe S. 84–89)*, finden ebenfalls Konzerte statt, im Sommer auch im Hof des Dogenpalasts.

Eine Freiluftveranstaltung im Hof des Dogenpalasts

Die Oper von Venedig galt lange als eine der besten im Land, und das Ende 2003 mit einem Konzert wiedereröffnete **Teatro La Fenice** *(siehe S. 93)* ist sicherlich eines der schönsten Opernhäuser der Welt. La Fenice teilt sich die Oper- und Konzertsaison mit dem **Teatro Malibran**, in dem auch Ballettaufführungen zu sehen sind.

Das wichtigste Schauspielhaus ist das **Teatro Goldoni**, dessen Repertoire sich hauptsächlich auf die Werke des großen Dramatikers Carlo Goldoni (1707–1793) konzentriert. Spielzeit ist von November bis Juni.

Während des Karnevals im Februar *(siehe S. 30f)* versammeln sich viele Menschen in fantastischen Kostümen auf den Straßen. Daneben finden in dieser Zeit zahlreiche kulturelle Veranstaltungen statt. In den Theatern, auf den Straßen und auf den *campi* wird ein einmaliges Schauspiel geboten.

Behinderte Besucher

Viele Veranstaltungsorte in Venedig sind für Rollstuhlfahrer schwer oder gar nicht zugänglich. Ausnahmen bilden die Kirchen, in denen Konzerte stattfinden, sowie die Theater PalaFenice und Teatro Malibran, die einen barrierefreien Zutritt ermöglichen, wenn Sie eine Woche im Voraus Bescheid geben (Fax 041 78 650). Weitere Hinweise finden behinderte Reisende auf Seite 261.

Prächtige Masken im Karneval *(siehe S. 30f)*

DIE BIENNALE UND ANDERE AUSSTELLUNGEN

MIT ZAHLLOSEN Ausstellungen ist Venedig zweifellos ein Ort der Kunst und der Künstler. Die Stadt bietet hervorragende Räumlichkeiten dafür, darunter den Dogenpalast, das Museo Correr, den Palazzo Grassi, den Palazzo Querini-Stampalia, die Collezione Peggy Guggenheim und die Fondazione Cini. Informationen finden Sie in *Un Ospite di Venezia*, im Fremdenverkehrsamt sowie auf Plakaten.

Eine der größten und besten Ausstellungen ist die alle zwei Jahre von Juni bis September stattfindende Biennale. Zum ersten Mal fand sie 1895 statt (nächste Termine: 2007, 2009). Der Hauptschauplatz sind die Giardini Pubblici *(siehe S. 121)* mit verschiedenen Pavillons, in denen die teilnehmenden Länder ausstellen. Teilausstellungen, die sich weniger bekannten Künstlern widmen, findet man in der Stadt, darunter auch in der alten Seilfabrik im Arsenale *(siehe S. 119)* und in den Salzspeichern (Zattere). Zur Biennale gehören auch Architektur-, Theater-, Tanz- und Musikfestivals.

Ausstellung von Larry Rivers während der Biennale 1993

KASINOS, DISKOS UND NACHTKLUBS

VENEDIG VERFÜGT über ein herrliches städtisches Winterkasino. Es ist im **Palazzo Vendramin-Calergi** am Canal Grande untergebracht *(siehe S. 61)*, sodass man in der Gondel bis zum Eingang gleiten kann. Im Sommer fährt man dagegen am besten mit dem *vaporetto* zum **Palazzo del Casino** am Lido.

Antico Martini ist der bekannteste Nachtklub. Hier wird bis zwei Uhr morgens Live-Musik in angenehmer Atmosphäre geboten, ebenso im **Paradiso Perduto** in Cannaregio. Diskos findet man in Venedig nur wenige. Versuchen Sie es im **Piccolo Mondo** nahe der Accademia, im **Casanova** in der Nähe des Bahnhofs oder auf dem Festland in Mestre. Aufgeführt sind sie in *Il Gazzettino* unter *Spettacoli*.

SPORT UND KINDER

VIELE Bewohner Venedigs sind begeisterte Ruderer und Segler, über Sportvereine informiert das Fremdenverkehrsamt. Die meisten anderen Sportarten werden auf dem Lido betrieben, darunter Reiten, Schwimmen, Fahrradfahren, Golf und Tennis.

Venedig selbst bietet wenig für die ganz Kleinen, attraktiver ist das Festland. Besonders am Gardasee kommen Kinder auf ihre Kosten *(siehe S. 204f)*.

Riesiger Drachen im Vergnügungspark Gardaland am Gardasee *(siehe S.205)*

MUSIK UND THEATER IN VERONA

VERONA HAT zwei herrliche Veranstaltungsorte für Musik und Theater: die eindrucksvolle Arena *(siehe S. 195)* und das Teatro Romano aus dem 1. Jahrhundert *(siehe S. 202)*, am anderen Ufer der Etsch gelegen. Im Sommer werden die Arena und das Teatro zu Freiluftbühnen.

In der Arena finden sowohl Rockkonzerte als auch Opernaufführungen statt. Das Teatro Romano bietet Ballett- und Schauspielaufführungen, darunter auch ein Shakespeare-Festival in italienischer Sprache. Karten für das Teatro Romano gibt es per Post oder an der Kasse der Arena. Einige Darbietungen sind kostenlos. Aktuelle Veranstaltungshinweise finden Sie in der Zeitung *L'Arena* oder unter www.arena.it

Placido Domingo beim Festival in Verona

OPER IN VERONA

EINE OPERNAUFFÜHRUNG in der herrlichen Freiluftarena von Verona ist für jeden Besucher ein eindrucksvolles Erlebnis. Echte Opernfans seien an dieser Stelle allerdings vorsorglich gewarnt, denn hier gibt es »Oper für alle«, das bedeutet: nicht immer perfekte Akustik, ein teils lautes Publikum und sogar lärmende Kinder ohne das nötige Sitzfleisch. Die Opernsaison dauert von Anfang Juli bis Anfang September. Jedes Jahr wird in großartiger Ausstattung Verdis *Aida* aufgeführt.

Die Vorstellungen beginnen um 21 Uhr, fast jeder ersteht eine kleine Kerze, die überall zum Verkauf angeboten werden. Zehn Minuten vor Beginn verwandelt sich dann die ganze Arena in ein atemberaubendes Lichtermeer.

In der Regel gibt es zwei Pausen während der Vorstellung, in denen mitgebrachte Speisen oder gekaufte *panini* und Eis verzehrt werden. Getränke in Glasflaschen

Verdis Oper *Aida* vor der grandiosen Kulisse der Arena von Verona

dürfen nicht mitgebracht werden, Plastikbehälter dagegen sind erlaubt. Die wenigen Toiletten sind während der Pausen natürlich überfüllt.

Die Karten sind, wie nicht anders zu erwarten, vergleichsweise teuer, allerdings gibt es auch Ermäßigungen. Ein nicht reservierter, nicht nummerierter Platz auf den Steinstufen *(gradinata)* kostet zwischen 10 und 26,50 Euro, Plätze mit Armlehnen *(poltrone)*, zwischen 114 und 179 Euro, dazwischen liegen nummerierte Plätze auf den Stufen. Sollten Sie sich für einen billigen Platz entschließen, ist es ratsam, zwei Stunden vor Beginn der Vorstellung an Ort und Stelle zu sein. Wählen Sie Ihren Platz weder ganz unten noch ganz oben, sondern ungefähr in der Mitte, wo die Akustik am besten ist.

Für drei Euro kann man ein Sitzkissen mieten. *Poltrone*-Plätze sind zwar bequemer, aber je weiter unten man sitzt, desto stickiger wird die Luft; auch die Sicht ist hier nicht optimal. Die Entscheidung zwischen Bequemlichkeit und dem Blick aus der Vogelperspektive, liegt bei Ihnen. Sofern Sie nicht auf den teuersten Plätzen unter der italienischen High Society sitzen, brauchen Sie sich nicht besonders in Schale zu werfen.

Sorgen Sie rechtzeitig für eine geeignete Unterkunft, da Veronas Hotels zur Opernsaison oft ausgebucht sind.

AUF EINEN BLICK

MUSIK, THEATER

Teatro La Fenice
Campo San Fantin, San Fantin 1965.
☎ *041 24 24.*
W www.teatrolafenice.it

Teatro Goldoni
Calle Goldoni, San Marco 4650/b. **Stadtplan** 7 A2.
☎ *041 240 20 11.* W www.teatrostabileveneto.it/goldoni.htm

Teatro Malibran
Corte del Milion, San Marco.
Stadtplan 7 B1.
☎ *041 24 24.*
W www.teatrolafenice.it

KINOS

Giorgione Movie d'Essai
Rio Terra dei Franceschi, Cannaregio 4612.
Stadtplan 7 A2.
☎ *041 522 62 98.*

Multisala Astra
Via Corfù, Lido.
☎ *041 526 57 36.*

Palazzo del Cinema
Lungomare G. Marconi, Lido. ☎ *041 272 65 01.*

KASINOS, DISKOS UND NACHTKLUBS

Antico Martini
Campo San Fantin, San Marco 1980. **Stadtplan** 7 A2. ☎ *041 522 41 21.*

Casanova
Lista di Spagna, Cannaregio 158/A. **Stadtplan** 1 C4. ☎ *041 275 01 99.*

Palazzo Vendramin-Calergi
Strada Nuova, Cannaregio 2040.
☎ *041 529 71 11.*

Paradiso Perduto
Fondamenta della Misericordia, Cannaregio 2540.
Stadtplan 1 C4.
☎ *041 72 05 81.*

Piccolo Mondo
Calle Corfù, Dorsoduro 1056/A. **Stadtplan** 6 E3.
☎ *041 520 03 71*

SPORT

Fahrradverleih
Bruno Lazzari
21/B Gran Viale, Lido.
☎ *041 526 80 19.*

Golf
Alberoni
Lido.
☎ *041 73 10 15.* W www.circologolfvenezia.it

Ruderbootverleih
Canottieri Bucintoro
Punta Dogana, Dorsoduro 15. **Stadtplan** 7 B4.
☎ *041 520 56 30.*
W www.bucintoro.org

Tennis
Tennis Club Venezia
Lungomare G. Marconi 41/d, Lido.
☎ *041 526 03 35.*

OPER IN VERONA

Theaterkasse
ENTE Arena
Piazza Brà 28, 37121 Verona. ☎ *045 800 51 51.*
FAX *045 801 32 87.*
W www.arena.it

Kartenvorverkauf
Vertours
Galleria Pelliciai 11, 37121 Verona. ☎ *045 929 82 00.*
FAX *045 59 57 48.*
W www.vertours.com

GRUND-INFORMATIONEN

Praktische Hinweise

Der schier unerschöpfliche Reichtum an Kunst und Architektur in Venedig sowie in Padua, Verona und Vicenza ist einzigartig und während einer Reise kaum zu bewältigen. Sie sollten sich Sehenswürdigkeiten für den Vormittag vornehmen, wenn sie mit größter Wahrscheinlichkeit auch zu besichtigen sind, sich über Mittag wie die Italiener ausruhen und sich erst am Spätnachmittag dem Shopping oder dem Besuch von Kirchen widmen. Die wechselnden Öffnungszeiten von Museen sowie der Umstand, dass so manche Stätte entweder ganz oder teilweise wegen Renovierung geschlossen ist, kann entmutigen. Vor allem in Venedig, wo unvorhergesehene Hinweisschilder *Chuiso per restauro* (»Wegen Renovierung geschlossen«) keine Seltenheit sind, tut man gut daran, sich vorher zu erkundigen. Alle bedeutenden Sehenswürdigkeiten sind zu Fuß oder auf dem Wasserweg erreichbar.

ITALIA
ENTE NAZIONALE ITALIANO PER IL TURISMO

Logo des Fremdenverkehrsamts

Besucher auf dem weißen Ponte della Paglia

Informationen

Die meisten Städte im Veneto verfügen über ein Fremdenverkehrsamt, in der Hauptsaison haben in Verona und Padua sogar jeweils zwei offen. In kleineren Städten bekommt man kaum mehr als einen farbigen Prospekt, in Verona dagegen eine kostenlose Broschüre mit dem Titel *Agenda di Verona*, in der viele nützliche Informationen enthalten sind. Auch Reisebüros informieren über Veranstaltungen und Besichtigungstouren. In Venedig bekommt der Besucher alles, was er braucht, bei den Fremdenverkehrsämtern und in Hotels, etwa Broschüren zu Veranstaltungen *(siehe S. 32–35)*. Informationen vor Reiseantritt erteilt der Italienische Fremdenverkehrsverband **ENIT** oder die **Azienda di Promozione Turistica di Venezia**. Auch beim **Forum per la Laguna** erhält man Informationen über Venedig und Umgebung.

Infos für Besucher

Führungen

Wie in allen größeren Städten gibt es auch in Venedig deutschsprachige Führungen; sie dauern zwischen einer und drei Stunden. In den örtlichen Informationsbüros erfährt man, wo sie zu buchen sind. In Verona und Padua bietet das Fremdenverkehrsamt im Sommer halbtägige Führungen an. Bootsfahrten auf dem Brenta-Kanal *(siehe S. 182f)* zwischen Venedig und Padua gibt es von März bis Ende Oktober. **Venice Events** bietet täglich Touren von Venedig ins Veneto sowie Wanderungen in den Dolomiten an.

Museen und Denkmäler

Die Öffnungszeiten von Museen, Galerien und Palästen ändern sich häufig; besorgen Sie sich beim örtlichen Fremdenverkehrsamt eine aktuelle Liste oder die kostenlosen Broschüren *Leo Bussola* oder *Un Ospite di Venezia*. Städtische Museen sind montags geschlossen, alles andere wird individuell gehandhabt. Viele Gebäude haben nur bis 13 oder 14 Uhr geöffnet. In den meisten Museen ist Eintritt zu entrichten, Ermäßigung gibt es für Kinder, Studenten und manchmal für Senioren. Mit der **MuseumCard** erhalten Sie bei vielen staatlichen Museen ermäßigten Eintritt, in Verona ist die **VeronaCard** zu empfehlen. Kirchen sind meist von 9 bis 12 Uhr und nachmittags bis 18 oder 19 Uhr offen.

Broschüren des Fremdenverkehrsamts

Mechanisch betriebene Rollstuhlrampe über eine Brücke

Behinderte Reisende

Die zahlreichen Brücken mit ihren Stufen sind für Behinderte kaum zu bewältigen, schon Eltern mit Kinderwagen haben es mit solchen Hürden sehr schwer. Ein weiteres Problem stellen die *vaporetti* und die kleineren *motoscafi* dar.

Hilfreich ist auf jeden Fall der Stadtplan, der vom Fremdenverkehrsamt herausgegeben wird. Hier sind die wenigen Sehenswürdigkeiten markiert, die von Behinderten ohne Probleme besucht werden können. Außerdem ist eingetragen, wie sie mit *vaporetto* und unter Vermeidung von Brücken zu erreichen sind. Einige wichtige Brücken sind inzwischen mit mechanischen Rampen ausgestattet. Den Schlüssel dazu muss man sich im Fremdenverkehrsbüro besorgen.

Das Hotelverzeichnis des Fremdenverkehrsamts von Venedig gibt Hinweise auf behindertengerechte Hotels.

Verhaltenshinweise

Alle noch so kleinen Anstrengungen, ein wenig Italienisch zu sprechen, werden freundlich registriert. Hotelangestellte sprechen in der Regel Deutsch oder Englisch und holen auf Nachfragen auch Informationen für den Gast ein.

Um unnötiges Aufsehen zu vermeiden, sollten Sie sich, vor allem in Kirchen, dem guten Geschmack entsprechend kleiden. Vermeiden Sie lärmendes Benehmen in der Öffentlichkeit. In allen öffentlichen Einrichtungen und auch in Lokalen herrscht absolutes Rauchverbot.

Kirchenbesichtigung

Nackte Schultern und kurze Hosen sind auf keinen Fall angebracht, wer so angezogen ist, muss möglicherweise draußen bleiben. Im Inneren ist es meist sehr dunkel, Bilder und Gemälde können jedoch durch Einwurf einer Münze beleuchtet werden. Münzgeld sollte man immer dabeihaben.

Die Ausführungen zu Kirchen und Kunstschätzen auf den Audio-Führern sind leider oft schwer verständlich. Der Besuch der Kirchen ist kostenlos, Spenden sind allerdings stets willkommen. Fotografieren ist meist verboten.

Einkaufsbummel in Verona

Trinkgeld

Als angemessenes Trinkgeld für Portiers, Zimmermädchen, Kellner und Mesner in Kirchen gelten ein paar Euro. Taxifahrer und Gondolieri erwarten kein Trinkgeld, gern gesehen ist es dennoch.

Toiletten

Es gibt nur wenige öffentliche Toiletten im Veneto, Venedig ist besser ausgestattet. Sie sind ausgeschildert und kosten 50 Cent. Sie können auch die Toiletten im Bahnhof, in Cafés, Bars und Museen benutzen. Fragen Sie nach *il bagno* oder *il gabinetto*. Für alle Fälle sollten Sie immer etwas Toilettenpapier bei sich haben.

Auf einen Blick

Agenzia Bucintoro & Viaggi
Campo San Luca, San Marco 4267/c, Venezia. **Stadtplan** 7 A2. *041 521 06 32.*
W www.bucintoroviaggi.com

Azienda di Promozione Turistica di Venezia
Castello 5050, Venezia. **Stadtplan** 8 D1. *041 529 87 11.*

Forum per la Laguna
Fondamenta San Giacomo Giudecca 212/C, Venezia. **Stadtplan** 6 F3.
041 521 28 30.

ENIT Deutschland, Österreich, Schweiz
Siehe S. 224.

APT Venedig
Castello 5050. **Stadtplan** 8 D1. *041 529 87 11.*
W www.turismovenezia.it

Uffici Informazioni
Palazzina Selva, Giardinetti Reali, Venezia. **Stadtplan** 7 B3. *041 529 87 11.*
W www.turismovenezia.it

Ferrovia Santa Lucia, Venezia. **Stadtplan** 1 B4.
041 529 87 27.

Piazza San Marco 71, Venezia. **Stadtplan** 7 B2.
041 529 87 40.

Flughafen Marco Polo.
041 524 15 87.

Piazzale Roma, Venezia. **Stadtplan** 5 B1.
041 241 14 99.

Gran Viale 6, Lido, Venezia.
041 526 57 21.
nur im Sommer.

Via Degli Alpini 9, Verona.
045 806 86 80.
W www.tourism.verona.it

Piazzale della Stazione, Padua.
049 875 20 77.
W www.turismopadova.it

Piazza Duomo 5, Vicenza.
0444 54 41 22.
W www.vicenzanews.it

Venice Events
Frezzaria, San Marco 1827, Venezia. **Stadtplan** 7 A2.
041 523 99 79.
W www.veniceevents.com

Studenten genießen das sonnige Verona

Einreise und Zoll

Bürger der EU und der Schweiz brauchen zur Einreise und für einen Aufenthalt von bis zu drei Monaten nur einen gültigen Personalausweis oder Pass.

Wer länger als drei Monate bleiben will, muss sich (oft mit erheblichem bürokratischem Aufwand) bei einer größeren Polizeistation *(questura di provincia)* eine Aufenthaltsgenehmigung *(permesso di soggiorno)* besorgen. Je nach Grund des Aufenthalts müssen Sie entweder eine Arbeits- *(lavoro)* oder Studienerlaubnis *(studio)* beantragen. Erforderlich sind ein schriftlicher Antrag *(domanda)*, Passfotos und Kopien Ihres Passes. Zusätzlich zur Arbeitsgenehmigung brauchen Sie eine Bestätigung Ihres Arbeitsverhältnisses in Italien oder einen Nachweis der finanziellen Absicherung.

Zwischen den EU-Staaten gibt es keinerlei Beschränkungen mehr hinsichtlich mehrwertsteuer- bzw. zollpflichtiger Waren, sofern diese für den persönlichen Gebrauch bestimmt sind. Wenn mitgeführte Warenmengen die festgelegten Grenzen überschreiten, muss unter Umständen bei der Ausreise der persönliche Gebrauch dieser Waren nachgewiesen werden. Als übliche Mengen gelten: zehn Liter Spirituosen mit mehr als 22 Prozent Alkohol, 90 Liter Wein oder 110 Liter Bier sowie 800 Zigaretten. Die Einfuhr gefährlicher Waren wie Waffen oder Drogen ist verboten.

Hinweise für Studenten

Wenn Sie sich um eine Studienerlaubnis bewerben, benötigen Sie einen Brief Ihrer Schule oder Universität, die Ihren Studiengang näher beschreibt. Senden Sie diesen Brief an das Italienische Konsulat in Ihrem Heimatland, um von dort einen Begleitbrief oder eine Erklärung zu erhalten. Sie brauchen überdies eine Garantie, dass bei Unfall oder Krankheit Ihre anfallenden Arztrechnungen bezahlt werden. Eine Krankenversicherung im Heimatland ist dafür ausreichend.

Die nationale Reisegesellschaft für Studenten **CTS** mit Sitz in Rom hat in vielen Ländern Europas Zweigstellen. Hier erhalten Sie auch einen Internationalen Studentenausweis (ISIC). Zusammen mit einem Personalausweis bekommen Sie damit Ermäßigungen in Museen und anderen Sehenswürdigkeiten. CTS bietet auch preiswerte Mietwagen an und organisiert Reisen und Kurse.

Die **Rolling Venice Card** für 14- bis 29-jährige Besucher ermöglicht Ermäßigungen bei Fahrkarten, Unterkunft und Essen sowie in Museen, für viele andere Sehenswürdigkeiten und eine Reihe von Veranstaltungen.

Bildungs- und Sprachreisen

Die **Società Dante Alighieri**, das **Istituto Venezia** und das **Centro Linguistico dell'Università di Venezia** bieten Sprachkurse für Ausländer an. Im Istituto Linguistico Bertrand Russell in Padua kann man das ganze Jahr über Italienischkurse verschiedener Leistungsstufen belegen.

Die **Scuola Internazionale di Grafica** in Venedig veranstaltet in den Sommermonaten Mal-, Zeichen- und Druckkurse, die in der Regel eine Woche dauern.

Zeitungskiosk mit italienischen und ausländischen Publikationen

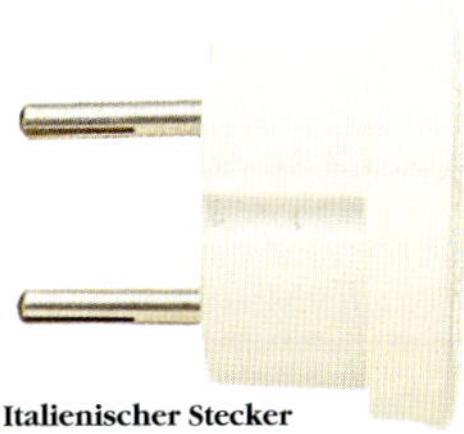

Italienischer Stecker

ZEITUNGEN, RADIO UND FERNSEHEN

IN VENEDIG erscheinen die Tageszeitungen *Il Gazzettino* und *La Nuova Venezia*, viel gelesene Tageszeitungen sind auch *La Repubblica* und *Il Messagero*. Zeitungen erscheinen normalerweise von Dienstag bis Sonntag, montags gibt es keine. Deutschsprachige Zeitungen und Magazine sind meist einen Tag nach Erscheinen an den größeren Kiosken erhältlich.

Das staatliche Fernsehen RAI sendet über RAI Uno, Due und Tre, aber in vielen Hotels sind via Kabel oder Satellit zahlreiche italienische Privatsender sowie andere europäische Sender zu empfangen. Rundfunksender in italienischer Sprache finden Sie auf UKW, die Deutsche Welle ist auf Kurzwelle zu empfangen.

Die Uhr von San Giacomo di Rialto in San Polo, Venedig

STROM

DIE NETZSPANNUNG in Italien beträgt 230 V, alle gängigen Flachstecker passen.

ZEIT

IN GANZ ITALIEN gilt die Mitteleuropäische Zeit (MEZ), zwischen Ende März und Ende Oktober die Mitteleuropäische Sommerzeit (MESZ).

BOTSCHAFTEN UND KONSULATE

FALLS SIE IHREN Pass verloren haben oder Hilfe in Notsituationen brauchen, wenden Sie sich an Ihr Konsulat in Venedig, das für die Provinzen Belluno, Treviso, Venezia und Padova zuständig ist. In sehr dringenden Fällen wird Ihnen auch die Botschaft Ihres Landes in Rom weiterhelfen.

AUF EINEN BLICK

POLIZEI (QUESTURA)

Venedig
Santa Croce 500.
☎ *041 271 55 11.*

Vicenza
Viale Mazzini 213.
☎ *0444 33 75 11.*

Padua
Via Riviera Ruzante 9/11.
☎ *049 83 31 11.*

Verona
Lungadige Galtarossa 11.
☎ *045 809 06 11.*

INFORMATIONEN FÜR STUDENTEN

Comune di Venezia
San Marco 1529, Venezia.
Stadtplan 7 A3.
☎ *041 274 76 45.*
W www.comune.venezia.it/citta.htm

CTS
Calle Foscari, Dorsoduro 3252, Venezia.
Stadtplan 6 D2.
☎ *041 520 56 60.*

Ufficio Informativo Rolling Venice
Ferrovia-Scalzi, Venezia. **Stadtplan** 1 B4.
☎ *041 524 29 04.*
◯ *8–23 Uhr.*

BILDUNGS- UND SPRACHREISEN

Europäisches Ausbildungszentrum für Handwerker im Denkmalschutz
Isola di San Servolo, 30100 Venezia.
☎ *041 526 85 46.*

Istituto Linguistico Bertrand Russell
Via Filiberto 6, 35122 Padua. ☎ *049 65 40 51.*

Istituto Venezia
Campo Santa Margherita, Dorsoduro 3116/A, Venezia. **Stadtplan** 6 D2.
☎ *041 522 43 31.*

Società Dante Alighieri
c/o Istituto Tecnico Commerciale Paolo Sarpi Fondamenta S. Giustina, Castello 8221, Venezia.
Stadtplan 4 D5.
☎ *041 528 91 27.*

Scuola Internazionale di Grafica
Calle del Cristo, Cannaregio 1798, Venezia. **Stadtplan** 2 E4.
☎ *041 72 19 50.*
W www.scuolagrafica.it

Centro Linguistico dell'Università di Venezia
Palazzo Bonvicini, S. Croce 2161, Venezia.
☎ *041 234 97 11.*

NICHT-KATHOLISCHE GOTTESDIENSTE

Evangelisch
Chiesa Evangelica Luterana, Campo Santi Apostoli, Cannaregio 4448, Venezia. **Stadtplan** 3 B5.
☎ *041 522 71 49.*

Griechisch-orthodox
Griechisch-orthodoxe Kirche, Ponte dei Greci Castello 3412, Venezia.
Stadtplan 8 D2.
☎ *041 523 95 69.*

Jüdisch
Sinagoga, Ghetto Vecchio Cannaregio, Venezia.
Stadtplan 2 D3.
☎ *041 71 53 59.*

BOTSCHAFTEN UND KONSULATE

Deutschland
Honorarkonsulat
Campo S. Angelo, San Marco 3816, Venezia.
☎ *041 523 76 75.*
Botschaft
Via San Martino della Battaglia 4, 00185 Roma.
☎ *06 49 21 31.*
W www.rom.diplo.de

Österreich
Honorarkonsulat
Palazzo Condulmer, Santa Croce 251, 30135 Venezia.
☎ *041 524 05 56.*
Botschaft
Via Pergolesi 3, 00198 Roma. ☎ *06 844 01 41.*
W www.austria.it

Schweiz
Konsulat
Campo Sant'Agnese, Dorsoduro 810, Venezia.
☎ *041 522 59 96.*
Botschaft
Via Barnaba Oriani 61, 00197 Roma.
☎ *06 80 95 71.* W www.eda.admin.ch/roma

Stadtplan siehe Seiten 280–293

Sicherheit und Notfälle

In Venedig können Sie sich sicher fühlen. Kapitalverbrechen sind selten und selbst Bagatelldelikte im Vergleich zu anderen Großstädten rar. Dennoch kann es nicht schaden, Sorgfalt und Vorsicht walten zu lassen, denn keine Stadt ist ganz frei von Taschendieben. Wertsachen und wichtige Papiere sollten Sie nach Möglichkeit im Hotelsafe lassen und nur so viel Bargeld wie unbedingt nötig bei sich tragen. Sorgen Sie schon vor dem Urlaub in Ihrem Heimatland für ausreichenden Versicherungsschutz, denn ihn nachträglich in Italien zu erlangen, ist nicht mehr so einfach.

Venedig bei Nacht, nicht immer gut beleuchtet, aber sicher

Wertsachen

Wer auf Nummer sicher gehen will, führt wenig Bargeld, dafür Kreditkarten und eventuell Reiseschecks mit sich. Ihre verschiedenen Geldkarten sollten Sie nicht gebündelt, sondern getrennt aufbewahren. Von allen wichtigen Papieren sollten Sie Fotokopien machen.

Seien Sie vor allem auf Bahnhöfen, Märkten und in Bussen vor Taschendieben auf der Hut. Achten Sie in Venedig vor allem an den Haltestellen der *vaporetti* und wenn sich die Menge auf das Boot drängt auf Ihre Wertsachen.

Sollten Sie mit dem Auto fahren, dürfen Sie nie Wertgegenstände sichtbar im Auto liegen lassen und das Auto auf keinen Fall unverschlossen stehen lassen. Ausländische und gemietete Kraftfahrzeuge werden von Autodieben bevorzugt.

Persönliche Sicherheit

Auch bei Nacht ist ein Bummel durch Venedigs Straßen ungefährlich. Hier gibt es keinen Rotlichtbezirk oder eine andere Gegend, die als bedenklich gilt. Alleinreisenden Frauen drohen nicht viel mehr als die schmachtenden Blicke der italienischen Männer. In kleineren Städten und auf dem Land erregen alleinreisende Frauen eher Aufsehen.

Hüten Sie sich vor nicht zugelassenen Taxis, die fast nie versichert und immer überteuert sind; Flughäfen sind ihre bevorzugten Standorte. Zugelassene Taxis erkennt man an der gut sichtbaren Zulassungsnummer *(siehe S. 278)*.

Polizei

Die städtische Polizei *(vigili urbani)* regelt den Verkehr und sorgt in jeder Hinsicht für die Einhaltung des Gesetzes. Ihre Uniformen sind im Winter blau, im Sommer weiß. Die *carabinieri* mit ihren rotgestreiften Hosen gehören der bewaffneten Militärpolizei an. *La polizia*, die Staatspolizei, trägt blaue Uniformen, dazu weiße Gürtel und Mützen; sie befasst sich mit schweren Verbrechen.

Sollten Sie beraubt werden, muss Ihr erster Weg der zur nächsten Polizeistation sein *(polizia* oder *carabinieri)*, um den Vorgall zu melden. Im Fall ernster Verständigungsschwierigkeiten können Sie sich an Ihr Konsulat wenden *(siehe S. 263)*, ebenso beim Verlust oder Diebstahl von Pass oder Personalausweis.

Auf einen Blick

Wichtige Notrufnummern

Allgemeiner Notruf
113.

Ärztlicher Notdienst, Ambulanz
118.

Automobile Club d'Italia
116.
Abschleppdienst.

Feuerwehr
115.

Polizei (Carabinieri)
112.

Verkehrspolizei

Venedig
041 274 70 70.

Verona
045 807 84 11.

Padua
049 820 51 00.

Vicenza
0444 54 53 11.

Medizinische Vorsorge

Versicherte gesetzlicher Krankenkassen haben in Italien Anspruch auf kostenlose ärztliche Behandlung bei

Venezianische Polizisten an der Riva degli Schiavoni

Vertragsärzten und in öffentlichen Krankenhäusern. Es macht die Abwicklung leichter, wenn Sie die Europäische Krankenversicherungskarte (EHIC) vorlegen. Privat Versicherte erhalten die Rechnung im Regelfall problemlos von ihrer Versicherung erstattet.

Wer auf Medikamente angewiesen ist, sollte diese in ausreichenden Mengen mit sich führen.

Im Sommer ist es ratsam, Sonnencreme und ein Mittel gegen Mücken im Gepäck zu haben, denn gerade in Wassernähe können sie zur Plage werden. In Apotheken bekommt man ein elektrisches Gerät, das die Insekten aus dem Zimmer vertreiben soll; die Wirksamkeit ist allerdings fragwürdig. Das Leitungswasser ist zwar trinkbar, die Einheimischen bevorzugen trotzdem Mineralwasser, entweder still *(naturale)* oder mit Kohlensäure *(con gas)*.

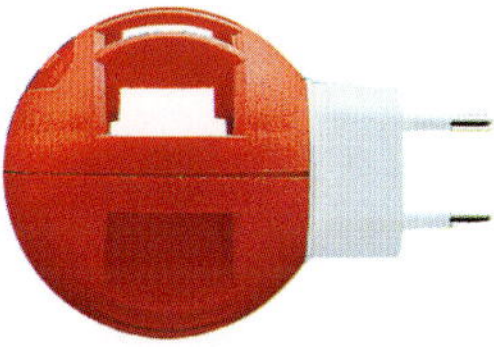

Elektrisches Anti-Insektengerät

Medizinische Versorgung

Medizinische Versorgung finden Sie im Notfall am ehesten in der Ambulanz *Pronto Soccorso* der öffentlichen Krankenhäuser, in denen jedoch oftmals mit Wartezeiten zu rechnen ist. Sollten Sie einen Arzt in seiner Praxis aufsuchen wollen, ist Ihnen sicherlich Ihr Hotel behilflich, einen zu finden, der unter Umständen auch Deutsch spricht. Ansonsten schaut man im Telefonbuch unter *Medici* nach. Im Falle einer bereits im Heimatland diagnostizierten Krankheit, die mit Medikamenten behandelt wird, ist es ratsam, einen Brief – vorzugsweise ins Italienische übersetzt – des Hausarztes dabeizuhaben. Hilfe im Notfall finden Sie auch in den Erste-Hilfe-Stationen der Bahnhöfe und Flughäfen.

Apothekenschild

Zahnärztliche Behandlung ist in Italien relativ teuer. Fragen Sie auch hier an der Hotelrezeption um Rat, oder suchen Sie im Telefonbuch unter der Rubrik *Dentisti medici chirurghi*.

Aus versicherungstechnischen Gründen sollten Sie alle Rezepte und Belege, die Sie im Krankheitsfall in Italien erhalten, aufbewahren.

Italienische Apotheken haben in der Regel im Sommer Montag bis Freitag von 8.30 bis 12.30 Uhr und von 16 bis 20 Uhr geöffnet, am Samstag von 9 bis 12 Uhr. Im Winter ist mit kürzeren Öffnungszeiten zu rechnen. In jeder Stadt gibt es eine Notdienstapotheke, die rund um die Uhr und auch am Sonntag geöffnet hat. Das Verzeichnis der Notdienstapotheken findet man an den Türen aller Apotheken, aber auch in der Broschüre *Un Ospite di Venezia*.

In der Regel können bei kleineren Beschwerden schon Apotheker weiterhelfen, sodass man sich einen Besuch beim Arzt durchaus sparen kann. Italienische Apotheker dürfen bestimmte Medikamente auch ohne ein Rezept des Arztes ausgeben. Viele Apotheken führen statt der internationalen Medikamente gleichwertige italienische. Auf einige Medikamente kann man leider oft auch im Urlaub nicht verzichten: Aspirin heißt auf italienisch *aspirina*, Abführmittel *lassativo* und ein leichtes Beruhigungsmittel *tranquillante*.

Auf einen Blick

Krankenhaus Venedig
Ospedale Civile,
Campo Santi Giovanni e Paolo.
Stadtplan 3 C5.
041 529 45 16.

Krankenhaus Verona
Ospedale Borgo Trento,
Piazzale Stefani 1.
045 807 11 11.

Krankenhaus Padua
Ospedale Civile,
Via Giustiniani 2.
049 821 11 11.

Krankenhaus Vicenza
Ospedale di Vicenza,
Via Rodolfi 37.
0444 99 31 11.

Fundbüros
Ferrovia Santa Lucia, Venedig.
Stadtplan 1 B4.
041 78 52 38.

Bahnhof Verona.
045 802 38 27.

Bahnhof Padua.
049 822 43 86.

Kreditkartenverlust
Allgemeine Notrufnummer
0049 116 116.

American Express
800 87 43 33 oder
0049 69 9797 1000.

Diners Club
800 86 40 64 oder
0049 69 661 661 23.

MasterCard
800 87 08 66.

Visa
800 81 90 14.

Maestro-/ec-Karte
0049 69 74 09 87.

Reisescheckverlust
American Express
800 91 49 12.

Thomas Cook
800 87 20 50.

Ein Krankenboot auf dem Canal Grande

Banken und Währung

Wer aus Deutschland oder Österreich ins Veneto fährt, muss seit der Einführung des Euro weder viel Bargeld mit sich führen noch sich mit Geldwechsel oder Reiseschecks belasten. Größere Summen können überall mit Kreditkarte bezahlt werden, Geldautomaten machen es leicht, sich das nötige Bargeld nach Bedarf zu beschaffen. Um Geld zu wechseln oder Reiseschecks einzulösen, muss man sich ausweisen.

Geldautomat auch für Visa und MasterCard

Geldwechsel

Geldwechsel ist nur noch nötig, wenn Sie keine Euro besitzen. Fremde Banknoten können Sie auf allen Banken und Wechselstuben in Euro eintauschen.

Die besten Wechselkurse erhalten Sie in Banken – achten Sie auf das Zeichen *Cambio*. Hotels haben schlechtere Wechselkurse, auch wenn die Gebühren oftmals günstiger sind. American Express bietet vergleichsweise gute Wechselkurse und hat auch Samstagvormittag geöffnet.

Geldautomaten

Wenn Ihre Debitkarte das ec- oder Maestro-Zeichen trägt, können Sie jederzeit an Geldautomaten von Ihrem Konto Geld abheben (bis zu Ihrem Tageslimit, das in der Regel 500 Euro beträgt). Fast alle Maschinen akzeptieren auch Kreditkarten (vor allem Visa oder MasterCard), die allerdings mit einer PIN gekoppelt sein müssen. Die Gebühren für eine Abhebung betragen mit einer Debitkarte etwa vier Euro, dies ist jedoch von Bank zu Bank unterschiedlich. Bei Kreditkarten können die Gebühren deutlich höher sein. Informieren Sie sich vorab bei Ihrer Bank.

Kreditkarten

Die bekannten Kreditkarten (**Visa**, **MasterCard**, **American Express**, **Diners Club**) werden fast überall akzeptiert. Banken und Wechselstuben bevorzugen Visa, MasterCard wiederum wird in kleineren Läden und in Restaurants eher akzeptiert. Den Verlust Ihrer Karte(n) sollten Sie unverzüglich melden. Die Notrufnummern finden Sie auf Seite 265 dieses Buchs.

Reiseschecks

Sollten Sie mit Reiseschecks unterwegs sein, so nehmen Sie Schecks von American Express oder einer großen Bank mit. Entscheiden Sie sich am besten für auf Euro lautende Schecks. Für diese Schecks müssen Sie normalerweise ein Prozent Gebühr bezahlen. Bewahren Sie die Quittung mit den Schecknummern unbedingt getrennt auf.

Öffnungszeiten

Die meisten Banken haben montags bis freitags von 8.30 bis 13.30 Uhr und von 14.30 bis 15.30 Uhr geöffnet und sind am Wochenende und an Feiertagen geschlossen. Vor Feiertagen ist mit kürzeren Öffnungszeiten zu rechnen. Wechselstuben haben in der Regel längere Öffnungszeiten, dafür aber schlechtere Wechselkurse. Die Wechselstuben im Flughafen und am Bahnhof haben bis spätabends und in der Regel auch am Wochenende auf.

Bankverkehr

Ein Bankbesuch kostet relativ viel Zeit, denn in der Regel sind die Warteschlangen an den Schaltern lang – egal um welche Tageszeit. Um Geld zu wechseln, müssen Sie sich zunächst bei *cambio* anstellen und danach an der *cassa*, wo Sie Ihr Geld bekommen. Halten Sie für jede Transaktion Ihren Personalausweis oder Pass bereit.

Aus Sicherheitsgründen haben die meisten Banken elektronisch gesteuerte Doppeltüren. Die äußeren Türen öffnen sich auf Knopfdruck, die inneren Türen gehen erst dann auf, wenn sich die äußeren wieder geschlossen haben. Das bewirkt, dass jeweils nur eine Person die Bank betreten kann. Große

Schild der Cassa di Risparmio am Campo Manin

Taschen und metallische Gegenstände müssen oft im Vorraum in Schließfächern deponiert werden.

Mit der EU-Standard-Überweisung kann man bis zu 50 000 Euro innerhalb der EU-Länder überweisen. Dies kann unter Umständen bei der Buchung eines Hotels oder der Reservierung eines Mietautos die günstigste Art der Bezahlung sein – z. B. falls Sie Ihre Kreditkartennummer nicht angeben wollen. Für die Überweisung brauchen Sie lediglich BIC (Bank Identification Code, Bankleitzahl) und IBAN (International Bank Account Number, Kontonummer) des Empfängers. Die Gebühren für eine solche Überweisung richten sich nach der Höhe des Betrags und sind recht moderat.

Währung

Die europäische Gemeinschaftswährung Euro (€) gilt zurzeit in 13 EU-Mitgliedsstaaten: Belgien, Deutschland, Finnland, Frankreich, Griechenland, Irland, Italien, Luxemburg, Niederlande, Österreich, Portugal, Slowenien und Spanien, nicht aber in Großbritannien, Dänemark und Schweden. Alte Lira-Scheine und -Münzen sind ungültig, können jedoch bis 31.12.2012 bei der Nationalbank umgetauscht werden (www.bancaditalia.it).

Die Scheine sind einheitlich gestaltet, bei den Münzen prägt jedes Land unterschiedliche Rückseiten. Alle Münzen gelten in jedem Eurostaat. »Ausländische« Euromünzen haben sich zu beliebten Sammelobjekten entwickelt (Info: www.euro.ecb.int/de.html).

Euro-Banknoten

Euro-Banknoten gibt es in sieben Werten (5, 10, 20, 50, 100, 200 und 500 €). Die unterschiedlich großen Scheine wurden vom Österreicher Robert Kalina entworfen und zeigen Architekturelemente und Baustile verschiedener Epochen, eine Europakarte und die EU-Flagge mit den zwölf Sternen.

5-Euro-Schein (Baustil: Klassik)

10-Euro-Schein (Baustil: Romanik)

20-Euro-Schein (Baustil: Gotik)

50-Euro-Schein (Baustil: Renaissance)

100-Euro-Schein (Baustil: Barock & Rokoko)

200-Euro-Schein (Eisen- und Glasarchitektur)

500-Euro-Schein (Moderne Architektur des 20. Jahrhunderts)

2-Euro-Münze

1-Euro-Münze

50-Cent-Münze

20-Cent-Münze

10-Cent-Münze

Euromünzen

Euromünzen gibt es in acht Werten (2 €, 1 € sowie 50, 20, 10, 5, 2 und 1 Cent). Die einheitlichen Vorderseiten entwarf der Belgier Luc Luycx; die Rückseiten sind in jedem Land anders gestaltet. Auch San Marino, der Vatikanstaat und Monaco prägen eigene Münzen.

5-Cent-Münze

2-Cent-Münze

1-Cent-Münze

Telefon und Post

AUCH IM ZEITALTER der Handys findet man im Veneto noch fast an jeder Straßenecke ein öffentliches Telefon, genauso in Bars und Postämtern. In Venedig gibt es öffentliche Telefone auf den meisten Plätzen und an den Landungsstegen der *vaporetti*. Die meisten Apparate sind Kartentelefone, was dem Besucher, der ein Ferngespräch führen will, entgegenkommt.

Logo der Telefongesellschaft

TELEFONGESPRÄCHE

TELEFONÄMTER *(telefoni)* sind Einrichtungen der **Telecom Italia** (vormals SIP) und ASST. Von den Kabinen in den Telefonämtern lässt es sich am besten ins Ausland telefonieren.

Es gibt auch vermehrt Fernsprecher anderer Telefongesellschaften, deren Karten man auch in den Zeitungskiosken und Tabakläden erhält. In der Hauptpost von Venedig *(siehe S. 269)* kann man täglich bis 18.45 Uhr telefonieren.

Telefonzeichen

Leider gehen die Öffnungszeiten der Ämter nicht konform mit den Billigtarifzeiten der Telefongesellschaften.

Bei jeder italienischen Nummer muss man immer die Vorwahl mitwählen, auch bei Ortsgesprächen. Wenn Sie vom Ausland nach Italien telefonieren, müssen Sie die Null der Vorwahl mitwählen.

MOBILTELEFONE

WIE ÜBERALL bezahlen Mobiltelefonierer auch in Italien für Anrufe aus der Heimat. Bei Vertragskunden sind die Kosten noch moderat, Prepaid-Kunden zahlen in der Regel deutlich mehr. Informieren Sie sich vor der Abreise über die Roaming-Tarife Ihrer Gesellschaft. SMS-Empfang ist meist frei, der Versand kostet rund 0,50 Euro Aufschlag. MMS sind einen Euro teurer als daheim.

Italienische Prepaid-Karten können bei längeren Aufenthalten eine preisgünstige Alternative sein. Die Karte wird anstatt der deutschen SIM-Karte ins Handy gelegt.

TELEFONGEBÜHREN

DIE GÜNSTIGSTE Zeit für Telefongespräche innerhalb Italiens, aber auch für internationale Gespräche ist Montag bis Freitag zwischen 18.30 und 8 Uhr, samstags ab 13 Uhr sowie der ganze Sonntag. Die Gebühren sind mit denen in Deutschland, Österreich und der Schweiz vergleichbar.

Telefonate vom Zimmer des Hotels aus sind generell teuer, manche Hotels verlangen einen Zuschlag von bis zu einigen hundert Prozent.

KARTENTELEFON DER TELECOM ITALIA

1 Heben Sie den Hörer ab, warten Sie auf den Signalton.

2 Schieben Sie eine Telefonkarte in den Schlitz.

3 Das Display zeigt Ihr Guthaben auf der Telefonkarte an.

4 Wählen Sie die Nummer, warten Sie auf den Signalton.

5 Soll ein weiterer Anruf getätigt werden, drücken Sie die Taste »R«.

Vor Gebrauch der Karte die Ecke abbrechen.

Öffentliche Fernsprecher

Ferngespräche ins europäische Ausland kann man problemlos von öffentlichen Telefonzellen aus führen. An Münztelefonen benötigt man allerdings viel Kleingeld, denn wenn Sie zu Beginn nicht genügend Geld einwerfen, wird die Verbindung gar nicht erst hergestellt, und die Münzen werden sofort wieder ausgeworfen. Münzfernsprecher werden immer seltener, sie werden nach und nach durch die bequemeren Kartentelefone ersetzt.

Eine Telefonkarte *(carta telefonica* oder *scheda telefonica)* bekommen Sie an Zeitungskiosken und in Tabakläden oder den Tabakständen in Bars *(tabacchi)*. Man erkennt sie an dem großen weißen T auf schwarzem Grund.

Hier gibt es Telefonkarten und Briefmarken

Internet-Cafés

Über E-Mail können Sie gut mit den Daheimgebliebenen in Kontakt bleiben, das Internet ist auch im Ausland für alle möglichen Infos nützlich. In Venedig stehen Ihnen mehrere Internet-Cafés zur Verfügung:

Internet Point
Dorsoduro 3812/A, San Pantalon, Venezia. **Stadtplan** 6 D2.
041 71 46 66. *Mo–Fr 9.15–20 Uhr, Sa 9.15–19.30 Uhr.*
www.teleradiofuga.com

Net House Internet Café
Campo Santo Stefano, San Marco 2967–2968. **Stadtplan** 6 F3.
041 277 11 90. *24 Std.*
www.venicepages.com

VeNice
Lista di Spagna, 149 Cannaregio. **Stadtplan** 2 D4.
041 275 82 17. *tägl. 9–23 Uhr.* www.ve-nice.com

Venetian Navigator
Calle Caselleria 5300, Castello. **Stadtplan** 7 C1.
041 277 10 56.
tägl. 10–22 Uhr.
www.venetiannavigator.com

AUF EINEN BLICK

Für Anrufe **nach Italien** wählen Sie die **Landesvorwahl 0039**, danach die Ortsvorwahl (*inklusive* der Anfangs-0), dann die Teilnehmernummer.

Ortsvorwahlen
- Venedig 041
- Verona 045
- Vicenza 0444
- Padua 049
- Treviso 0422

Landesvorwahlen
- Deutschland 0049
- Österreich 0043
- Schweiz 0041

Deutschland Direkt
800 172 490

Internationale Auskunft
176

Sperrung von Handykarten
- E-Plus 0049 177 1000
- O2 0049 179 55 222
- T-Mobile 0049 1803 30 22 02
- Vodafone 0049 172 12 12

Notrufnummern
siehe S. 264

Post

Die italienische Post ist nicht die zuverlässigste und auch nicht die schnellste (besonders während der Ferienzeit im August). Postkarten ins Ausland können einen Monat brauchen, auch innerhalb Italiens dauert ein Brief oft eine Woche. Etwas schneller als normale Sendungen (*posta ordinaria*, 0,45 Euro für einen Standardbrief oder eine Postkarte innerhalb Italiens) ist die Schnellpost (*posta prioritaria*, 0,62 Euro), mit der Briefe und Postkarten ins Ausland versandt werden müssen. Dringende oder wichtige Post sollte per Express oder Einschreiben aufgegeben werden. Briefmarken *(francobolli)* gibt es außer im Postamt in Tabakwarenläden mit dem weißen T auf schwarzem Grund. Die Öffnungszeiten der Postämter sind in der Regel Montag bis Freitag 8.30 bis 14.00 Uhr sowie Samstag und am Monatsletzten 8.30 bis 12.00 Uhr. Hauptpostämter haben längere Öffnungszeiten.

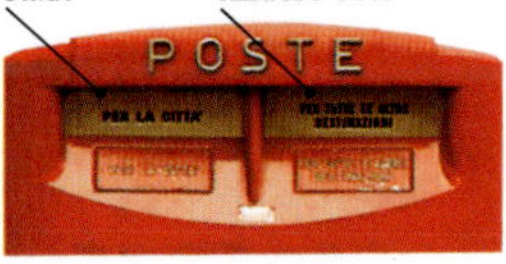

Italienischer Briefkasten

Zeichen für Postamt

Päckchen und Pakete

Päckchen und Pakete müssen nach bestimmten Vorschriften verpackt sein. In größeren Städten kann man sich das Paket gegen ein geringes Entgelt im Schreibwaren- oder Geschenkartikelladen einpacken lassen.

Postlagernd

Die Anschrift für postlagernde Briefe und Pakete muss lauten: Name des Empfängers, c/o Fermo Posta, Ufficio Postale Principale, dazu den Namen der Stadt, in die die Sendung gehen soll. Schreiben Sie den Namen des Empfängers groß und deutlich. Damit Ihnen die Sendung ausgehändigt wird, müssen Sie sich ausweisen und eine kleine Gebühr bezahlen.

Hauptpostämter

Fondaco dei Tedeschi 5554, Venezia. **Stadtplan** 7 B1.
041 271 71 11.

Piazza Viviani, Verona.
045 59 09 55.

Piazza Garibaldi, Vicenza.
0444 33 20 77.

Corso Garibaldi, Padova.
049 877 21 11.

Reiseinformationen

Flugzeug der Alitalia

Nach Venedig kommt man am einfachsten mit dem Zug. Die Verbindungen mit den wichtigen europäischen Städten sind ausgezeichnet, Sie steigen im Herzen der Lagunenstadt aus und haben nur wenige Schritte zur *Vaporetto*-Anlegestelle am Canal Grande. Das regionale Schienennetz der Bahn deckt auch das Veneto gut ab. Natürlich können Sie auch mit dem Flugzeug anreisen. Venedigs Flughafen Marco Polo liegt nördlich der Stadt; abgefertigt werden Inlands-, europäische Auslands- und Charterflüge. Der Flughafen ist gemessen an der Anzahl der Fluggäste relativ klein. Wer das Veneto mit dem Auto erkunden will, sollte nicht vergessen, dass die Benutzung der Autobahnen mautpflichtig ist. Venedig-Besucher müssen ihr Auto in einem der großen Parkhäuser oder auf einem Parkplatz außerhalb der Stadt abstellen, die Stadt selbst ist komplett autofrei. Das Parken ist teuer; zu bedenken ist, dass das Auto während des gesamten Aufenthalts unbewacht zurückbleibt. Auch viele Innenstädte im Veneto sind nur für Anlieger befahrbar.

Der Flughafen Marco Polo, vom Wasser aus gesehen

Anreise mit dem Flugzeug

Linienflüge landen auf dem Flughafen Marco Polo, der etwa zehn Kilometer von Venedig entfernt liegt. Von dort erreicht man Venedig auf dem Landweg (Piazzale Roma) oder mit dem Boot. Charterflüge landen oft in Treviso. Es gibt Direktverbindungen zu zahlreichen europäischen Großstädten, dazu ein großes Charterangebot.

Von vielen deutschen Flughäfen werden regelmäßige Verbindungen nach Venedig angeboten, so z. B. von Hamburg, Hannover, Frankfurt oder München. Direkt fliegen u. a. **Alitalia**, **Lufthansa**, **Austrian** und **Swiss**. Je nachdem, von welchem Flughafen in Deutschland, Österreich oder der Schweiz Sie abfliegen, dauert ein Flug ein bis zwei Stunden.

Die preisreduzierten Angebote für Linienflüge müssen in der Regel einige Zeit im Voraus gebucht werden. Stornieren Sie Ihre Flugreise, erhalten Sie – je nach Zeitpunkt der Stornierung – nur einen Teil des Flugpreises oder gar nichts zurück. Es ist deshalb empfehlenswert, eine Reiserücktrittsversicherung abzuschließen. Im Sommer ist es oft preiswerter, ein Charterangebot zu buchen. Auch hier können Frühbucher viel Geld sparen; Last-Minute-Angebote erfordern zeitliche Flexibiltät.

Möchten Sie während Ihres Venedig-Aufenthalts Flüge buchen, wenden Sie sich an Reiseveranstalter wie **Agenzia Bucintoro** *(siehe S. 261)* oder direkt an die Fluggesellschaft.

Pauschalreisen

Eine Pauschalreise ins Veneto mag in vieler Hinsicht bequemer sein, ist aber nicht unbedingt preisgünstiger als ein individuell gestalteter Urlaub. Erkundigen Sie sich im Reisebüro oder im Internet nach den Möglichkeiten. Venedig wird häufig als Städtereise angeboten, entweder einzeln oder als Teil einer Norditalien-Rundreise, die oft kulturelle Events wie Opernbesuche einschließt.

Nützliche Telefonnummern

Alitalia
06 22 22 (Italien).
01805 07 47 47 (Deuschland).
01 505 17 07 (Österreich).
0848 4 84 86 (Schweiz).
www.alitalia.it

Lufthansa
01805 838 42 67 (Deutschland).
199 400 044 (Italien).
Flughafen Marco Polo, Venedig
041 541 53 47.
www.lufthansa.com

Austrian
05 17 89 (Österreich).
02 89 63 42 96 (Italien).
www.aua.com

Swiss
0848 85 2000 (Schweiz).
848 86 81 20 (Italien).
www.swiss.com

Flughafeninformation
Venedig (Aeroporto Marco Polo)
041 260 92 40.
www.veniceairport.it
Verona (Aeroporto Valerio Catullo)
045 809 56 66.
www.aeroportoverona.it
Treviso
0422 31 51 11.
www.trevisoairport.it

Alilaguna
041 523 57 75.
www.alilaguna.it

Consorzio Motocafi Venezia
041 522 23 03.
www.motoscafivenezia.it

Venice Welcome
041 71 72 73.
www.venicewelcome.com

Check-in-Schalter im Flughafen von Verona

Flughafen Marco Polo (Venedig)

Wegen der begrenzten Räumlichkeiten des Flughafens gibt es nur einen Hotelreservierungsschalter, eine ganztägig geöffnete Wechselstube, Banken, ein Selbstbedienungsrestaurant und eine Post.

Um vom Flughafen in die Stadt zu gelangen, gibt es mehrere Möglichkeiten: Die spektakulärste ist sicherlich die zu Wasser. **Alilaguna** betreibt *motoscafi* zu vielen Stellen in Venedig, eine Fahrt kostet zwischen sechs Euro (Fondamente Nove) und zwölf Euro (San Marco oder Lido); Fahrkarten gibt es im Büro am Flughafenausgang.

Das Wassertaxi ist die bequemste, schnellste, aber auch die teuerste Möglichkeit, vom Flughafen nach Venedig direkt ins Hotel zu kommen. Betreiber sind u.a. **Consorzio Motocafi Venezia** und **Venice Welcome**; eine Fahrt (für bis zu sechs Personen) kostet rund 100 Euro. Ein Wassertaxi kann man telefonisch oder per Internet bestellen.

Eine preiswerte Möglichkeit ist die 20-minütige Fahrt mit dem ATVO-Bus Nr. 35 zum Piazzale Roma. Die Fahrt mit diesem Flughafenbus kostet drei Euro. Noch billiger (etwa ein Euro) ist der Nahverkehrsbus des ACTV zum Piazzale Roma, der jedoch unterwegs einige Haltestellen anfährt.

Wer will, kann auch vor dem Ankunftsgebäude in ein Taxi steigen, das ihn bis zum Piazzale Roma bringt. Neu ist der Helikopter-Service **Heliair Venice**, der u.a. Flüge zum Lido, nach Treviso, Padua und Vicenza anbietet (Info unter www.heliair.it, Tel. 335 683 33 30).

Flughafen von Treviso

Der kleine Flughafen dient nur der Abfertigung von Charterflügen; Flüge treffen hauptsächlich am Nachmittag ein. Die Fahrt mit dem Bus zum Piazzale Roma in Venedig (sie fahren jeweils nach den ankommenden Flügen ab) kostet etwa vier Euro und dauert 45 Minuten. Darüber hinaus gibt es den Nahverkehrsbus Nr. 6, der zum Bahnhof von Treviso fährt; von dort geht es dann per Bahn nach Venedig. Bei Charterreisen ist der Transfer von und zum Flughafen in der Regel im Preis inbegriffen.

Flughafen von Verona

Auf dem Flughafen von Verona landen u.a. Flüge aus Frankfurt, München und Wien. Alle 20 Minuten verkehren Busse zwischen dem Flughafen und dem Bahnhof; die etwa zwölf Kilometer lange Fahrt kostet 4,50 Euro.

Gepäckträger

Sofern Sie nicht in unmittelbarer Nähe Ihrer Ankunftsstelle wohnen, müssen Sie ein *vaporetto* zu dem Landungssteg nehmen, der Ihrem Hotel am nächsten liegt. Gepäckträger sind teuer, denn der Kunde muss für die Fahrt des Gepäckträgers und für jedes Gepäckstück bezahlen – jedes größere Stück kostet so viel wie die Fahrt für eine Person *(siehe S. 274)*.

Anreise mit dem Auto

Ein nationaler Führerschein und Zulassungspapiere sind die einzigen Dokumente, die Sie bei sich führen müssen. Sinnvoll ist allerdings die grüne Versicherungskarte und ein Euroschutzbrief des ADAC oder Ihrer Autoversicherung *(siehe auch S. 278f)*.

Autovermietungen

Praktisch jede große Autovermietungsfirma hat ein Büro in den Flughäfen von Venedig, Treviso und Verona.

Piazzale Roma, Venedig
Avis *041 523 73 77.*
Hertz *041 528 40 91.*
Expressway *041 522 30 00.*

Padua (Bahnhof)
Avis *049 66 41 98.*
Hertz *049 875 22 02.*
Maggiore *049 875 28 52.*

Verona (Bahnhof)
Avis *045 800 66 36.*
Hertz *045 800 08 32.*
Maggiore *045 800 48 08.*

Vicenza (Bahnhof)
Avis *0444 32 16 22.*
Hertz *0444 23 17 28.*
Maggiore *0444 54 59 62.*

***Motoscafo* an der Anlegestelle des Flughafens Marco Polo**

Mit dem Zug unterwegs

Die italienische Eisenbahn (die *Ferrovie dello Stato, FS,* sind eine Untergruppe des staatseigenen Unternehmens *Trenitalia*) unterhält ein gut ausgebautes Schienennetz im Veneto. Die Verbindungen sind zahlreich, die Preise annehmbar. Es ist alles vertreten, vom *locale*, der an jeder Station hält, über verschiedene Schnellzüge bis hin zum Hochgeschwindigkeitszug *Eurostar* auf der Strecke zwischen Venedig und Rom.

Italiens schnellster Zug: *Eurostar*

Anreise mit dem Zug

Ideal für die Anreise in die Lagunenstadt ist die Bahn. Alle Züge aus Paris, München, Innsbruck, Wien, Genf, Zürich und anderen europäischen Städten fahren auf dem Bahnhof Santa Lucia ein. Von dort erreicht man auch jede italienische Stadt in nur wenigen Stunden.

Die FS erkennt InterRail-Pässe für diejenigen an, die unter 26 Jahre alt sind; bei der Benutzung bestimmter Schnellzüge wird jedoch ein Zuschlag fällig.

Bahnhof Santa Lucia (Venedig)

Der am Westende des Canal Grande gelegene Bahnhof Santa Lucia ist ein moderner, mit allen Annehmlichkeiten ausgestatteter Bahnhof.

Über die Stufen des Bahnhofs gelangt man zu den *vaporetti*, die zur Piazza San Marco fahren. An gleicher Stelle findet man Wassertaxis und Gondeln. Der Busbahnhof und der einzige Autotaxistand befinden sich am nahe gelegenen Piazzale Roma (der Weg dorthin ist ausgeschildert).

Die Fahrkartenautomaten im Bahnhof (mit Bedienungsanleitungen in sechs Sprachen) sind einfach zu handhaben. Banknoten werden angenommen, ebenso Münzen und Kreditkarten. Sie können sich auch im Reisebüro eine Fahrkarte besorgen. Die Informationen auf der elektronischen Anzeigetafel bezüglich Ankunft, Abfahrt, Stadtrundfahrten und Preise werden in mehreren Sprachen angezeigt.

Das Fremdenverkehrsamt im Bahnhof ist bei der Hotelsuche behilflich, doch vor allem im Sommer sind lange Wartezeiten in Kauf zu nehmen. Hier findet man auch ein Büro von Rolling Venice *(siehe S. 262)*, eine Bank und Wechselstube, ein Fundbüro, eine Cafeteria und einen internationalen Zeitungsstand.

Sehr geschätzt wird das *albergo diurno*, ein Tageshotel, in dem sich der Reisende in einem Zimmer ausruhen und frisch machen kann.

Orient-Express

Von März bis November verkehrt der Venedig-Simplon-Orient-Express zwischen London und Venedig über Paris, Düsseldorf, Köln, Frankfurt, Zürich, St. Anton, Innsbruck und Verona. Auskunft erhalten Sie in den Reisezentren der Bahn oder in Reisebüros, die auf Bahnreisen spezialisiert sind.

Bahnhof Santa Lucia in Venedig – Tor zum Veneto

Zug im Bahnhof von Verona

VENICE SIMPLON ORIENT-EXPRESS ®

Logo des Orient-Express

Bahnhöfe in Verona

Verona bildet den natürlichen Verkehrsknotenpunkt zwischen Venedig und Mailand sowie Bologna und München. Vom Hauptbahnhof Porta Nuova zum nördlich gelegenen Stadtzentrum besteht eine Busverbindung. Der Reisende erhält hier Auskunft in verschiedenen Sprachen, außerdem gibt es ein Fundbüro, eine Bar, einen Geldautomaten und einen Zeitungsstand, an dem auch Busfahrkarten verkauft werden.

Der kleine Bahnhof Porta Vescova, von dem hauptsächlich Züge ins Umland verkehren, wird fast ausschließlich von Pendlern benutzt.

Bahnhof in Padua

Padua liegt nur etwa 30 Zugminuten von Venedig entfernt. Der Bahnhof befindet sich im nördlichen Teil der Stadt – zu Fuß sind es etwa 10 Minuten bis zum Stadtzentrum; Busse in die Innenstadt fahren vor dem Bahnhof ab. Der Busbahnhof, von dem Busse nach Venedig und andere Städte im Veneto verkehren, liegt am Piazzale Boschetti, zehn Gehminuten vom Bahnhof entfernt. Das Fremdenverkehrsamt befindet sich im Bahnhof, dazu ein Fundbüro, ein Restaurant, ein Tabakwarenladen (auch hier sind Busfahrkarten erhältlich) und eine Wechselstube (Öffnungszeiten Mo–Sa 9–12, 15–17.30 Uhr, So 9–12 Uhr).

Bahnhof in Vicenza

Vicenza liegt eine knappe Stunde von Venedig entfernt auf der Hauptverkehrsstrecke zwischen Verona und Padua. Der Bahnhof befindet sich südlich des Stadtzentrums. Im Bahnhofsgebäude gibt es Bar, Fundbüro und Wechselstube (Öffnungszeiten Mo–Sa 8–12.30, 14–18.30 Uhr, So 8.30–12, 14–18 Uhr).

Bahnreisen

Wer Italien mit der Bahn erkunden will, ist mit einem Bahnpass gut beraten. Natürlich sind InterRail-, Eurodomino- und ähnliche Pässe auch in Italien gültig. Ein gutes Angebot für ausländische Reisende ist der *Trenitalia*-Pass, der in den Bahnhöfen von Venedig und Verona, im Internet, aber auch vor der Reise in Reisebüros erworben werden kann. Der international gültige Pass erlaubt Zugfahrten an vier bis zehn einzelnen Tagen in einem Zeitraum von zwei Monaten.

Innerhalb Italiens gibt es eine Vielzahl verschiedener Pässe, die an Fahrkartenschaltern und in **CIT**-Reisebüros verkauft werden. Informationen und Passkauf unter: www.trenitalia.com

Karte einstecken

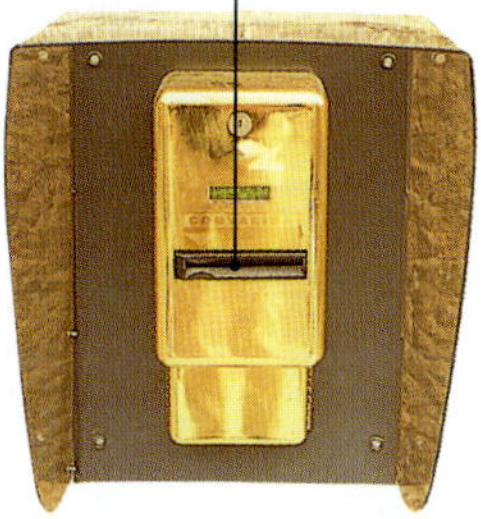

Fahrkartenentwerter

Kartenautomat für Fahrkarten der FS

Die Automaten sind einfach zu handhaben; die meisten haben Bedienungsanleitungen in mehreren Sprachen.

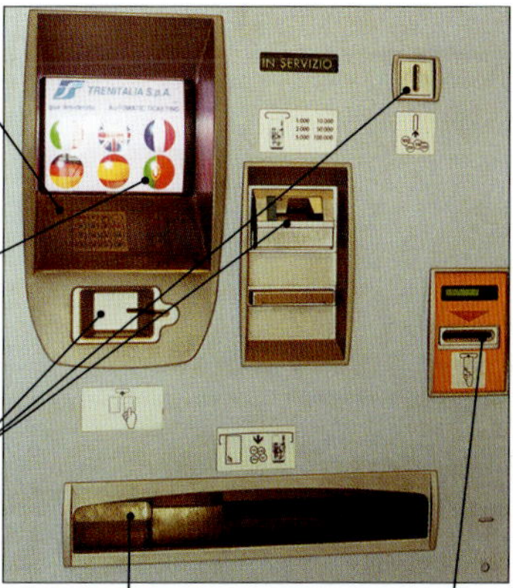

Fahrkarten

Für alle Intercity-Züge wird ein Zuschlag erhoben, auch wenn Sie im Besitz einer InterRail-Karte sind. Für den *Eurostar* und andere Schnellzüge herrscht Reservierungspflicht; reservieren sollten Sie jedoch immer, wenn Sie in der Hauptreisezeit fahren. Bis zu fünf Stunden vor Abfahrt ist die Reservierung kostenlos.

Für Fahrten bis zu 200 Kilometern gibt es eine Nahverkehrskarte *(biglietto a fasce chilometriche)*. Der Name des Zielorts wird auf die Fahrkarte gestempelt, die Karte selbst muss vor Antritt der Reise in einem Automaten auf dem Bahngleis entwertet werden. Die Fahrkarte hat eine Gültigkeit von drei Tagen. Erwirbt man die Fahrkarte erst im Zug, wird ein Zuschlag fällig.

Zugauskunft

☎ *89 20 21.*
Ⓦ www.trenitalia.com

Reservierungen

Padua
☎ *049 875 26 01.*
Venedig
☎ *041 275 04 92.*
Verona
☎ *045 800 81 79.*

Reisebüros

CIT
Via Giacomo Matteotti 12, Padua.
☎ *049 66 33 33.*
Piazza Bra 2, Verona.
☎ *045 59 17 88.*

Venice-Simplon Orient-Express
☎ *800 78 07 00.*
Ⓦ www.orient-express.com

Anzeigetafel im Bahnhof

Venedig per Boot

Die Erkundung der Stadt mit dem *vaporetto*, dem Wasserbus, ist eine äußerst reizvolle Art der Fortbewegung mit einem öffentlichen Verkehrsmittel, obwohl die meisten Ausflüge innerhalb von Venedig ebenso zu Fuß unternommen werden können. Der Hauptverkehrsweg der *vaporetti* ist der Canal Grande. *Vaporetti* verkehren auch in die Außenbezirke und zu den vielen Inseln der Lagune. Für den Venedig-Besucher am interessantesten und schönsten ist die Fahrt mit der Linie 1; gemächlich fährt sie von einem Ende des Canal Grande zum anderen – vorbei an vielen herrlichen Palazzi *(siehe S. 56–71)*.

Ein *vaporetto* kurz vor dem Anlegen an der Piazza San Marco

Das etwas kleinere, schnellere *motoscafo*

Eine *motonave* auf dem Weg nach Torcello

Bootstypen

Die ursprünglichen *vaporetti* waren dampfbetriebene Boote (*vaporetto* bedeutet kleiner Dampfer), heute sind sie durchweg mit Dieselmotoren ausgestattet.

Motoscafi heißen die schlankeren, kleineren und schnelleren Boote. Obwohl sie zum Teil sehr alt und rostig sind und etwas klapprig aussehen, legen sie doch eine beträchtliche Geschwindigkeit an den Tag.

Zweistöckige *motonavi* sind wesentlich größer als die beiden erstgenannten Boote und verkehren auf den längeren Strecken, beispielsweise zum Lido und zu den weiter entfernten Inseln.

Fahrkarten

Fahrkarten kauft man am Schalter an der Anlegestelle, Einzelfahrscheine bekommt man auch an Bord. Eine Einzelfahrt kostet fünf Euro, wer nur den Canal Grande überqueren will (eine Station), bezahlt zwei Euro. Ein Heft mit zehn Fahrscheinen ist zwar nicht billiger, aber man muss sich nicht jedesmal anstellen. Für Inhaber der CartaVenezia (nur für Bürger Venedigs) sind die Fahrpreise deutlich günstiger.

Eine echte Ersparnis sind Ein-Tages- (zwölf Euro) oder Drei-Tage-Tickets (25 Euro), die beliebig viele Fahrten auf fast allen Linien ermöglichen (Ausnahmen sind die Linien

Vaporetto*-Anlegestelle an den Giardini Pubblici *(siehe S. 120f)

von Alilaguna, Fusina und Clodia). Noch wirtschaftlicher ist eine Monatskarte *(abbonamento)*. Inhaber der »Rolling-Venice«-Karte (die diverse Ermäßigungen für 14- bis 30-Jährige umfasst) können den Drei-Tage-Jugendpass für 15 Euro erwerben.

Mit dem zwölf Stunden gültigen Ticket »Laguna Nord« kommt man mit der LN-Linie zu den Inseln Murano, Mazzorbo, Burano und Torcello sowie zum Lido.

Auf vielen Booten muss man für jedes größere Gepäckstück eine eigene Fahrkarte lösen.

Fahrplan

Die wichtigsten Routen werden bis zum frühen Abend alle 10 bis 20 Minuten befahren, danach seltener. Informationen zu den wichtigsten Linien können Sie dem ACTV-Fahrplan entnehmen, den es an den meisten Anlegestellen gibt. Von Mai bis September sind viele Linien überfüllt, u.U. müssen Sie auf das nächste Boot warten.

Gemütliches Sightseeing vom *vaporetto* aus

Hauptstrecken

① Diese Linie ist die langsamste auf dem Canal Grande, da sie an jeder Haltestelle anlegt. Vom Piazzale Roma geht es durch den gesamten Canal Grande bis San Marco und weiter zum Lido.

⑤ Diese Linie verkehrt via Lido zwischen San Zaccaria und Punta Sabbioni und wird vor allem von Urlaubern benutzt.

⑬ Von den Fondamente Nuove fährt die Linie 13 zu den »grünen« Inseln wie Vignole und Sant'Erasmo.

㊶㊷ Die »Giracittà«-Rundfahrt führt nach Murano: Linie 42 fährt im Uhrzeigersinn, Linie 41 andersherum.

(51)(52) Die beiden Linien versorgen die Peripherie Venedigs und den Lido. Die »Giracittà«-Rundfahrt ist eine Besichtigungstour durch Venedig.

(61)(62) Die »Giracittà«-Rundfahrt deckt ganz Venedig ab und fährt vom Lido bis zum Piazzale Roma.

(82) Linie 82 ist die schnellste Linie auf dem Canal Grande. Die Route beschreibt eine Schleife: von San Zaccaria westwärts durch den Canale di Giudecca zum Tronchetto und dem Piazzale Roma, von dort wieder durch den Canal Grande nach San Zaccaria zurück – und weiter zum Lido (nur im Sommer).

(LN) Die Linie LN (Laguna Nord) verkehrt im Stundentakt zwischen den Fondamente Nuove und den wichtigsten Inseln der nördlichen Lagune: Murano, Mazzorbo, Burano und Torcello; sie endet an der Punta Sabbioni.

Vaporetto-Information

ACTV (Informationsbüro)
Piazzale Roma, Venezia.
Stadtplan 5 B1.
☎ *041 272 21 11.*
W www.actv.it

Fahrt mit dem Vaporetto

Die Gesellschaft **ACTV** *(Azienda Consorzio Trasporti Veneziano)* verändert das *Vaporetto*-System ständig. Trotz größter Bemühungen, die Karte auf der hinteren Umschlaginnenseite aktuell zu halten, kann es daher zu kleineren Abweichungen kommen. Wenn Sie sich nicht sicher sind, fragen Sie am besten einen der Mitarbeiter auf den Booten; sie sind in der Regel sehr hilfsbereit.

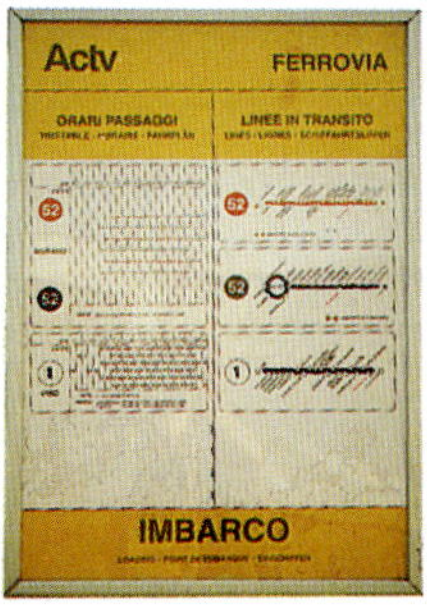

Fahr- und Streckenpläne an der Anlegestelle eines *vaporetto*

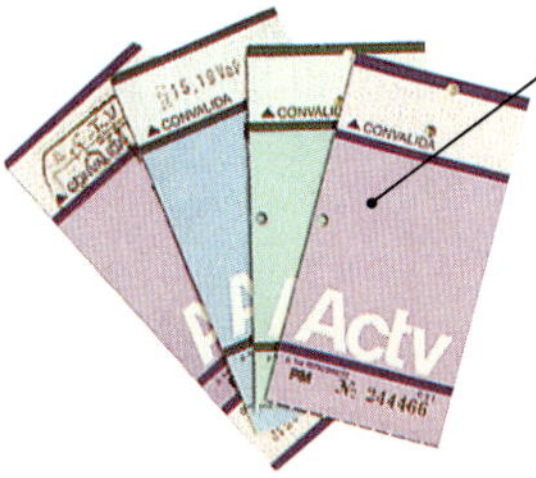

1 Fahrkarten sind erhältlich an Anlegestellen sowie in vielen Bars und Tabakwarenläden mit dem Zeichen ACTV. Eine Rückfahrkarte ist nicht billiger als zwei Einzelfahrkarten; die Fahrtkosten sind je nach Linie unterschiedlich (*siehe* Fahrkarten).

2 Ein Schild an der Anlegestelle zeigt das Ziel des Bootes an.

3 Die Fahrkarten sind vor Antritt der Fahrt in einem Automaten zu entwerten. Da nur selten kontrolliert wird, gibt es viele Schwarzfahrer, doch wenn man erwischt wird, ist das Bußgeld hoch.

4 Auf einer Tafel sind die Nummer der Linie und die Haltestellen angegeben.

5 Der Name eines Landungsstegs ist deutlich an der Schrift auf gelbem Untergrund zu erkennen. Da man an vielen Haltestellen auf beiden Seiten ein- und aussteigen kann, kommt es leicht vor, dass man im Gedränge ein Boot in die falsche Richtung nimmt. Fragen Sie im Zweifelsfall vor dem Einsteigen nach.

In Venedig unterwegs

VENEDIG IST ERSTAUNLICH klein und kann deshalb völlig problemlos zu Fuß erkundet werden. Um sich in dem Labyrinth von Straßen und Gässchen nicht zu verirren, sollten Sie allerdings einen Stadtplan bei sich haben. Am romantischsten – und auch am teuersten – ist die langsame Fahrt mit der Gondel, am schnellsten eine Spritztour mit dem Wassertaxi.

GONDELN

DEN LUXUS, mit der Gondel zu fahren, leisten sich eigentlich nur Urlauber – und Venezianer an ihrem Hochzeitstag. Es gibt mehrere Gondelstandplätze und zahlreiche Gondolieri, die nur darauf warten, bis sich jemand in ihre Gondel setzt.

Erkundigen Sie sich vor Beginn der Fahrt nach den offiziellen Tarifen, und einigen Sie sich mit dem Gondoliere auf einen Preis. Die Tarife sind der Broschüre *Un Ospite di Venezia (siehe S. 260)* und der Tafel am Gondelstandplatz zu entnehmen. 45 Minuten kosten ca. 60 Euro, nach 20 Uhr um die 80 Euro. Da die Gondolieri dafür bekannt sind, dass sie gerne etwas mehr nehmen, sollten Sie auf jeden Fall handeln. Geld sparen können Sie auch, indem Sie sich zusammentun; bis zu fünf Personen finden in einer Gondel Platz.

Gondolieri sind sehr versiert, was Fremdsprachen anbetrifft; sie kennen sich zudem aus in Kunst und Geschichte ihrer Stadt. *O sole mio* wird man allerdings nicht zu hören bekommen, eher die tiefen, wohltönenden Ausrufe *Oe*, *Premi* und *Stai* – Warnrufe, die so alt sind wie Venedigs Kanäle. Wer eine Serenade hören möchte, kann sich am Abend einer Gruppe von Gondeln anschließen, die von Musikanten begleitet wird; diese Veranstaltungen werden von Mai bis Oktober angeboten. Informieren Sie sich im Reisebüro oder Fremdenverkehrsamt.

Eine romantische Gondelfahrt am frühen Abend

Hinweisschild für *traghetti* über dem Canal Grande

TRAGHETTI

TRAGHETTI sind Gondeln, die an sieben Stellen des Canal Grande Passagiere übersetzen. Merkwürdigerweise machen nur wenige Besucher von dieser preiswerten Einrichtung Gebrauch. Die Stellen, an denen übergesetzt wird, sind im Stadtplan *(siehe S. 280–293)* eingezeichnet. Gelbe Hinweisschilder weisen den Weg zur nächsten *Traghetto*-Anlegestelle.

Überqueren des Canal Grande mit dem *traghetto*

WASSERTAXIS

WER WENIG ZEIT und genügend Geld hat, für den bietet sich das Wassertaxi als schnellstes Fortbewegungsmittel an. Es handelt sich um Motorboote mit Kabine, die den Fahrgast in nur 20 Minuten vom oder zum Flughafen bringen.

Es gibt insgesamt 16 Wassertaxistände, davon je einen am Flughafen und am Lido. Telefonnummern und Tarife finden Sie in der Broschüre *Un Ospite di Venezia (siehe S. 260)*.

Zum Grundpreis kommen Zuschläge für Gepäck, Wartezeiten, Nachtfahrten und Anfahrt. Wenn die *vaporetti* streiken – was leider gar nicht ungewöhnlich ist –, sind die Wassertaxis natürlich sehr gefragt und damit fast unerschwinglich.

Wassertaxi

GONDELSTANDPLÄTZE

San Marco (Molo)
041 520 06 85.

Rialto (Riva Carbon)
041 522 49 04.

Bahnhof (San Simeone Piccolo)
041 71 85 43.

WASSERTAXISTÄNDE (für ganz Venedig)

Consorzio Motoscafi Piazzale Roma
041 71 69 22.

Consorzio Motoscafi Rialto
041 522 23 03.

Serenissima San Marco
041 522 85 38.

Venedig zu Fuss

Ein langsamer Bummel durch Venedig ist besonders reizvoll. Man gewöhnt sich schon nach kürzester Zeit daran, Straßen und Plätze zu überqueren, ohne auf Autos achten zu müssen. Nur der stete Besucherstrom hindert mitunter am Fortkommen; die schmalen Gässchen sind vor allem im *sestiere* San Marco oft überfüllt. Um Staus zu vermeiden, sollte man rechts gehen und in engen Gassen und auf Brücken nicht anhalten. Die meisten Urlauber verlassen die Hauptrouten nie, und so gelangt man schon mit wenigen Schritten in die abgelegenen Bezirke, in denen man fast ausschließlich Einheimischen begegnet.

Vergessen Sie nicht, dass ausgedehnte Spaziergänge gutes, eingetragenes Schuhwerk erfordern. Selbst bei kürzeren Erkundungen hat sich schon so mancher verirrt – was allerdings oft den Reiz nur noch erhöht. Denn viele bezaubernde Einzelheiten entdeckt man nur dann, wenn man sich ein paar Schritte von den ausgetretenen Pfaden entfernt.

Von vielen engen Gassen trifft man unverhofft auf einen der zahlreichen stillen *campi*. Nur wenige Plätze sind mit Bänken ausgestattet, deshalb ruhen sich müde Spaziergänger am besten bei einem Getränk im Café aus.

Venedig, bekannt als die Stadt der Brücken

Viele Hauptsehenswürdigkeiten befinden sich im *sestiere* San Marco, entweder am Markusplatz *(siehe S. 74f)* oder in seiner Nähe. Aber auch alle anderen interessanten Orte sind zu Fuß mühelos zu erreichen. Gelbe Schilder weisen den Weg zur nächsten Sehenswürdigkeit und geben Orientierung. Mit Ausnahme der Gegend um die Accademia und um die Piazza San Marco ist es jedoch mit der Ausschilderung manchmal nicht weit her, ein Stadtplan ist da nützlich.

Venezianischer Türklopfer

In der heißen Jahreszeit tut man gut daran, um die Mittagszeit eine Ruhepause einzulegen. In der Hochsommerhitze muss man mitunter auch mit üblen Gerüchen aus den Kanälen rechnen.

Ab Oktober besteht Hochwassergefahr *(acqua alta)*, wodurch es zu Überschwemmungen in der Stadt kommen kann. Die vom Wasser zuerst betroffene Gegend ist die Piazza San Marco. Man behilft sich in diesem Fall mit Laufbrettern, die auf dem Markusplatz und entlang der wichtigsten Straßen ausgelegt werden. Bei *acqua alta* ist man mit Gummistiefeln gut dran.

Adressen in Venedig

Nicht nur Neuankömmlinge, auch Venezianer haben oft Mühe, in Venedig eine bestimmte Adresse zu finden. Die Nummerierung der Häuser erfolgt nämlich nicht nach Straßen, sondern nach *sestieri*. Eine Adresse gibt deshalb zuerst den Namen des Bezirks und dann die Hausnummer an, also z. B. San Marco 2517 oder Cannaregio 3499.

Um ein bestimmtes Haus zu finden, sollten Sie deshalb den Namen der Straße oder des Platzes oder ein nahe gelegenes Wahrzeichen wissen. Die Einheimischen kennen natürlich auch nicht alle Straßen und Plätze auswendig und behelfen sich mit einem Buch namens *Indicatore Anagrafico*, in dem alle Hausnummern in Venedig und die dazugehörigen Straßen aufgeführt sind. Besser bedient ist man allerdings mit der neueren Publikation *Calli, Campielli e Canali*, die mit detaillierten Karten der Stadt und der Inseln versehen wurde.

Die Bedeutung der Straßenbezeichnungen finden Sie vor dem Stadtplan *(siehe S. 280)*.

Leicht verwirrend: Vielfalt von Hinweisschildern in Cannaregio

Im Veneto unterwegs

Taxi in Verona

Von Venedig aus kann man sowohl mit dem Bus als auch mit der Bahn Tagesfahrten in die umliegenden Städte machen, die man entweder zu Fuß oder mit dem städtischen Bus erkundet. Für ländliche Regionen bleibt die bequemste Möglichkeit das Auto, nur mit ihm ist man dort wirklich unabhängig. Zu bedenken ist allerdings das vor allem im Sommer hohe Verkehrsaufkommen und die Tatsache, dass man in vielen italienischen Innenstädten nicht parken darf.

Städtischer Bus in Verona

Zu Fuss, per Bus und Bahn

Keine Stadt im Veneto ist so groß, als dass man sie nicht auch zu Fuß entdecken könnte. Zudem machen ausgedehnte Fußgängerzonen und viele beschauliche Plätze einen gemütlichen Spaziergang zum puren Vergnügen.

Die städtischen Busse sind billig und verkehren regelmäßig. Fahrkarten sind bereits vor Antritt der Fahrt an Zeitungskiosken, in Bars oder Tabakwarenläden zu erwerben. Zudem gibt es meist Fahrkartenautomaten in der Nähe der Haltestellen, die auch Banknoten annehmen. In der Regel gilt für Fahrten innerhalb des Stadtgebiets und der Außenbezirke ein Einheitspreis. Beachten Sie: Die Fahrkarte ist erst gültig, wenn sie im Bus entwertet wird.

Billig und schnell gelangt man mit dem Zug von einer Stadt zur anderen. Manchmal stehen auch Überlandbusse zur Verfügung. Die Busse fahren meist in der Nähe des Bahnhofs ab. Busfahrkarten kauft man entweder pro Stunde Fahrzeit oder für den ganzen Tag *(tesserini)*.

Venedig verfügt über ausgezeichnete Zug- und Busverbindungen zum Festland. Die meistgenutzten Linien gehen nach Mestre, Mira, Marghera und Stra, aber auch alle anderen Städte im Veneto werden häufig angefahren.

Taxis

Fahrten mit dem Taxi sind nicht gerade billig. Zu den Grundgebühren, die am Zähler abzulesen sind, kommen Zuschläge für Gepäck, für Fahrten zum und vom Flughafen, für Nachtfahrten (zwischen 22 und 7 Uhr) sowie Sonn- und Feiertagszuschläge. Trinkgelder werden nicht unbedingt erwartet.

Nehmen Sie nur die offiziell zugelassenen Taxis; Taxistände befinden sich in Venedig am Piazzale Roma, in anderen Städten an großen Plätzen.

Autovermietung

Sollten Sie sich erst im Urlaub entschließen, ein Auto zu mieten, ist in der Regel eine italienische Firma wie Maggiore *(siehe S. 271)* preisgünstiger als eine internationale. Vergewissern Sie sich, dass im Preis Haftpflicht- und Diebstahlversicherung sowie Pannendienst enthalten sind. Um überhaupt ein Fahrzeug mieten zu können, müssen Sie wenigstens 21 Jahre alt sein und mindestens ein Jahr den Führerschein haben.

Verkehr und Parken

In Italien muss auch tagsüber das Abblendlicht außerhalb geschlossener Ortschaften eingeschaltet sein. Das Mitführen eines Warndreiecks und einer orangen reflektierenden Warnschutzweste (zu tragen bei Pannen und Unfällen auf Schnellstraßen oder auf der Autobahn) ist Vorschrift.

Fast in allen Orten im Veneto stößt man auf Straßen, die ausschließlich dem Anliegerverkehr vorbehalten sind. Fremde dürfen ihren Wagen vor ihrem Hotel zwar be- und entladen, sie müssen dann jedoch in der Regel

Straßenverkehr

Es gelten im Wesentlichen die gleichen Verkehrsregeln wie in Deutschland, Österreich und der Schweiz. Wer von rechts kommt, hat Vorfahrt. Vorne wie hinten herrscht Gurtpflicht, Vorschrift ist das Mitführen eines Warndreiecks und einer Sicherheitsweste. Das Tempolimit innerhalb geschlossener Ortschaften ist 50 km/h, auf Landstraßen 90 km/h, auf Autobahnen 130 km/h. Außerhalb geschlossener Ortschaften muss auch tagsüber mit Licht gefahren werden. Die zulässige Alkoholgrenze liegt bei 0,5 Promille.

Einbahnstraße

Geschwindigkeitsbegrenzung

Ende Geschwindigkeitsbegrenzung

Fußgängerzone – keine Durchfahrt

Entgegenkommender Verkehr hat Vorfahrt

Nach 320 m Vorfahrt beachten

Achtung

Objekt der Bewunderung: Gambalunga von Moto Guzzi in Montagnana

außerhalb der Stadt parken. Obwohl manche Hotels über Parkplätze verfügen, reichen sie meist nicht für alle Gäste.

Öffentliche Parkplätze sind mit blauen Linien gekennzeichnet; hier gibt es entweder eine Parkuhr, oder Sie müssen einen Parkschein lösen. Mit der Parkscheibe *(disco orario)* können Sie nur auf den wenigsten Plätzen für kurze Zeit kostenlos parken.

Parkscheibe *(disco orario)*

Sollte Ihr Wagen abgeschleppt worden sein, setzen Sie sich am besten sofort mit der **Polizia Municipale** in Verbindung.

Parken in Venedig ist sündhaft teuer. Dem Zentrum am nächsten ist das Parkhaus am Piazzale Roma; natürlich ist es auch am teuersten. Wer auf den Parkplatz auf der Isola del Tronchetto ausweicht, nimmt ein *vaporetto* oder einen Bus in die Stadt. Die preiswerteren Parkplätze in Mestre sind leider nur im Sommer sowie zur Karnevals- und Osterzeit geöffnet.

Viele Hauptverkehrsstraßen sind nur zweispurig, was vor allem in der Hauptreisezeit zu Verkehrsstaus führt. Straßenzustandsberichte bekommt man über **CIS** (Centro Informazione Stradale).

Die Autobahngebühren sind nicht gerade niedrig. Bezahlt werden kann bar oder mit der *Viacard*, die im Voraus zu kaufen ist. Erhältlich ist sie in Deutschland beim ADAC und in italienischen Tabakläden.

Die meistbefahrene Route von Deutschland nach Venedig führt durch Österreich. Auch hier sind Autobahnen gebührenpflichtig; eine zehn Tage gültige Vignette für PKWs kostet 7,60 Euro, die Zwei-Monats-Vignette 21,80 Euro, die Jahresvignette 72,60 Euro.

Eine spannende Route am Gardasee: die Gardesana *(siehe S. 205)*

Benzin

Tankstellen auf italienischen Autobahnen sind rund um die Uhr geöffnet. Auf dem Land findet man oft erst nach einiger Suche eine Tankstelle.

Pannenhilfe

Der **ACI** (Automobile Club d'Italia) kooperiert mit den Automobilklubs anderer Länder. ADAC-Mitglieder bekommen anfallende Kosten teilweise rückerstattet.

Auf einen Blick

Businformation

Belluno
Dolomiti Bus,
Via Col da Ren 14.
☎ *0437 94 11 67.*

Padua
Autobus, ACAP-Büro, Ferrovia.
☎ *049 824 11 37.*

Verona
Azienda Municipalizzata Trasporti, Via Torbido 1.
☎ *045 887 11 11.*

Vicenza
Aziende Industriali Municipalizzate, Via Fusineri 85.
☎ *0444 39 49 09.*

Pannenhilfe

ADAC
☎ *01802 22 22 22 (Deutschland).*
☎ *02 66 15 91 (Italien).*
W www.adac.de

Automobile Club d'Italia
☎ *116 (im Notfall).*
W www.aci.it

Via Ca' Marcello 67, Mestre.
☎ *041 531 03 62.*

Via della Valverde 34, Verona.
☎ *045 59 00 03.*

Via degli Scrovegni 19, Padua.
☎ *049 65 47 33.*

Via Enrico Fermi 233, Vicenza.
☎ *0444 96 60 46.*

Verkehrsinformation

CIS
☎ *15 18 (nur für Italien).*
W www.radio.rai.it/cciss

Verkehrspolizei

Polizia Municipale
Venedig
☎ *041 274 70 70.*

Padua
☎ *049 820 51 00.*

Verona
☎ *045 807 84 11.*

Vicenza
☎ *0444 54 53 11.*

Stadtplan

Hinter allen in diesem Buch aufgeführen venezianischen Sehenswürdigkeiten, Hotels, Restaurants und Läden finden Sie Stadtplanangaben. Auf der Übersichtskarte unten sind die Stadtteile eingezeichnet, die der Stadtplan abdeckt (die Farben der Stadtteile sind im ganzen Buch einheitlich). Dem Stadtplan schließt sich ein Straßenverzeichnis an *(siehe S. 290–293)*.

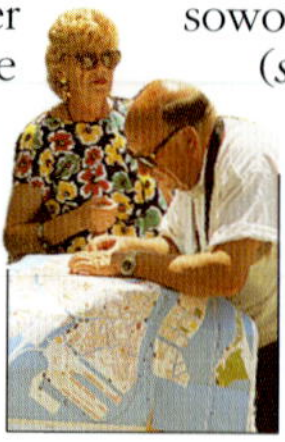

Im Buch wurde die italienische Schreibweise verwendet, obgleich die Straßenschilder oftmals im venezianischen Dialekt gehalten sind, was sowohl zu kleinen Unterschieden (*sotoportico* entspricht *sotoportego*) als auch zu vollkommen anderen Namen führen kann (Santi Giovanni e Paolo, Karte 3, entspricht San Zanipolo). Die Namen der Sehenswürdigkeiten finden Sie in der Regel auf Italienisch.

Venedigs Strassennamen

Sie werden schnell merken, dass Straße *calle*, Fluss oder Kanal *rio* und Platz *campo* heißt, aber die Venezianer haben dazu noch ein reichhaltiges Vokabular für das Labyrinth von Gässchen ihrer Stadt. Hilfreich ist Folgendes zu wissen:

Fondamenta
Eine Straße oder ein Kai entlang einem Kanal.

Rio Terrà
Ein zugeschütteter, in eine Straße umgewandelter Kanal.

Sotoportico oder Sotoportego
Offener Durchgang.

Salizada
Eine größere, gepflasterte Straße.

Riva Ein breiter Kai, an dem große Schiffe anlegen können.

Ruga Straße mit vielen Läden.

Corte
Innenhof.

Viele Straßen und Kanäle haben mehr als einen Namen; *o* bedeutet »oder«.

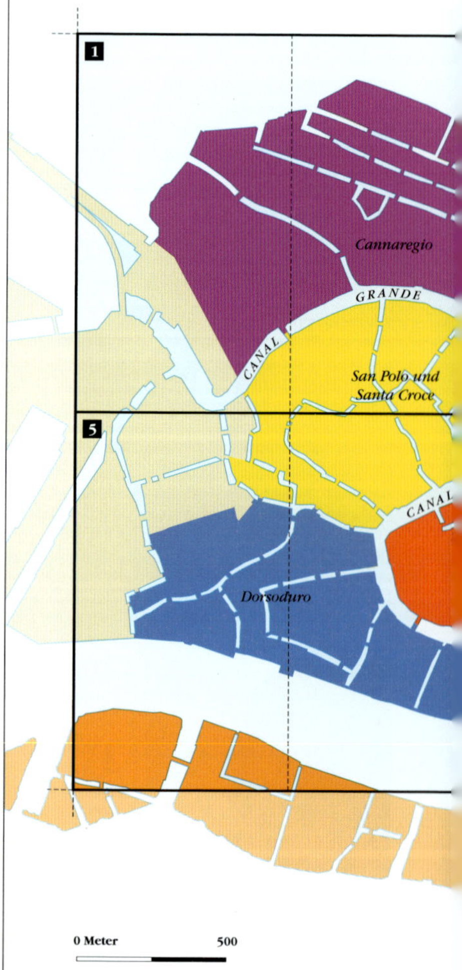

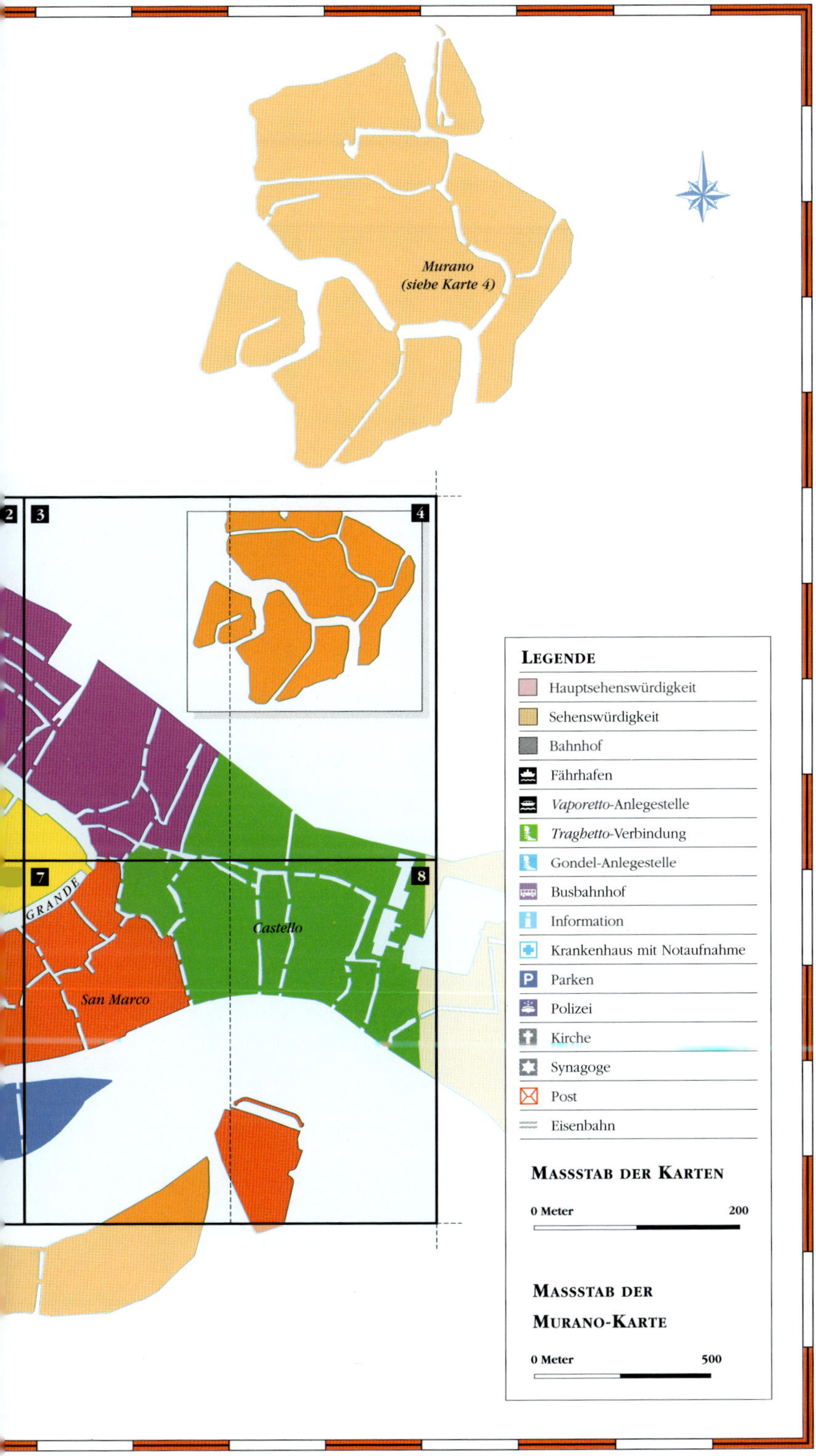
Murano
(siehe Karte 4)
2
3
4
7
8
GRANDE
Castello
San Marco
LEGENDE
Hauptsehenswürdigkeit
Sehenswürdigkeit
Bahnhof
Fährhafen
Vaporetto-Anlegestelle
Traghetto-Verbindung
Gondel-Anlegestelle
Busbahnhof
Information
Krankenhaus mit Notaufnahme
Parken
Polizei
Kirche
Synagoge
Post
Eisenbahn
MASSSTAB DER KARTEN
0 Meter
200
MASSSTAB DER MURANO-KARTE
0 Meter
500

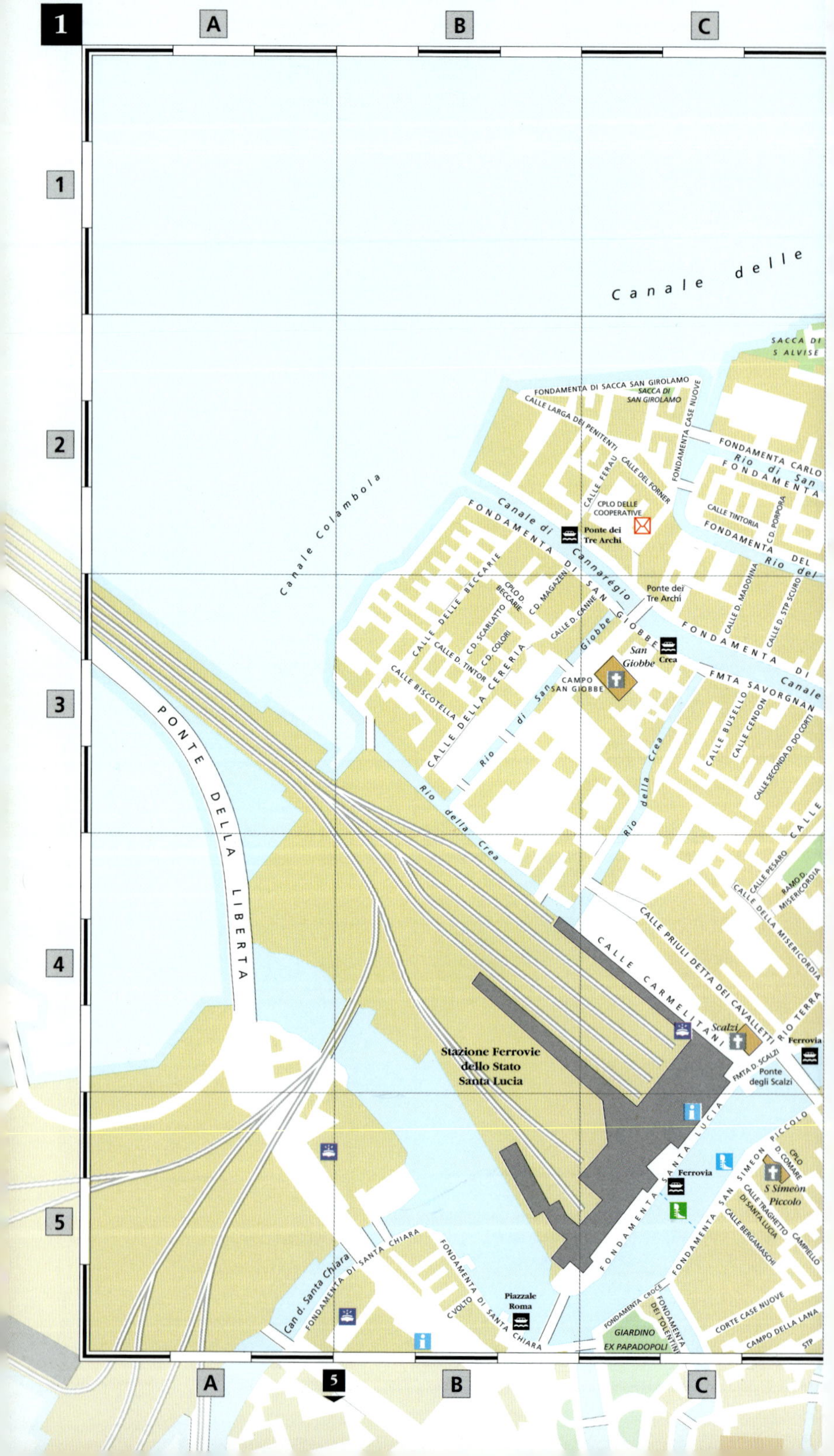
1
A
B
C
Canale delle
SACCA DI S ALVISE
FONDAMENTA DI SACCA SAN GIROLAMO
SACCA DI SAN GIROLAMO
CALLE LARGA DEI PENITENTI
FONDAMENTA CASE NUOVE
FONDAMENTA CARLO
Rio di San
FONDAMENTA
CALLE FERAU
CALLE DEL FORNER
CPLO DELLE COOPERATIVE
Ponte dei Tre Archi
Canale di Cannarégio
FONDAMENTA DI SAN GIOBBE
CALLE TINTORIA
C.D. PORPORA
FONDAMENTA
Rio del
Canale Colambola
CALLE DELLE BECCARIE
CPLO D. BECCARIE
C.D. MAGAZEN
CALLE D. CANNE
CALLE D. MADONNA
CALLE D. STP SCURO
FONDAMENTA DI Canale
C.D. SCARLATTO
C.D. COLORI
CALLE D. TINTOR
CALLE BISCOTELLA
CALLE DELLA CERERIA
Rio di San Giobbe
San Giobbe
Crea
CAMPO SAN GIOBBE
FMTA SAVORGNAN
CALLE BUSELLO
CALLE CENDON
CALLE SECONDA D. DO CORTI
PONTE DELLA LIBERTA
Rio della Crea
CALLE
CALLE PESARO
RAMO D. MISERICORDIA
CALLE DELLA MISERICORDIA
CALLE PRIULI DETTA DEI CAVALLETTI
CALLE CARMELITANI
RIO TERRA
Scalzi
Ferrovia
FMTA D. SCALZI
Ponte degli Scalzi
Stazione Ferrovie dello Stato Santa Lucia
FONDAMENTA SANTA LUCIA
FONDAMENTA SAN SIMEON PICCOLO
CPLO D. COMARE
S Simeon Piccolo
Ferrovia
CALLE TRAGHETTO DI SANTA LUCIA
CALLE BERGAMASCHI
CAMPIELLO
Can d. Santa Chiara
FONDAMENTA DI SANTA CHIARA
FONDAMENTA DI SANTA CHIARA
C.VOLTO
Piazzale Roma
FONDAMENTA CROCE
FONDAMENTA DEI TOLENTINI
GIARDINO EX PAPADOPOLI
CORTE CASE NUOVE
CAMPO DELLA LANA
STP
1
2
3
4
5
A
5
B
C

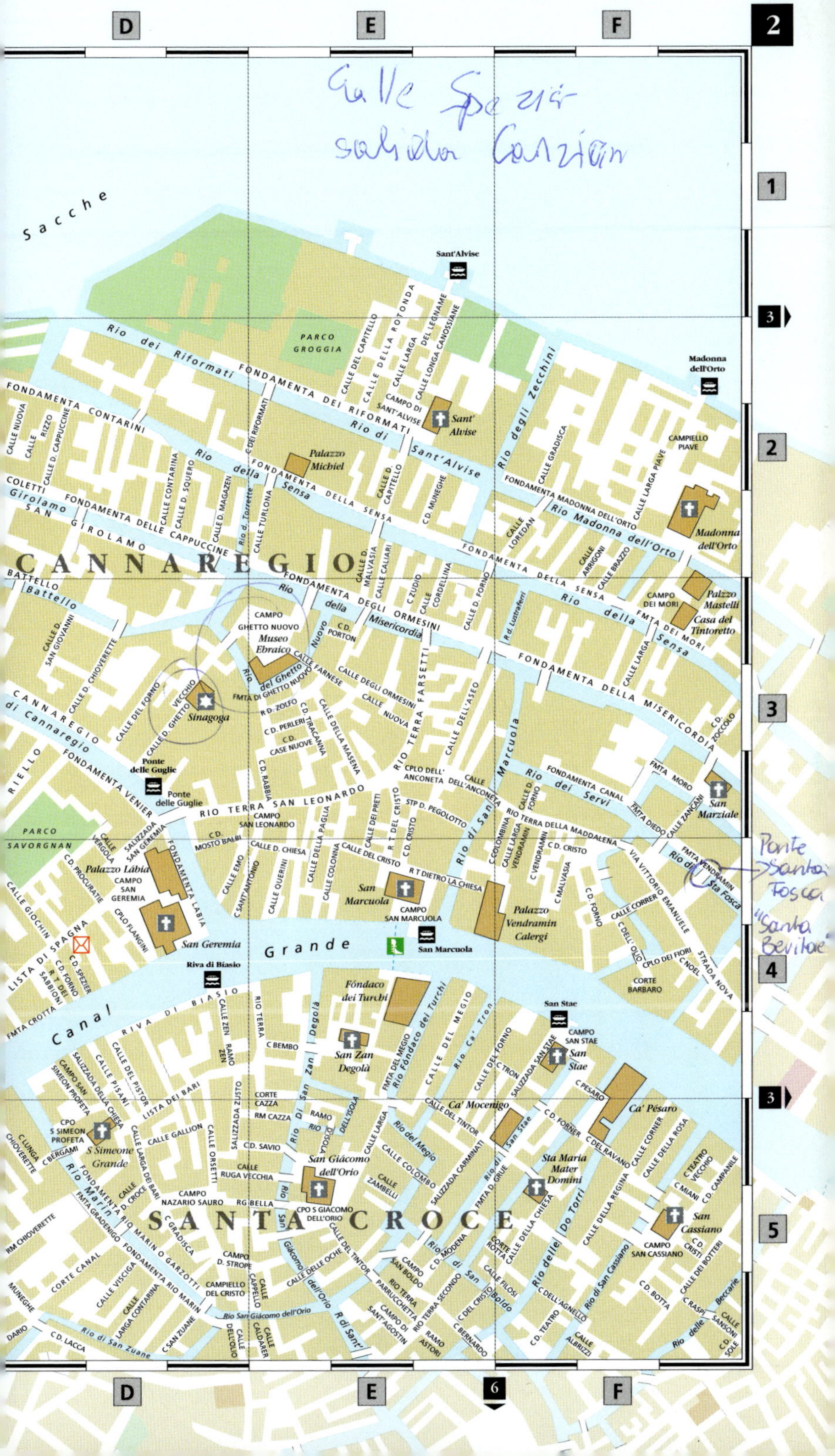

D
E
F
2
Calle Spezia
salizada Canzian
1
2
3
4
5
6
Sacche
CANNAREGIO
SANTA CROCE
Canal Grande
Parco Groggia
Parco Savorgnan
Rio dei Riformati
Fondamenta dei Riformati
Fondamenta Contarini
Rio della Sensa
Fondamenta della Sensa
Fondamenta delle Cappuccine
San Girolamo
Rio di Sant'Alvise
Rio degli Zecchini
Rio Madonna dell'Orto
Fondamenta Madonna dell'Orto
Fondamenta della Misericordia
Rio della Misericordia
Fondamenta degli Ormesini
Rio del Ghetto
Rio di Cannaregio
Fondamenta di Cannaregio
Fondamenta Venier
Rio Terra San Leonardo
Rio Terra Farsetti
Rio di San Marcuola
Rio dei Servi
Rio Terra della Maddalena
Via Vittorio Emanuele
Strada Nova
Rio di Sta Fosca
Lista di Spagna
Riva di Biasio
Rio Fóndaco dei Turchi
Rio Ca' Tron
Rio di San Zan Degolà
Rio Marin
Rio San Giácomo dell'Orio
Rio di San Boldo
Rio delle Do Torri
Rio di San Cassiano
Rio di San Zuane
Sant'Alvise
Madonna dell'Orto
Ponte delle Guglie
Riva di Biasio
San Marcuola
San Stae
Sant' Alvise
Palazzo Michiel
Madonna dell'Orto
Palzzo Mastelli
Casa del Tintoretto
Campo Ghetto Nuovo
Museo Ebraico
Sinagoga
San Marziale
Palazzo Lábia
San Geremia
San Marcuola
Palazzo Vendramin Calergi
Fóndaco dei Turchi
San Zan Degolà
San Stae
Ca' Mocenigo
Ca' Pésaro
S Simeone Grande
San Giácomo dell'Orio
Sta Maria Mater Domini
San Cassiano
Campo San Leonardo
Campo San Geremia
Campo San Marcuola
Campo San Stae
Campo San Cassiano
Campo Nazario Sauro
Corte Barbaro
Ponte Santa Fosca
"Santa Bevitore"

3
A
B
C
1
2
3
4
5
7
Canale delle Fondamente Nuove
Canale degli Angeli
Sacca della Misericordia
Santa Maria della Misericórdia
Fondamenta dell'Abbazia
Fondamenta Gasparo Contarini
Corte d. Muti
R d. Muti
Corte Vecchia
C e Cplo d. Trevisan
Calle Larga Lezze
Rio della Misericordia
Fmta Trapolin
Rio di Noale
Calle Lunga Santa Caterina
C della Masena
Fondamente Nuove
Calle Marco Foscarini
Calle d. Cadene
C dei Legnami
Sal dei Specchieri
Campo Sant'Antonio
Oratorio dei Crociferi
Gesuiti
Campo dei Gesuiti
Fondamenta Santa Caterina
Rio di Santa Caterina
Fondamenta Zen
Fondamente Nuove
Ramo Dona
C d. Croci
Calle d. Vida
Calle Larga dei Botteri
Calle della Racchetta
Rio della Racchetta
Corte Sq Vecchio
Fmta Sant'Andrea
Calle Zanardi
C d. Sartori
Rio di Ca' Dolce
Sal Seriman
Calle dei Volti
Calle Venier
Fmta dei Sartori
Rio dei Gesuiti
Calle d. Magazen
C della Pietà
Calle dei Cordoni
Cplo d. Pietà
Corte Carità
Calle del Fumo
C Larga Berlendis
Calle Salamon
Fmta San Felice
Rio di San Felice
C d. Stua
Fmta d. Chiesa
Calle Larga Doge Priuli
Calle Corrente
C degli Albanesi
Ramo Albanesi
Ruga do Pozzi
Calle d. Squero
Sal L Borgato
Calle del Remer
Rio Terra Barba Fruttariol
C d. Volto
C Moro
Calle Stella
Campo S Felice
C S Felice
Calle d. Forno
Calle Zotti
Rio di Santa Sofia
Calle delle Vele
Calle Priuli
Calle d. Pistor
Calle del Forno
Calle dei Tagliapietra
Rt d. Franceschi
C d. Madonna
Calle d. Forno
C d. Posta
Calle Varisco
Rio della Panada
Calle dello Squero
Corte d. Paludo
San Lazzaro ai dei Mendicanti
Strada Nova
Ca' d'Oro
C d. Ca' d'Oro
C del Duca
C del Verde
Calle Bembo
C d. Oca
Calle Dragan
Salizzada del Pistor
C Larga d. Proverbi
Rio Terra d. Santi Apostoli
Calle del Traghetto
Rio dei Santi Apostoli
Calle Bondi
Campiello Widman
Rio Terra dei Biri
Calle Gabriella
Fondamenta dei Mendicanti
Rio dei Mendicanti
Ca' d'Oro
Campo Santa Sofia
Santi Apostoli
Campo dei Santi Apostoli
Cplo d. Cason
C Comello
Calle Widman
Canal Grande
Fmta dell'Olio
Pescheria
Campo d. Pescheria
Rio delle Beccarie
C Beccarie
C Primo d. Donzella
Ruga d. Speziali
Calle del Bo
Calle d. Magazen
Rio Terra Bagatin
Salizzada San Canciano
Campo S Maria Nova
Fmta Piovan
C Larga G Gallina
Calle della Testa
Ospedale Civile
Scuola di S Marco
Santi Giovanni e Paolo
Cplo Santa Maria Nova
Santa Maria dei Miràcoli
C d. Forno
Rio San Giovanni Crisostomo
Fabbriche Nuove
Erboria
San Giovanni Crisostomo
Sal San Giovanni Crisostomo
C Modena
Corte 2ª d Milion
C Castelli
Bartolomeo Colleoni
Calle delle Erbe
C d. Cavallo
C Torelli
Calle San Mattio
Calle Arco
Rg Vecchia S Giovanni
Ruga degli Orefici
San Giácomo di Rialto
Campo Rialto Nuovo
C Aseo
R di San Lio
C Scaletta
Calle d. Dose
Campo San Marina
Rio di San Marina
Calle Bressana
C d. Madonna
Fmta Felzi
Calle d. Carrozze
Calle Ospedale
Enoteca „Paradiso Perduto"
Nette Bar

Osteria del ponte !!

5
A
B
C
1
2
3
4
5
SANTA CROCE
DORSODURO
GIUDECCA
CAMPO SANT'ANDREA
PIAZZALE ROMA
GIARDINO EX PAPADOPOLI
FONDAMENTA PAPADOPOLI
FONDAMENTA COSSETTI
CORTE DEGLI AMAI
CAMPO DEI TOLENTINI
San Nicolò da Tolentino
Canale di Santa Chiara
Canale di Santa Maria Maggiore
Canale Scomenzera
FONDAMENTA SANT'ANDREA
RT SANT'ANDREA
C NUOVA D. TABACCHI
CAMPAZZO TRE PONTI
FMTA MAGAZEN
FMTA CONDULMER
FONDAMENTA MINOTTO
Rio del Malcanton
FMTA DEL GAFFARO
SAL SAN
FONDAMENTA FABBRICA TABACCHI
Rio delle Burchielle
FONDAMENTA DELLE BURCHIELLE
CALLE DEI PENSIERI
C BERNARDO
CREMONESE
FMTA TRE PONTI
FMTA RIO NUOVO
Rio Nuovo
C.D. MISERICORDIA
FMTA PAGAN
C SORIANA
CORTE GALLO
FMTA MALCANTON
RIO TERRA DEI PENSIERI
CORTE CORRER
Rio della Cazziola
C DELLA SBIACCA
CALLE E CORTE BASEGO
FONDAMENTA DEL RIO NUOVO
FMTA CAZZIOLA
FONDAMENTA RIZZI
CALLE LARGA RAGUSEI
FMTA D.S.M. MAGGIORE
FMTA DI SANTA MARIA MAGGIORE
FONDAMENTA DELLE PROCURATIE
CORTE CONTARINI
CALLE NUOVA
CALLE D. PROC
C VIOTTI
C SPORCA
CALLE CAPPELLO
FMTA D. MADONNA
FONDAMENTA DEI CERERI
Rio del Tintor
Rio Briati
FONDAMENTA ROSSA
CALLE RAGUSEI
C CAMERINI
C DELL'OLIO
FONDAMENTA DELL'ARZIERE
Rio dell'Arziere
CALLE DEI GUARDIANI
FONDAMENTA FOSCARINI
Rio di S. Margherita
Scuola Grande d. Carmini
CAMPO DEI CARMINI
Rio dei Carmini
FONDAMENTA DEL SOCCORSO
BRIATI
Santa Maria dei Carmini
C.D. PAZIENZA
RT SCOAZZERA
Collegio Armeno
RIO TERRA DEI SECCHI
FONDAMENTA SANTA MARTA
C LARGA S MARIA
CALLE NUOVA TERESE
CALLE DEL CRISTO
FMTA RUGHETTA
C NUOVA
C STRETTA
FONDAMENTA DELLE TERESE
Rio delle Terese
FONDAMENTA TRON
CPLO TRON
C RIELLO
C S LORENZO
CT MAGGIORE
FONDAMENTA BARBARIGO
Rio dell'Angelo Raffaele
CALLE MADDALENA
FMTA SAN SEBASTIANO
CORTE DEI VECCHI
C.D. REMORCHIANTI
CPLO D. STENDARDO
CAMPO SAN NICOLO
San Nicolò dei Mendicoli
FMTA LIZZA
Rio di San Nicolò
FONDAMENTA DI PESCHERIA
CORTE LARDONA
CPO ANGELO RAFFAELE
Angelo Raffaele
Rio di San Sebastiano
CALLE DELL'AVOGARIA
Rio dell'Avogaria
CALLE LUNGA
CALLE DOGOLIN
C DIETRO AI MEGAZZINI
FMTA DEI BARI
CALLE BEVILACQUA
CALLE NAVE
C NUOVA
C.D. FRATI
San Sebastiano
FONDAMENTA SAN BASILIO
CALLE BALASTRO
Stazione Marittima
SALIZZADA SAN BASEGIO
CALLE CHIESA
FONDAMENTA
BANCHINA DEL PORTO COMMERCIALE
BANCHINA DI SAN BASEGIO
CALLE D. MORTI
C DELLA MASENA
C DEI CARTELLOTTI
FMTA ZATTERE PONTE LUNGO
San Basilio
Canale di Fusina
Sacca Fisola
FONDAMENTA BEATA GIULIANA
CALLE DEI FIGHERI
CALLE DELLA SCUOLA
CALLE DEL VAPORETTO
CALLE FISOLA
CALLE DELLA SACCA
C MONFALCONE
Canale dei Lavraneri
Mulino Stucky
CALLE RIMINI
CALLE LARGA DEI LAVRANERI
CAMPO DELLA CHIESA
C SENIGALLIA
Rio di San Biagio
FONDAMENTA SAN
FMTA SAN GERARDO SAGREDO
Can Sacca Fisola San Biagio
CAMPIELLO PRIULI
Rio delle Convertite
FMTA DELLE CONVERTITE

Textregister

C

D

I

J

K

L

M

N

O

P

Q

R

W

Z

Danksagung und Bildnachweis

DORLING KINDERSLEY bedankt sich bei allen, die bei der Herstellung dieses Buchs mitgewirkt haben.

HAUPTAUTOREN
SUSIE BOULTON studierte Sprachen und Kunstgeschichte in Cambridge. Sie reist seit 20 Jahren nach Venedig und ist Autorin vieler Reiseführer über Venedig. Sie hat Reiseführer über zahlreiche Städte und Regionen verfasst.

CHRISTOPHER CATLING bereist Italien seit 22 Jahren; damals kam er als Student der University of Cambridge im Rahmen archäologischer Ausgrabungen nach Italien. Er ist Autor zahlreicher Reiseführer über italienische Städte und Regionen, z. B. des *Vis-à-Vis Florenz & Toskana*.

ZUSÄTZLICHE BEITRÄGE
SALLY ROY kam zum ersten Mal nach Venedig, als sie in Rom zur Schule ging. Sie hielt Vorlesungen in Mittelalterlicher Geschichte in Edinburgh und verfasste zahlreiche Beiträge zu Italienbüchern; sie lebt sechs Monate im Jahr in Italien.

ERGÄNZENDE ILLUSTRATIONEN
Annabelle Brend, Dawn Brend, Neil Bulpitt, Richard Draper, Nick Gibbard, Kevin Jones Associates, John Lawrence, The Maltings Partnership, Simon Roulstone, Sue Sharples, Derrick Stone, Paul Weston, John Woodcock.

GRAFIK- UND REDAKTIONSASSISTENZ
Gaye Allen, Michael Blacker, Dawn Brend, Lucinda Cooke, Michelle Crane, Felicity Crowe, Stephanie Driver, Michael Ellis, Gadi Farfour, Irena Hoare, Annette Jacobs, Stephen Knowlden, Erika Lang, Ian Midson, Gillian Price, Steve Rowling, Sands Publishing Solutions, Janis Utton, Lynda Warrington, Fiona Wild.

RECHERCHE
Hans Erlacher, Paolo Frullini, Oscar Gates, Marinella Laini, Elizabetta Lovato, Fabiola Perer, Sarah Sole, Jo-Ann Titmarsh.

REGISTER
Indexing Specialists, 202 Church Road, Hove, East Sussex, UK.

PUBLISHER
Douglas Amrine.

WEITERE HILFE GEWÄHRTEN
Comune di Vicenza; Gianfranco Martinoni vom Assessorato Beni Culturali Comune di Padova; Ca' Macana; Cesare Battisti vom Media Tourist Office, Venedig; Curia Patriarcale Venezia; Foscarina Caletti von der Giunta Regionale di Venezia; Jane Groom; Brian Jordan; Alexandra Kennedy; Joy Parker; Frances Hawkins, Lady Frances Clarke und John Millerchip vom Venice in Peril Fund; die Belegschaft der APT-Büros im ganzen Veneto, ganz besonders Anna Rita Bisaggio in Montegrotto Terme, Stephano Marchioro in Padua, Anna Maria Carlotto, Virna Scarduelli und Christina Erlacher in Verona, Anselmo Centomo in Vicenza; Heidi Wenyon.

GENEHMIGUNG FÜR FOTOGRAFIEN
DORLING KINDERSLEY bedankt sich bei folgenden Institutionen für die Erlaubnis zum Fotografieren:
VENEDIG: Amministrazione Provinciale di Venezia (Museo dell'Estuario, Torcello); Ca' Mocenigo; Ca' Pesaro; Ca' Rezzonico; Caffè Quadri; Collegio Armeni; Fondazione Europea Pro Venetia Viva, San Servolo; Fondazione Giorgio Cini (San Giorgio Maggiore); Fondazione Peggy Guggenheim; Hôtel des Bains; Libreria Sansoviniana; Museo Archeologico; Museo Correr; Museo Diocesano d'Arte Sacra; Museo Fortuny; Museo Storia Navale; Museo Storico Naturale; Museo del Vetro, Murano; Umberto Franzoi und der Belegschaft des Palazzo Ducale; Procuratie di San Marco (Basilica San Marco); Santi Giovanni e Paolo; San Lazzaro degli Armeni; Santa Maria Gloriosa dei Frari; Scuola Grande dei Carmini; Scuola Grande di San Rocco.

VENETO: Arena Romana, Verona; Basilica, Vicenza; Caffè Pedrocchi, Padua; Duomo, Padua; Duomo, Vicenza; Giardini Giusti, Verona; Museo Archeologico, Verona; Museo di Castelvecchio, Verona; Museo Civico, Malcésine; Museo Civico, Vicenza; Museo Concordiese, Portogruaro; Museo degli Eremitani, Padua; Museo Lapidario Maffeiano, Verona; Museo dei Storia Naturale, Verona; Ossuario di San Pietro, Solferino; Sant' Anastasia, Verona; San Fermo Maggiore, Verona; San Giorgio, Monsélice; San Giorgio in Braida, Verona; San Lorenzo, Vicenza; Santa Maria in Organo, Verona; San Pietro in Malvino, Sirmione; San Severo, Bardolino; San Stefano, Verona; San Zeno Maggiore, Verona; Santuario di Monte Berico, Vicenza; Teatro Olimpico, Vicenza; Università di Padova; Contessa Diamante Luling-Buschette, Villa Barbaro, Masèr; Conte Marco Emo, Villa Emo, Fanzolo di Vedelago.

BILDNACHWEIS

o = oben; om = oben Mitte; or = oben rechts; mlo = Mitte links oben; mo = Mitte oben; mro = Mitte rechts oben; ml = Mitte links; m = Mitte; mr = Mitte rechts; mlu = Mitte links unten; mu = Mitte unten; mru = Mitte rechts unten; ul = unten links; um = unten Mitte; ur = unten rechts.

Wir haben uns bemüht, alle Urheber ausfindig zu machen und zu nennen. Sollte dies in Einzelfällen nicht gelungen sein, bitten wir dies zu entschuldigen. In der nächsten Auflage werden wir versäumte Nennungen nachholen.

Folgende Kunstwerke wurden mit freundlicher Genehmigung folgender Institutionen und Bildarchive reproduziert: © ADAGP, Paris, und DACS, London, 1995: *Interno olandese II* (um 1928) von Joan Miró, 134m; *Maiastra* von Constantin Brancusi, 134mr.

DORLING KINDERSLEY dankt folgenden Museen, Vereinigungen und Bildarchiven für die freundliche Genehmigung zur Reproduktion ihrer Fotografien:

ACCADEMIA OLIMPICA, VICENZA: 172or, 173mru; ACE PHOTO/AGENCY TORE GILL: 254u; ACE/ MAURITIUS:

257o; Ancient Art & Architecture Collection: 38m, 40 ur, 40 ol; APT del Bresciano: 35u; Archiv für Kunst und Geschichte: 26ol/m/mr, 30ul, 36, 43ur, 44mru, 45ul, 45o, 46ol, 46or, 48mlo, 49mlu, 50u, 54ur, 130u, 131u, 131m, 132u, 133o, 30/31m; Archivio Veneziano: Sarah Quill 29ur, 51mru, 67ml, 106or, 144o.

Benetton: 51ol; Biblioteca Civica di Trieste (Foto Halupca): 119u; Bridgeman Art Library, London: *Madonna mit Kind und Heiligen* (Triptychon) von Giovanni Bellini (um 1431–1516), Santa Maria dei Frari, Venedig 27ol/or; *Der erste Kreuzzug* (1098) von William of Tyre, Bibliothèque Nationale, Paris 40mlo; *Marco Polo mit Elefanten und Kamelen* aus dem *Livre des merveilles,* Bibliothèque Nationale, Paris, 42mu; *Ansicht Venedigs* von Bernardo von Breitenbach aus dem *Opusculum Sanctarum Peregrinationum in Terram Sanctam,* Bibliothèque Nationale, Paris, 8/9; *Stammbaum der Familie Cornaro* (18. Jh.), Palazzo Corner Ca' Grande, Venedig, 69or; *Salome* von Gustav Klimt (1862–1918) Museo d'Arte Moderna, Venedig, 105ur; *Der Salon der Nonnen in San Zaccaria* von Francesco Guardi (1712–93), Museo Ca' Rezzonico, Venedig, 112ul; *Der heilige Georg tötet den Drachen* von Vittore Carpaccio (um 1460–um 1525), Scuola di San Giorgio degli Schiavoni, Venedig, 118ol; *Die Entführung des heiligen Markus* von Tintoretto (1518–94), Accademia, Venedig, 131o; *Der Raub der Europa* von Francesco Zuccarelli, Accademia, Venedig, 133m; *Marco Polo in Tartarentracht* (um 1700), Museo Correr, Venedig/Giraudon, 4or/115ur; Osvaldo Böhm: 20u, 20ml, 29ul, 41mru, 63ol, 79ol, 132m, 132o, 144m.

Demetrio Carrasco: 124u, 139ur, 141o, 227or, 274o; Cephas Picture Library: Mick Rock, 35mro, 238or; Ciga Hotels: 70ol; Claire Calman: 55mr; Giancarlo Costa: 47mlu; Joe Cornish: 15u, 209m, 216ul; Stephanie Colasanti: 56, 195ur; Corbis: 146.

Chris Donaghue The Oxford Photo Library: 3 (Einklinker), 5ol, 76o, 156ur, 280o; Michael Dent: 82u, 252ol. Draughtsman: 168or.
E.T. Archive: Sala dei Prior Siena, 41ol; Spiegelsaal, Palazzo Papadopoli, Venedig, 64ol; *Der Apothekerladen* von Pietro Longhi, Accademia, Venedig, 130m; Electa, Mailand: 180mr, 181o/ml; Erizzo Editrice srl: 105mlu; Mary Evans Picture Library: 7 (Einklinker), 9 (Einklinker), 24ol, 39mlu, 44ul, 47ur, 47o, 53 (Einklinker), 58mro, 58or, 63m, 64m, 69mo, 143or, 159 (Einklinker), 221 (Einklinker), 259 (Einklinker), 32m.
Ferrovia dello Stato: 272ol.

Jackie Gordon: 273o; Grazia Neri: 41u, 49ol, 50mru, 50or, 65ur, 92ol, 157u, 254o; Marco Bruzzo, 5or, 32o, 35mlu, 40or, 166o; Cameraphoto 71or, 115ul, 42/43m; Graziano Arici 110or; Roberta Krasnig 268ul; Fondazione Peggy Guggenheim, Venedig: 134u; The Ronald Grant Archive: 50mlo.
Hotel Excelsior, Venedig: 48mru; Robert Harding Picture Library: 216ml; The Hulton Deutsch Collection: 38ur, 38or, 39ur, 43mlu, 46ur, 48um, 49ur, 61or, 66u, 66mro, 69ml, 101m, 140ul, 181ur, 199u.

Image Bank: Guido A. Rossi, 11 (Einklinker); Image Select: Ann Ronan, 44ml; Londra Palace: 226ur

Hugh McKnight Photography: 71ol; Magnum Photos/David Seymour: 48or; Marka 37u; Enrico Cerretelli 150ul; Cristina Dogliani 262u; L. Baldissin: 237umu; L. Barbazza: 249or; Roberto Benzi: 276ml; M. Motta 277ml; Ubik umlo; Ubik/Pizzo umor; Moro Roma 30ml, 48/49m; Museo Archeologico, Verona: 38ul; Museo Civico agli Eremitani: 179o/m/u; Museo Civico di Oderzo: 39o; The Mansell Collection: 46mru, 47ul.

NHPA/Gerard Lacz: 217u; NHPA/Laurie Campbell: 217m; NHPA/Silvestris Fotoservice: 217mru; The National Gallery, London: 29o.

Olympia/Select: 34u, 51ur, 51mlu, 157o, 255o; Olympia/Select/Larry Rivers: 256o. Performing Arts Library/Gianfranco Fainello: 256m.
The Royal Collection © 1994 Her Majesty Queen Elizabeth II: 46/47m.

John Ferro Sims: 167o; Scala, Florenz: *Madonna di Ca' Pesaro* von Tizian (1477 oder um 1489–1576), Santa Maria Gloriosa dei Frari, Venedig 27, m/mr; *Ultimi momenti del doge Marin Falier* von Francesco Hayez (1791–1881), Pinacoteca di Brera, Milan, 43o, 68 mro; *Bankett des Antonius und der Kleopatra* von Giambattista Tiepolo (1692–1770), Palazzo Labia, Venedig, 60o; *Kreuzigung* von Tintoretto (1518–94), Scuola Grande di San Rocco, Venedig, 106m/mu; *Heiliger Michael* von Giambono (15. Jh.), Accademia, Venedig, 123u; *Die Überbringung der Santa Casa aus dem Heiligen Land nach Loreto* von Giambattista Tiepolo (1696–1770), Accademia, Venedig, 130or; *Mariä Tempelgang* von Tizian (1477 oder 1489–1576), Accademia, Venedig, 133u; *Interno olandese II* (1928) von Joan Miró, Fondazione Peggy Guggenheim, Venedig, 134m; *Madonna mit Kind* von Filippo Lippi (1406–69), Collezione Cini, Venedig 134o; *Verkündigung* von Vittore Carpaccio (1460–1526), Ca' d'Oro, Venedig, 144u; Pala di San Zeno von Andrea Mantegna (1431–1506), San Zeno, Verona, 200ml. Science Photo Library: Earth Satellite Corporation, 10 (Einklinker); Settore Beni Culturali, Padua: 180o/mlo/mlu; Spectrum Colour Library: 28u; Studio Pizzi: 45mlo, 47mru; Tony Stone Images: 214mlo, 216o, 50/51m.

Umschlag:
Vorderseite: DK Picture Library: John Heseltine mlu; mru; Roger Moss ul; Robert Harding Picture Library: Simon Harris Hauptbild. Rückseite: DK Picture Library: John Heseltine ur; Roger Moss o. Buchrücken: Robert Harding Picture Library: Simon Harris.

Alle anderen Bilder © Dorling Kindersley. Weitere Informationen finden Sie unter **www.dkimages.com**

Sprachführer

Notfälle

Hilfe!	**Aiuto!**
Halt!	**Fermate!**
Rufen Sie einen Arzt!	**Chiama un medico!**
Rufen Sie einen Krankenwagen!	**Chiama un' ambulanza!**
Rufen Sie die Polizei!	**Chiama la polizia!**
Rufen Sie die Feuerwehr!	**Chiama i pompieri!**
Wo ist das Telefon?	**Dov'è il telefono?**
Wo ist das nächste Krankenhaus?	**Dov'è l'ospedale più vicino?**

Grundwortschatz

Ja/Nein	**Si/No**
Bitte	**Per favore**
Danke	**Grazie**
Entschuldigung	**Mi scusi**
Guten Tag	**Buon giorno**
Auf Wiedersehen	**Arrivederci**
Guten Abend	**Buona sera**
Vormittag	**la mattina**
Nachmittag	**il pomeriggio**
Abend	**la sera**
Nacht	**la notte**
gestern	**ieri**
heute	**oggi**
morgen	**domani**
hier	**qui**
dort	**la**
Welche?	**Quale?**
Wann?	**Quando?**
Warum?	**Perchè?**
Wo?	**Dove?**

Nützliche Redewendungen

Wie geht es?	**Come sta?**
Sehr gut, danke.	**Molto bene, grazie.**
Ich freue mich, Sie kennenzulernen.	**Piacere di conoscerla.**
Bis bald.	**A più tardi.**
In Ordnung.	**Va bene.**
Wo ist/sind ...?	**Dov'è/Dove sono?**
Wie lange braucht man bis ...?	**Quanto tempo ci vuole per andare a ...?**
Wie komme ich nach ...?	**Come faccio per arrivare a ...?**
Sprechen Sie deutsch?	**Parla tedesco?**
Ich verstehe nicht.	**Non capisco.**
Könnten Sie bitte etwas langsamer sprechen?	**Può parlare più lentamente, per favore?**
Es tut mir leid.	**Mi dispiace.**

Nützliche Wörter

groß	**grande**
klein	**piccolo**
heiß	**caldo**
kalt	**freddo**
gut (Adjektiv)	**buono**
schlecht	**male**
genug	**basta**
gut	**bene**
offen	**aperto**
geschlossen	**chiuso**
links	**a sinistra**
rechts	**a destra**
geradeaus	**sempre diritto**
nah	**vicino**
fern	**lontano**
oben	**su**
unten	**giù**
früh	**presto**
spät	**tardi**
Eingang	**entrata**
Ausgang	**uscita**
Toilette	**il gabinetto/il bagno**
frei	**libero**
gratis	**gratuito**

Telefonieren

Ich möchte ein Ferngespräch führen.	**Vorrei fare una interurbana.**
Ich möchte ein R-Gespräch führen.	**Vorrei fare una telefonata a carico del destinatario.**
Ich versuche es später nochmal.	**Ritelefono più tardi.**
Kann ich eine Nachricht hinterlassen?	**Posso lasciare un messaggio?**
Bleiben Sie bitte am Apparat.	**Un attimo, per favore**
Könnten Sie bitte etwas lauter sprechen?	**Può parlare più forte, per favore?**
Ortsgespräch	**la telefonata locale**

Einkaufen

Wie viel kostet das bitte?	**Quant'è, per favore?**
Ich hätte gern ...	**Vorrei ...**
Haben Sie ...?	**Avete ...?**
Ich schaue mich nur um.	**Sto soltanto guardando.**
Nehmen Sie Kreditkarten?	**Accettate carte di credito?**
Wann öffnen/schließen Sie?	**A che ora apre/chiude?**
das hier	**questo**
das da	**quello**
teuer	**caro**
billig	**a buon prezzo**
Kleidergröße	**la taglia**
Schuhgröße	**il numero**
weiß	**bianco**
schwarz	**nero**
rot	**rosso**
gelb	**giallo**
grün	**verde**
blau	**blu**
braun	**marrone**

Shopping

Antiquitätengeschäft	**l'antiquario**
Apotheke	**la farmacia**
Bäckerei	**la panetteria**
Bank	**la banca**
Blumenladen	**il fioraio**
Buchladen	**la libreria**
Delikatessen	**a salumeria**
Eisdiele	**la gelateria**
Fischhändler	**la pescheria**
Friseur	**il parrucchiere**
Gemüsehändler	**il fruttivendolo**
Kaufhaus	**il grande magazzino**
Konditorei	**la pasticceria**
Lebensmittelladen	**alimentari**
Markt	**il mercato**
Metzgerei	**la macelleria**
Postamt	**l'ufficio postale**
Reisebüro	**l'agenzia di viaggi**
Schuhladen	**il negozio di scarpe**
Supermarkt	**il supermercato**
Tabakladen	**il tabaccaio**
Zeitungsstand	**l'edicola**

Besichtigungen

Bibliothek	**la biblioteca**
Garten, Park	**il giardino**
Kirche	**la chiesa, la basilica**
Kunstmuseum	**la pinacoteca**
Museum	**il museo**
Bahnhof	**la stazione**
Bushaltestelle	**la fermata dell'autobus**

Touristeninformation, Fremdenverkehrsamt	**l'ufficio turistico**
wegen Feiertag/Urlaub geschlossen	**chiuso per la festa/per ferie**

Im Hotel

Haben Sie Zimmer frei?	**Avete camere libere?**
Doppelzimmer mit Doppelbett	**una camera doppia con letto matrimoniale**
Doppelzimmer mit zwei Betten	**una camera con due letti**
Einzelzimmer	**una camera singola**
Zimmer mit Bad, Dusche	**una camera con bagno, con doccia**
Gepäckträger	**il facchino**
Schlüssel	**la chiave**
Ich habe ein Zimmer reservieren lassen.	**Ho fatto una prenotazione.**

Im Restaurant

Haben Sie einen Tisch für zwei (vier) Personen?	**Avete una tavola per due (quattro) persone?**
Ich möchte einen Tisch reservieren.	**Vorrei riservare una tavola.**
Frühstück	**colazione**
Mittagessen	**pranzo**
Abendessen	**cena**
Die Rechnung, bitte.	**Il conto, per favore.**
Ich bin Vegetarier/in.	**Sono vegetariano/a.**
Kellnerin	**cameriera**
Kellner	**cameriere**
Tagesmenü	**menù a prezzo fisso**
Tagesgericht	**piatto del giorno**
Vorspeise	**antipasto**
Erster Gang	**il primo**
Hauptgericht	**il secondo**
Gemüse	**il contorno**
Dessert	**il dolce**
Gedeck	**il coperto**
Weinkarte	**la lista dei vini**
blutig	**al sangue**
halb durch(-gebraten)	**al puntino**
durch(-gebraten)	**ben cotto**
Glas	**il bicchiere**
Flasche	**la bottiglia**
Messer	**il coltello**
Gabel	**la forchetta**
Löffel	**il cucchiaio**

Auf der Speisekarte

l'acqua minerale gasata/ naturale	Mineralwasser mit/ohne Kohlensäure
l'agnello	Lamm
al forno	gebacken
alla griglia	gegrillt
l'anguilla	Aal
l'aragosta	Languste
arrosto	gebraten
il baccalà	getrockneter Stockfisch
la birra	Bier
la bistecca	Steak
il brodetto	Fischsuppe
il burro	Butter
il caffè	Kaffee
i calamari	Tintenfisch
il carciofo	Artischocke
la carne	Fleisch
carne di maiale	Schwein
i fagioli	Bohnen
il fegato	Leber
il formaggio	Käse
le fragole	Erdbeeren
il fritto misto	gemischte Fischplatte
la frutta	Früchte
frutti di mare	Meeresfrüchte
i funghi	Muscheln
i gamberi	Krabben
il gelato	Eiscreme
l'insalata mista	gemischter Salat
l'insalata verde	grüner Salat
il latte	Milch
i legumi	Gemüse
il manzo	Rind
la melanzana	Aubergine
la minestra	Suppe
il pane	Brot
il panino	Brötchen
le patate	Kartoffeln
le patatine fritte	Pommes frites
il pepe	Pfeffer
la pesca	Pfirsich
il pesce	Fisch
il pollo	Huhn
il prosciutto cotto/crudo	Schinken gekocht/roh
il riso	Reis
il sale	Salz
la salsiccia	Würstchen
le seppie	Tintenfisch
secco	trocken
la sogliola	Seezunge
i spinaci	Spinat
succo d'arancia/ di limone	Orangen-/Zitronen-saft
il tè	Tee
la tisana	Kräutertee
il tonno	Thunfisch
la torta	Kuchen/Torte
la trippa	Kutteln
vino bianco	Weißwein
vino rosso	Rotwein
il vitello	Kalb
le vongole	Muscheln
lo zucchero	Zucker
gli zucchini	Zucchini
la zuppa	Suppe

Zahlen

1	**uno**
2	**due**
3	**tre**
4	**quattro**
5	**cinque**
6	**sei**
7	**sette**
8	**otto**
9	**nove**
10	**dieci**
11	**undici**
12	**dodici**
13	**tredici**
14	**quattordici**
15	**quindici**
16	**sedici**
17	**diciassette**
18	**diciotto**
19	**diciannove**
20	**venti**
30	**trenta**
40	**quaranta**
50	**cinquanta**
60	**sessanta**
70	**settanta**
80	**ottanta**
90	**novanta**
100	**cento**
1000	**mille**
2000	**duemila**
5000	**cinquemila**
1 000 000	**un milione**

Zeit

eine Minute	**un minuto**
eine Stunde	**un'ora**
eine halbe Stunde	**mezz'ora**
ein Tag	**un giorno**
eine Woche	**una settimana**
Montag	**lunedì**
Dienstag	**martedì**
Mittwoch	**mercoledì**
Donnerstag	**giovedì**
Freitag	**venerdì**
Samstag	**sabato**
Sonntag	**domenica**

Vaporetto-Routen in Venedig

Die Vaporetto-Routen
Der ACTV-Verkehrsverbund bietet einen regelmäßigen Service durch die Stadt und zu den meisten Inseln. Manche Linien werden in der Hochsaison verlängert. Ausführliche Informationen über die Vaporetti-*Typen und deren Benutzung finden Sie auf den Seiten 274f.*

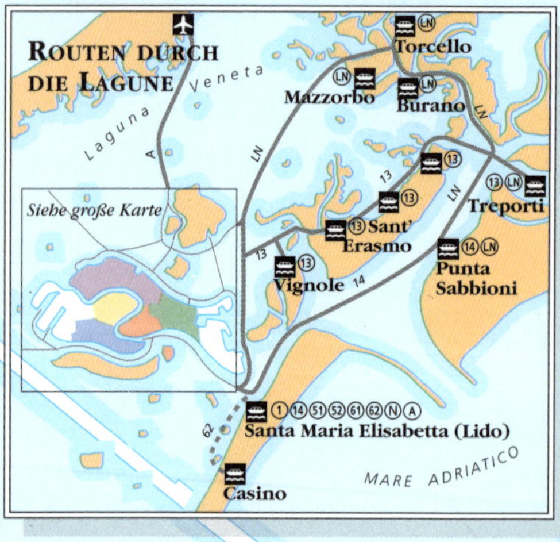